Western
Philosophy
Class

傅佩荣的西方哲学课

全3卷

III

现代

傅佩荣 / 著

人民东方出版传媒
People's Oriental Publishing & Media
東方出版社
The Oriental Press

目　录

Part 8　存在主义思潮

Part

8

存在主义思潮

第 34 章

克尔凯郭尔：以存在为个人抉择

34-1

西方哲学的两个主轴

存在主义思潮非常特别，也非常重要，所以我们要先简要回顾西方哲学。本节主要探讨西方哲学的两个主轴。“两个主轴”的说法难免有些奇怪，西方哲学一路发展下来，不都是以理性为主导吗？爱智慧不都是用理性去探讨宇宙与人生的真相吗？

本节要介绍以下三点：

第一，简要回顾西方哲学；

第二，两种立场一直存在；

第三，希腊与希伯来的对峙。

（一）简要回顾西方哲学

从古希腊时代以来，就有少数爱智慧的人想对宇宙与人生做完整而根本的理解，由此建立宇宙观、人生观与价值观，这就是西方哲学的由来。他们建构了一些学说，但是与一般民众的思想与生活始终有些距离。哲学远远不如文学与艺术那么贴近民众的生活。

到了中世纪，基督宗教取得文化上与政治上的主导权，形成以宗教为主、哲学为辅的局面。当时强调两点：

1. 敬畏上帝是智慧的开始，哲学是爱智慧，就应该由信仰入手；

2. 哲学是神学的女仆，哲学要设法论证神学的教义都是合理的。

到了近代，从培根（Francis Bacon，1561—1626）、笛卡尔（René Descartes，1596—1650）以来，哲学越来越专业化。哲学中大量使用专门术语，大部分学者在学院里都有教导上的传承。近代哲学逐渐摆脱中世纪宗教的束缚，渐渐依附于科学。这可以从两个人身上看出来：一位是斯宾诺莎（B. Spinoza，1632—1677），他的代表作是《伦理学》，这本书的副标题是“以几何学方式证明”；另一位是启蒙运动时代的伏尔泰（Voltaire，1694—1778），他特别写过一本书，名为《牛顿哲学原理》。可见，近代以来，理性思维迁就于科学上的进步，与大众的生活还是有一段距离。

西方哲学的发展从整体上看来好像是理性独大，尤其是从笛卡尔说了“我思故我在”以后，到康德（Immanuel Kant，1724—1804）时出现清楚的唯心论立场，后面德国唯心论一路发展，到黑格尔（G. W. F. Hegel，1770—1831）时达到顶峰。黑格尔之后到 19 世纪中叶，哲学的世界再度分裂，黑格尔的思想分裂为左派、右派，两派都希望与现实进一步结合。19 世纪兴起浪漫主义运动，对理性进行深入质疑，各种新的学说随之涌现。

（二）两种立场一直存在

西方哲学的“两种立场”指的是什么呢?

英国哲学家怀特海（A. N. Whitehead，1861—1947）说：“两千多年的西方哲学，只不过是柏拉图思想的注脚而已。”古希腊的柏拉图（Plato，427—347 B.C.）确实是一位体大思精的学者，他建构了一个完整的系统。从他开始，有六位人物可谓理性至上的典型，代表西方哲学的主流：首先是柏拉图及其弟子亚里士多德（Aristotle，384—322 B.C.）；中世纪的代表是经院哲学（Scholastic philosophy）的托马斯·阿奎那（Thomas Aquinas，1225—1274）；近代的代表是笛卡尔、康德、黑格尔。黑格尔之后，情况开始转变。

除了理性至上的立场，还有一种立场一直存在，只是较少受到注意。理性固然重要，爱智慧当然要靠理性，因为理性可以使人相互沟通，寻求最大的共识。但是，就人的真实存在来看，有许多方面不是理性说得清楚的。人的生命是完整的，因此要考察人的整个生命结构及历程。第二种立场有四位代表人物。

第一位是柏拉图的老师苏格拉底（Socrates，469—399 B.C.）。苏格拉底没有留下任何著作，但是他的许多言行都被记录和保留下来。他认为理性应该是辅助的立场。他虽然说过“知识即是德行”，但他的重点在于德行的实践。

第二位是中世纪初期的奥古斯丁（Augustine，354—430），他是教父哲学（Patristic philosophy）的代表，要以理性来配合信仰。

第三位是近代法国哲学家帕斯卡（Blaise Pascal，1623—1662）。他有一句名言：“我的内心另外有它的理由。我如果用理性思考，当然可以找出许多理由；但我活在世界上该如何对待我的存在？”他认为内心另有它的理由，所以提出赌注论证来支持他的信仰。

第四位是卢梭（Jean-Jacques Rousseau，1712—1778）。他在启蒙运动中提出情感主义，在当时产生很大反响。

在传统西方哲学里，这四个人往往被排除于主流思想家之外。一般认为，主流思想家应该探讨逻辑、知识论、形而上的本体等领域。然而人是完整的，人生有三大奥秘：痛苦、罪恶、死亡。人活在世界上，要如何分辨痛苦与快乐？在善恶之间该如何抉择？人死之后到底是怎么回事？一个人若想彻底了解人生的意义，必须对这三大奥秘有某种觉悟。

（三）希腊与希伯来的对峙

希腊与希伯来的对峙，就是西方所谓的“两个 H 的对峙”：希腊是 Hellas，希伯来是 Hebrew。希腊是指古希腊，它一路发展西方的主流哲学。希伯来是指犹太人，这一系列思想通过中世纪一千多年的基督宗教，对西方世界产生深远的影响，对于人生的三大奥秘有明确而深入的说明。

简单说来，希腊强调“理性人”，所以要用理性来规定一种标准的人生。希伯来强调“整体人”，整体人体现于个体上，即每一个个别的人身上。可以从以下五个方面来说明双方的分歧。

1. 希腊认为“人是理性的动物”，这是亚里士多德对人的明确界定。而希伯来认为“人是信仰的动物”。“信仰”不光意味着相不相信，还意味着以信仰作为整个生命的基础。人不是只有理性，还有情感、意志等方面。
2. 希腊看到万物的抽象本质，所以从柏拉图的理型论开始，到亚里士多德谈到形式，一路下来，都在探讨认识的方法，以掌握万物的本质。而希伯来看到人的具体存在，每一个人都是活生生的个人，面临痛苦、罪恶与死亡的威胁。
3. 希腊以超然的态度旁观，冷静地观察这个世界，再做出合理的说明。而希伯来以献身的态度投入。人不能旁观，必须做一个决定，要选择站在善或恶的哪一边。
4. 希腊认为，永恒的境界可由理性来推得。人穷尽理性之力，就可以推知“第一个本身不动的推动者”，找到人生的安顿之道，如亚里士多德所说的观想（theoria）。而希伯来认为，永恒的境界总在神秘之中，需要人去体验与实践。
5. 希腊认为，人有能力追求美善合一的理想。古希腊文里就有

“美善合一”这个词，把现实世界当做可能达成理想的境地。希伯来认为，由于人的有限与软弱，所以不可能达到美善合一的境界。人永远只能改善自己，不断向上提升。

西方哲学两种立场的对峙，不但在两大思想阵营里出现，其实在每个人的身上都有类似的表现。当然，这两者也有互补的作用。

收获与启发

1. 回顾西方哲学就会发现，从古希腊到中世纪，一路都是由理性在主导。理性可以说明德行，也可以作为信仰的辅助。近代以来，更是理性独大，由理性主义发展到唯心论。理性至上的立场到黑格尔时达到顶峰。
2. 事实上，西方哲学一直存在两种立场。占主导地位的是理性这一边，但每隔一段时间，就会出现另类的学者，如苏格拉底、奥古斯丁、帕斯卡、卢梭，等等。到了存在主义上场，甚至表现出主客异位的现象。
3. 希腊与希伯来的对峙体现在五个方面。希腊看人是理性人，希伯来看人是完整的人，这个完整的人在存在主义思潮中得到全面展开。若想了解存在主义，就要对西方哲学这两个主轴有基本的认识。

课后思考

在你自己的经验中，理性与存在这两种立场各占多少比例？换句话说，你觉得主导你人生的是理性更多些，还是存在更多些？

34-2

什么是存在主义?

“存在主义”(Existentialism)这个词有着复杂的背景。

本节要介绍以下三点:

第一,“存在主义”这个名称的来源;

第二,“存在”这个词的特殊含义;

第三,存在主义的思想特点。

(一)“存在主义”这个名称的来源

第二次世界大战之后的欧洲,法国作为战胜国,它的思潮在欧洲占据了主导地位;德国作为战败国,思想受到压抑。法国在这一时期涌现许多重要的作家,他们表现极为杰出,以小说、戏剧、散文和少量的学术论文,引领文化界的风潮。

1957 年,法国作家加缪(Albert Camus,1913—1960)荣获诺贝尔文学奖。1964 年,法国作家萨特(Jean-Paul Sartre,1905—1980)也荣获诺贝尔文学奖。在短短七年之内,有两位法国作家得到诺贝尔文学奖,这是极为少见的,代表他们的影响力已经扩展到全世界。当时的法国,与他们水平相当的作家还有好几位。他们的作品引发文化界的思潮,其中最有影响力的就是存在主义。

萨特于1946年发表了一篇重要的文章，题为《存在主义是一种人道主义》(*Existentialism Is a Humanism*)。从这个题目就知道，当时众人对“存在主义”这个名称还不太了解。说存在主义是一种人道主义，代表这种新的学说关心人的价值与尊严，对人性有基本的尊重，顺着这个方向思考就对了。

但是萨特也知道，存在主义变成一种文化风潮，就很容易被人滥用。萨特说：“有一位女士每一次在紧张时说一句脏话，就会抱歉地对旁人说：‘唉呀，我相信我正在成为存在主义者。’”存在主义者怎么会和说脏话有关系呢？萨特用这个小故事表明，“存在主义”这个词已经被用得很泛滥了。

在这篇文章中，萨特正式提出“存在主义”的说法，随后列举四位代表，他说：“存在主义分为两大派，无神的与有神的。”在无神的标签底下，他列出海德格尔（Martin Heidegger，1889—1976）与他自己；在有神的标签底下，他列出德国的雅斯贝尔斯（Karl Jaspers，1883—1969）与法国的马塞尔（Gabriel Marcel，1889—1973）。德国、法国各有两位代表，说明这纯粹是一种欧洲的思想。

萨特列了四个人，除了他自己，另外三位纷纷发表声明，说他们不是存在主义者，那只是萨特个人的想法。事实上，作为存在主义者，拒绝被列在“存在主义”下是很合理的，后文会详细说明。

（二）“存在”这个词的特殊含义

想了解“存在”这个词有何特殊含义，要考虑以下三个角度。

1. 存在与本质互相对立，却彼此互补

“存在”与“本质”是互相对立的概念，但两者彼此互补，不能分开。传统西方哲学一向认为：本质先于存在。譬如，我要造一辆汽车，一定要先对汽车的本质有充分认识，亦即要先了解汽车的原理、

结构、目的如何。我这样想的时候，汽车尚未出现，这就是“本质先于存在”。人类所有的发明创造都是如此。

上帝创造世界也是一样的过程。《圣经》中描写，上帝一说话就创造了宇宙万物；但不要忘记，上帝先有对世界的观念才能说出来，再由此创造具体的存在物。所以，只要是合理的、不含矛盾的、可以想得通的东西，都可以说出来。所谓“合理的”，就是对本质的认识。由此延伸出后面黑格尔所说的“凡是合乎理性的都是实在的，凡是实在的都是合乎理性的”。这些观点都叫做“本质先于存在”，它们肯定理性具有特别的作用。

2. 存在先于本质

萨特说“存在先于本质”，体现了存在主义的特色。这里所谓的“存在”显然有特别的用法。

从古希腊到中世纪，“存在”这个词一直有两种写法。一种写法是 beings，它作为名词，代表存在的万物。譬如，一棵树、一块石头，都是已存在的东西。第二种写法是 Being，它变成动词，代表唯一的、作为根源的、具有活力的、使万物得以存在的基础，亦即宇宙万物的来源与归宿。为了避免混淆，就译为“存在本身”。

3. 把“存在”限定在人类身上

存在主义把“存在”这个词限定在人类身上，甚至只用在个人身上，这是存在主义的明显标志。当与存在本身进行对照时，人的存在最为特别：万物只是在那里，它就是那个样子；而人可以做出选择，只有人具有创造力，甚至能够创造自己。因此，只有人是真正存在的，他面对痛苦、罪恶与死亡，有各种烦恼、焦虑与恐惧。存在主义的“存在”就来自于这样的背景。但个人有时也像万物一样，存而不在，只是活着而已。存在主义要进一步探讨这个问题。

（三）存在主义的思想特点

存在主义的思想特点表现在以下四个方面。

1. 存在主义肯定单独的个人，个人不能再依附于群体中。经过两次世界大战，所有人清楚意识到：每个人都是独特的，不能把他当作群体中的一员或战争中伤亡的数字来看待。
2. 重视个人的自由与抉择。你是独特的个人，要自己负责，做自由的抉择，否则你这个人可有可无。
3. 强调主体真理（主观真理）。一般认为，真理是客观的，要由理性加以掌握。但存在主义强调，真理一定要结合个人的体验。这种真理除了发现真相之外，还能产生行动的力量，它不能脱离行动的主体，所以称之为主观真理或主体真理。
4. 存在主义强调，人要向着存在本身去寻找定位。个人的“存在”是一个动词，你必须找到根源，与存在本身接上线，才能使个人的生命找到定位，才能证明自己的存在。

萨特把存在主义分为有神论与无神论两个系统。他所谓的有神论，就是把“存在本身”当作西方传统宗教信仰的上帝。萨特认为，自己与海德格尔属于无神论。海德格尔对此不能苟同，他认为自己既不是有神论也不是无神论，而是“等待神的来临”。可见，每一位存在主义哲学家都会根据自己的人生体验，提出个人独特的观点。

收获与启发

1. 1946 年，萨特提出“存在主义”这个名称，后来被广泛使用。他列举四位哲学家作为代表，除了他本人，另外三位都否认属于存在主义阵营。但是，把他们与其他学派对照后就会发现，他们有共同的特性，确实可以代表存在主义的思潮。

2. “存在”一词含义相当复杂。传统西方哲学发展了两千多年，一直认为“本质先于存在”，人的理性可以了解本质。譬如，我了解了恐龙的本质，就可以正确地加以描述，并与别人进行沟通，但恐龙现在不存在，这叫做“本质先于存在”。宇宙万物的本质都可以被人的理性所掌握，但它是否存在则要看有没有具体的东西在那里。可以从三个角度思考“存在”。

（1）将“存在”与“本质”进行对照，两者对立并且互补，否则不可能有任何东西出现。

（2）“存在”一词在传统上有两种用法：“存在”作为名词（beings），所指的是万物；“存在”作为动词（Being），所指的是万物的来源与归宿，亦即使万物得以存在的最根本的力量。西方中世纪直接说“存在本身就是上帝”。

（3）存在主义将“存在”一词限定在个人身上。个人能否存在，要看他在关键时刻能否做出抉择。

3. 存在主义的特点是：肯定单独的个人，重视个人的自由与抉择，强调所有的真理必须与主体相关，并且要向着存在本身寻找自己的定位。

课后思考

对存在主义有初步认识之后，请你思考一下：如果一个人从未做出真诚而负责的抉择，他算是真正存在的人吗?

补充说明

“存在本身”与道家所讲的“道”很接近。

“存在本身”对应的英文是大写的 Being，代表它永远不变、永远在产生力量，就像能源一样。万物可被称作“存在”、“存在物”或“存在者”。万物要靠“存在本身”这个能源，才能获得能量，从而不断生成和发展。存在主义的代表之一海德格尔晚年非常崇拜老子，想把《道德经》再一次翻译成德文。因为他发现老子的“道”，就是古希腊时代探讨的“存在本身”，可惜后来西方世界遗忘了“存在本身”。这是海德格尔的一种判断。

34-3

克尔凯郭尔要唤醒昏暗的时代

本节的主题是：克尔凯郭尔要唤醒昏暗的时代。要介绍克尔凯郭尔（S. Kierkegaard，1813—1855）的生活与思想的背景，内容主要包括以下三点：

第一，独特的生活背景；

第二，克尔凯郭尔的作品；

第三，克尔凯郭尔要唤醒时代。

（一）独特的生活背景

克尔凯郭尔的生活背景相当独特。他长期患有忧郁症，曾经想过要自杀，后来经历了一次道德与宗教上的觉悟，整个人生才有了明显的转变。克尔凯郭尔是丹麦人，他的父亲生了七个孩子，只有两个存活下来。他有个哥哥，精神方面也有问题。

克尔凯郭尔的父亲遭遇非常奇特，11 岁时还是个贫穷的牧童，曾在冰天雪地中举起双手诅咒上帝，这件事让他自觉有罪。不久之后，他却意外得到一个远方亲戚留下的遗产，忽然变成有钱人，他怀疑这是上帝在跟他开玩笑。后来他五个孩子都夭折了。他一生都有严重的罪恶感和忧郁症，到了 82 岁还念念不忘曾经诅咒上帝这件事。父亲的遭遇深深影响了克尔凯郭尔，他说父亲为他安排了最好的教育，但是自己却生活在不堪的回忆中。

另外，克尔凯郭尔订婚这件事也对他造成重大影响。他在 27 岁时认识了雷吉娜，两人很快就订婚，但他后来发现自己不适合婚姻。他承认自己心中有许多不可告人的秘密，如果两人无法沟通，又怎么能结婚？而且，他的五个兄姊都夭折了，所以他很担心自己寿命不长。此外，他隐约觉得自己肩负着遥远的使命，因此并不适合婚姻。于是，他在订婚一年之后解除了婚约。在此过程中，克尔凯郭尔的内心经历极大的挣扎。解除婚约之后，他很希望与未婚妻保持友好的关系，但这显然是不可能的。

克尔凯郭尔获得文学硕士学位，取得牧师资格，但他没有从事过具体的宗教活动。他的硕士论文题目是《苏格拉底的反诘法》。苏格拉底与别人谈话时，总是用反问的方式来探讨真理。克尔凯郭尔听过德国唯心论者谢林（F. W. J. von Schelling，1775—1854）的课，读过黑格尔的书，对他们的观点无法苟同。他多愁善感，心灵常受到极大困扰，他说："从小我就是一个被悲惨的忧郁侵袭的人。所有存在的东西，从最小的蚊子到耶稣基督的降生，都让我感到害怕。对我而言，一切都无法解释，而最无法解释的就是我自己。"心灵经常受到这样的困扰，怎么可能快乐？

克尔凯郭尔机智过人，凭借聪明与口才，很容易就成为聚会的焦点人物。他外表看起来像是轻浮放荡的花花公子，他以这种方式来掩饰自己的忧郁。他的穿着打扮与众不同，经常流连于咖啡馆、歌剧院。他在《诱惑者的日记》这本书里说："我刚刚从一个我是灵魂人物的团体中走出来。在那儿，幽默从我口中涌出，所有人都笑了，都佩服我。但这时我却想要立刻离开，并且想要举枪自尽。"可见，他的内心经常处于极度的矛盾冲突之中。

（二）克尔凯郭尔的作品

克尔凯郭尔的年代是 1813 年至 1855 年，他只活了 42 岁。他的后半生几乎都在写作，作品很多，大致可分为两个阶段。

他 30 岁左右所写的主要是感性作品，最著名的是《非此即彼》这本书，他也因此而成名。街上经常有小孩跟在他后面，边追边喊："非此即彼，非此即彼。"所谓"非此即彼"是要让人做出选择。但是应该如何选择？很多人就用这本书的书名来调侃他。

克尔凯郭尔无法接受理性至上、系统完备的德国唯心论，他早期的作品大多是随笔或是有启发性的谈话，如《哲学片断》。他还写过一本有名的书，标题是《对哲学片断之最后非学术的附言》。虽说是"附言"，居然长达 550 页！

克尔凯郭尔 34 岁以后，转而写作宗教作品。克尔凯郭尔所谓的宗教，不是理性化的上帝或形式化的仪式，而是要真诚面对自己、面对人的痛苦与罪恶、有一个上帝会回应你的那种宗教，也就是原始的基督宗教。

（三）克尔凯郭尔要唤醒时代

克尔凯郭尔要通过自己的作品唤醒整个时代，他主要针对的是文化界与宗教界两个方面。

当时的文化界充斥着德国唯心论的思想，克尔凯郭尔不以为然。他谴责那个时代，认为一切都在理性的支配下，都在有限的思考中，没有感情，没有感动，也没有行动。理性的主宰使人类的存在陷于模棱两可中。

克尔凯郭尔指出："到处都是理性，没有绝对的热情，取而代之的是理性的婚姻，大家都在寻求高大上的人作为结婚的对象，而没有真正的爱情；没有绝对的顺从，取而代之的是以理性判断为基础的顺从，要思考、顾虑事情的利弊；没有冒险，取而代之的是对可能性的精明计算，算准了才会出手；没有行动，取而代之的是一个个事件，也不清楚是谁做的，这样就形成了一些事件。”克尔凯郭尔对整个时代的思潮做出了批判。

针对宗教界，他明确批判当时的丹麦教会（基督教的一派）。克尔凯郭尔对宗教有深刻的体会。当时有一位受人推崇的主教过世，克尔凯郭尔公开说：“这位主教是一位真理的见证人，这是真的吗？”他认为教会已经俗化，大家都不谈自我牺牲，不谈人生的痛苦该如何解脱，信仰变成一种与社会协调的、高雅的人文主义。克尔凯郭尔无法接受这种与世俗妥协的宗教。

他一生最佩服的人是苏格拉底，因为苏格拉底以死亡捍卫了真理。他最轻视的人是歌德，认为歌德在近代足以代表最没有性格的人，只知道追求一己的享受，又用诗歌来装点自己高贵的表面。他鄙视丹麦教会的牧师们，认为他们只追求安逸的生活，完全没有耶稣基督那种修身克己的精神。

克尔凯郭尔这些观念与当时的社会格格不入，为此他要承受来自各方的压力。他写作时经常使用笔名，包括维克多隐士、静默修士、沉默的约翰，等等。克尔凯郭尔对宗教有独特的看法。由他所启发的存在主义，在这一方面也有很多独到的见解。

克尔凯郭尔如何形容自己呢？他说：“我就好像是为上帝服务的特务。我必须到处去探查‘存在’与认识是否一致，基督教界与基督宗教是否一致。”换言之，他要探查别人的言行与思想是否配合，不能满口仁义道德，却没有付诸行动。他还要探查当时丹麦的基督教团体与原始的基督宗教的理想是否一致，因为当时有许多人言行不符，知行不一。

克尔凯郭尔严厉批判德国唯心论，他甚至说：“像黑格尔主义，把个人生命的意义全都寄托于历史、国家或普遍精神的演变中，一切都用正反合的辩证程序进行，要看你在这个程序里扮演什么样的角色。这种说法与个人的生命毫无关联。”

他描写当时整个社会的特色，就像一个酒醉的农夫驾车回家。表面上是他在驾车，其实是靠识途老马把他拖回了家。“回家”比喻一个人走完生命的全程，但他可能一路醉酒不醒，糊里糊涂，不知道自己是怎么回事，也不知道自己要去哪里。

克尔凯郭尔去世将近一百年后，到了20世纪二三十年代，才开始受到广泛推崇。德国学者把他奉为存在主义的创始人，认为他的使命是唤醒昏睡中的人。

收获与启发

1. 克尔凯郭尔是存在主义的创始人，他的生活背景相当独特。有两件事影响他的一生：一是他父亲的精神状况非常复杂，一辈子都有严重的罪恶感与忧郁症，使得克尔凯郭尔也有类似的困扰；另一件事是他与雷吉娜订了婚，一年之后又解除婚约，所以他的未婚妻成为他心目中完美女性的典型。根据专家研究，他的创作之所以源源不绝，与这件事有直接的关系。
2. 克尔凯郭尔几乎一生都在写作，早期作品大多是感性作品。后来因为经历了一次深刻的宗教与道德上的觉悟，他转而写作宗教作品。他的生命一直受到忧郁症的威胁，曾经在疯狂的边缘想要自杀，如果没有思想上的觉悟，又怎么会写出一部又一部的作品呢？
3. 他难以忍受当时整个时代的思潮和教会的俗化，所以对其提出严厉的批评。

课后思考

如果你发现周围有些人处于醉酒农夫的状态，你会去唤醒他吗？什么是最好的方法？

补充说明

我们可以从以下三个方面进行思考。

1. 分辨谁是醉汉

千万不能太主观，以为“众人皆醉我独醒”，而要扪心自问：我活得踏实吗？心安吗？快乐吗？如果答案是肯定的，在人际交往中自然会表现出一种自信，散发出一种力量，让周围的人感到诧异。也许有一天，别人会问你：“你为什么那么乐观积极、特立独行？”这说明他对你好奇，也说明他可能有点喝醉，但他分得清谁真正在生活。这时你才可以提醒别人。

2. 装睡的人叫不醒

装睡的人其实很厉害，他知道装睡对他有利，可以在模糊地带保全自己。对于这种人，你根本没有必要唤醒他，因为他比谁都“聪明”。不过，这只是一种适应环境的聪明，而不是真正的智慧。他并不了解自己生命的价值，更不可能去实践它，因为时间就在“装睡”中逝去了。如果“装”一辈子的话，这一生不是等于在 VR（虚拟现实）里吗？把自己想象成另外一个人在过日子，内心一定会有强烈的失落感。

3. 要自己示范，而不要总想着去唤醒别人

让自己每天不断进步、活得充实，这已经是很大的挑战了。每个人都有自己的功课要做。克尔凯郭尔写书为什么常用笔名？因为他不希望别人知道是被他唤醒的。人很奇怪，一旦知道是被谁唤醒的，就会觉得自己比不上这个人，随之会产生压力。所以，我们要具备一种智慧，让别人自己感觉到应该醒了。这可以作为我们共同的目标。

34-4

人生的三种绝望

本节的主题是：人生的三种绝望，要介绍克尔凯郭尔对绝望的看法，内容包括以下三点：

第一，人为什么会绝望?

第二，有哪三种绝望?

第三，绝望是致死之疾。

（一）人为什么会绝望？

关于“绝望”这个观念，在但丁所写的《神曲》中有这样一段描述：地狱的门上写着一句话——入此门者，当放弃一切希望。这代表地狱就是没有希望的地方。人活在世界上，绝望是最可怕的心理压力，简直就像身陷地狱一样。

人为什么会绝望?因为人的生命很特别：人是身体与灵魂的综合，是有限与无限的综合，是暂时与永恒的综合，是可能性与必然性的综合。克尔凯郭尔标举了两系列元素：一边是身体、有限、暂时、可能性；另一边是灵魂、无限、永恒、必然性。两系列元素的关系构成了自我的处境。自我当然要找到自己最后的根源，否则人怎么可能得到安顿?

人生是两种元素之间的竞合关系，始终处于一种紧张状态。换句话说，人一旦与内在的自我相接触，就会发现自己是两种元素、两个层次的综合。人只靠自己的力量无法把两个层次协调好，于是就会出现绝望的情况。在历史的长河中，有许多人取得巨大的成就，但是他们的生命未必能获得安顿。到最后，似乎只有立足于某种信仰之上，才能让自己站得稳。

（二）三种绝望

克尔凯郭尔提到人生有三种绝望：不知道有自我、不愿意有自我、不能够有自我。

1. 不知道有自我而绝望

有的人随俗浮沉，得过且过，经常羡慕或崇拜别人，把偶像作为自己心里投射的对象，把自己归类为某一种人，属于某一个阶级、某一个族群。这样的人只注意到自己的身体与心智，却没有意识到还有一个灵性的、永恒的自我，不知道灵性是一个人最独特、最重要的成分；但他照样觉得安全与满足。他处于无可救药的境地，但他却完全没有意识到这一点。

一个人受身体的支配，迷惑于感性与情欲，这就是不知道有自我。他只是糊里糊涂地隶属于一个更大的群体，对自己没有清楚的认识，不知道自己有灵性的成分。表面看来，他有活动的能力，但他不知道这种能力最后的来源。不论他在现实世界取得什么成就，那都是一种绝望的人生。

有些命定论者认为自己的命运早就被决定了，成败得失都已注定，一切都是必然，这就是不知道有自我。另外还有些人虽然相信上帝，但把上帝等同于必然的规律。如此一来，上帝不见了，只剩下必然的规律，这同样没有自我可言。把上帝当成命运，等于没有信仰的态度，也谈不上个人的责任。

2. 不愿意有自我而绝望

我意识到自己是属灵的，有一个应该去完成的自我，但是我不愿意去完成。因为我已经学会了像别人一样生活，不愿意做自己，更愿意做别人。我通过外在的活动来转移注意力，经常对自己说：等一等再看吧，过一阵子再说吧，先这样过下去吧。我始终不敢跨出脚步去过灵性的生活，以为关心灵魂是在浪费时间。真正做自己就要做出抉择，会面临很大的压力，而且未来又是不可知的。因此，很多人不愿意有自我，他们对自己感到绝望，并在绝望中想要摆脱自己。

3. 不能够有自我而绝望

就算你知道有自我，也愿意有自我，但是你能够做到吗？你会发现，只靠自己的力量无法完成自我。这时唯有开放自己，接受永恒力量的帮助。你需要鼓足勇气，“丧失自己以得到自己”，亦即要完全放弃自己，无条件地接受援助，服从另一个力量的安排。

然而，人往往害怕失去在这个世界上的有利条件。一旦承认自己的软弱，被另一个力量所提拔，就会觉得自己好像真的是无用的。所以人在绝望中仍要坚持自己的软弱，宁可随自己的思想走上偏差的道路。这就是不能够有自我而绝望。

关键是你没有明白：只有丧失自己，才能得到自己。所谓“丧失自己”，代表你觉悟自己的真正处境——只靠自己，无法找到得救或解脱的途径。譬如，儒家有“杀身成仁”、“舍生取义”的说法。一个人明明死了，但他居然可以“成仁”、“取义”。这与“丧失自己以得到自己”是类似的观念，可以对照参考。

（三）绝望是致死之疾

克尔凯郭尔在36岁时（1849年）创作了《致死的疾病》一书。

这个书名来自《约翰福音》里的一段故事。有人对耶稣说："拉撒路病了。"拉撒路是耶稣的一位朋友。耶稣说："这病还不至于让他死。"拉撒路后来死了，但耶稣在他死后几天又让他复活了。克尔凯郭尔从中得到启发，以《致死的疾病》为书名，代表绝望是致死之疾、无药可救的。绝望在人间其实相当普遍。如果想了解克尔凯郭尔对人性的认识，就要从"三种绝望"入手。

收获与启发

1. 人活在世界上，偶尔会对某些事感到失望和挫败，觉得没有机会重来，甚至自己所做的一切没有任何效果，好像这一生都白过了。就算一个人有再大的成就，偶尔也会有这样的感触。

我 1998 年在荷兰莱顿大学教书，有一次参观梵高美术馆，看到 60 幅梵高的画作。展览的终点引用了一句梵高的话作为结束语。梵高创作了这么多杰作，但他认为自己的一生是"彻底的失败"。

人活在世界上，本以为自己可以成就伟大的事业，取得重要的成果；但是真正做出来之后才发现，不过如此而已。换言之，所有能力在尚未实现之前，似乎都有无限的可能性；一旦落实之后，就会发现不过如此。在浩瀚的宇宙里、在永恒的过程中，人所能成就的就像一粒微尘而已。很多艺术家或宗教家在回顾自己的一生时，很容易有这样的体会。

2. 克尔凯郭尔特别举出三种绝望。

（1）不知道有自我而绝望，过一天算一天，觉得大家都差不多，不去思考自己的生命有什么特别之处。

（2）不愿意有自我而绝望。有些人知道自我与别人不同，有特殊的任务，要完成灵性生命的要求。但他们很快就发现，做自我很辛苦，很多事都要自己做决定，还要承担后续的责任，很多人就退缩了，干脆不做自己了。

（3）不能够有自我而绝望。我知道有自我，也愿意做自我，但是我努力了很久，发现自己的能力不够，要做真正的自己不能只靠自己，还要寻找自己的根源。此时有一个关键：要先放弃自己，才能真正得到自己。

譬如，有些人看起来有很大的内在力量，这说明他通过自我修炼，超越自己和有形的世界。简单说来，他完全没有私心，只为了自己的人生理想与信念而工作，化解自我的执着，反而可以发挥最大的力量。

3. “绝望”这个观念与克尔凯郭尔的宗教信仰直接相关，它来自于《约翰福音》中耶稣所说的一句话：“这个病还不至于死。”但克尔凯郭尔认为，绝望是致死的疾病。这个观念让很多人受到震撼，于是开始反思：我的生命到底是怎么回事？

课后思考

到目前为止，你有过绝望的经验吗？譬如对一件事、对一个人，或者是对自己感到绝望。了解了克尔凯郭尔所说的“三种绝望”之后，你觉得自己的绝望属于哪一种？你后来又是怎样走出这种绝望的？这一点当然更重要。

补充说明

克尔凯郭尔提到了三种绝望：1. 不知道有自我而绝望；2. 不愿意有自我而绝望；3. 不能够有自我而绝望。我们要对这个问题做一个比较完整的反省。

听到克尔凯郭尔说“三种绝望”，就要把焦点放在第三种绝望上，因为“不知道、不愿意、不能够”代表一个循序渐进的过程。你原本不知道，现在知道的话，那么你愿意吗？你原本不愿意，现在愿意的话，那么你能够吗？所以，关键在于第三种绝望。这就好比人的生命结构可以分为身、心、灵三个层次，它的焦点在于“灵”，这是决战的关键所在。养成这样的思考习惯，就比较容易掌握到重点。

可以从两个方面加以分析：反思“三种绝望”、化解“三种绝望”。

（一）反思“三种绝望”

1. 反思“不知道有自我而绝望”

请问：如果你知道有自我，会出现什么情况？当然想要自我实现。但是，我们通常会把“自我实现”放在身和心两个层次上。譬如你身体条件很好，可能会成为专业运动员，得到很多人的支持。在“心”方面，你可能数学很好，或有计算机方面的天赋，可能就会往这些领域发展。因此，知道有自我就会追求自我实现，但大都集中在身和心两个方面，要与别人进行比较或竞争。

2. 反思“不愿意有自我而绝望”

假如你愿意有自我的话，会出现什么情况？你愿意有自我，代表你能够负责任。克尔凯郭尔时提到人生有三个层次——感性的、伦理的、宗教的，“愿意有自我”显然进入到伦理的层次。“负责任”一般侧重于对别人负责，“别人”包括家人、朋友、同事，等等。请问：你要对别人负责到什么程度？别人需要你负什么责任？在这个世界上，没有人可以为他的言行负全部的责任。一个人的言行会影响身边的人，你该如何算这笔账？因此，就算你愿意有自我、愿意负责，但该对谁负责、负责到什么程度，都是很复杂的问题。

3. 反思“不能够有自我而绝望”

假如你今天能够有自我的话，代表你要设法自我超越。克尔凯郭尔最深刻的话就是“丧失自己以得到自己”，正所谓“有舍才有得”。因此，真正成为自己就是要设法自我超越：要从“有我”提升到“无我”，再进一步提升到“大我”。“有我”的“我”是“小我”。“无我”看上去像是牺牲了自我，但唯有如此才能进入“大我”。“大我”跟“小我”属于不同的层次，你没有到“大我”的层次，根本无法想象“大我”是什么情况。这就像人生的修炼，没有抵达更高的层次，根本不会意识到自己现在有什么问题。

这就是我们对三种绝望的反思。你要去想：如果我知道，那是什么情况？如果我愿意，那是什么情况？如果我能够，那又是什么情况？经过充分反思之后，才会了解克尔凯郭尔思想的重点所在。

（二）化解“三种绝望”

可以从以下三个角度来看。

1. 向外对照

首先要分辨“绝望”与“挫折”的不同。像考试失败、与别人交往不顺，或工作上面临重大挑战等，这些只能算是挫折。它们也许会带来失望，让你暂时看不到未来，但那谈不上绝望，并且挫折也是一种磨练。克尔凯郭尔强调“绝望是致死的疾病”，由此可见“绝望”的严重性。不能只是“向外对照”，看到别人有成就，就觉得有一种挫败感。这些都属于相对的情况，只是生命中的一些考验而已。

2.“向外对照”之后，接着要“向内观照”

这就比较深刻了，因为绝望往往来自于你对身体的重视远远大于对灵性的重视，亦即重外轻内。所谓“身体”，包括所有可以衡量、有形可见的外在成就。你通过向内观照就会发现：糟糕，我内在属于灵性的成分太少。你可以问自己：如果一无所有，我活得下去吗？外在一无所有，才可能尽量锻炼和充实自己的内在。或者问：我可以不需要别人的称赞，不需要物质方面的资源，站在自己的双脚上去面对人生的复杂情况吗？向内观照会让你发现“身”与“灵”失去了平衡。要想改变这种状态，“心”是一个关键。你的心要往哪里走？是继续沿着“身”的方向发展，还是改变方向，往“灵”的层次提升？

3. 向上求照

向上开放，或者说“向上求照”，希望得到上面的光照。很多人都会像禅宗二祖慧可禅师那样，希望得到一个好老师，最好是宗教界或教育界的老师，可以给自己开示。“向上开放”当然包括向高人或前辈求教，但更重要的是向“超越界”开放，这才是克尔凯郭尔强调的重点。

人为什么“不能够有自我”？因为对许多事情都舍不得，不愿意把有形可见、可以量化的成就全部放下，不愿意思考“生不带来，死不带去”这八个字。你如果真的了解这八个字，把一切都放下，在做出牺牲之后，才能得到某种成全。否则，你永远不可能成为真正的自我，永远被局限在有形可见的世界上，封闭在你以为有用的资源里。“死而复生”是灵修的最高境界，它并非宗教里的神秘事件，而是从“小我”提升到“大我”的必经阶段。

在成长的过程中，我们一定要记得四个字——脱胎换骨。我在大学教书 40 年，常有学生问我念大学会怎样，我就用“脱胎换骨”来回答。每个人都有自己的生命来源，是父母亲给了我们身体的生命，但是我们还有精神的生命。你要找到一位好老师，古今中外的人都可以，如果他能够启发你，让你感觉到生命的意义和价值，使你决心走上一条内心修炼的路，那就是你脱胎换骨的契机。

向上开放不能把希望寄托在某个人身上，要记得佛教所说的“依法不依人”，因为人只要活着，就可能会陷入困境。由于修行程度有别，有些人很容易陷入困境，有些人则很难陷入困境；但只要是活着的人，就无法完全超越这种可能性。人生是永无止境的修炼过程。孔子活了73岁，他说自己“七十而从心所欲不逾矩”。假设他像孟子一样活到84岁，肯定还会有更高的境界。

因此，向上开放“求照”，更重要的是向着“超越界”开放。超越界就是西方哲学家所说的“万物的来源与归宿”，有宗教背景的人称之为“上帝”。在中国来说，老子称之为“道”，孔子称之为“天命”。但知道“天命”与得到“天命”加持是两回事，这就是最特别之处。

“人生的三种绝望”是克尔凯郭尔相当深刻的反省。我们要学会从反面思考，譬如，不知道有自我而绝望，如果知道会是什么情况？进一步思考，如何化解绝望？克尔凯郭尔作为西方学者，提出一种思考的架构和模式。我们可以拿来作为反省自己人生的重要材料和依据，但是推论的过程或结论却不一定要完全相同，如此可以活学活用。

34-5

勇敢向上跳跃

本节的主题是：勇敢向上跳跃，要介绍克尔凯郭尔在1844年《哲学片断》里所提到的“人生三个阶段”，他指出一个人存在的可能性。在每个阶段之间，都是一种存在的抉择，就像面临悬崖，前面是弥天大雾，你能否勇敢地跳跃？对面可能是一片新的陆地，也可能是万丈深渊，跳下去会粉身碎骨。所有的跳跃都要放弃过去、走向未来，但未来是否存在？是否与你设想的一样？这些都是问题。

“人生三阶段”是克尔凯郭尔所有作品背后的默认，三阶段分别是：

第一，感性阶段；

第二，伦理阶段；

第三，宗教阶段。

（一）感性阶段

有些地方把“感性阶段”译为“审美境界”，这不太适合。克尔凯郭尔所谓的“感性”，在希腊文里与“审美”一词有相同的字根。审美一定要通过人的感觉官能，不能脱离人的感性能力，有人就误以为那是一种审美的境界。其实，审美需要用到感官，而感官所得未必都是审美的。另外，在感性阶段不需要进行特别的修炼，所以谈不上什么境界。因此，译为“感性阶段”比较符合克尔凯郭尔的原意。

克尔凯郭尔认为，一般人很容易耽溺于官能享受。他在《非此即彼》这本书一开头就说：“诗人是苦闷的象征，观众要他吟唱，他就吟唱。诗人的灵魂始终不安，因为在刹那生灭的感性生活中，找不到固定的价值。”克尔凯郭尔以诗人作为代表，很容易让人误会这个阶段与审美有关。其实，克尔凯郭尔所强调的是一个人只重视当下的感受，这时的口号就是：今朝有酒今朝醉，好好享受吧！

但是，你如果耽溺在官能享受中，换来的只是对现实世界的疲乏倦怠、失望忧郁、嘲笑愤恨、虚无绝望。在这个阶段，所谓的友谊就剩下酒肉之交，所谓的爱情就剩下性爱。最后一切都是虚幻的，人只剩下躯壳，内心的自我消失了，一定会觉得厌烦与忧郁。

感性阶段的特色是“外驰”，就好像坐马车飞驰，只是向外而没有向内。此阶段的特色是没有责任感，没有反省性，而只有瞬间的存在。只是活在当下，不去想过去与未来，怎么谈得上责任？不做反省，因为反省需要回到内在的自我，而感性阶段正好要消解自我。同时，只有瞬间的存在，不做任何选择与承诺，当下有什么就是什么，以享乐为主，只有量而没有质。在饱尝一切又厌倦一切之后，依然觉得饥饿，最后难免陷于莫名其妙的不安与忧郁之中。

此时要做出抉择，是否勇敢地跳跃？你永远无法确知，在脱离这个阶段之后，另一个阶段是否更有价值、更值得追求，以及自己能否坚持下去。

（二）伦理阶段

一旦跃过去，就进入到伦理阶段。伦理阶段的最大特色是，能够把现在、过去和未来都连在一起，构成一个比较完整的人生。昨天的承诺今天要兑现，今天的行动明天要负责，由此出现一种责任感，也就是道德感。

到伦理阶段才有真正的婚姻与友谊，可以用浪漫的爱来代替感性的情欲，用真诚的互助来建立友谊，个体与社会能够保持和谐，由此超越感性阶段的虚幻生活。进入道德层次，可以突破个人封闭的世界，开始与别人互动，接受责任与义务，活在实践的过程中。

伦理阶段的特色是“内求”。自我开始出现，生命变得完整而有目的性，不再依感受来决定好恶，而是用理性来判断道德责任。

伦理阶段的主要问题是“自以为义”，即相信自己是正义的，肯定道德的无上价值；但是忽略了人的根本软弱，人根本不可能达成道德上的完美要求。我们现在可以平安度日，是因为没有受到太大的诱惑。当遇到真正的诱惑时，谁也不敢说自己一定可以抵挡得住。这说明道德有它的极限，在道德方面绝不能自负或自以为义。

进入道德阶段，我们一方面可以与别人合作，按照道德规范来进行社会生活；另一方面，我们虽然没有犯法，却不能自觉无罪。看到社会上的各种罪恶，总觉得直接或间接与自己有关。这时要继续冒险跳跃到第三个阶段——宗教阶段。

（三）宗教阶段

克尔凯郭尔是虔诚的基督徒，有着深刻的宗教信仰。

宗教阶段的特色是“依他”，要从“外驰”到“内求”，再到“依他”。人为什么要“依他”？因为人知道自己的软弱，永远没有把握可以抵挡所有的诱惑，在道德上成为完美的人。在道德上自认为完美，就已经是一种缺陷了。

在这个阶段要超越理性的层次，接受绝对的超越界（上帝）所要求的一切，要用启示胜过理性，用信仰超越人伦。在伦理阶段会强调人伦、家庭、爱情、财富、名誉，等等，此时必须整个放下，把这一切都当作执着，才能成为真正的基督徒，顺利完成信仰的跳跃。

克尔凯郭尔强调，人本来就是身与灵、有限与无限、时间与永恒的综合。顺着神的指示，就会得到永恒的幸福。为何会有这种把握？因为基督徒相信，耶稣是神取得人的身体，是无限与有限的融合。以耶稣作为示范，才有可能化解人生的问题。

克尔凯郭尔进一步把宗教分为两种：第一种是宗教 A，第二种是宗教 B。

所谓宗教 A，在世界各地都能看到这样的宗教，特点是依他。一个人自觉生命有限，就要寻找一个无限的基础，并设法与这个基础建立关系，可以用苏格拉底作为代表。苏格拉底承认自己的无知，所以他要追求真知、追求永恒，但是他没有问永恒是什么。这种宗教的重点是人，由人来界定人与神的关系。

宗教 B 就是基督宗教，重点在于永恒的神，核心是一个难以解释的吊诡（paradox），即自相矛盾、似是而非、似非而是。譬如，有限与无限结合在一起，这怎么可能呢？耶稣是人也是神，他死而复活，这些都让人难以理解。克尔凯郭尔承认，信仰是违背理性的，一定有冒险的成分。

收获与启发

克尔凯郭尔认为人生有三个阶段。

1. 第一个是感性阶段，即通过人的感官能力去享受人生，今朝有酒今朝醉。这样只会让人忧郁，觉得重复而乏味。这时必须做出选择，是否向下一步跳跃。
2. 第二个是伦理阶段。在伦理阶段可以接受某些道德规范，在社会上与别人互动。处于这个阶段的人有一定的道德水平，但可能过于自满，认为自己有道德。这样的道德缺乏稳固的基础，你只是尚未遇到大的诱惑，所以暂时能够维持表面的稳定。当你看到社会上的各种痛苦与罪恶，总觉得与自己有关。从第一阶段的“外驰”到第二阶段的“内求”，已经有了进步；但还要再进一步寻找自己的根源，再次进行跳跃。
3. 第三个是宗教阶段。这一阶段的特点是“依他”。宗教 A 从理性出发，找到理性的极限，然后接受一个超越的力量，即哲学家的上帝，以之作为万物的来源与归宿。宗教 B 就是克尔凯郭尔信仰的基督教。他要求基督教的表现完全符合《圣经》的原始教训，所以他对于当时教会俗化的情况深表不满。克尔凯郭尔的上述说法值得我们参考。

课后思考

克尔凯郭尔认为人生有三阶段，你根据自己的观察，认为人生可以分为哪几个阶段?

补充说明

禅宗有一段公案：第一步，看山是山，看水是水；第二步，看山不是山，看水不是水；第三步，看山还是山，看水还是水。这时要问：第一步“看山是山，看水是水”与第三步“看山还是山，看水还是水”之间有什么不同？如果到了第三步还是跟原来一样，那么修不修行有什么差别？

这个比喻的用意是：你通过修行，了解山并不是你原来看到的那个山，水也不是你原来看到的那个水。你知道山不是你所看到的、所想象的、从外表掌握的、从概念了解的那个山，但是最后你还是要像坐飞机一样返回地面，说山还是山，水还是水；否则你怎样跟别人沟通？

我年轻时喜欢王国维的《人间词话》，书中用一首词来说明人生的三种境界。第一境是“昨夜西风凋碧树，独上高楼，望尽天涯路”。第二境是“衣带渐宽终不悔，为伊消得人憔悴”。第三境是“众里寻他千百度，蓦然回首，那人却在，灯火阑珊处”。

第一境描写我在特别的心境下，独上高楼，可以看透整体，望尽天涯路，知道自己的目标何在。第二境描写我要为这个目标努力奋斗，衣带渐宽也不后悔。最后发现，我在世界上寻寻觅觅，真正要找寻的其实是自己。我们这一生所要成就的并不在外，而是在内要实现真正的“自我”。因此，“蓦然回首”四个字是关键。“那人却在，灯火阑珊处”，代表此时的“自我”仍有一点模糊，需要把它充分彰显出来。这样描写人生境界非常生动优美，但还是有一点抽象。

我在美国念书的时候，对于人生境界有了更深的思考，喜欢蒋捷的《虞美人》，他描写了人生三个阶段听雨的感受。

第一阶段是年轻时听雨。“少年听雨歌楼上，红烛昏罗帐。”代表今朝有酒今朝醉、尽情享受人生的阶段。

第二阶段是中年听雨。“壮年听雨客舟中，江阔云低断雁叫西风。”我在美国念书时已步入中年，对此深有感触。蒋捷和王国维都提到“西风”，因为根据中国的地理形势，东边吹来的风温暖湿润，而西边吹来的风阴冷萧瑟，密云不雨。

第三阶段是老年听雨。“而今听雨僧庐下，鬓已星星也。悲欢离合总无情。一任阶前点滴到天明。”诗人到庙里暂住，已经两鬓斑白。人生的悲欢离合是无情的，还是让台阶前一滴滴的小雨下到天亮吧。

这首词同样是对人生三个阶段的生动描写，但它跟克尔凯郭尔所谓的“感性—伦理—宗教 A、宗教 B”有很大的不同。中国的文人作家能准确把握当下的情绪，描写非常到位，但他并没有告诉你要往哪个方向去发展。对西方哲学家来说，一定要有一种方向感，因为爱智慧要对人生有完整而根本的理解，进而指出一个明确的方向。一定要从最后那一点回头来看，才能真正理解人生。

第 35 章

克尔凯郭尔与尼采：存在主义先驱

35-1

克尔凯郭尔的核心观念——焦虑

本节要介绍克尔凯郭尔的核心观念——焦虑。它既是存在主义的一个核心观念，也是贯穿每个人一生的一种状态。人生是不断选择的过程，选择就会带来焦虑。

本节要介绍以下三点：

第一，焦虑是什么？

第二，焦虑的产生；

第三，焦虑的背景。

（一）焦虑是什么？

人在选择时都会有焦虑。譬如，第一种情况，你买一件衣服、吃一顿饭、买一辆车子，这些选择能使生活更加便利，此时所面临的焦虑是比较具体的层次。第二种情况，你选择什么行业、与什么人交朋友甚至结婚，像克尔凯郭尔订婚之后又解除婚约，这些都是非常关键的抉择，对每个人的意义或重要性都不一样。第三种情况，你选择是否忠于自己。这听起来有点抽象，其实是最根本的问题。

选择为何会带来焦虑？原因有三。

1. 选择是一次性的。任何选择都在时间中进行，而时间一去不复返。所谓“一失足成千古恨”，就有类似的意味。

2. 选择是有后果的，这种后果未必合乎预期。一个选择之后，可能接着还要继续做选择。选择就要负责任。人往往前半生粗心大意，后半生补救过错。选择的后果让人面临压力，也带来责任的问题。

3. 最关键的是要选择成为自己。每个人都是独一无二的，要对自己的生命负责。人终究要面对死亡，所以要自问：我这一生该怎么过？

选择面临时间上与责任上的压力，最终还要面对死亡的压力。因此，选择必然会带来焦虑。克尔凯郭尔所谓的“焦虑”（dread）并非一般意义上的，它有三点重要的内涵。

1. 焦虑不是恐惧（fear）。恐惧有明确的对象，如怕鬼、怕怪物等；但焦虑没有明确的对象。

2. 焦虑让人坐立不安，必须做出选择，才能安顿自己。

3. 选择之后可能换来空无的结果，焦虑的对象是空无。所谓“空无”，是指一种可能性。可能性又与人的自由紧密相连。所以，焦虑就变成人在本质上最基本的状态。

因此，焦虑没有明确的对象，因为它的对象是空无，而空无又与人自由选择的可能性密切相关。

（二）焦虑的产生

人为何会产生焦虑？克尔凯郭尔说：“如果人是动物或天使，则根本没有焦虑的问题。”动物只有身，天使是纯粹的灵，而人是身与灵的综合体。人除了身与灵，还有意识。如果意识尚未意识到自己，就好像在睡梦中或小孩，他可以保持平静而没什么挣扎。但人一旦意识到自己有灵性，而灵性成分太少，就会产生焦虑。另外，意识到自己命中注定要由自己来创造自己的存在，焦虑就会更严重。

这两种焦虑都归结为人的罪恶感。人常常会感到愧疚或抱歉，觉得自己灵性不够，又觉得自己有责任创造自己的存在。克尔凯郭尔直接说："罪恶由焦虑而进入世界，同时罪恶也带来新的焦虑。"换言之，人之所以会焦虑，是因为他的自由行动有可能犯错；而这些错误就是使罪恶产生的根本原因。

一个人要把自己存在的可能性化为现实，此时的感受可以用"晕眩"来形容，就好像站在悬崖边上，看着脚下的万丈深渊而头晕目眩。人因为拥有自由而产生晕眩，他察觉自己是身与灵的综合体，此时产生的情绪或状态就称为焦虑。更清晰的表述是：

1. 存在的焦虑是对所焦虑之物的渴望及厌恶。人渴望身与灵的统合，以达到自己本然的存在；但自己根本做不到这一点，于是产生厌恶。
2. 焦虑时刻都会出现，令人无法逃避。因为它展示了人的可能性，要求人以热忱开展行动，在刹那之间可以接触到永恒。
3. 克尔凯郭尔称这种焦虑是"神圣的忧郁症"，因为它可以让人接上永恒的世界。

（三）焦虑的背景

人一旦察觉到自己的自由，就可能产生焦虑。焦虑的原始背景为何？克尔凯郭尔追溯到《旧约·创世纪》的神话。上帝造了亚当、夏娃之后，把他们安置在伊甸园里，只有一个禁令：不准吃知善恶树和生命树的果子。生命树还没有上场，知善恶树就成了关注的焦点。

亚当和夏娃吃了知善恶树的果子，结果"他们眼睛张开，发现自己赤身裸体"。这句话很关键，代表他们以前虽然有眼睛，但只能向外看，而没有向内的自我意识。他们吃了果子后，产生了自我意识，于是知道了善恶。因为必须先有一个“自我”存在，才能做出善恶的选择。换言之，在吃这个果子之前，亚当是无罪的。

克尔凯郭尔认为，人的始祖一开始是无罪的。其实，无罪就等于无知，那时的精神状态还在睡眠之中，感觉到平和、安静。同时，他知道有一个禁令——禁止吃某种果子。禁令唤起了自由选择的可能性，你可以遵守，也可以不遵守，否则就不叫禁令。这种选择的可能性带来虚无的可能，由此产生焦虑。

所以，无罪最深刻的秘密就在于它同时也是焦虑。当精神在睡梦中，它投射自己的存在，这个存在就是虚无。无罪始终在自己以外看到这样的虚无，因为你选错了就会落空，进入一种空无状态。焦虑是精神在梦中的一种限制。因为当你清醒的时候，与他人的区别是明显的；但睡着的时候，这个区别被搁置了。所以在梦中，虚无被衬托出来。人的精神状态常常以对自己的可能性跃跃欲试的形象显示出来，但精神要去掌握这样的形象时，它就消失于无形，只剩下令人焦虑的虚无。

简单说来，克尔凯郭尔强调，无罪就等于无知，无知就是精神在睡梦中。人在梦中会投射自己的实在，此时看到自己的虚无，从而产生焦虑。任何一种禁令都会唤醒你自由的可能性，那也是犯罪的可能性。这种禁令使亚当焦虑，也是此后人类焦虑的根源所在。

分析焦虑问题之后，克尔凯郭尔做了简单的结论，他说：“人在犯罪之后，心灵受悔恨所困，这时焦虑就绝望似的投身到悔恨之中。但悔恨不能取消罪恶，只能使人悲伤，除非你找到信仰，可以投身于无限的上帝。”

以今天的情况来看，焦虑是由选择带来的。人可以选择不成为自己，就像克尔凯郭尔所说的三种绝望——不知道有自我，不愿意有自我，不能够有自我。所以，关键的选择有两种：如果选择不成为自己，或不选择成为自己，都是逃避而不负责任的；但是选择成为自己的话，压力可能更大。

克尔凯郭尔说："个人向着一个无法完全理解，也不能一劳永逸实现的目标前进，因而一直处在变化之中，必须借着一连串的抉择来塑造自己。"这种抉择把自己投身到选项中，要对某个目标托付自己，献身于这个目标，但又不知道它能否达成。

收获与启发

1. 人在一生中会面临各种各样的选择，选择时都会产生压力。因为选择是在时间之中，而时间一去不复返，对于选择的后果要负责任，最后还要面对死亡，这些压力会使人产生焦虑。焦虑不是恐惧，因为它没有明确的对象，它只是自由所必须具备的可能性而已。焦虑让人坐立不安，必须做出选择，不能推脱。但选择之后，也可能陷于困惑。
2. 人会产生焦虑，因为人既非动物又非天使，而是身与灵的综合体。人一旦意识到这种综合，就会发现自己灵性成分太少，以至于无法平衡，找不到真正的重点；同时你会意识到，自己的命运就是要去创造自己的存在。这些压力会使人产生罪恶感。
3. 克尔凯郭尔探讨焦虑的背景，追溯到《旧约·创世纪》中上帝创造亚当的神话。人最初的无罪状态就是无知，等于精神在睡梦中。同时，他知道有一个禁令，禁令就包含自由选择的可能，焦虑由此而生。除非依靠信仰，否则人一生都不能免于焦虑。

课后思考

焦虑来自于人必须做选择，选择有三个特色：

1. 在时间之中，而时间一去不复返；

2. 要负责任，因为有后果要承担；

3. 人终究要面对死亡，所以选择关系到人的生命质量。

对于如何面对焦虑或降低焦虑带来的压力，请问你有什么想法？

35-2

克尔凯郭尔对真理、信仰与存在的看法

本节要介绍克尔凯郭尔对真理、信仰与存在的看法。克尔凯郭尔是存在主义的创始人，他提出的基本术语和观念，以及他在作品中表达的生命特色，对后代学者有很大启发。

本节要介绍以下三点：

第一，克尔凯郭尔强调真理的主体性。

第二，克尔凯郭尔的信仰观是什么？

第三，克尔凯郭尔对存在的看法。

（一）克尔凯郭尔强调真理的主体性

克尔凯郭尔强调“主体性的真理”，有时也译为“主观性的真理”。两者意思一样，但译为“主观性”容易产生误会，所以译为“主体真理”或“主体性的真理”更为适合。

所谓“主体性的真理”，是指我这个主体所体验到的、对我为真的真理，我可以为之生、为之死。传统所谓的“真理”，是指某种学说、观点或是命题与实际状况相符合。克尔凯郭尔所强调的是主体性的真理，而不再是客观真理。换言之，只了解真理还不够，一定要付诸行动，才是真正的真理。

克尔凯郭尔一向主张言行一致或知行合一。他批评丹麦教会的牧师只追求生活的舒适，与耶稣的精神背道而驰。在希腊哲学家之中，他最佩服苏格拉底，因为苏格拉底忠于自己的思想，甚至不惜一死。主体性真理可以激发人无比的热忱，与信仰几乎是同一件事。

克尔凯郭尔强调，人生唯一重要的是人的内在世界，那才是生命的根本所在。人要找到主体性的真理，而不必在乎所谓的客观真理，因为我们并不住在客观真理之中。他有一段话把他的真理观与信仰观联系起来，他说："真正认识自己就是认识上帝，而认识上帝就在认识自己之中。人的内心就是神的殿堂，在那儿与神面对面。所以，真正的人生是成为上帝面前的我。"

传统哲学一向采用理性的方式，重视普遍的应用，但是这种方式对个人实际的生命能有多少启发？存在主义走的是另外一条路线。存在主义的每一位代表，都以个人生命体验作为思想的基础。他们个性鲜明，遭遇独特，他们的心得未必能普遍应用在所有人身上。但我们可以从中学到一些基本观念，以之对照自己的人生，会获得深刻的启发。我们发现，人不再是抽象的、有理性的动物，而是一个活生生、有血有肉、有苦有乐、可以行善也可以为恶的人。

因此，主体性真理才是我们真正需要的。把整个生命全方位地投入某个真理之中，这本身就是一种要求信仰的态度。从克尔凯郭尔所处的时代和社会来看，他很自然就会信仰基督宗教。

(二)克尔凯郭尔的信仰观是什么?

克尔凯郭尔批评西方过于重视理性，导致现代人出现精神官能症等诸多问题。他曾经评论希腊文化说："当一切都从属于美的时候，美会引导我们到一个没有精神的综合，这就是希腊文化的全部秘密。因此，希腊型的美有一种安全、平静的庄严。但正因为如此，也有一种希腊人自己也许没有理会到的焦虑。在希腊型的美之中，既没有精神，也没有痛苦。正因为如此，反而有一种深刻而无法理解的痛苦。”换言之，感性的审美并非罪过，而是一个不能理解并使人焦虑的谜。天真无邪伴同着一个无法深究的虚无，那就是焦虑的虚无。焦虑没有明确的对象，而是以虚无或空无作为它的对象。

克尔凯郭尔在信仰方面也有独特立场。他强调，在信仰面前，每一个人都是单独的个人，而不是人群或群众之一。他要求别人在他墓碑上写上一句话：“那一个个人，他是要做一个在神面前独立的人。”换句话说，他的信仰与他单独的个人连在一起。所谓“单独的个人”，超过一般人所能达到的情况。一般人没有个性，躲在人群中，谈不上负责。他们跟着大众走，可以高谈阔论，却没有热情与行动；或者藏在哲学理论的空壳中，自命不凡；或者披着宗教的外衣，却没有宗教的精神。

克尔凯郭尔要做一个单独的个人。他引用《圣经》中所罗门王的话：“上帝创造万物各按它的时间，在时间中成就一切美好，另外又把永恒安置在人的心里。”（《传道书》3：11）换句话说，克尔凯郭尔发现，人与万物的不同之处就在于人性深处具有永恒，永恒是人之所以为人的本质所在。人与永恒的上帝在这一点上有了特定的连结。要做在上帝面前的人，才是真正做人；做一个真正对自己生命负责的人，才是一个站在上帝面前的人。

人是有限与无限所构成的关系，人的自由是可能性与必然性之间沟通的元素。所以单独的个人要运用自由，把有限与无限联合起来，使可能的人成为必然的人，从而与永恒结合。所以，人是自身存在的创造者。

（三）克尔凯郭尔对存在的看法

克尔凯郭尔如何看待“存在”？简单来说，所谓“存在”并不是选择这个或那个、选择善或恶，而是选择成为自己。

他再一次强调人的二元性。人是身体与灵魂的组合，有限与无限的组合，时间与永恒的组合，可能与必然的组合。这样的自我永远在深度变化之中，一直想要成为自己。已有的自我已经过去，我要努力实现自我的可能性。如果只是幻想自我的可能，而不采取行动使它成为必然，这个自我就会消失于虚无中。这种可能性像一面镜子，它照见的自我只是一半，而另外一半则要把可能性加以实现。人生就在这种可能性与必然性之间来回行动，由此显示出人生的奥秘。

简单说来，存在就是选择成为自己的可能性。这种可能性就是自由，由此也带来了焦虑。这些观念反复纠缠在一起。关键在于：成为自己到底需要什么？首先，要有可以为之生、为之死的主体性真理。接着，还要有纯真的信仰。

克尔凯郭尔后期作品的焦点都放在宗教上面。他甚至用一段类似祷告的说辞，来谈论人与永恒者之间的关系。这个永恒者就是上帝，而上帝就是爱。克尔凯郭尔说："天父啊，人没有你，算得什么呢？人若不认识你，他所知道的算得什么呢？虽然他有浩瀚的知识，也不过是琐碎的碎片而已。唯一的神呐，你是一，也是一切。求你在人忧愁、悔改的时候，把他所需要的胜利赐给他。他的胜利就是专注于一件事，也就是成为他自己。"

克尔凯郭尔有关信仰的这些表述，反映他个人独特的生命经验。如果没有类似的经验，则只能从文字上了解他的意思。但是深入思考就会发现，其实每个人的心中都有类似的愿望，只是让内心获得安顿的途径各有不同。

譬如，中国禅宗的二祖是慧可，他在拜访禅宗初祖达摩祖师的时候，提出了一个具有普遍意义的问题，他说："求大师为我安心。"每个人在生命的关键阶段，都会想到这个问题，也都希望能得到一个答案。

内心不安这个问题始终存在，这就是克尔凯郭尔所说的“焦虑”。克尔凯郭尔在他的文化背景中找到了答案。我们有不一样的机缘和文化背景，不一定非要接受他的答案。克尔凯郭尔引发了20世纪最重要的学派——存在主义。存在主义学者的思想有极大的差异，但他们还是有共同的问题与关怀。

收获与启发

> 克尔凯郭尔认为，存在就是选择成为自己的可能性。你对这句话有哪些个人的体会？你曾经在哪件事情上选择成为自己，并因此而付出某些代价，但是你觉得心安理得？

35-3

尼采的成长经验

本章的主题是：尼采的超人哲学。

西方哲学家通常会给人一种感觉，好像他们高人一等，与平凡大众格格不入。尼采是这些哲学家当中最特别的一位。他说过一句人类所能想象出最自负、最狂妄的话，尼采说："如果有上帝存在，我如何能够忍受自己不是上帝？" 难怪西方哲学界有个笑话说："尼采说上帝死了，上帝说尼采疯了。"

尼采确实疯了。尼采只活了 56 岁，他在 45 岁时就进了疯人院。所以，他正常生活及思考的时间只到 45 岁为止。尼采确实疯了，但上帝死了吗？直到今天，仍然有很多人信仰上帝。事实上，尼采说"上帝死了"有他特别的指涉。

尼采（F. W. Nietzsche，1844—1900）这个人不容易被了解。有人形容他像火药一样，可以破坏一切。他也认为没有人可以了解他，他说："我或许是一个怪人。"尼采说过许多狂妄的话，不是正常人所能想象的，因为他吃的苦比别人多。他从年轻时开始，在身体与心智方面就有严重的病痛，使他备受煎熬。此外，他的知识比别人广，对于古希腊到当时的哲学都有清楚的认识。同时，他的思考比别人深，从西方传统的有神论到无神论、一直到虚无主义都想通了。可见，尼采碰触到人的最高以及最低的底线。或许可以说，尼采代替人类测试所有的底线，以至于最后崩溃发疯了。

本节的主题是尼采的成长经验，要介绍以下两点：

第一，尼采的生平简介；

第二，影响尼采的四个元素。

（一）尼采的生平简介

尼采的曾祖父、祖父、外祖父、父亲都是基督教的牧师，他的父亲还担任过普鲁士王国四位公主的老师。尼采五岁时，父亲不幸车祸身亡，尼采就在母亲、妹妹、祖母、两位姑姑之间慢慢成长。这种特别的生活背景，使尼采对于宗教、道德、女性等问题都产生偏激的看法。

尼采有宗教背景，喜欢音乐和诗篇，十岁就可以作曲。他小时候被人称为“小牧师”，能够用让大家感动掉泪的方式，背诵《圣经》的箴言与圣咏。他在中学时代，打下很好的希腊文基础。20 岁念大学，攻读语言学与神学。他在语言学方面表现杰出，在 25 岁还没有拿到博士学位时，就已经得到老师的推荐，出任瑞士巴塞尔大学古典文学的客座讲师。但是十年之后，他 35 岁时就辞职了，因为那时他的眼睛几乎失明，常常出现幻觉。之后他全力从事创作，经历了人生各种复杂的遭遇。

尼采从小生活在女性亲友之中，对女性觉得既害羞又难解。他曾经先后向两位女子求婚均被拒绝。在知识方面，他从古希腊文化开始研究，第一本著作就是《悲剧的诞生》（*The Birth of Tragedy from the Spirit of Music*）。

从上述对尼采的简单介绍，可以想象这个人注定要度过不平凡的一生。

（二）影响尼采的四个元素

影响尼采的有四个重要的元素，分别是基督教、希腊悲剧、叔本华（Arthur Schopenhauer，1788—1860）以及瓦格纳（W. R. Wagner，1813—1883）。

1. 基督教

尼采生活在信仰虔诚的家庭中，因为相信人有原罪与缺陷，所以产生很深的罪恶感。他的良心常受到困扰，性格倾向于忧郁，终于产生强烈的反抗情绪，认为宗教抹杀了人性，窒息了理性，否定了现世的价值。尼采后来对基督教的道德提出严厉批判。因此，他所说的“上帝死了”，与一般的无神论者不信上帝是两回事。

2. 希腊悲剧

希腊悲剧是西方文化的源头之一，尼采对其有透彻的理解。他认为悲剧是由日神与酒神合作产生的。日神阿波罗（Apollo）代表太阳、光天化日，显示生活中必须有的形式与规范。酒神狄奥尼索斯（Dionysus）代表人在喝酒之后的混乱无序，充满无限的创意，可以配合及突破形式，产生创造的力量。这两种力量汇合之后产生了希腊悲剧，使希腊人可以忍受现实生活的种种烦恼与痛苦。尼采说：“只有这种悲剧艺术，才能把人在现实世界中的厌烦感转变为使他活下去的想象力。”

3. 叔本华的哲学

尼采 21 岁时，在书店里读到叔本华的代表作《作为意志和表象的世界》。他一看到这本书，内心立刻发出一种声音：要把这本书带回家。他后来说：“这本书中的每一句话，都是否定、弃绝、不认命的呼喊，使忧郁的特质在我身上发生作用。”

尼采从叔本华那里学到了什么？他认为，人的生命中难免会有痛苦。我们愈享受人生，就愈受其奴役。所以要摒弃物质，力行禁欲。尼采年轻时还在桌上放了一张叔本华的照片，每当遇到困难，他就喊："叔本华，救命啊！"但是11年之后，尼采32岁时去意大利旅游，读到另外几位作家的书，包括蒙田（Michel de Montaigne，1533—1592）、司汤达（Stendhal，1783—1842）、歌德（J. W. von Goethe，1749—1832）等，使他产生了新的想法。他认为叔本华的观念过于悲观消极，他开始声称自己不同意叔本华的学说。

4. 瓦格纳

尼采在24岁时，结识了当时德国重要的作曲家瓦格纳。尼采一开始对他推崇备至，他的第一本书就声明要献给瓦格纳。他视瓦格纳为德国的埃斯库罗斯（Aeschylus，526—456 B.C.，希腊悲剧的创始人），把他当作振兴文化的希望所在。但是交往多年之后，他看到瓦格纳表现出权威主义与利己心态，逐渐向王权与宗教权威妥协，便与瓦格纳分道扬镳。

尼采后来听到比才（Georges Bizet，1838—1875）的歌剧《卡门》，他连续听了20次，他说："这是我美学的第一乐章，可以使人大病初愈，使我成为更好的人、更优秀的哲学家。"比才的歌剧给了尼采很大的启发，使他决心离开瓦格纳，把瓦格纳当作虚伪的、已经毁坏的作曲家。尼采对音乐相当重视，他说："没有音乐，生活将是一种错误。"

尼采年轻时受到上述四个方面的重大影响。叔本华与瓦格纳的影响有阶段性。尼采发现叔本华过于悲观消极，瓦格纳放弃初心，与基督教妥协，便与他们分道扬镳。基督教与希腊悲剧则始终对尼采的作品有重要影响。尼采说"上帝死了"，对基督教表达最极端的反抗。在希腊悲剧方面，尼采常以酒神狄奥尼索斯作为自己的典型。

收获与启发

1. 深刻探问生的理由

尼采是非常特殊的哲学家。他具有反抗的个性，即使不去求生，却不能不探问生的理由，并抗拒死亡的种种。为了赋予人生一种意义，他勇于接受考验。他说："那些没有消灭你的东西，会使你变得更强壮。"他又说："一个人知道自己为了什么而活，他就可以忍受任何生活的折磨。"这些都是深刻的人生体会。

想了解尼采并不容易，他在整个西方哲学史上属于明显的异类。但这正好让他有机会摆脱西方的背景，替整个人类测试人在理性上、感情上、意志上、信仰上的各种底线。他在 45 岁的时候发疯，但是他提出的各种观念，在一百多年后的今天，依然显示出强劲的吸引力。

2. 测试作为人的各种极限

每个人只要阅读尼采，都会不断测试自己作为人的各种极限，所以他的作品有很大的危险成分。但透过尼采，也能感受到人生命的真实价值。把尼采与存在主义放在一起，是因为他为后代学者提供了无比的勇气。要选择成为自己，必须具备这样的勇气。

尼采经常到阿尔卑斯山上度过夏天。他说："哲学，就我目前所了解并实践的，就是自愿到冰天雪地的高山上生活。"高山上空气稀薄，让很多人难以忍受，但尼采说："你要爱智慧就必须如此。要真正体验生命，就必须站在生命之上。为此要学会向高处攀登，为此要学会俯视下方。"他甚至说："一个人一天至少要有三分之一的时间，远离激情、人群与书本，否则怎么可能成为思想家呢？"

课后思考

学习尼采必须提高警觉，尼采的很多观念来自于他独特的生命经验。我们学习的时候，首先要尽量客观地去理解；但是在自己的生命里应用时，则要加倍小心。请问，你的人生中有哪些特殊经历，对你日后思考问题有很大影响？你会用哪些特殊的方式说明自己的思考？

35-4

尼采说“上帝死了”

本节的主题是：尼采说“上帝死了”，要介绍以下三点：

第一，“上帝已死”这句话的出处；

第二，“上帝已死”引申的意义；

第三，尼采对宗教的批判。

(一)“上帝已死”的出处

“上帝已死”这句话出自何处呢？尼采说过“上帝已死”，这是一句非常特别的话。尼采当然不是随便说的，他对基督教有深刻的认识与体验。他在38岁时出版了《欢悦的智慧》一书，其中有一段寓言故事提到上帝已死。尼采这样写道：

有一个疯子大清早提着灯笼，在市场上大喊：“我在找上帝！我在找上帝！”旁观的人听了就大笑，说：“你这个上帝走失了吗？像小孩子一样迷路了吗？还是他故意藏起来了？他害怕我们吗？他到远方去旅行了吗？他搬走了吗？”我们一般人很容易就会表现出类似的反应。

这个疯子说：“我告诉你们，我们杀了他，是我们人类把上帝给杀了。好像大海倾斜，海水被倒光了，天地的分界线被擦掉了，地球与太阳的纽带被割断了。请问，地球还在转动吗？或者在到处乱撞、跌入深渊、前后左右不断地飘荡？一切不是在走向虚无吗？黑暗不是愈来愈深沉吗？早晨不是也需要灯笼吗？”换言之，对西方世界来说，如果上帝死了，整个宇宙就会全部瓦解。

上帝死了对人有什么影响呢？这个疯子说：“谁能擦去我们手上的血迹呢？我们是谋杀者。谁能用什么样的水来洗涤我们？有什么样的赎罪仪式可以帮助我们？因为杀死上帝这个举动太吓人了，就凭这一点，我们已经足够使自己变成上帝。”尼采在这里转了一个弯，说明人生观必须从此改变。如果没有上帝，而我们又不能变成上帝，那么整个宇宙根本就没有一个合理的解释，人生将找不到真正的意义。疯子继续说：“过去没有见过这样的事，将来也不会再有。就因为这件事，人将成为前所未见的历史的主角。”

疯子说完这话，就甩掉灯笼，临走的时候说：“我来得太早了，我的时间还没有到。这件事情正在发生的过程中，没有人愿意听。”接着，这个疯子进了好几座教堂，在里面唱了《祝上帝安息曲》。他出来的时候，自言自语：“这些教堂现在除了是神的坟墓，还能是什么吗？”

尼采通过这个简单的寓言，说明西方人的宇宙观已经瓦解，人生观受到挑战，而价值观必须重建。简单来说，要把“上帝已死”理解为，尼采要为西方文化重新界定价值系统。

（二）“上帝已死”引申的意义

“上帝已死”有什么引申的意义呢？

首先，尼采本人不再相信上帝。他从小在虔诚的宗教家庭中长大，对基督教的教义非常熟悉。但是，尼采现在不再相信人有灵魂、有来世、有永生，他也不再相信超自然的上帝会来救人。人活在今天的世界上，你有一个身体，而身体属于大地（地球），所以没有仰赖上帝的必要。

第二，尼采说“上帝已死”，但他无法掩饰内心的矛盾。他说：“如果没上帝，我如何能够忍受自己不是上帝呢？”所以，他反抗上帝是为了取而代之。排除了上帝，自己才能成为上帝。但是，你把作为权威的上帝打倒了，自己变成权威，那个“自己”又是谁呢？不可能是人类，因为“人类”只是一个集合名词。所以，尼采由此延伸出他的超人哲学，要用超人来取代上帝的位置。

第三，事实上，尼采最厌恶的是当时在欧洲随处可见的挂名的教徒。这些人宣称自己是基督徒，却没有相关的行为表现。换言之，就是这些基督徒杀死了上帝。不信教的人对基督教并不了解，他们是无法杀死上帝的。

尼采认为，推翻上帝之后，人才会觉悟到自己的责任。如果人过于依赖上帝，就不会自己努力，这样反而对人有害。他说：“上帝因为过多的怜悯而死。上帝怜悯人，人接受这样的怜悯，于是不知道去承担自己的责任，人活着也显示不了人的价值。”

尼采说：“所有教会都是耶稣基督坟上的墓碑，他们拼命在阻碍基督的复活。”换句话说，正是这些教会以及信徒不让耶稣复活的，因为他们掌握了现实世界的既得利益，习惯既定的生活方式，而不再愿意显示真正的宗教精神。总之，基督徒扼杀了上帝。上帝如果死了，就不再对人的存在负责。所以接下来，人必须负责自己的生命。

（三）尼采对宗教的批判

这里所谓的宗教主要是指基督教。尼采如何批判基督教？

1. 宗教要人信赖上帝，上帝可以对人怜悯，这样反而使人委靡不振。一个经常被怜悯、被原谅、被宽赦的人，不可能成长和独立。

2. 宗教使人的注意力向着来世，总想到死后要升天堂，而忽略现在这个生命。

3. 宗教的赏罚观念降低人的道德水平。行善是为了受赏，而不是为了其他高尚的动机，譬如爱。如此一来，人就会缺乏独立自主的心态以及承担责任的心态，使人走向“奴隶道德”，而缺乏高贵的“主人道德”。

4. 宗教偏重以灵性来压迫身体，总是强调要节制欲望才能提升灵性，使现实人生变得消极而苍白。换句话说，忏悔使人降格。经常忏悔让人觉得自己不堪、不完美、有原罪。所以，尼采要完全否定宗教。

收获与启发

1. 先知是寂寞的

尼采在《欢悦的智慧》一书里提到“上帝已死”，他用一个疯子做比喻。这个疯子最后认为自己来得太早，他的时间还没有到。这正是尼采自己的写照。先知往往是寂寞的，因为他的警告在目前只是初露端倪。

尼采后来有很多观念发人深省，譬如他说：“哲学家是文化的医生。”医生可以凭借专业能力与仪器对病情提出预判。文化是人类生活的具体表现，也可能生病，哲学家能够见微知著，判断文化的发展趋势。尼采发现，文化已经出现重大危机，只是一般人尚未察觉。

2. 人必须自己负责

尼采说“上帝已死”，是要强调今后这个上帝不再为人的存在负责，人必须自己负责。尼采从小对基督教耳濡目染，他清楚知道这种宗教会对一个人（特别是对一个孩子）的心理状态造成各种负面的影响，所以他不再相信上帝。但他无法掩饰内心的矛盾，因为人不可能活在一个没有上帝的世界中。如果上帝已死，就要让人取而代之，所以尼采后来提出超人哲学。尼采这句话真正想要表达的是，他最厌恶那些挂名的教徒，正是成群结队的基督徒杀死了上帝。当时几乎没有人不信仰这个宗教，但他们的表现与真正的信徒之间有明显的落差。

3. 尼采对基督教提出批判

他认为，信仰上帝会使人委靡不振，不能自立自强；宗教使人的目标转向来世，而忽略现在的生命；宗教的赏罚观念会使人的道德水平降低，总是为了将来有好的报应才去行善；宗教以灵魂压迫身体，使现实人生降低了格调。

从尼采所说的“上帝已死”，至少可以学到三点：

（1）宇宙从此失去意义，不可能被人理解；

（2）人生只能靠自己，为了使人生有意义，必须订立新的目标，让自己成为超人；

（3）原有的善恶标准不再有效，人必须重新界定价值系统。

尼采整个哲学就从“上帝已死”这句话推展开来，他的目标是要重新界定价值标准，否则人生何去何从？

课后思考

听到尼采说“上帝已死”，就算不是基督徒，也会深受震撼，因为这是对传统价值观的反思与挑战。请问：对于你一向接受的价值观，有哪一点值得重新反思？

35-5

尼采的超人哲学

尼采认为上帝死了，人陷于孤独之中，被新的悲哀与新的幸福所困扰。他感觉自己被遗弃，有一种无目的的乡愁。最痛苦的问题就是：我在内心何处能感受到自己？你向外寻找，已经失去了根源；向内寻找，自己又常在犹豫不定、惊慌不安之中。由此出现了虚无主义的危机。尼采自称是欧洲完全的虚无主义的先驱。上帝已死，所以不必再谈上帝的伟大。你要么否定伟大，要么创造伟大，只能在这两条路中选择一条。尼采选择的是创造伟大。顺着这个逻辑，尼采要进一步阐述他的超人哲学。

本节的主题是：尼采的超人哲学，要介绍以下三点：

第一，“超人”这个概念在说什么？

第二，超人是大地的意义；

第三，超人的本质是战士。

(一)“超人”这个概念在说什么？

人活在世界上，有理解及选择的能力，总希望自己能达到比一般人更高的层次。尼采所谓的“超人”有其特殊含义。

1859 年，达尔文（Darwin，1809—1882）发表《物种起源》，提

出进化论的观念。尼采的年代是 1844 年至 1900 年，那时进化论的思想已经开始流行。所以很多人会以为，就像猿猴进化为人，人将来还会进一步进化为“超人”这个新的品种。但尼采并非强调自然进化的过程，而是希望每个人不要满足于现状，要不断地提升超越，向超人的目标前进。

提到“超人”这个词，也容易让人误以为是好莱坞的电影。尼采的原文是德文词 Übermensch，英文译作 Overman，意为“走过去的人”。尼采把人比作悬在深渊上的绳索，人是一座桥梁，而不是一个目的，所以要“走过去”。每个人身上都有超人的可能性，人应该被超越。

所以，尼采的超人与进化论无关。他强调每一个人都有这样的可能性，但要经过特殊的修炼过程，才有可能成为超人。

（二）超人是大地的意义

尼采说：“超人是大地的意义。”这句话是什么意思？所谓“意义”，是指理解的可能性。譬如，你说一句希腊文，我听不懂、无法理解，这句话对我来说就没有意义。所谓“大地”，就是我们生活的这个地球。地球有什么意义？它有开始、有结束，随时可能因天灾人祸而毁灭。地球的存在是为了什么？尼采的回答是：为了出现超人。可以从以下五个角度来加以说明。

1. 尼采肯定大地与自然界的一切。他认为只有大地是唯一的真实，所以人应该对大地忠诚，活在它上面。
2. 自然界的一切现象都有必然性，所以人要爱那个必然的东西。这就是尼采一再强调的爱命运。爱那个必然的东西就是自由的精神，这两个观念是一种辩证的统合。
3. 尼采认为人完全就是身体，他反对把人分为身与灵，或其他分法。他认为，所谓的“心灵”只是身体的一个名称而已。所谓“灵魂”的那个理智，其实是身体的工具。身体本身就是一个大的理智，所以人要保持本能的无邪。不要谈禁欲，不要谈舍弃或克制。只要保持本能，让它自然发展，就是忠于你的身体，也就是忠于大地。

4. 生命本身就是成长、延续、累积以及追求力量的本能。缺乏这种“求力量的意志”就是堕落。要肯定生命本身就是快乐的途径。

5. 要做英雄式的肯定，肯定自己的痛苦，接受一切高尚的矛盾与苦恼。

因此，地球存在的意义，是为了让人成为超人。但是，成为超人不是靠自然的进化，而是要靠个人的抉择，要进行特别的修炼才有可能。

（三）超人的本质是战士

尼采强调，超人的本质是战士。既然上帝已死，不再为人的存在负责，人就必须自行决定该如何行动。换言之，只有在推翻上帝之后，人才能发挥自己的责任，做自己的主宰，重新建立正义与秩序。尼采进行的是一种大破大立的工作。

尼采强调自己是第一个反道德者，他说：“我是根本的破坏者，宁可绝望，也不投降。”这些话都像格言一样，充满震撼力。尼采进一步说：“我是第一个发现虚伪之为虚伪而宣扬真理的人，我就是真理的声音。”尼采反抗上帝，是要让自己成为上帝。他进一步强调，超人的精神就是酒神狄奥尼索斯的精神，他要揭开生命的神秘虚无，借着悲剧意识，由生命的火焰中净化，重新领悟生命的喜悦。这是大悲之后的大喜，大破之后的大立。

尼采透过举例来说明他心目中的超人，他举的例子非常极端。在古代，超人就是恺撒加上耶稣。恺撒是罗马终身独裁官，代表身体的力量；耶稣是宗教家，代表心灵的力量。有趣的是，尼采虽然反对基督徒，但他从来不反对耶稣基督，因为耶稣已经为了理想而被钉在十字架上。尼采晚年写了一本类似自传的书，取名为《瞧，这个人》。这句话出自《圣经》。耶稣临终时，别人说："看哪，这个人！"表示他受苦至此，即将被钉死，还能怎么样呢？尼采居然用"瞧，这个人"作为这本自传体作品的名称。

在近代，可以代表超人的是拿破仑加上歌德。拿破仑在武力方面取得成就，属于身体的层次，与恺撒类似；歌德在心智方面有杰出表现。

这样前后各两个人的组合，在一般人看来，根本是不可思议的。但尼采就是要以这个至高的目标提醒我们：超人对每个人来说都是至高的挑战，人永远不能松懈，要把生命在身心方面的潜能发挥到极致，才能真正超越平凡的自我。人只是一座桥梁，而不是一个目的。你要成为"走过去的人"，那就是超人。

收获与启发

1. 尼采所谓的"超人"，不是说人会自然进化出新的物种，好像从猿猴进化为人，人再进化为超人；而是说每个人都应该要提升及超越自我。"超人"的原意为"走过去的人"。人要走过悬在深渊上的绳索；更重要的是，要走过人类各种软弱及虚幻的处境。
2. "超人是大地的意义"是说，地球存在的目的是为了让超人得以出现。要成为超人，首先要把基督教的上帝搁在一边，所以尼采肯定自然界的一切，要对它忠诚。自然界的一切都有必然性，所以要爱那必然的东西，由此推出爱命运，这才是自由的精神。一方面接受命运的安排，另一方面创造自己的命运，这听起来是矛盾的；但尼采认为这是一种辩证的统合。人完全就是身体，一切心智的能量或灵魂都是身体的工具而已。所以，要充分肯定本能，肯定生命本身是一种“求力量的意志”（权力意志）。对自己要做英雄式的肯定，因为没有经过痛苦的淬炼，就不可能提升转化。

3. 超人的本质就是战士，他永远在战斗之中。上帝已死，不再为我们的存在负责，所以人必须自己承担所有的责任，重新建立新的价值观。所以，尼采要进行大破大立的工作。他把一切都归结为“求力量的意志”或“权力意志”，由此建构出一个哲学系统。

课后思考

随着生命的成长，我们在许多方面都不断超越过去的情况。对于超越过去，我们一般都会想到量的问题，譬如，得到更好的待遇、更高的地位，这些都是可以衡量的，属于程度上的差别。请问：你在哪些事情上觉得自己有了本质上的差别?

第36章

从尼采、现象学到陀思妥耶夫斯基

36-1

求力量的意志与强者道德

本节的主题是：求力量的意志与强者道德，要介绍以下三点：

第一，求力量的意志是普遍存在的；

第二，强者道德是指什么？

第三，剖析禁欲主义。

（一）求力量的意志是普遍存在的

尼采说："不论在任何地方，我找到了生物，便找到了求力量的意志。其次，在服从者的意志里，我也找到了做主人的意志，因为他想作为更弱者的主宰。生命所在之处都有意志，这就是求力量的意志。"

"求力量的意志"（the will to power）常被翻译为"权力意志"，就好像叔本华的"求生存的意志"常被译为"生存意志"。翻译的时候，如果少了"求"这个关键词，就无法表达"朝向特定目标、显示意志动力方向"的用意。因此，最好完整译为"求生存"、"求力量"。

植物、动物都要展现自己的影响力，让生命的潜能充分发挥，掌控的范围愈大愈好。人也一样，要表现自己的力量。这种力量不仅表现在身强体壮这一方面，更多的是通过丰富的知识，经过某些特定的诠释角度，让自己的思想能够扩大影响力。

人不应该止于目前的状态，生命的本质就是要追求更大、更多的力量。尼采有些话要参考这个背景才能被理解，他说："最大的轻蔑就是对人最大的崇敬。"我轻蔑一个人，代表我认为这个人目前的状况还不够理想，他应该进一步展现出求力量的意志，让自己往上提升，努力成为超人。轻蔑其实是对他最大的崇敬。

尼采还有一句话也颇具反讽性，他说："这是一个可鄙视的时代，因为人不再鄙视自己。"换言之，如果人觉得自己了不起，醉心于自己的成就而不再鄙视自己，这个时代就是一个堕落的、可鄙视的时代，因为你忘记了求力量的意志，不再往上提升了。

（二）强者道德是指什么？

谈到意志，显然与人的自由选择有关。自由选择涉及道德问题，所以接着要介绍尼采所谓的"强者道德"或"主人道德"。

尼采 45 岁时发疯。在此之前两年，他 43 岁时发表了《论道德的谱系》一书，指出道德就像一个家族有它生命的发展一样。尼采在这本书里探讨道德偏见的起源。谈到道德，一般都会从善恶的观念来加以说明。尼采的基本观点是：要用主人道德来代替奴隶道德。尼采认为自己偏爱主人道德而歧视奴隶道德。

"主人道德"以优胜劣败的方式来表达，亦即用强弱原则来代替善恶原则。所谓"奴隶道德"，是指传统以来尤其是基督教所提倡的道德。"奴隶道德"纯粹从弱势方面去看待善恶，由宗教得到启发，显示群众的愿望，希望每个人都能谦虚、博爱、慈悲。尼采说："羔羊怨恨猛兽并不奇怪，但是不能因为猛兽捕食羔羊而责备猛兽。"换言之，猛兽就是主人，羔羊就是奴隶；不能因为主人比较强势，就说这样的作为不对。

尼采指出，基督宗教是奴隶道德的始作俑者。犹太人与罗马人进行斗争，罗马人是强者、统治者，犹太人充满怨恨。但犹太人最后通过基督宗教驯服了当时的人，犹太人所使用的就是弱者道德。基督宗教告诉你要爱、要退让、要谦逊，这些都是奴隶道德，无法显示你的优势与强盛的实力。

宗教特别推崇良心的作用。尼采认为，良心不是上帝在我们心中的声音，它其实是一种残酷的本能，目的是为了控制人的欲望与野蛮的习俗。譬如，古代德国人使用各种酷刑让人记住五六个“我不要”，这样才能享受团体生活的好处。亦即让人用理性控制情感，对某些事说“我不要”，这样就形成了良心。

良心不能脱离负责的观念，负责的观念来自于欠债，欠债代表有契约关系。按照基督教的背景来说，上帝是债权人，人类是债务人，人类对上帝欠了债。债权人过于富有，就宽赦债务人的欠债。债务人因而转向对付自己的内心，成为良心的谴责。人为了自身而受苦，然后渴望得到平息，就向内发展，出现灵魂的概念。因此，惩罚在于唤起犯人心中的罪恶感，良心的谴责让人忏悔。尼采认为这些都可以得到合理的解释。

上帝是人类最大的债权人，他用自己儿子的牺牲来偿付自己的债权，替人类还了债。尼采完全不能接受这样的信仰。他说：“近代人继承了千年以来的良心解剖与动物式的自我折磨的传统，这些是建立在对上帝盲从基础上的传统，都要被取代。要把我们从理想的延伸物中拯救出来，从庞大的债务中解救出来，从虚无的意志中解脱出来。”由谁来做这样的工作呢？这个人就是查拉图斯特拉。

（三）剖析禁欲主义

在尼采《论道德的谱系》中有一个重要的部分，剖析什么是禁欲主义的理想。他特别考察了三个人作为代表，分别是瓦格纳、叔本华与康德。

谈到瓦格纳，他说："瓦格纳年轻的时候追随费尔巴哈，以青年德意志派自居，表现了健康的情绪与欲望。但是晚年时竟然崇拜贞操，表现出反自然的禁欲主义，跟他的过去告别了。"尼采后来认为，你可以欣赏一个人的艺术作品，但最好忘记艺术家本人。他后来与瓦格纳绝交，主要就是因为瓦格纳颂扬基督教的道德。

尼采考察的第二个人是叔本华。尼采曾把叔本华当作自己孤独时最佳的慰藉，叔本华以意志来解释一切现象。但尼采认为，这是一种消极无为的求生存的意志，因为叔本华认为只有否定生命才可以否定意志。叔本华为了摆脱意志的悲惨压力，于是推崇禁欲主义。尼采对此表示反对。

尼采考察的第三个人是康德。他说："康德以乡村牧师般的天真、讲授人的感觉，为禁欲提供了一个无关实际利益的前提。"也就是前文介绍的无关心、无私趣。尼采认为这是空洞的、缺乏自我体验的结论。康德的学说让叔本华了解到美有镇定意志的作用。

尼采对这些音乐家与哲学家做了一个结论，他说："他们推崇禁欲主义，原本是为了摆脱悲观主义的折磨，但这些说法都只是门面话而已。"

尼采最后还是回到基督宗教，他说："基督教无所不在的威力使禁欲成为一种新工具，要帮助人抗拒生理障碍与心理枯竭。禁欲之后，这两方面的问题都得到化解，但是这样的人是在病态中。"尼采认为，禁欲主义的僧侣有"求力量的意志"，可以去掌握其他病人，最后形成一整套懦夫的道德，亦即奴隶道德。换言之，基督教的道德鼓励人仇恨生命，蔑视自己肉体的欲望，给人来世幸福的幻想，让人厌恶此生，成为精神上的奴隶。为了对抗禁欲主义，必须期待“超人”的出现。

总之，尼采以强弱原则代替善恶原则，有明显的反理性主义色彩。但他显示出的英雄主义气概，对后代的道德重建有不少启发。

收获与启发

1. 尼采对万物的基本观念是：凡存在之物皆有求力量的意志。这种意志在人的身上表现为，在做自由选择时需要某些道德的原则。尼采批判基督教所塑造的奴隶道德，它让人慈善、谦卑，压抑身体本能的欲望，追求来世的福报，等等。
2. 强者的道德是自我肯定的道德，尼采说：“对那些只靠上帝而不自己努力奋斗上进的人来说，上帝不是等于已经死了吗？”他甚至认为，传统的基督教道德观念要人自我牺牲，这不也是一种虚无主义吗？尼采对此加以批判。
3. 另一方面，需要一种与求力量的意志相配合的道德观。如何去了解善恶？善就是增强人的力量感，恶就是减弱力量感。尼采用强弱取代善恶。这样的道德显示出作为主人的高贵性，他只愿意给予，而不愿接受外来的援助。强者的高贵不在于来源，而在于去路。一切的自由是什么？你能，因为你要。换句话说，你为什么能够做这些事？因为你“要”表现求力量的意志。

课后思考

尼采谈到求力量的意志时强调，我们依附一个更强的人，目的是为了成为比我更弱者的主宰。请问，你是否有这方面的观察或经验？

36-2

精神有三种变化

本节的主题是：尼采所说的“精神有三种变化”，要介绍以下三点：

第一，《查拉图斯特拉如是说》是一本什么样的书？

第二，精神有三种变化是指什么？

第三，尼采与虚无主义的关系。

（一）《查拉图斯特拉如是说》是一本什么样的书？

尼采在40岁之后出版了一本重要著作——《查拉图斯特拉如是说》。查拉图斯特拉是古代波斯的宗教改革家，尼采也认为自己是上帝死亡之后的宗教改革家。尼采笔下的查拉图斯特拉表现出令人赞叹的气魄，他说：“我是急流边的栏杆，能抓住我的人抓住我吧，但我并不是你们的拐杖！”

在这本书里，尼采的思想有如连续的闪电，言辞有如澎湃的洪流，他比喻自己“立于天之涯、地之角，手持天平，衡量世界。要摧毁一切，再造人类与世界；要呼吁人类，只靠自己去努力成为超人”。

尼采自己对于这本书有极高的评价，他说：“即使把世界上所有伟大灵魂的精华联合起来，也创造不出一段查拉图斯特拉的谈话。”如果不考虑尼采的精神接近疯狂的边缘，这种话怎能被理解呢？尼采总是在人类的理性、情感与意志的能力极限上冲撞，才会说出这样的话。

尼采认为自己是这个时代第一位哲学家，也是两千年之间最重要的，也最具灾难性的哲学家。他说：“我有重要的使命，它将会使人类的历史分裂成两半。”他的使命是要迫使人类下定决心，决定所有的未来。他也强调：“我自称为最后一位哲学家，因为我是最后一人，除了我自己，没有人和我说话。”上述言论都是他快要发疯之际由朋友转述的。他长期在孤独与病痛中进行深刻的思考，认为自己是在替人类从事这样的工作。

《查拉图斯特拉如是说》出版后，卖出 40 本，送出七本，没有得到任何赞赏，只有一个人回信说“书收到了”，由此可见尼采在精神方面的孤单与寂寞。这本书描述查拉图斯特拉在 30 岁离家，到山上隐居修道，孤独地过了十年，最后觉悟了。有一天清晨，他起身对着太阳说：“你这个伟大的星球啊，假如没有被你所照耀的人，你的幸福何在呢？”他的意思是，太阳固然伟大，但如果没有地球被它照耀，这种伟大又体现在何处呢？查拉图斯特拉在山上修行十年，已经有了智慧，如果不能用他的智慧去光照芸芸众生，那么他的光明和智慧又有什么用呢？

查拉图斯特拉 40 岁时下山，经历各种遭遇，说出许多让人震撼的话。他要把智慧的火种带下山，因为他爱人类。他认为：“人类之所以伟大，正在于他是桥梁而不是目的；人类之所以可爱，就在于他是一个跨越的过程而不是完成。人类是一条悬在深渊上的绳索，联系在动物与超人之间。要从一端走到另一端是危险的，行走于其间是危险的，回头观望是危险的，踌躇不前也是危险的。”

（二）“精神有三种变化”是指什么？

在这本书里面，尼采用很短的篇幅谈到人的精神有三种变化，非常富有启发性。人的精神有哪三种变化？

1. 变成骆驼

骆驼意味着尊重传统，保持信念，负重而行。骆驼是沙漠之舟，可以背负很重的物品持续前行。这代表尼采的思想一开始是尊重传统的，他认真探讨希腊的心灵，发现太阳神阿波罗代表节制与秩序，酒神狄奥尼索斯代表放纵情欲与毁灭的原则，可以迸发出巨大的创造力。两者共同塑造了希腊文化的最高成就——悲剧。

骆驼阶段到最后是文化信仰的破灭。尼采最初以瓦格纳这位音乐家作为新文化的象征，最后发现瓦格纳是衰败的征兆，他反映了整个时代的虚无主义。欧洲文化充满动乱、粗暴、草率，不再能够思考，也害怕思考。因此，人不可能长期处于骆驼的位置。“骆驼”阶段的特色，就是听别人对你说“你应该如何！”

2. 变成狮子

人先是像骆驼一样深入沙漠，然后要像狮子一样进行反抗与斗争，排除奴隶道德，疯狂求真，即使被一切既定的真理所驱逐都在所不惜，具备克服一切困难的意志，忠于大地。狮子是奋斗的象征，代表一种主动的精神力量，能够离群独立，突破所有困难。“狮子”阶段的特色，就是对自己说“我要！”此时，信仰可能已经破灭，因此要展现自由的精神。

3. 变成婴儿

尼采说：“好了，狮子来了，我的孩子也快到了，比我们更好的超人已经在路上了。”尼采所说的超人，就是以查拉图斯特拉为代表的精神力量。“婴儿”代表克服虚无主义的危机，显示纯洁及新生的力量。

“精神的三变”可以体现一个人的成长过程。人在年轻的时候就像“骆驼”，要接受传统，遵守规矩，承担责任，听别人对你说“你应该如何”。进入大学就变成“狮子”，过去的一切仅供参考，你必须由内而发，找到让自己幸福的价值观，这时就要对自己说“我要如何”，显示主体求力量的意志。最后再变成婴儿，从“我要”进一步变成“我是”，德文是 Ich bin，英文是 I am。这里用的是现在式，代表婴儿是一个全新的开始，永远有新的希望。

“精神的三变”对人生有深刻的启发。我们从小都是听父母、长辈、老师说“你应该做什么”。有一天，我们觉得应该自己面对未来，就对自己说“我要做什么”。从“你应该”到“我要”是很大的转变。最后到婴儿阶段，从“我要”变成“我是”，肯定当下的一切永远可以重新开始。

（三）尼采与虚无主义的关系

虚无主义很容易出现在狮子这个阶段，因为狮子充满自由的精神，要开创自己的未来。事实上，从尼采之后，西方明显展现出虚无主义。简单来说，虚无主义有三个层次的意义。

1. 世人对于真理的信念幻灭了。即便有科学知识的进步，也不可能掌握真理，因为任何真理都有偏差、错误的可能。
2. 道德方面。你可以宣称某些道德的行为，但你的行动与之脱节。没有任何价值可以被肯定，也没有任何意义可以被理解。因为传统的道德是违反生命与自然的。
3. 宗教方面，尤其是基督教。基督教毁灭了自己，它一开始就抛弃了生命自然的要求，让人节制欲望，压抑本能的冲动，进行修行的活动，这已经是虚无主义了。所以，宗教是人类粗制滥造的产品。

因此，虚无主义表现为一切都与真理无关、一切都与道德无关、一切都与宗教无关，所有一切都是虚幻的。

问题是：人能否停留在虚无主义中？尼采认为虚无主义是一个过渡阶段，因为他强调精神最后可以变成婴儿。到婴儿这个阶段，还是可以得到肯定的说法——“我是”。换言之，所有价值的基础在于生命。所有价值来自于人类本身，而不必诉诸超越界。从人类本身就可以发展出“超人”。

收获与启发

1. 尼采认为《查拉图斯特拉如是说》是他重要的代表作，是他留给人类最好的礼物。存在主义的重要代表，如海德格尔、雅斯贝尔斯，对尼采都有专门的研究。存在主义的其他代表，没有人不推崇尼采那种求力量的意志，以及为自己负责的态度。可见，尼采对存在主义有很明显的启发。
2. 尼采提出著名的“精神三变”——从骆驼到狮子到婴儿。这“三变”既可以说明个人生命不同的发展阶段，也可以清楚展示整个西方文化的发展历程。在骆驼阶段会肯定传统的信念。到狮子阶段要搁置一切、怀疑一切、破坏一切，以至于陷入虚无主义的危机。最后到婴儿阶段，又是一个全新的开始。

尼采的思想非常丰富，他经常一有灵感就写下几句简明扼要的话。很多话都发人深省，让人震撼。就算不看前后文，单看一句话，都能让你体会到它的价值。

3. 尼采思想中比较明显的矛盾是“永恒复现”的观念。他认为，既然没有超越界，所有星球都处在一个封闭范围之内。在封闭系统中，所有物质与能量会不断地组合、消散，再组合、再消散。譬如，你今天在教室里听课，可能再过几百万年之后，这件事又会重复发生。在一个封闭系统中，不可能有其他可能性，这就是永恒复现的观念。因此，人应该爱命运，对于发生在自己身上的各种遭遇，都要接受它、爱护它。但问题是，既然要爱命运，一个平凡人为何非要成为超人不可呢？这个问题恐怕尼采也无法回答。

课后思考

学习了尼采所谓的“精神三变”，你能否就自己的人生经验思考一下，你是否已经经历了骆驼与狮子的阶段，正在走向婴儿阶段？或者你还有不同的想法？

补充说明

尼采在《查拉图斯特拉如是说》一书中提到精神有三种变化：第一变变成骆驼，第二变变成狮子，第三变变成婴儿。精神变成骆驼和狮子比较容易理解，但精神变成婴儿不太容易掌握。婴儿代表“我是”，用的是现在式，代表永远都是一个新的开始。尼采认为精神的最高层次是婴儿，其实很多哲学家与宗教家都说过类似的话，可以从中国和西方两方面来看。

在中国古代，道家与儒家不约而同都有类似说法。老子提到要“复归于婴儿”(《老子·第二十八章》)，就是让你再回到婴儿的状态。孟子说：“大人者，不失其赤子之心者也。”(《孟子·离娄下》)道家让你“复归”，儒家让你“不失”，到底要如何理解呢？

简单来说，道家认为“道”无所不在，人从“道”里所获得的本性与禀赋就是人的“德”，人的“德”是充足圆满的。从小到大从外界学到许多东西，以至于产生很多欲望，这些都要设法减去，叫做“为道日损”。减去之后才会发现，真正的我从“道”而来，所有的一切都是足够的。所以老子说：“专气致柔，能如婴儿乎？”(《老子·第十章》)要随顺气息以追求柔和，能够像婴儿一样吗?又说：“含德之厚，比于赤子。”(《老子·第五十五章》)即拥有人的本性与禀赋最为深厚的就是初生的婴儿，因为他还没有分别心，一些都是整合的。老子为何要说“复归”？因为人在不知不觉中就失去了纯真之心。老子经常使用两种比喻，在自然界以“朴”为喻(朴就是原木)，在人类世界以婴儿为喻，这两者都是未经雕琢的。既然失去原初状态，就要设法“复归”。

孟子说：“大人者，不失其赤子之心者也。”孟子这里所谓的“大人”是指德行完备的人，其特色是没有失去像婴儿一样的心。我们不是婴儿，不清楚婴儿的心是怎么运作的。但通过观察可以发现，婴儿很单纯，可以用《中庸》里的“毋自欺”三个字来形容，婴儿绝不会自欺欺人。儒家强调“不失”，是让你“守而勿失”，但是没有人可以完全守得住，那怎么办？失去的话就要“反求诸己”，回到自己身上去找原因，这就是修炼的过程。儒家强调真诚，我们要把婴儿当作一种象征来理解。

可见，儒家与道家都强调婴儿是一种理想状态，这意味着人生之路是险恶的，很容易让人迷失。实际情况也确实如此。

在西方，基督宗教的创始人耶稣也有类似的说法。有人带着小孩来见耶稣，要耶稣摸他们，门徒便责备那些人。耶稣看见就恼怒，对门徒说：“让小孩子到我这里来，不要禁止他们，因为在神国的，正是这样的人。”(《马可福音》10：13—14)耶稣认为小孩是天真无邪的，是无罪的。人生在世会遇到各种考验，难免失足犯错；但只要诚心悔改，就可以重新开始。

尼采强调，婴儿是修炼的第三个阶段。骆驼是听别人对你说“你应该如何”，狮子是你对自己说“我要如何”；婴儿则肯定当下，永远是现在式。婴儿接受一切，正如尼采所说：“爱命运就是接受一切。”其实，婴儿完全任人摆布，不接受也得接受，他顶多会哭；但老子说婴儿“终日号而不嗄”（《老子·第五十五章》），即婴儿整天号哭，嗓子也不会沙哑，那是一种本能的表现。婴儿除了接受一切，还代表充满活泼的力量，永远面向未来，可以重新开始。这才是尼采真正想要表达的。

尼采、老子、孟子和耶稣，其实都有类似的体会：让人效法无形无相的天使实在难以把握；让人效法动物更说不过去，因为动物本身也非常复杂。那让人效法谁呢？只有让人回到最原始的阶段，体会内心深处的“乡愁”，向往儿时那种单纯而圆满的快乐。

其实，对“婴儿”状态的乡愁只是一种模拟而已，更根本的是对“存在本身”的乡愁，向往回到母体中的那种圆融一致。很多哲学家强调大地是人类的母亲，其实还可以再深一层。中国古人就说“天生万物”、“天生烝民”，老子就说“道生万物”，这些说法都是让你设法回到根源。生命开始时是由“合”到“分”的过程，但“分”的最终目的还是要“合”。

这就像禅宗的公案所言。一个人没有修行之前，见山是山，见水是水，这是一种“合”的状态，你完全按照别人所教的去认知。经过修行就不同了，山不是山，水不是水，你知道它们的“不是”。我们这一生不就是在困惑之中不断努力的过程吗？最后觉悟之际，山还是山，水还是水，重新回到“合”的状态。中间的历练并非无用，它让你知道山在什么情况下不是山，水在什么情况下不是水，这样你就不会再执着于任何东西，知道这一切只是过程而已。

对于人生问题有一个简单的解释。我们这一生是要来做测验的，只测验一个很简单的问题：你能否回到开始？你可能会问：那为什么还要经过这么复杂的中间过程，以至于让很多人堕落、犯错？这个问题没有人可以回答。人性在开始阶段并不完美，因为还没到“自我觉悟”的阶段。自我觉悟也是烦恼的开始，你要继续问：觉悟之后，应该要往哪里走呢？寻寻觅觅之后才发现，“蓦然回首，那人却在灯火阑珊处。”等于你后来不圆满了，才能体会到自我最初的那种圆满状态。上述说法都是用比喻的方式来启发我们的思考。

学习一个哲学家的思想要分两方面：一方面要尽量对其学说有一种“同情的理解”；另一方面则要为我所用，否则为什么要学？我不是两脚书橱，不是记忆的机器。一定要活学活用，把哲学家的观念纳入自己的思想系统。但不要忘记，一定要有自己的思想系统。

我们在学习过程中，往往是听到一个哲学家说的有道理，就把其他哲学家的话搁在一边，因为实在记不了这么多东西。只有一个办法，就是不断实践。要练习用自己的话把所学的观念再说一遍，也许开始说得不够精准，但这个练习的过程不可少。

我们对照了中国和西方谈到婴儿的名言，它们各有不同的重点。其实每一个人都是从婴儿走过来的，“道”并没有离开我们的生命。每个人都可以通过深刻的思考与反思，领悟到自己的原始状态是什么。不要执着于通过修炼气功来返回婴儿状态，那是不可能的。你要继续往前走，把婴儿状态当作一种修行的境界，当作一种圆满合一、充满生机、可以重新开始的力量。这样一来，尼采的说法就能带给我们深刻的启发。尼采让人接受命运，同时也让人重新出发。

36-3

现象是什么?

下面两节要介绍存在主义者使用的方法——现象学。本节的主题是：现象是什么？“现象”一词有各种用法。近代哲学家康德探讨了“我能够认识什么”，结论是：我只能认识现象，而不能认识物自体。这里所谓的“现象”是与“本体”相对照的概念，它是由本体显示出来的。而现象学中的“现象”是不同的概念。

本节要介绍胡塞尔的现象学，内容包括以下三点：

第一，胡塞尔的学术发展；

第二，现象学不是什么？又是什么？

第三，现象学的关键在于意识的意向性。

（一）胡塞尔的学术发展

胡塞尔（Edmund Husserl，1859—1938）是现象学的创始者。他原本研究数学，后来听了布伦塔诺（Franz Brentano，1838—1917）的课，就决心从数学转向哲学。他发现，哲学不但是一门学术，还是一门非常严肃的学术。他把研究哲学当作自己的使命。

他认为，哲学应该建构成为一门科学，可以掌握到客观的真理。哲学要求完全的清晰，并且没有任何在它前面的预设。换句话说，胡塞尔要为哲学找到最可靠的立场，并使哲学成为其他学科的基础。胡塞尔在 1910 年出版《作为严格科学的哲学》，这个书名显示了他的基本观念：哲学不能只作为自然科学的一部分，它必须是现象学。

胡塞尔被称作现代哲学之父，他的现象学是一种重要的学术方法。哲学的研究要注意“材料、方法与见解”三个方面。在方法上创新，可能开创新的局面；在见解上突破，可能建立新的学说。三者当中，方法尤其重要。譬如，笛卡尔之所以被称为“近代哲学之父”，是因为他在《方法论》中提出思辨方法，开创了新的格局。康德之所以受到后人的重视，是因为他提出先验的方法。

胡塞尔的现象学也提出一种新的方法。现象学不仅直接影响哲学里的存在主义、诠释学等，对于相关的人文学科，包括法律学、语言学、文学、社会学以及心理学，也都有明显的启发作用。

(二)现象学不是什么？它又是什么？

你在思考和研究的时候，要如何掌握到你的对象？过去盛行德国唯心论，都是在意识里寻找它的内容。现在胡塞尔提出一句口号：回归事物本身。这代表了现象学的基本立场？但是这句话很容易被误会，所谓“事物”是指什么？

胡塞尔强调，“回归事物本身”不等于化约主义。化约主义经常把丰富的事实简化为几个重点。譬如，谈到逻辑，说“逻辑只是心理学的法则，仅此而已”。谈到道德律，说“道德律只是社会上多数人的共同表现，仅此而已”。这些“仅此而已”只看到经验上的归纳结果，却忽略还存在着其他部分。它们都是标准的化约主义。

胡塞尔强调，现象学不是以下三种化约主义，即现象论、心理学的原子论以及科学主义。

1. 现象论

“现象学”（Phenomenology）与“现象论”（Phenomenalism）完全是两回事。使用中文翻译西方哲学术语，“论”这个字有两种用法：一种等同于“主义”，另一种是指某种理论。对于第一种用法，譬如独断论是指独断主义，怀疑论是指怀疑主义。对于第二种用法，譬如宇宙论是关于宇宙的理论，认识论是关于认识的理论，而不是什么认识主义。

“现象论”是指现象主义，它的代表人物是英国经验论的休谟。休谟认为，我们所见的物体与我们人类自身，都只不过是可察觉的特性的集合体而已。譬如，他说“自我只是一束知觉”，因为我只能察觉到某些知觉，把它们整合起来就是“自我”，除此之外并没有什么“自我”的存在。他以现象作为唯一的真实，是标准的现象论。

“现象学”与“现象论”不同。简单来说，现象论把现象当作唯一的存在，而没有本质的问题；现象学正好相反，它要通过对现象的描述，掌握到一样东西的本质。

2. 原子论

胡塞尔所反对的第二种化约主义是心理学的原子论。这种学说把各种心理元素当作一个个原子，彼此之间可以互动、互相影响，使一个人产生某种心理感受。胡塞尔反对当时正在兴起的德国心理学家冯特（Wilhelm M. Wundt，1832—1920）。冯特于 1879 年在莱比锡大学成立心理学实验室，备受关注。他把意识当作一套内容，包括感觉、感受、感情，基于这些内容才能产生各种联想与知觉作用。意识只是这“三感”所产生的联想与知觉作用，一个影响一个，牵制一个，有明确的因果关系。这种立场偏向于由心理来决定一切。一样东西的存在，只是心理学范畴里各种因素的作用而已。

3. 科学主义

胡塞尔反对的第三种化约主义是科学主义。科学主义认为，科学命题是哲学命题的前提。如果没有科学命题做基础，哲学的说法都不能成立。事实并非如此。胡塞尔的现象学认为，科学里使用的“数字”，以及知识论里使用的“意义”与“真理”，这些概念都要经过哲学思辨才能说清楚。所以，哲学未必要以科学作为它的前提。

总之，胡塞尔反对以现象为唯一存在的现象论，反对意识内容仅由纯粹感觉所产生的心理学的原子论，反对以科学命题作为哲学命题的前提的科学主义。这样一来，现象学的立场逐渐鲜明起来，它要回归事物本身。

（三）现象学的关键在于意识的意向性

“意识的意向性”最早是由布伦塔诺所提出的。胡塞尔从中受到启发，了解到人的意识一定具有意向性。换句话说，意识在本质上都是指向意识之外的事物，不可能有意识而没有意识的对象。

我们常用的词，如知觉与概念、观念与幻想、渴望与欲求，这些在意识里出现的活动都指向某物。如果没有意识的对象，意识也就不可能出现。因此，所谓的“意识”就是意识到某个对象。

所谓“回归事物本身”，就是要排除各种成见、理论或预设，而只就现象本身来看。认识任何东西，这样东西当然在我们之外；但是，认识的时候不能脱离意识的作用。换句话说，“回归事物本身”绝不是回归到外面的某样东西或某个人，而是回归到你意识里的一种指向作用，也就是回归到那个显示于你的意识里的事物。因此，所谓“现象”，是指在意识中呈现出来的事物。现象学是一种方法，目的是使现象不受曲解，并在现象出现时正确地加以描述。

收获与启发

1. “现象”这个词有各种用法，但直到胡塞尔推广现象学运动，才使现象学成为一种严肃的方法论，目的是让哲学成为严格的科学。现象学的影响很大，对人文领域的研究有深刻的启发。
2. 现象学的口号是“回归事物本身”，但它不是一种化约主义，好像什么都不要，只要事物本身。胡塞尔分辨了三种化约主义，认为它们与现象学没有关系。

（1）反对现象论。现象论把由知觉所得的现象当作一切；现象学则要通过对现象的描述，掌握到现象背后的本质。

（2）反对心理学的原子论。这种学说把意识当作一个个原子，有各种具体的内容，由它们的组合而产生联想与知觉。这样一来，就完全忽略意识的意向性。

（3）反对科学主义。科学主义把科学命题当作哲学命题的前提。胡塞尔认为，哲学、科学各自独立，哲学反而可以解释科学本身无法说明的概念，如数字、真理、意义等。

3. “意向性”是意识的基本性格。所有的意识都具有意向性，意识一定有某个对象。意识的意向性不是纯粹外在的东西，因为人永远只能在意识里面去认识。但是，你所认识的并非意识随意想象的。所谓“回归事物本身”，就是要回归那个在意识里面显现出来的事物，那就是胡塞尔所谓的“现象”。

课后思考

我们分辨了现象学与现象论。现象学要通过对现象的描述，掌握现象背后的本质。现象论是说现象就是一切。当你平常看到一个人或一样东西，你所见的现象就是一切吗？你能够通过对现象的描述，掌握到它的本质吗？

36-4

现象学要如何应用?

本节的主题是：现象学要如何应用？胡塞尔提出现象学运动，目的是找到一种方法，以获得纯粹状态的现象，也就是现象本身。

“现象学”的英文是 Phenomenology，德文、法文都类似。Phenomenon 意为现象，在希腊文里是指“在自身显示自己的”。后缀 -logy 来自于 logos，代表言说、说话。所以，现象学就是经过谈论，把一样东西的本身显示出来。从字面来看，“现象学”是指使人见到事物在自身显露自己的方法。亦即不要有成见或预设，好像有一种光明，可以让你看到事物本身的情况。

本节要介绍以下三点：

第一，现象是什么？

第二，现象学的应用；

第三，自由想象法。

（一）现象是什么？

胡塞尔是数学家，习惯用数学的名词或做法来达成理想的效果。他惯用的方法之一是放入括号，存而不论。数学运算中经常使用括号，对于括号内的运算可以暂时跳过。

现象学是一种方法，它要通过对现象的描述，掌握到现象的本质。现象是什么？任何事物，不论是想象中的或确实存在的，理想的或真实的，也不论以何种方式出现，只要它本身能够呈现在人的意识里面，就是现象。简单说来，在意识里面呈现出来的东西就是现象。任何东西只要在你意识里面出现，你都可以通过现象学的方法，排除所有成见、预设、理论等，只就现象本身来看，这样才能回归事物本身。

胡塞尔的目标是要找到一个没有预设的学科。它本身是最原始的，不但没有预设其他学科，反而可以作为其他学科的预设。唯有如此，才能使哲学成为一门严格的科学。

（二）现象学的应用

应用现象学方法时，要注意到“两种还原”与“一种循环”。

1. 两种还原

所谓“两种还原”，是指“本质的还原”与“现象学的还原”。

（1）本质的还原。第一步，要把本质之外的东西放入括号，存而不论。要暂时把自我的感受、认识的行动、对象的存在等，统统存而不论，只以对象的本质为念。这个本质包括人可以描述的所有具体条件。

（2）现象学的还原。第二步要扩大范围，把思想内容与意识无关的部分也统统存而不论。换言之，要把你见到的现象与外在世界之间的一切关系统统摆在一边，这样才能让现象与本质合而为一。现象学把它的对象仅仅当作对象来看。至于这个对象是不是独立存在的某种东西，可以先不去管它，而只把这个对象看作与意识相关的。

经过这两种还原或存而不论，剩下的是纯粹的但不是空虚的意识。这时你会发现，意识里面只剩下能知与所知。能知就是能认识的，所知就是所认识的。换言之，不要以实际存在之物的资格放在我们的认识中，由所知建构的才能成为我们的对象。

由此可以重新定义什么是哲学。胡塞尔认为，哲学就是关于内在意识内容的纯粹描述性的本质理论。换句话说，哲学是一种理论，它要掌握我们意识内容的纯粹描述性的本质。这种说法肯定了：人的认识永远只能在人的意识里发生，而无须讨论外在世界如何。现在只要求做到一点：如何在意识里认识外在事物，让这个外在事物如同一个现象，就它本身可以展现它自己？

2. 一种循环

所谓“一种循环”，是指认识论的循环。我们在认识一样东西的时候，一定会对它有某种预先的了解，否则根本不知道它属于哪一类东西。运用现象学的方法之后，会使你原来模糊的认识逐渐清晰，到了关键时刻就可以明确肯定它是什么。譬如，你原来不认识张三，只听别人描写过他。当你真正见到张三时，原来对张三模糊的印象会变得清晰。这就是认识论的循环。如果你对张三没有任何认识，当你看到他的时候，根本无从理解他。

现象学里有个重要的概念叫做“地平线”（视野）。我站在旷野，放眼四顾，视野的边界就叫做地平线。我看到远处有一个尖尖的东西，一开始不能确定那是教堂的塔尖还是一只犀牛的角。我慢慢走近它，到达某一个点，忽然发现：啊！原来那是教堂的塔尖，而不是犀牛的角。

所谓“认识”，用现象学的术语来说就是“视野的融合”。譬如，我听一个人讲话，开始听不懂，代表我和他的视野原来没有交集。经过他的介绍和解释，我终于知道他讲的是什么，代表我们两个人的视野有了交会，这样才能继续进一步的沟通。

“地平线”这个观念很有启发性。譬如，在学习的过程中，可能多看几遍，忽然就明白了。但是，如果你事先完全不了解，那么意识的意向性要指向何方呢？因此，一定要有一种预先的、模糊的理解，到某个关键时刻，才会恍然大悟。这就是认识论的循环。

（三）自由想象法

现象学如何具体应用？有一个方法叫做自由想象法，就是要举出各种例子。举例并非举出某种普遍的经验，也不是讲个故事让别人明白，而是要针对这个现象举出一些例子，这些例子同时具有说明与证明的双重作用。例子慢慢趋于精确，我就会掌握到一样东西的本质。

自由想象法可简单分为四个步骤：

1. 我想认识一样东西，先简单描述这样东西的一个例子；
2. 增加或减少我的描述语中的某一个词，变成新的描述；
3. 每次增加或减少一个语词的时候，我都要问一个问题，修订之后这个新的描述是否还是原来同一个对象的例子？
4. 经过一一考察之后就会发现，这个对象有它必要而不变的特性，那就是它的本质。

譬如，你可以通过自由想象法来了解一个朋友的本质。首先可以从外表开始描述，这个朋友身高、体重、长相如何，有没有戴眼镜，等等。然后问，他如果没有那么高，他还是原来的他吗？他如果没有这样的体型，他还是他吗？进一步，你还可以问，他如果没有学过某种专业、不具备某种能力、没有在某家公司上班，他还是他吗？再进一步，他如果没有对某些事表现出特别的热情、没有某种理想或信仰，他还是他吗？最后你会发现，如果少了某一样或某两样，他就不再是他了。

有时说一个人已经变了，并不是说他变胖、变老了，而是说他已经没有了当年的理想，或者他内心基本的价值观已经改变了。我们举出各种例子来说明一个人，然后增加或减少某些条件，看看到底哪几项条件是他的本质所在，这就是自由想象法的应用。因此，现象学是用描述的方法，阐明一个对象中普遍、必然、不变的特性，那就是它的本质。

最后对现象学做一个简单的评论。现象学固然是一种不错的方法，但是光在意识里面打转，再怎么纯粹，难免会有所限制。我要如何走出自己的意识，与其他人的意识相遇呢？胡塞尔晚年时察觉到这一点，于是把焦点转向生活世界。早期的胡塞尔把外在世界、历史发展统统存而不论，现在他则要从历史的变迁中来观察具体的世界。因为人不能脱离这个世界，人迫切需要这个世界。1936 年，胡塞尔在第二次世界大战即将爆发之际，撰写《欧洲科学的危机与超越论的现象学》一书，此时他所关心的已经是人类具体的世界了。

现象学作为一种方法，目的是要让人排除所有不必要的预设与成见，从而更精确地认识他的对象。后期的存在主义哲学家，如德国的海德格尔与舍勒（Max Scheler，1874—1928），法国的萨特与梅洛-庞蒂（Merleau-Ponty，1908—1961）等人，都受到胡塞尔很大的启发。

收获与启发

1. 任何东西只要呈现在我们的意识里，就是现象，你不用考虑那是你的想象还是确实存在的。因为如果不在你的意识里呈现的话，你无法掌握到任何东西。重要的是“回归事物本身”，即回归那个呈现在意识里面的意识对象。这个对象经常不能呈现自己，因为它被我们先入为主的成见给扭曲或遮蔽了。所谓“现象”，就是让一个事物在意识中呈现出来。
2. 现象学在应用时，要注意两种还原：第一种是本质的还原，就是把本质之外的东西（包括自我的感受、认识的行动以及对象的存在）统统存而不论，只以对象的本质作为考虑的重点；第二种是现象学的还原，就是把现象与外在世界之间的所有关系统统存而不论，让这个现象能够单独出现。

另外还要注意认识论的循环。所有认识都会有预先的、模糊的认识，就像在地平线出现了一个东西，刚开始无法清楚地辨认。经过现象学的运作过程，会出现某个临界点。越过那一点，你会清楚地发现那是什么。从预先的认识到明确的认识，这就是认识论的循环。

3. 自由想象法就是通过自由想象各种例子，来说明一样东西不可缺少的本质所在。

课后思考

学会自由想象法，你能否运用这样的方法来描述并认识自己的本质?

36-5

俄国文学家陀思妥耶夫斯基

存在主义反映了整个时代的处境，本节要介绍俄国文学家陀思妥耶夫斯基。首先简单介绍俄国的文化背景。俄国在 11 世纪接受由君士坦丁堡传来的希腊东正教，俄国人对这个宗教有极大热忱，他们称莫斯科为第三个罗马。第一个罗马是指天主教的罗马，第二个是指东正教从天主教分裂出来之后的君士坦丁堡。但东罗马帝国在 1453 年灭亡，君士坦丁堡也沦陷于土耳其人之手。所以，俄国人认为莫斯科是第三个罗马，是基督宗教的核心之一。

直到 18 世纪后期，俄国才开始接受以欧洲为主的启蒙运动思潮。宗教的背景使俄国人的心灵进入一种深刻的反省。譬如，比萨特早一百年的巴枯宁（Mikhail Bakunin，1814—1876）就说过：“如果上帝存在，人就没有自由，变成了奴隶。因此上帝不存在。”巴枯宁认为，按照逻辑来说，如果肯定神的存在，就必须放弃或是否定人的理性。可见，他们对于宗教问题有深度的反省。

俄罗斯的思想特点可以概括为以下四个方面：第一，有乌托邦（理想主义）的倾向；第二，容易走极端，正所谓“理想主义旁边常常住着虚无主义”；第三，以人为思考的核心，不喜欢太抽象的想法；第四，理论要与实践配合。俄文的“真理”一词，同时也代表

“正义”。这正好反映了理论要与实践相结合。

本节要介绍以下三点：

第一，为什么要介绍陀思妥耶夫斯基？

第二，信仰与不信仰的复杂问题；

第三，基督宗教的共同挑战。

（一）为什么要介绍陀思妥耶夫斯基？

陀思妥耶夫斯基（Fyodor Dostoevsky，1821—1881）与几位著名的俄国作家年代相近，如屠格涅夫（Ivan Sergeevich Turgenev，1818—1883）、托尔斯泰（Leo Tolstoy，1828—1910）等人。陀思妥耶夫斯基生平有两件重要的事。第一件是他18岁时父亲被杀。第二件是他28岁时因为参加读书会之类的团体，涉嫌反叛政府，被判处死刑；在1849年12月22日，他被绑赴刑场，却临时宣布了特赦，被放逐西伯利亚五年。

在鬼门关前走了一圈，让他开始思考时间与永恒的关系。他在《罪与罚》的结尾处说：“那种新生活不会无缘无故地给他，需要以极大的代价、极大的挣扎和极大的痛苦去换来。”这反映了他个人的经验。父亲被杀以及自己被判死刑又临时被放逐，对他一生造成深刻影响。这种影响在他的作品里也一再以不同形式显示出来。陀思妥耶夫斯基一生忠于他的祖国俄罗斯以及他的信仰东正教，他希望在这两方面能产生改造的力量，让世界得到新的救赎。

他是典型的作家，笔耕不辍。他的作品主要是小说，其中反复出现各种哲学问题，再配合他深刻的人生体验，往往能给读者带来巨大的震撼。谈到西方哲学，我们总会想到康德。康德先在认识方面说上帝不可知，又在道德实践方面说必须设定上帝存在。这些理论听起来有点抽象。而陀思妥耶夫斯基的作品一再出现两个主题：

1. 如果上帝不存在，我为何不能为所欲为？

2. 如果人的灵魂在死后不能继续存在，我为何要有道德？

这样一来，就把康德抽象的观念变成有血有肉、活生生的挑战。

陀思妥耶夫斯基几部重要作品的主题都很明确。在《罪与罚》这本书里，他表现出对人性深刻的同情。一个人犯了罪就要接受惩罚，问题是怎样才能赎罪？首先要认罪，然后要受苦、接受惩罚，最后要用爱来转化这一切。

在《卡拉马佐夫兄弟》这本书里，四兄弟中的老二伊凡是无神论者，他说："不是我不接受上帝，而是我不接受也无法接受上帝所创造的这个世界。因为这个世界上很多事情既没有公理也没有正义，甚至完全不能理解。"

在《白痴》这本书里，陀思妥耶夫斯基所说的白痴在别人眼中是个笨蛋，事实上他是一个温和的、甘愿自我牺牲的人，简直像圣人一样。在《群魔》这本书里，陀思妥耶夫斯基描写各种附魔的人，他们都很粗鄙，没有良心，完全否认神的存在，其中甚至还有一些谋杀犯。

（二）信仰与不信仰的复杂问题

信仰不是一件容易的事。陀思妥耶夫斯基说："上帝折磨我一生，我别无念头。信仰从来就不曾完全克服不信仰的诱惑，但是无神论也从来没有完全战胜信仰的倾向。"在《卡拉马佐夫兄弟》中，他借着无神论者伊凡之口说："让人惊讶的不是上帝应该真正存在，而是上帝必须存在的想法，会进入到像人这种野蛮、邪恶的野兽的脑袋中。这实在太抬举人了！"

他的意思是说，人只从他的生物性来看，跟野兽差不多，他怎么会有上帝必须存在这种想法呢？他不断反省：如果没有上帝存在以及人的灵魂不死，人要怎么过这一生呢？如果一切都被允许，人可以为所欲为，那何必再行善呢？要为谁去爱呢？为谁去唱圣咏呢？人有可能没有上帝而爱人吗？所以，信仰始终在挣扎之中。但无论如何，信或不信都比漠不关心要好。

在《群魔》这本书里，陀思妥耶夫斯基借着主角之口说："如果没有上帝，我就是上帝；如果有上帝，则一切都是他的旨意，我也逃不出他的旨意。"这句话的前半句与存在主义者萨特所说的几乎完全一样。那为什么一定要有上帝呢？人发明上帝才能继续活下去，而不至于自杀。人类的历史就是如此。

《群魔》里的一个角色说："我是人类历史上第一个不愿意发明上帝的人，所以人应该自己给生命意义。"他甚至批评无神论者说："我不了解一个无神论者如何能够在知道无神的那一刻不立即自杀。如果无神剩下的是我的自由意志，自杀还可以证明我的独立以及新的可怕的自由。"换言之，人在毁灭自己时也证明了自己的神圣性。人的自由意志一方面给人以神性，同时也会给人带来死亡。人活在世界上，最后都会面对死亡，这是人类注定的命运。

陀思妥耶夫斯基反问道：如果没有信仰，人怎么活得下去？这相当于问：个人的存在到底有没有价值？这一点显示了存在主义的关怀。对于这个问题，欧洲有两种立场。第一种是克尔凯郭尔的立场，他要回到最原始的基督宗教，做一个虔诚的基督徒，他说："做人就要做基督徒，否则怎么活得下去呢？"另一种是尼采的立场，他把传统的宗教整个放在一边，要设法开辟一条超人之路。

陀思妥耶夫斯基是文学家，他的思想没有明确的系统，但他的小说充分反映俄罗斯社会的复杂状况。他认为，必须要有一种宗教观点，生命才有意义。一开始就要相信上帝存在以及人的灵魂不死。如果上帝不存在，人也活不下去了。对陀思妥耶夫斯基来说，他所谓的上帝是指基督宗教的上帝，因为东正教属于基督宗教的一系，也是源远流长的传统。天主教属于拉丁语系，东正教属于希腊语系，两者在语言表达上存在着差异，但基本信仰是完全一样的。

陀思妥耶夫斯基建议，你或者信仰上帝，或者做无神论者，但你要思考：哪一种可以给人更大的尊严？这个问题没有明确答案。《卡拉马佐夫兄弟》中的伊凡为何要做无神论者？他有三个理由：

1. 我没有办法爱眼前的邻居，因为人与人距离太近，就会出现各种冲突；
2. 我看到许多小孩子受苦，显然他们是无辜的；
3. 社会的正义还没有实现。这就是前面提到的“神义论”方面的问题，你要如何为神辩护呢？

（三）基督宗教的共同挑战

基督宗教的“一教三系”（天主教、东正教和基督教）有同样的信仰：都相信耶稣是神的儿子降生来救人，替人牺牲又死而复活。所以，人生的意义就是要背十字架走自己的一生，让自己变得更完美，以便在生命结束后到达理想的境界——见到上帝。这是对基督宗教信仰的简单描述。

陀思妥耶夫斯基准确揭示了基督宗教所面临的共同挑战，即教会与耶稣形成一种对立状态。教会中一直存在着危险，充满了诱惑，甚至希望耶稣走开，不要再回来，因为耶稣的精神在教会里很难体现。如果像耶稣一样，在人需要时，让他们吃饱喝足，给人各种怜悯，很可能会造成尼采所谓的“奴隶道德”。如果让人可以自由地爱人，反而会带来各种动荡不安。更麻烦的是，教会总有统治这个世界的欲望。基督宗教始终不能完全体现耶稣基督爱人、救人的精神。事实上，别的宗教也有类似的挑战。

收获与启发

1. 俄国很早就接受东正教。陀思妥耶夫斯基的年代比克尔凯郭尔稍晚，比尼采早 23 年。他作品中的思考与反省，与存在主义可以高度配合。他提出的问题其实是康德哲学的某种反映与延伸。
2. 陀思妥耶夫斯基对复杂的信仰问题并没有给出简单的答案，但他让你思考：如果信仰会是什么情况？不信仰又是什么情况？
3. 基督宗教的共同挑战直到今天依然存在。

课后思考

陀思妥耶夫斯基在《罪与罚》里强调，要赎罪只有靠认罪、受苦与爱。人难免犯一些严重的过错，你能否从你读到的作品或个人的观察中，说一说认罪、受苦与爱之间有什么重要的联系？

补充说明

如果你犯错而伤害了他人，对于受害者来说是无法弥补的，因为人生不能重来。所以，我们即使犯错，无论如何也不要严重到让人失去生命或无法生存。一旦越过这个界限，就是更严重的问题了。一个人犯错之后为什么要受罚？这是希望你觉悟三点。

1. 人性是软弱的。别人跟你一样，同样可能因为软弱而犯错。因此对待别人的错误要有同理心，否则不可能有真正的爱。
2. 犯错要自负其责。今后与别人来往时，你会更加小心。凡事只可要求自己，尽量不去欺凌别人，不强迫别人做他不愿做的事。
3. 你的心态会更柔软、有爱心，加入到行善的行列。所谓“有爱心”是指：一切的恶到我为止，由我开始只有善。恶经常会相互影响、连环发展，但到我这里要停下来。正如“谣言止于智者”，我们要做“智者”，因为我们已经接受了教训，应该有所觉悟。同时，从我这里发出的只有善的力量，从我开始推广，进行善的循环。

这是陀思妥耶夫斯基给我们的启发：人性是软弱的，所以要有同理心；人要自负其责，所以要更小心；同时宽容待人，有爱心。

第 37 章

雅斯贝尔斯：以四大圣哲为典范

37-1

雅斯贝尔斯的生命历程

本章的主题是：雅斯贝尔斯以四大圣哲为典范。本节的主题是：雅斯贝尔斯的生命历程。

对于存在主义的代表人物来说，他们的生命经验与思想发展是紧密结合在一起的。

萨特把存在主义分为有神论与无神论两组，其中有两位德国学者，两位法国学者。两位德国学者分别是雅斯贝尔斯与海德格尔，雅斯贝尔斯被列为有神论，海德格尔被列为无神论。但是，他们两人都不接受萨特的说法。

本节要介绍以下三点：

第一，人生的三大考验；

第二，三位启发者；

第三，雅斯贝尔斯的存在哲学。

（一）人生的三大考验

雅斯贝尔斯（Karl Jaspers，1883—1969）最让人熟知的，是他在1949年出版的一本书——《历史的起源与目标》。在这本书里，他提出“轴心时代”这个观念。他认为，公元前800年至公元前200年，这 600 年是人类精神文明的“轴心时代”。在这一时期，不同的人类文明几乎同时出现重大突破。从此以后，人类文化的发展进入到新的阶段。

雅斯贝尔斯是德国人，先念法律，后改念医学，38 岁成为哲学教授，一直在海德堡大学任教。对雅斯贝尔斯来说，人生有三大考验。

第一个考验，雅斯贝尔斯从小心脏方面就有严重的疾病。这让他无法参加同侪团体的各种游戏活动，他觉得自己的生命遭遇到严重的“界限处境”。他在学习上分秒必争，因为医生一再提醒他，他大概只能活到30至40岁；但他最后活到了86岁。他的心灵常常陷于孤单、悲哀与自怜，一直到 24 岁时遇到他的妻子，两人极为契合，他的整个生命从此出现重大转变，充满奋斗的勇气与求生的愿望。

第二个考验，他在学术界受到排挤。他先是从医学转到心理学，后来因为著作具有深刻的哲学含义，所以又转到哲学系任教。他在哲学系里备受排挤，因为大家都不愿意接纳一个没有任何传统哲学训练的人。他感慨地说：“在我看来，学院派的哲学并不算是真正的哲学，尽管它自称是一门科学，但它所讨论的东西根本与我们存在的基本问题无关。”同事的排挤让他深感压力，于是他更加用功，对西方哲学史上的大家一一深入研究，后来写下《大哲学家》(*Die grossen Philosophen*)这部名著。

第三个考验最严重，由于妻子是犹太人，雅斯贝尔斯的生命在第二次世界大战结束之前受到严重威胁。纳粹德国迫害犹太人，先从全家是犹太人开始，再到犹太人娶了德国人，最后是犹太人嫁给德国人。雅斯贝尔斯属于最后一种，本来定在 1945 年 4 月 14 日送进集中营，结果美军在 4 月 1 日占领了海德堡，使他侥幸逃过一劫。这件事显然对他的心理造成了严重的冲击。

综上所述，雅斯贝尔斯一生有三大考验：第一是先天性心脏病，属于身体方面的问题；第二是教书期间受到同事排挤，属于心理上的压力；第三是遇到纳粹迫害，有死亡的危险。生命中的这些“界限状况”促使他更深入地思考存在的问题。

（二）三位启发者

雅斯贝尔斯认为，有三位先哲给了他很大启发，分别是康德、克尔凯郭尔与尼采。他首先提到康德，他说：“我的生活受《圣经》与康德的指导，使我与超越界可以保持关系。”《圣经》属于基督宗教这个传统，雅斯贝尔斯对于宗教本来就有深刻的理解；同时，康德也使他可以与超越界连上关系，因为康德在道德哲学里指出，人的道德实践需要先设定上帝的存在。

雅斯贝尔斯受康德启发，一生关怀五个问题：

1. 科学，可以使我认识世界；

2. 沟通，可以使我与别人相处；

3. 真理，人的一生都要追求真理；

4. 人；

5. 超越界。

此外，他也深受克尔凯郭尔与尼采的影响。他以人的“存在”作为思考的起点，强调个人存在的真诚与自由，明确反对黑格尔唯心论的立场。克尔凯郭尔与尼采都强烈意识到自己的失败、孤独与界限。尼采说自己是某种力量为了试用钢笔而胡乱画成的线条：他被判定处在只能存在而不能去爱人的层次。克尔凯郭尔说自己像是一条四处碰壁的沙丁鱼，而不像一个完整的人，他是上帝手中不成功的尝试。这些说法都促使雅斯贝尔斯对生命作出进一步的思考。一个人只有从负面的存在处境出发，才会产生一种认真负责的人生态度。

雅斯贝尔斯早期从医学转到心理学，在 1919 年出版《世界观的心理学》，对于人生问题进行了深入思考。他把人简单分为三种类型：实际型、浪漫型与圣贤型。实际型要追求权力，改变世界；浪漫型要追求内心的快乐，追求享受；圣贤型要与别人共同分享爱，进而设法与绝对者接触。在这本书里，他受到克尔凯郭尔的启发，谈到“存在”的观念；受到康德的启发，谈到“理性”的观念。

（三）雅斯贝尔斯的存在哲学

雅斯贝尔斯不喜欢萨特所提出的“存在主义”这个称谓，好像是有某种特定立场的学派一样。他以“存在哲学”这个词，来说明自己的立场。

雅斯贝尔斯对于哲学的看法是：哲学没有新的发现，但它却是有意义的思想方式。“没有新发现”的说法源于他的医学背景。他长期在医学院做研究，同事们见面时经常会问：对某种病症有没有找到新的事实呢？“没有发现新的事实”（原文为 ohne Befund，简称 o.B.）是医学上的一个术语。

雅斯贝尔斯如何定义存在哲学？他认为，哲学是一种思想方式，人借着这种思想方式而寻求成为自己。这种思想方式对世界暂时存而不论，它唤起一个人自己的自由，对他做存在的照明，让他走向超越界，使自己提升。

这里提到三个概念：世界、自由与超越。对于“世界”，我们基本上只能有一种浅显的认识。不论是否关怀世界，世界都一样存在，所以焦点要转到人自己身上。人的本质在于自由，这是人最根本的特色，所以要唤起自己的自由。有了自由之后，要进一步走向超越界。所以，世界、自由与超越三个词，可以作为雅斯贝尔斯对哲学的基本看法。他认为哲学有三重任务：第一是世界定向，第二是存在照明，第三是追求超越界。

1. 世界定向

世界是已经在那儿的“经验事物”，人生于世界之中，却要试图了解世界的意义。人的理性要求突破“内存性”。换言之，人活在这个封闭的世界里面，都想突破这种处境。因此，要质疑这个充满变化的世界：为何是有而不是无？由此去探讨真正的存在本身。他认为，科学所知的世界不是世界的全部，而人的自我却是整体的与独特的，是人处在界限状况、面对抉择时才会实现的。

2. 人的存在照明

“存在”是自我在世界中的实现，同时又超越了这个世界。真实的“存在”仅限于人能够完全超越自我的少数片刻。所谓“存在照明”，就像打开探照灯，把焦点放在人的存在上，要设法把它看得完整而透彻。

3. 对超越界的追求

雅斯贝尔斯宣称他不信仰任何启示宗教，也不是任何宗教的信徒，但他的学说里面一再出现一个概念叫做“统摄者”（Das Umgreifende），有时也被译为“包围者”，好像它具有无限大的力量，把世界与人类都包围在里面。世界与自我都是相对而有限的，只有对照一个无法界定的统摄者，才可以被理解。换句话说，世界与人类要有一个来源与归宿，才能把这一切统合起来；有了来源与归宿，你才能理解世界与人生是怎么回事。统摄者是一切新视野、新领域得以产生的根据，是那无法藉对象知识来认知的终极实在界，也就是存在本身。

雅斯贝尔斯研究过中国的老子，认为老子所说的“道”就是统摄者。他一生体弱多病，常常记得老子所说的“柔弱者生之徒”以及“柔弱胜刚强”。

雅斯贝尔斯最后认为，哲学的意义在于：敢于深入探究人类自身无法抵达的根基。这一探究过程就是不断的超越。他说：“人体认到自己虽是有限的，但他这种可能性却似乎伸展到无限。这一点就使人成为一切奥秘中最伟大的。”

收获与启发

1. 雅斯贝尔斯可以作为存在主义的代表，是因为他的生命经历了身体上、心智上甚至死亡的特殊考验。
2. 除了西方人熟悉的《圣经》之外，雅斯贝尔斯承认自己受到康德、克尔凯郭尔和尼采的启发。他对于哲学有特定的看法：哲学虽然没有发现新的事实，但它却是有意义的思想方式。
3. 这种思想方式可归结为三种态度：如何对待世界，如何对待自己的自由与存在，以及如何对待超越界。这样的哲学可以称为“存在哲学”。

课后思考

请问：你或者你的亲人，在身心方面有没有受过严峻的考验？这些考验给了你哪些启发？

37-2

界限状况与统摄者

本节的主题是：界限状况与统摄者。雅斯贝尔斯哲学建构的出发点，简单来说就是“界限状况”这个词。

本节要介绍以下三点：

第一，什么是界限状况？

第二，人的基本结构是什么？

第三，统摄者又是指什么？

（一）什么是界限状况？

雅斯贝尔斯受到克尔凯郭尔与尼采的启发，认为人的具体存在就是一种“界限状况”。他特别提到古代罗马哲学家爱比克泰德（Epictetus，50—135）的一句话：“哲学的起源，在于我们经验到自己的弱小与无能。”我们经常会碰到生命的界限，感觉到生命根本禁不起打击。痛苦、罪恶与死亡，就是很明显的界限。当你觉得生命脆弱时，难免要问：我的生命到底是怎么回事？

哲学的起点就在于对界限状况的思考，以及对宇宙万物的惊奇与怀疑。人活在世界上，一般不会想到痛苦的困扰、罪恶的威胁以及死亡的可能。但是不要忘记，一切都在偶然性的摆布之下，许多事情都会超出我们的控制。通过科学研究，世人对于大自然已经有相当深入的了解，但我们必须承认，各种意想不到的天灾随时都有可能出现。另外，在人类社会中，人与人相处要遵守一定的规范，表面上看好像越来越文明，但同样可能发生各种人为的灾难，远远超出我们的预期。这些都属于界限状况。

人在生理上、心理上、伦理上以及精神上都有极限。身体上，会遇到衰老、疾病、死亡的威胁；心理上，会面临各种痛苦与烦恼；伦理上，可能会遇到罪恶的挑战，无法坚持行善；精神上，有可能失去信仰，或者完全无法肯定任何信仰。生命的局限让人觉得自己就像一艘注定要沉没的船，经常会处于失败的状况。你用何种态度面对这些失败经验，将决定你生命的质量。

雅斯贝尔斯认为，人在界限状况中，一方面遇到空无，好像一切都是虚幻的；另一方面也可能由此觉悟，要去寻找存在本身。人要设法找到一种方式，把自己的生命与存在本身联系起来。“存在本身”用雅斯贝尔斯的术语来说就是“统摄者”，它把宇宙与人类全部包含在内，是一种无限的力量。

（二）人的基本结构

雅斯贝尔斯认为，统摄者有两种形态：第一种是每一个人的自己，第二种是存在本身。

每一个人都是以自己为中心，去掌握所经验到的一切。此时，人表现出三点特色。

1. 人是许许多多可经验的事物之一。我可以经验到别人，别人也可以经验到我。在世界上，人是许多物种之一；在时空中，人是一个有生命之物。自然科学与社会科学都在设法了解人，但总是无法了解人的全部真相。人的生命在万物之中无法被全盘理解。

2. 人是理解外界事物的意识。人借着理性，几乎可以理解一切。但真的能够理解一切吗？事实上，人的理性还是有很大的限制。

3. 人还是一种精神力量，有可能会对宇宙万物形成一种整体的理解。

从以上三个角度，可以了解什么是人，这就是雅斯贝尔斯所谓的“存在照明”。这三个方面各有特色，也各有限制，可以分别从正面与负面来看人的三种特色。

1. 人作为可经验的事物，可以维护和发展自己的生命，这时需要与一个团体结合。从正面来看，人所发现的真理都具有实用性，并可以按照情况来调整。从负面来看，人作为可经验的事物，无不追求幸福，但在自然界与人间，不可能有真正圆满的幸福。譬如，这个世界直到今天还没有发展出一种理想的政治型态。

2. 人作为意识，任何一种认识活动都要区分主体与客体。我认识别人，别人就是我认识的客体或对象。从正面来看，人使用理性的逻辑，可以得到大家普遍接受的真理。从负面来看，这种普遍接受的真理不一定可靠。不同的时代与社会，对于什么是真理都有不同的看法。

3. 人作为一种精神力量，会按照个人在一个整体中的位置与别人沟通。人不可能脱离整体观念去进行沟通。从正面来看，这个整体也包括人类的整个历史，它与真理有明确的关系。从负面来看，当你把握整体观念时，还有许多事实无法纳入整体的范畴，结果总是挂一漏万。

人是可经验的事物，是存在的生物之一；人是意识本身，可以去认识这个世界；人也是精神，可以把一切看作整体。但是人也有明显的限制，那该怎么办？这时可以把人看作一个小的统摄者，他一定要找到一个大的统摄者。

换句话说，人可以选择做纯真的自己，由此进入“存在”的领域。“存在”让我发觉自己的生命是独特的、一次性的，也是具有历史性的。这样一种存在的抉择，可以让我接触到真正的统摄者（超越界）。

（三）统摄者是什么？

真正的统摄者只有一个，它最大的特色就是超越主客分裂。人这种小的统摄者一旦进行思考，必然会出现主客分裂：有思考的主体就有思考的客体，有能思就有所思。真正的统摄者把一切都整合到一起，包含主体与客体，不容许有任何分裂。它笼罩一切，又穿透一切。人的认识都有其限制。只有突破这些限制，才有可能接近真正的统摄者。

雅斯贝尔斯所谓的“统摄者”，它的真正含义不容易描述。每个人作为生命的主体，只能从自己的角度去掌握一切，成为一个小的统摄者。但我们看不清楚这个世界，也找不到恒久的秩序，人的生命注定结束，最后必然是全面的失败。

这提醒我们，必须找到真正的统摄者，才能化解这种困境。这就好比你问：一滴水怎样才不会干涸？只有回到大海，与它的来源或母体结合，才能避免干涸。

收获与启发

1. 雅斯贝尔斯面对人的具体处境，发现人注定会遇到许多界限状况。所谓“界限状况”是说，人在身心灵各方面都会遇到瓶颈，并且注定在结束之后陷入虚无。人仅凭理性，对于“痛苦、罪恶、死亡”这三大奥秘，无法彻底了解与解决。

如果生活在一个太平时代，处在青年或壮年阶段，根本就不会想到这些，以为人生本来就是这么美好。

但事实上，“天灾人祸”四个字足以让人警惕，人的生命最后注定是一个失败。所以雅斯贝尔斯强调，一个人对失败经验的态度会决定他的未来和本质。

在界限状况中，人要何去何从？很多人会陷入虚无主义，表现出悲观的态度，萨特就明显有这种倾向。雅斯贝尔斯则认为，处于界限状况中的人需要进行沟通，不但要进行人与人之间的沟通，更重要的是进行人与统摄者之间的沟通。

2. 雅斯贝尔斯强调统摄者有两种形态：第一种是每个人的自我，第二种是存在本身。每一个人的自我都是一个小的核心，表现出三种特色：

（1）人是许多可经验的事物之一，与万物同处在这个世界上；

（2）人是可以理解外界事物的意识，可以用理性来认识一切；

（3）人也是精神力量，可以把一切整合起来。但是人这种小的统摄者有明确的限制，最后还是会走入死胡同，必须承认失败的可能性与必然性。

3. 人要突破这个小的格局，进入到真正的统摄者之中。雅斯贝尔斯所谓的“统摄者”，是指包围一切的、最大的一种力量，他偶尔也会用“超越者”这个词。

西方学者在探求宇宙和人生的来源与归宿时，经常称之为“超越界”。

雅斯贝尔斯不愿意把“统摄者”称作“神”或“上帝”，因为那样很容易被认为是某种宗教立场。他不相信任何制度化的宗教，尤其是启示宗教，他认为那些与他的哲学没有直接的关系。可见，他不是西方传统所谓的基督徒。你可以说他是有神论者，但必须说明所谓的“神”是指“统摄者”，这样就不会有什么误会了。

课后思考

我们在人生中也会遇到各种界限或失败的情况。这时你是否觉得生命是一个封闭的、局限于自我的、小的系统？你有没有尝试过将这个系统推展开来，寻找它的来源与归宿，并最终找到像雅斯贝尔斯所说的“统摄者”这样的概念？

补充说明

雅斯贝尔斯的思想有一个关键点：人是小的统摄者，每个人都是思想、情感、意志的核心；小的统摄者之外，还有大的统摄者。这有点类似于“小宇宙”、“大宇宙”的说法。但“大的统摄者”已经超越了“宇宙”的概念，因为它包含自然界和人类在内，是一个整体。

人是小的统摄者。每个人都是从自己的角度出发，从自己认知的地平线、情感的核心、意志的抉择来考虑，综合过去的经验和现在的状况，再做进一步的决定。在这一过程中间，人有各种局限。所以人需要向上提升，指向大的统摄者。

大的统摄者并非完全不可知。一套比较理想的哲学对于像“统摄者”这样的观念，一定会有两方面的理解：一方面，人作为小的统摄者，可以对大的统摄者有某些基本认识，知道它有一定的规律，能在某种程度上响应人心的要求；但另一方面，没有人可以完全了解大的统摄者。即便像孔子这样的圣人，也只是了解“天命”（五十而知天命），然后“知其不可而为之”，代表孔子对于“天命”能否实现并没有绝对的把握。孟子也说，如果天要治好天下，当今之世，舍我其谁？但天下仍然很乱。可见，孟子对于“天”这个大的统摄者，也是所知有限。

所以，真正的统摄者对人来说永远有两面：一面是可知的部分，一面是永远不可知的部分。这样才是完整的思维。

很多问题不需要解决，而需要解释。前面提到“人生有可知的一面和不可知的一面”，“统摄者”就是用来解释人不能回答的问题。哲学基本上是要提供一个解释的原则。但这个解释的原则用在每个人身上，究竟能解决多少问题、能解决到什么程度，则需要通过自己不断的体会和实践，才能有所领悟。

人本身就是问题制造者，即便一些问题得以解决，新的问题照样层出不穷，因此还不如有一个解释的架构。这也是学习西方哲学的目的之一。历代哲学家在不同时代、不同社会、不同的个人处境里面，得到了一种个人的觉悟。我们参考他们的见解，可以形成一整套解释的原则和方法。若能形成完整的系统，我们自己就变成哲学家了；如果尚未形成系统，那么当我们遇到特定状况时，也可以用哲学家的结论作为我们自己的解释原则。

37-3

从沟通到信仰

本节的主题是：从沟通到信仰，要介绍雅斯贝尔斯的几个核心观念，内容包括以下三点：

第一，沟通与真理；

第二，密码的作用；

第三，信仰是什么？

（一）沟通与真理

前文提到，克尔凯郭尔所谓的“真理”是指主体性的真理，是我主观体验到可以为之生、为之死的真理，它与我的生命密切相关。雅斯贝尔斯传承了克尔凯郭尔的思想，他说：“真理与人间的沟通不可分。”这样一来就必须承认，人间并没有绝对的真理，而是要无限制地互相沟通下去。雅斯贝尔斯把“理性”界定为“普遍的沟通意志”，理性的目的就是要与别人进行有效的沟通。

雅斯贝尔斯认为，人的理性在面对真理时同样会遇到界限状况，理性无法把握全部真理，最后会陷入全面的失败。这时你会发现，所有的界限都朝向一个超越界开放。直到与超越界相遇，才可以肯定自我纯真的存在。关键在于，要在沟通中与超越的基础相遇。这个超越的基础是一切存在物的基础。这样一来，沟通就变成为了追求真理而必须经过的过程。

雅斯贝尔斯重视沟通。他认为，人用理性可以得到知识，知识的目的是要使人与人联合起来；可惜困难重重，因为每个人都有自己的看法。人只有在与另外一个自我沟通的时候，才能成为真正的自己。一个人孤单的时候，自我是不完整的。所以，沟通是导向各种形式的真理之路。这里再次强调，真理与沟通密不可分。

除了人与人的沟通之外，还有一种存在的沟通，就是设法使每一个人都努力成为自己。这时要由人与人的沟通走向人与超越界（统摄者）的沟通，由此可以引申到“万物都是密码”的观念。

（二）密码的作用

密码是什么？现实世界的一切都可能是密码。譬如，一个字、一句话、一个手势、一滴眼泪、一个暂停的动作，都可以让我接触到问题的核心。一个微笑、一个挥手，都可以传递那共同的、恒在的幸福。换句话说，当你与别人沟通时就会发现，一个简单的言语或动作，或是一个简单的对象，它们就像密码一样，似乎可以通过它们来解开宇宙万物的奥秘。密码最具体的表现是宗教与艺术中的象征，以及哲学方面的思想。可见，密码的范围很广，自然界与人文世界的一切都可以当作密码。

在静态方面，万物都可以成为密码。在动态方面，人可以通过抉择，使自己与永恒接上线。宇宙万物充满奥秘，存在本身（统摄者或是超越界）借着这些奥秘显示它自己。以这样的视角去看万物，万物都是透明的，可以成为密码或象征。一切都可以当作比喻，指向一个超越界。一切都可以作为密码，因为一切都是存在本身的分享。换句话说，存在本身无所不在，所以万物都是指向存在本身的密码。

雅斯贝尔斯认为，历代哲学家的思想也是过去留下来的密码。所以他花了大量时间去研究西方历代重要的哲学家，并在 1957 年出版了《大哲学家》一书。后文会介绍其中的重要内容。

人的生命与知识都是有限的。在这有限里面，要如何与无限相遇？这时候要靠抉择，抉择可以使绝对性得以展现。譬如，在面对命运及死亡的时候，你选择成为自己，此时就接上了无限。雅斯贝尔斯说："抉择使人在当下那一刹那接触了永恒。"他对"一刹那"或"一瞬间"有一个很好的观念，他说："刹那就是时间与永恒的一致，它使实际的一刹那深入到永恒的现在之中。存在是一瞬间的深入，使时间上的现在成为一种完成。"可见，每一刹那都是永恒的表现。你在每一刹那都要有清晰、真诚的人生态度。所以，抉择构成了人的存在。借着抉择，每一刹那都是绝对与永恒的实现。这样就从密码引申到人的抉择。

（三）信仰是什么？

雅斯贝尔斯被萨特归类为有神论的存在主义者，他公开否认这种说法，并极力避免直接使用"上帝"这个概念。但是，在雅斯贝尔斯的思想里面，到处都会发现"统摄者"（包围者或超越者）这个概念。它能够统合、包围我们所知的一切，世界与人类统统在内。雅斯贝尔斯知道，一个人遇到界限状况，除非立刻放弃一切希望，否则一定会碰到一个超越界，它是超乎宇宙之上、在宇宙之前的那个力量。传统的宗教就把它称作神。

因此，雅斯贝尔斯同样肯定上帝的存在，他把"上帝"理解为万物的来源与归宿。他也不否认上帝的位格性，因为人与上帝之间可以互动的话，上帝就会展现出位格性。从这个意义上来看，可以说雅斯贝尔斯是有神论者。但是他并非基督徒，他甚至公开反对所有的启示宗教，包括印度教、犹太教、基督宗教以及伊斯兰教。他认为，没有任何一种宗教可以独占真理，真理是开放给每一个人的。

他进一步说明什么叫做“无信仰”。凡是主张内在性是绝对的，都属于无信仰的态度。“内在性”也称为“内存性”。简单来说，所谓“无信仰的态度”，就是把我们所经验的世界当作唯一的存在界，当作完整而独立的封闭系统，而否认所有超越界的存在。这种无信仰表现为三种形态。

1. 向魔力投降。即推崇世界的力量，把它当作神圣的东西。把人的激情、权力、生命力、美丽、毁灭或残暴当作绝对的力量，用人的冲动来取代上帝。
2. 把人加以神话。这种现象自古以来屡见不鲜。有些统治者希望别人把他当作神来崇拜；也有人把自己当作神的代言人，做任何事都以上帝之名。
3. 虚无主义。认为一切都没有意义，怀疑并拒绝一切。

以上三种无信仰的结局都是空虚与绝望。雅斯贝尔斯进一步说：“真正使人产生信仰的，既不是宇宙万物，也不是人生的特别遭遇，而是人的自由。一个人意识到自己是自由的，就等于确信了上帝的存在。”他的理由是：作为自由的存在者，当我真正成为我自己的时候，我知道我并不是靠我自己而成为自由的。下一节会专门探讨自由的问题。

收获与启发

1. 雅斯贝尔斯认为，真理离不开沟通，它是一个正在进行的过程，没有人可以垄断真理。你要不断敞开心房与别人沟通，同时向宇宙开放你的心态。
2. 宇宙万物，或人与人之间各种简单的言行表现，都可以成为密码（暗号或象征），使人与统摄者（超越界）接上线。人如果不能通过密码去掌握万物背后的来源与归宿，则人生的结局只有全面的失败，人间所有的成就最后都会结束。通过密码，你可能忽然会从刹那中看到永恒的曙光，这就是密码的特色。

有时候我们觉得人生好像没什么希望了，忽然听到小孩的哭声、看到一个温暖的动作、听到一句温暖的话，人生又重新燃起了希望，这些就是类似的经验。印度诗哲泰戈尔（Rabindranath Tagore，1861—1941）在一首诗中写道："上帝在哪里？你爬上高山、深入大海都找不到，结果在路边小孩子的哭声中，在他含着眼泪喊着妈妈的声音中，找到了上帝。"等于你忽然解开了密码，接触到统摄者。

3. 雅斯贝尔斯不愿意接受任何一种制度化的宗教，但他始终相信存在着一个超越者（统摄者、包围者），它对所有人开放，不能被某一个宗教垄断。所以称他为有神论，他基本上不会反对。他特别指出什么是无信仰的态度，即一个人向魔力投降、把人当作神以及虚无主义。当我们遇到界限状况时，这三种情况会让人失去信心，放弃继续探索的勇气。真正让人产生信仰的是自由。透过对自由的深刻反思，你会知道你并不是靠自己而成为自由的。

课后思考

雅斯贝尔斯的“密码”观念很有趣。请你想一想，你是否曾通过某个自然界的画面，或通过一个简单的眼神、一句简单的话，忽然觉悟到人生有某种意义？虽然不见得很清楚，但至少你可以肯定它是有意义的。

补充说明

谈到“密码”的观念，我想分享自己的一点心得。人活在世界上，放眼四顾，就会发现有两个世界：一个是自然界，一个是人类。这两个世界都会为我们提供“密码”，使我们可以抵达“超越界”的层次，也就是我们一直强调的“2+1”的“1”。

密码可能来自于人类，尤其是人间的三种情感——亲情、友情、爱情，进一步可以推广到对故乡、社会、国家、人类的爱。从金庸小说或某部电影中，同样可以领悟某些永恒的启示。重要的是，要培养接收和领悟密码的能力。

密码也可能来自于自然界。古希腊时代就强调，哲学起源于惊讶。对于一般人习以为常的春夏秋冬、日出日落这些现象，哲学家觉得很惊讶，为什么会有规律的变化？难道可见的现象背后有一个永恒不变的本体吗？因此，我们要学习用婴儿的眼光来看待一切，对一切感觉到好奇。

人活在这个世界上，光是活着就是一件奇妙的事。歌德曾说：“知识是灰色的，生命之树长青。”书籍都是以文字作为载体，你是否能透过文字，看到作者的心灵、体会到作者所觉悟的道理？这其实是很困难的。如果你有一颗善于觉悟的心，生命之树就会长青。

在与别人来往的过程中，我们可以在这方面多做一些练习。譬如，我教书 40 年，有许多课程都要重复开设，但每次面对的是不同的学生，每次上课的时间也是不同的。时间一去不复返，每一刹那都跟以前不同，每一次上课都是全新的开始。所以我养成一个习惯，每次上台前都会对自己说：今天是我第一次上课。这样一想，内心立刻会产生一种动力，可以鼓足精神，跟大家分享自己的心得，并体会到分享知识的快乐。学生们也会感觉到老师很投入，很在乎我们。

我们在乎别人，就是珍惜自己的时间。就算是再好的朋友，每一次见面都要把它当成第一次，甚至是唯一的一次。等到你与一些知心的好友分隔遥远，甚至他们可能会离开这个世界，那时你也许就会有特别深刻的感触：早知如此，上一次就应该多谈几句，多关心几句。

如果想要觉悟密码，就要保持一颗善感的心、开放的心。要常常进行“换位思考”，想一想：假如我是你（If I were you）。当然，这种话说多了就会变成口头禅，有谁能够真正是别人呢？但仅仅是这样一个简单的转换，你就会发觉，应该用一种不同的眼光来看待我们此刻的互动关系。

37-4

雅斯贝尔斯的自由观

本节的主题是：雅斯贝尔斯的自由观。前文已经从不同立场、不同角度，多次探讨“自由”这一概念。但是，存在主义所谓的“自由”与传统的说法还是不太一样。对于存在主义学者来说，自由是极为特别的概念，它是人的本质所在，也是认识人的存在的关键所在。雅斯贝尔斯如何看待自由呢？

本节要介绍以下三点：

第一，自由是怎么回事？

第二，对自由的深入思考；

第三，从自由到超越界。

（一）自由是怎么回事？

雅斯贝尔斯认为，人生是一个人完成自己的过程。换句话说，人生的目标是让自己的生命有一个圆满的发展与结局。在人的面前有“无限制”的可能性，除非你限制自己，否则你的可能性是没有限制的。因此，人就是自由。所谓的“自由”，就是选择自己以及成为自己。

“人就是自由”这个说法，比“人拥有自由”或“人是自由的”

要更进一步。到底什么是自由呢？雅斯贝尔斯认为，自由需要三项条件：首先，要有某些知识，不能盲目做选择，要知道有哪些选项或可能性；其次，要意识到某些规范，根据某些标准来做出选择；第三，要有自由意志。

这三项条件不可或缺，但是它们都有明显的限制。

1. 知识一定有局限，在做选择的时候，未必知道所有的选项。
2. 规范或标准可能只是白纸黑字的条文，更值得重视的是规范所体现的精神。
3. 人有自由意志，好像可以自主做决定，其实很多时候你不得不如此做决定，否则就出卖了自己。换句话说，有些自由选择身不由己，否则就不够真诚。

可见，自由需要三项条件，又要超越这三项条件。表面上我在选择做一件事，事实上我在选择做我自己。我选择的是一个有限的目标，但是我展望的是一个无限的目标。每一次自由选择都让我更加接近无限的领域；但是不管我如何选择，与那个无限相比，其间总有无限的差距。人的自由选择到最后注定会失败。

雅斯贝尔斯一再提醒我们，人生注定失败；但失败也许是新的开始，由此可能会慢慢接近超越界。正如克尔凯郭尔所说，人是身体与灵魂的综合，是有限与无限的综合，是时间与永恒的综合。两组力量综合在一起，人怎么可能妥善地做好每一次选择呢？

当人的自由面对无法改变的界限状况时，该怎么办？雅斯贝尔斯也认同斯多亚学派和尼采所说的“爱命运”，但是他说：“‘我爱命运’是说我爱我自己的命运，因为只有在这个命运中，我确实把握了自我的存在。”这句话说得相当深刻。

（二）对自由的深入思考

雅斯贝尔斯接着从两个角度对自由进行了深入思考。

1. 自由与命令

当我接到命令的时候，才会意识到自己的自由。这句话让我们联想到克尔凯郭尔对《旧约·创世纪》的诠释。亚当在伊甸园里，当上帝对他说“你不能吃这棵树的果子”（这叫做命令或禁令），他才意识到他有自由。有了命令，才有顺从或反抗的问题，才有所谓的自由。既然是自己做决定，就要为后果负责。可见，自由与命令是不可分的。只有自我节制、自我约束，才能真正享有自由。

有时你会发现，自由竟然涉及一种无条件的命令，也就是没得商量、非这样做不可。雅斯贝尔斯用“爱”来比喻，爱上一个人会让你身不由己，好像接到了无条件的命令，不得不接受。事实上，自由无法被强迫，我是自由做出决定的，我的生命因而有了意义。这时我会明白，我并非靠自己的力量得以自由，而是有一个超越的力量无条件地给予，让我获得真正的自由。譬如，人经常以为是自己在做选择，其实从人性底层会发出良知的呼声（如苏格拉底所谓的“精灵之声”），让你不得不做某些选择。

2. 自由与上帝的关系

雅斯贝尔斯所谓的上帝，是指统摄者、包围者或超越界，与宗教没有必然关联。存在主义者对于“自由”有两种基本立场：

（1）无神论，如尼采和萨特认为，必须没有上帝，我才能拥有真正的自由；

（2）有神论，如雅斯贝尔斯认为，人的自由与超越界不可分，如果不谈超越界，自由只是盲目冲动而已。

所以，首先要肯定“人就是自由”，接着要肯定“人是存在于对上帝的关系中的存在者”。换言之，我们并未创造自己，而是在自由选择中发展自己。人能够站得稳，是靠一只无形的手。只有借着自由，我才能确知有超越界。

雅斯贝尔斯也深受法国哲学家帕斯卡的影响，认识到人只是大自然中最柔弱的芦苇，一点点空气变动就足以让一个人失去生命。面对如此脆弱的生命，雅斯贝尔斯说：“人由于依赖上帝而生活，这样才可以不必依赖世界而受它宰制。”换言之，你要做出选择，在上帝与世界之间，你选哪一个？这个世界是量化的、物质化的、世俗化的。你若选择世界，就会受到世界的宰制。选择上帝则意味着要提升精神层次，向灵的方向发展。人的自由就是不要让自己陷入物质领域，而要努力向上提升。

(三)从自由到超越界

自由与命令不可分，而命令与超越界有关。雅斯贝尔斯认为，人的自由要求被引导，以便达成他被赋予这个自由的目的。人被赋予自由，是要给人自我改造的机会，使人可以在自由中缔造自己的历史。只有被上帝引导，才能与上帝相遇。与上帝相遇不一定涉及宗教信仰，雅斯贝尔斯强调的是：要找到自己的来源与归宿，使生命得到真正的安顿。

在什么地方可以发现上帝的引导呢？

首先，在人类的传统中，你会发现上帝是如何引导一代又一代的人。雅斯贝尔斯在哲学界有一个显著特色，他细心研究西方历代的大哲学家，也包括东方的重要哲学家。这些哲学家个人的心得与体验，显示出上帝的声音。

另外，在个人的遭遇中，当你准备接纳一切之际，上帝的声音就会显示在内心的自我觉悟中。最典型的例子就是苏格拉底的“精灵之声”。如果你足够真诚，当遇到不该做的事情时，就会听到内心有声音对你说“不”。那就是超越界的启示，让你知道该如何做出选择。

雅斯贝尔斯最后提醒我们，人对自己行为的判断永远是不确定的，因为世上的一切都在变化之中。所以千万不能自以为是，不能把个人私意当成上帝的意思，尤其当你具有某种身份、地位或权力之后。

如何判断自己的觉悟是否正确？这只能靠事后的回顾。当你回顾过去某些自由选择的时候，你会深刻感受到被指引的喜悦。即便如此，你仍然不能确定可以转达神明的意思，因为神明的指引无法被塑造为我们所占有的东西。所谓“彼一时也，此一时也”、“天意难测”等说法，都表达了同样的意思。了解这一点，才能正确看待自由。

收获与启发

1. 人就是自由。自由的运作需要具备某些知识，事先了解有哪些选项；自由一定要有某些规范作为标准；此外还要有自由意志。这三项条件也有其限制：知识永远有局限，规范的重点在于掌握它的精神，自由意志有时好像身不由己。我选择做自己，而我是有限的，必须向无限靠近；但我与无限之间永远有难以想象的距离，所以人生注定失败。怎么办？你要珍惜自己的命运，并保持开放的态度，否则会陷入虚无主义的困境。
2. 对自由做深入思考就会发现，任何自由都有它的命令，有时甚至是无条件的命令。雅斯贝尔斯用爱做比喻，很多人都体验过“不得不爱”这四个字，我必须如此对待自己，否则我就不是我了。所以，当我真正自由的时候，就知道我并不是由自己而得到自由。自由与超越界不可分，所以要依赖超越界，而不要依赖世界。

3. 从自由到超越界，人的自由有如被引导。要学习历代哲学家的智慧，并准备接纳发生在自己身上的一切，就有可能听到超越界的声音。但是永远要有保留的态度，不管自己如何选择，都不能认定那就是超越界的意思。永远要保持开放的心态，在向着超越界回归的过程中不断努力。

课后思考

请你按照雅斯贝尔斯的自由观，思考你曾经自由做过的一件事，你是否在其中体验到某些深刻的内容?

补充说明

我们进一步阐述雅斯贝尔斯对“自由”的看法。

1. 运用自由时，必须要有某些知识，才知道自己的选择有哪几种选项；但这样的知识永远有其限制。对选择对象的认知是一个不断扩展的过程，就像现象学所说的“地平线”一样。所以，你只能对自己当下的认识负责。
2. 必须知道某些规范。自由选择一定牵涉到具体的规范。没有任何约束，就不会有真正的自由。但一定要掌握规范的精神，而不能拘泥于字面的意思。
3. 必须运用自由意志，但你会发现，有时会有一个更大的力量，让你身不由己地去做某些选择。

有自由必定有责任，这时要考虑两点：

1. 谁做事谁负责，这样的责任是必要的；
2. 不管多大的责任，都有相对性，没人可为所做之事负全责。

你在运用自由时，有许多外在的客观条件或内在的心理状况，使你不可能有完全的自由，因而也不用负完全的责任。

因此，责任有必要性与相对性。任何责任都不是孤立的，不是把一件事情做完就算了。责任到最后还是要面对自己，以及自己与统摄者的关系。只要你还活着，自由意志就会一直运作，责任也将持续发展。

37-5

雅斯贝尔斯所推崇的四大圣哲

本节的主题是：雅斯贝尔斯推崇的四大圣哲，内容包括以下三点：

第一，四大圣哲是哪四位？

第二，四大圣哲有何特色？

第三，存在哲学的发展。

（一）四大圣哲是哪四位？

雅斯贝尔斯在 1949 年出版《历史的起源与目标》一书。他在书中强调，从公元前 800 年至公元前 200 年，这 600 年是人类精神文明的突破时期。后来被称作人类文化的轴心时代。他指出，希腊、希伯来、印度以及中国，在这段时间内不约而同地出现了一些重要人物，他们的思想成为后代一再回顾的重要资源，给人类的生命带来希望与信心。

八年之后，雅斯贝尔斯在 1957 年出版了《大哲学家》这套书。在书的开头，他提到四位思想典范的创造者——四大圣哲，包括古希腊的苏格拉底、古印度的佛陀（Śākyamuni，560—480 B.C.）、中国古代的孔子（551—479 B.C.）以及犹太人耶稣（Jesus，4 B.C.—29 A.D.）。

事实上，耶稣的年代在公元元年前后，代表雅斯贝尔斯早期所说的轴心时代只是大概的估算。

他在谈到希伯来人的时候，特别提到犹太教在当时出现很多大先知，他们提醒人间的帝王：虽然你们拥有很大的权力，但还是要知道自己的生命有来源与归宿，应该照样崇拜上帝，照顾百姓。

雅斯贝尔斯把苏格拉底、佛陀、孔子与耶稣并列，让人眼睛一亮。耶稣创立了基督宗教，后面发展为一教三系，佛陀创立了佛教，等于世界两大宗教的创始者都在其中。孔子是儒家的创始者，儒家虽然不是宗教，但它对中国的影响不下于任何宗教。苏格拉底是西方文化的关键人物，一般都将他视为西方人文精神的最初代表。他把焦点拉回到人的身上，让一个人以真诚的态度认识自己，进而发挥生命的正面能量。后代西方人也把他当成求知识、求真理的典范。

（二）四大圣哲的特色

四大圣哲在各自的文化传统里，到底做了哪些事呢？

苏格拉底让个人从城邦里解脱出来。在古希腊时代，个人不能脱离城邦。但是你如果爱好智慧、追求真理，就不能只作为城邦的一个单位或工具而已，而要以个人的身份去追求。佛陀要让印度人摆脱种姓制度的掌控，他甚至提出“众生平等”的普遍观念。孔子要让人摆脱当时封建诸侯国的格局，启发一个人进行自我的觉醒，承担自己的使命。耶稣要让人摆脱犹太民族严密的传统，走向“人之所以为人”这个正确的出发点。

四大圣哲的共同特色在于：让个人获得解放。个人解放之后，要建立新的宇宙观与人生观，以实现个人的提升转化。人不能只是活着而已，还要使自己成为一种圆满的人的典型。换句话说，人要慢慢消解生物性，减少身心条件对自己的控制，使精神层次得以展现并向上提升。

同时，四大圣哲让人正视痛苦。人生有各种烦恼与痛苦，“爱别离、怨憎会、求不得”都是苦难，但这些苦难只是试炼。凡有生之物都会遇到这样的考验，所以不必排斥它，而要面对它、接受它。让自己像浴火的凤凰一样，透过重重考验，使生命得到淬炼，以便能面对生命的最后一关——死亡的挑战。

四大圣哲都提醒我们，死亡不是终结，而是一个解脱或拯救的机会。譬如孔子认为，每个人都应该成为君子，走向圣贤的境界；死亡是自然生命的结束，也是价值生命的完成。人这一生的目的，是要找到自己的使命，达成圆满的人生境界。基督宗教与佛教在修行方面提出了更明确的方法。苏格拉底最后面对审判团侃侃而谈，他对死亡的看法让他完全漠视死亡。

雅斯贝尔斯的《大哲学家》这本书，首先介绍以上四位思想典范的创造者，接着谈到思辨方面的集大成者，包括柏拉图、奥古斯丁与康德。然后谈到有原创性的形而上学家，包括古希腊的安纳齐曼德、赫拉克利特、巴门尼德，罗马初期新柏拉图主义的代表普罗提诺、中世纪的安瑟姆，以及近代的斯宾诺莎。值得注意的是，雅斯贝尔斯并没有提到一般人都会强调的几位哲学家，如古希腊的亚里士多德、中世纪的托马斯·阿奎那，以及近代的笛卡尔与黑格尔。

在非西方的代表中，他提到两位中国人、两位印度人。两位中国人分别是孔子与老子。两位印度人分别是佛陀与 2 世纪的重要佛学家龙树。龙树提出“中观”思想，强调人需要有一种正确的、走在中道的思想，才可以摆脱所有执着。

雅斯贝尔斯对上述 15 位哲学家进行了深入研究，这本书的程度远远超过一般哲学史家的水平。他的手笔难得一见，值得参考。这本书的中文译本由社会科学文献出版社出版，翻译得相当认真。但要把这本书读完并正确理解，没有几年功夫恐怕难以做到。

（三）存在哲学的启发

四大圣哲代表了某种典范。雅斯贝尔斯也承认，他们四位不能算是严格意义上的哲学家，尤其是里面还有两位宗教的创始人。但是，哲学的主要目标是建构宇宙观、人生观与价值观。在人生观与价值观方面，有谁能比这四大圣哲对人类的影响力更大呢？

最后，我们再回顾一下雅斯贝尔斯的存在哲学。雅斯贝尔斯认为，存在哲学是一种思想方式，人借着这种方式要寻求成为自己。这种思想方式对客观世界暂时存而不论，焦点要转向自己，要照明人的存在。这时所唤起的是人的自由，让人觉悟到我就是自由。自由的目的何在？人在自由抉择中，会发现自己的界限状况，这时可以把所有的一切（宇宙万物以及身边的人、地、事物）都当作密码、暗号或象征，让它带我们走向超越界，找到万物的来源与归宿。

雅斯贝尔斯没有把这个“来源与归宿”讲得很疏远、很抽象，而是把它落实为万物的统摄者或包围者。统摄者与人的自由有一种直接的互动关系，可以让人在自由中觉悟：有一种无法言说的力量或命令，给人的自由以明确的引导，使人走向存在本身。

收获与启发

1. 雅斯贝尔斯 1957 年出版《大哲学家》，中译本厚达 800 多页，书中介绍 15 位西方与东方的哲学家，以西方为主。他的研究十分深入，他讲述西方哲学的方式是真正的“接着讲”。每一位哲学家的思想经过他的诠释，都展现出不同的深度与高度。
2. 雅斯贝尔斯提出四位典范人物（可称为“四大圣哲”），按照原文的排序是：苏格拉底、佛陀、孔子与耶稣。这本书以西方人作为阅读对象，自然把苏格拉底放在首位。四大圣哲面对他们所处的时代，力图改变过去的传统，以凸显个人的生命。他们未必有显著的成就，但他们留下的典范可以帮助我们认识个人生命的独特价值。人一定要经过某种修炼，才能得到提升与转化。人在历经各种考验之后，可以对痛苦、罪恶与死亡采取全新的态度，使生命抵达完美的境地。
3. 雅斯贝尔斯的存在哲学充满了启发与力量。雅斯贝尔斯的特色在于，他从传统哲学的伟大人物那里学到了很多重要观念，从而摆脱了个人生命经验的局限。

课后思考

请问，你对“四大圣哲”中哪一位有比较深入的了解与体会？

补充说明

大部分同学都认为自己更了解孔子。不过，你所了解的孔子是什么样的孔子呢？通常我们都会通过别人的介绍来了解一个人，但你除了听别人介绍《论语》的一些观念以外，有没有亲身实践孔子的话？只有亲身实践之后才能体会到，为什么孔子的学生对他有如此深厚的感情，因为他们整个的生命在孔子的教导下得到了提升转化。所以，我更希望你能亲身实践，使自己的生命境界得到提升。

想真正认识孔子并非易事，因为经过历代的诠释，我们很难看到孔子的真面貌，总让人觉得有点遥远。

孔子核心观念当然是“仁”，但“仁”不容易说清楚。

1.“仁”字牵涉到自我方面，即自我的觉醒，我必须真诚去实践。
2.“仁”不能脱离我与别人的关系，于是就出现了对“善”的界定：善是我与别人之间适当关系的实现。
3. 从“仁”的自我方面来看，要化被动为主动，择善而固执之。
4. 从“仁”是我与别人之间的关系来看，我们要学习孔子 12 个字的志向——老者安之，朋友信之，少者怀之。有了这样的认识，才算真正了解孔子。

第 38 章

海德格尔：坚持探索存在本身

38-1

海德格尔的生平与思想

本章的主题是：海德格尔坚持探索存在本身。本节的主题是：海德格尔的生平与思想。

如果要问20世纪的西方哲学家之中，谁对文化界造成最大的影响？答案就是海德格尔（Martin Heidegger，1889—1976）。海德格尔的一生比较平顺，他没有遇到像雅斯贝尔斯那样严峻的“三大考验”，也不像法国哲学家萨特与马塞尔那样是知名文艺作家，写了很多小说、戏剧、散文。海德格尔是一位外表严谨的大学教授，他深受存在思想的启发，被列为存在主义的四位代表之一。海德格尔思想的主要特色是：坚持探索存在本身。他接上了西方的传统哲学，又能推陈出新，发展出对现代人极有价值的哲学思想。

本节要介绍以下三点：

第一，海德格尔相对单纯的人生；

第二，海德格尔的学术贡献；

第三，海德格尔的影响。

（一）海德格尔相对单纯的人生

海德格尔的人生相对单纯。他出生于德国西南部巴登区黑森林一带的小村庄，外表看起来就像一个平凡务实的农夫。他在弗莱堡（Freiburg）大学先念神学，后来转念哲学。他的博士论文批判了心理学主义，反对把逻辑学简单化约为心理学主义。逻辑没有时间性，所以不能把它化约为在时间变化过程中所归纳出来的心理现象。他的人生最关键的转折点是担任了现象学家胡塞尔的助理，跟随胡塞尔一起研究现象学。

1927 年，海德格尔在 38 岁的时候出版了代表作《存在与时间》（*Sein und Zeit; Being and Time*），从此声名鹊起，受到各方注意，很快就受邀担任马尔堡大学的首席讲座。后来，他的老师胡塞尔因为有犹太人血统而被迫退休，海德格尔就回到弗莱堡大学，接替了胡塞尔的位置。

海德格尔就职时发表了一篇题为《何谓形而上学？》的演讲，其中特别提到"空无"或"虚无"的概念。西方传统的形而上学一向要探讨存在本身，但海德格尔认为，现在的形而上学应该探讨作为"存在"对面的"虚无"。有人据此认为他是虚无主义者，但是他说："虚无（空无）是由焦虑所揭示的，由此使人接触到存在本身。"

海德格尔出生于天主教家庭，但是他后来完全不谈自己的宗教信仰，所以也有人说他是无神论、虚无主义、悲观主义，等等。但事实上，海德格尔想要描写的是：一个没有上帝的世界是什么情况，人在里面又应该如何生活。所以，他既不是有神论，也不是无神论，而是等待神的来临。

因为《存在与时间》这本书，海德格尔被推崇为哲学界的名人。1933 年，纳粹统治德国，他参加了纳粹组织，并接受任命，出任弗莱堡大学校长。第二年，海德格尔因为理念与纳粹思想不合因而辞职。这件事让他后来一直受到批判。1945 年德国战败之后，他被限制讲学。

退休之后，海德格尔回到老家黑森林，像隐士一般，过着简朴的生活。他在哲学界声名显赫，所以经常有来自全球各地的访客。只要有人来访，都是他的夫人应门，她直接对访客说："请你们不要打扰，我的先生在思考。"

（二）海德格尔的学术贡献

海德格尔把现象学方法运用得炉火纯青，提出了许多独到的见解。更重要的是，他深入研究古希腊哲学，对于古希腊文字可以回溯根源。

譬如，"现象学"（Phenomenology）在古希腊文里是指，让人见到一个在它本身彰显自己的东西。海德格尔关心的是人的存在状况，他把焦点放在人的存在上。另外，"真理"（alētheia）在希腊文里的意思是"没有遮蔽，揭示开来"。这种真理观与后代所谓的"真理是指命题与外在的真实相符合"完全是两回事。在海德格尔看来，"真理"就是揭开来，让真相自己呈现，这样才能让存在本身展示出来。

特别的是，海德格尔用希腊文 physis 来描述存在本身。Physis 是 physics（物理学）的字根，在希腊文里本来是指自然界，用来描写自然界"生生不息"的一种情况。可见，海德格尔认为存在本身不是静态的，而是使万物得以存在和发展的动力根源，具有"生生不息"的力量。

海德格尔更深入研究柏拉图以及更早的赫拉克利特（Heraclitus，535—475 B.C.）、巴门尼德（Parmenides，514—? B.C.）等人。他特别肯定赫拉克利特所说的"一切是一，都归于存在本身"，即一切存在物都在存在本身里面。他也同意巴门尼德所说的"人的思想与存在是一致的"，他强调"思想与存在相归属"，亦即要由人的角度去了解存在本身。海德格尔哲学的主要任务，就是要回归存在本身。

海德格尔进一步分辨"思想"与"理性"的不同。长期以来，西方哲学界都把理性当作人的主要特色；但是海德格尔说："我们开始思想，才可以听到尼采的呼喊。"尼采认为，西方哲学从苏格拉底以后都走入理性的领域，没有反映出原始的对存在本身的觉悟。他甚至说："我们要先了解，多少世纪以来受到推崇的理性，其实是思想最顽强的敌人。了解这一点之后，思想才可以开始运作。"

海德格尔表明他的立场，他说自己不是理性主义者。因为理性主义者是通过概念、表象来运作的，但人的存在不是概念或表象可以理解的。他又说自己也不是非理性主义者。非理性主义者以感觉、意志、本能为主，认为这些比理性更为重要。海德格尔认为，克尔凯郭尔与尼采像炸弹一样，由街道扔进了学院之内。海德格尔本人则是标准的学院派教授，但他也要排除理性独大的现象，让人回归到整体的人，可以连上他的根源，找到存在本身。

（三）海德格尔的影响

海德格尔的影响为什么那么大？一方面，他接受现象学的启发，并加以应用和推广，以他的著作影响后续几个世代的人。另一方面，他在哲学上虽然被列为存在主义，但是他所关怀的范围远远超过萨特所能理解的。他的思想没有局限在人的生命里面，而是要帮助人找到最重要的根源——存在本身。所以，他在哲学上所展现的思路与格局，都可以回归到古希腊时代。

在哲学上，由他的思想直接发展出诠释学，就是如何去诠释一段经文、经典或一段话。继现象学之后，诠释学成为西方人文科学研究的重要方法。海德格尔的思想对于神学、文学批评、社会学、心理学等方面，都有很大启发。

海德格尔的思想显得晦涩难解，部分原因是他使用许多自己发明的词。哲学家常会觉得传统的概念含有过去的意思，不足以表达他现在的思想，于是就会对概念重新加以定义或发明一些新词。

海德格尔如何定义哲学？他说："哲学，是对存在者的存在本身的回应。"这里所谓的"存在者"特别是指人。事实上，"存在者"与"存在物"都可以用来指涉万物。简单说来，人活在世界上，最重要的是要找到自己的根源，知道自己从哪里来，要回到哪里去。如果这一点没弄清楚，人生就落空了。

收获与启发

1. 海德格尔的背景相对单纯。他不像雅斯贝尔斯那样遭遇到身体健康、同事排挤以及死亡等界限状况；也不像法国存在主义的代表萨特与马塞尔那样有许多文学作品，谈到个人复杂的生命体验。他是比较单纯的学者型哲学家。他曾误入歧途，被纳粹所骗，当了一年校长就辞职，后来长期受到牵连。
2. 海德格尔在学术上主要师承现象学家胡塞尔，他进一步把现象学应用到人的存在上。他对古希腊哲学很有心得，掌握很多文字的字根，可以从根源上说明它本来的意思以及后来产生的偏差。他透过回溯本源，纠正偏差，再配合存在主义思潮，提出许多关于人生价值问题的深刻见解。
3. 海德格尔可以说是 20 世纪对人类影响最深的哲学家。在哲学方面，他的存在主义可说是独树一帜，后来发展出诠释学。在神学方面，他对全世界天主教与基督教神学家都有很大影响。另外，在人文科学的各个方面，都能看到他的学说的影子。

课后思考

海德格尔的成功之处在于：首先，他能够掌握最根本的问题，就是人需要找到它的根源——存在本身，否则人生终究只是过客而已；同时，他对古希腊的传统特别珍惜。既能掌握最根本的存在本身，又能回溯传统的来源，这两点特色可以给你哪些启发？

补充说明

我们可以这样去思考“回到根源”的问题。

1. 如果要回到自己的根源，就要问：我到底是什么人？我们常常说要不忘初心、回归本心，目的都是要了解自己。
2. 大地是万物的母亲，因此要回到根源，就要了解自然界。但是当人去了解自然界时，会发现有很大的限制，因为自然界总是显示出充满奥秘的一面，让人无法完全理解。即便是科学家也会承认这一点。
3. 回到根源的最终目的，是要找到人类与自然界之外、万物的来源与归宿。那样的根源如何展现出来呢？这要看你从哪里入手。

过去的西方哲学有两条探讨路线，即两套形而上学。一条是亚里士多德的路线，他把万物当作存在物来看，想要找到万物背后的存在本身是什么。但是从存在物入手，永远都摆脱不了存在物这个格局。找到最后，存在本身就变成被理性抽象之后的纯粹概念，成为一个静止不动的存在本身。由此造成两个困扰：

1. 存在本身静止不动，但人每天都在活动之中；
2. 研究万物所针对的是客观世界，但人的生命是主观的力量在运作，不能脱离道德的实践。

因此，康德提出另外一条路线。他认为，走自然界万物的路线，永远只能在同一层次里打转，再多的“零”加起来也无法得出“一”这个结果，还不如从人的生命特色着手。这两种思维路线不同：一个从自然界出发，一个从人类出发。事实上也只有这两条路线，否则就要走“密契经验”这条路了。康德强调，人的道德实践推到最后，必定有一个保证道德实践可能性的最高力量，可称之为上帝。康德的说法因而被称为“道德形而上学”。

海德格尔认为：走自然界的路线的确有困难，这让人很早就遗忘存在本身；走道德路线也有困难，因为道德是相对于人类社会的存在。不同时代、不同社会，道德有不同的标准。在社会发展过程中，人的良心会被慢慢塑造成具有某种特定的内容，有其局限性。因此不如摆脱“理性”的思维模式，回归“思想”的真正要求。理性的特色在于抽象，而思想的真正要求是找到思想最后的出路，或说找到人最初的来源。所以，海德格尔特别重视思想本身。

海德格尔认为，要找到存在本身，只有从人的生命着手，但又不要牵涉道德的问题。人的思想总是要去探问：存在本身是什么？因此先要了解，人这种会思想的主体，他本身存在结构如何？存在状况如何？这时立刻会发现，人的生命不能脱离两方面：

1. 人有理解能力，但要避免陷入理性的陷阱；
2. 人活在世界之中。可见，海德格尔并未忽略前面两条路线，但他要强调的是，你提出一个问题，就必须对这个问题有清楚的认识，要把它放在自身的脉络里面，这个脉络就是时间，所以他的代表作就称为《存在与时间》。

海德格尔后面谈到，要把自己个人的生命当作“此在”来看待，“此在”就是“存在者在此”。透过对此在的分析，最后找到一个明确的立场——向死而生。这时你必须深刻地面对相对的世界，并努力超越它，才有可能回到根源。

他接着提到哲学探讨新的出发点。其实在哲学上并没有所谓“新的出发点”，海德格尔只是回到古希腊时代，去探问最后的根源，也就是爱智慧。最后的结论简单来说，就是从真理的“符合论”回归到真理一词最初的含义——不被遮蔽，使其自己开显。

在存在主义学者当中，海德格尔的理论性特别强，让许多人觉得难以理解，所以在此进一步加以说明。

38-2

海德格尔在西方哲学上的独到见解

本节的主题是：海德格尔在西方哲学上的独到见解，要介绍海德格尔为什么会有如此大的成就。内容包括以下三点：

第一，海德格尔认为西方哲学很早就遗忘了存在本身；

第二，海德格尔提出哲学探讨的新的出发点；

第三，海德格尔注意到哲学的主题应该落实在人的生命上，他提出了一些基本术语。

（一）西方哲学遗忘了存在本身

海德格尔认为，西方哲学早就遗忘了存在本身。亚里士多德的形而上学本来是要通过有形可见、充满变化的万物，探讨万物背后的本体。他采用的方法是，把存在物当作存在物来看。换言之，当你看万物的时候，不要只把它看成是一颗苹果、一棵树或一头牛，而要看它是否存在。只要是存在的东西，都属于“存在物”；与它相反的只有一个，叫做“虚无”。这样一来，就可以用存在物把宇宙万物统合在一起，然后寻找存在物之所以为存在物的根据，并把它抽象出来。但问题是，这样去寻找本体，会受限于存在物的抽象性质，而忽略真正的根源。真正的根源没有名字，只能说它是存在本身。结果人遗忘了存在本身，只是在存在物里面打转。

譬如，人类科学技术的初衷，是要帮助人来发展人的存在。结果，科技发明的都是存在物，是有形可见的具体产品。久而久之，这些存在物好像具有独立性。我们不禁要问：我们是这些科技产品的主人，还是它的奴隶？最后，人变成了科技的奴隶。这就是遗忘存在本身所造成的后果。

海德格尔提醒我们要注意“存在学上的差异”，亦即要分辨两种“存在”：一种是我们所见的万物，称为“存在物”，其中也包括人，可称为“存在者”；另一种是作为万物来源与归宿的“存在本身”。这两者之间的差异称为“存在学上的差异”。海德格尔认为，一定要清楚掌握“存在学上的差异”，否则很容易遗忘存在本身。

（二）海德格尔重新找到哲学思考的出发点

海德格尔认为，如果采取亚里士多德的路线，把存在物当作存在物来看，藉此寻找背后的本体，则会让人遗忘存在本身。康德另辟蹊径，他不再研究万物，而是从人的道德实践出发，要找到这种伦理学背后的基础，结果推出有关上帝存在的设定。海德格尔也没有采取康德的路线，他的路线更具体，他提出哲学探讨的新的出发点。他说：“必须从提出存在本身问题的存在者的存在状况着手。”

是谁提出存在本身的问题？是谁认为存在本身被遗忘？是谁觉得这种遗忘对他造成了严重的困难？答案就是人。人是会提出存在本身问题的唯一的存在者。对海德格尔来说，探讨存在本身是什么，最理想的出发点就是从人类这种存在者的存在状况着手。他为此特别发明了一些概念。

（三）海德格尔提出一些基本术语

海德格尔说："哲学是对存在者的存在本身所做的回应。"存在者就是人类，人类的根源就称为存在本身。如果你爱好智慧，从事哲学工作，就要对自己的根源做一个响应。所以，哲学是探讨根源的学问。

海德格尔为了显示他的探讨路线与众不同，特别发明了一些术语，譬如存在本身、存在者、存在物，等等。海德格尔谈到人的时候，不愿意说"人"或"个人"。这个世界上这么多人，有几个人会认真面对这个问题呢？所以，海德格尔把人称为"此在"（dasein，德文），意即"存在者在此"。Sein 是"存在者"，da 是"在这儿"，代表我不是不在场，也不是在做梦，而是向着外界开放的。

此在（即每个人）有两个明显的特点：第一，此在有理解能力；第二，此在是在世界上的存在者。此在首先要理解自己的存在状况，他可以成为自己，也可以不成为自己。了解这种状况之后，此在要采取立场，由此才能决定自己的本质。可见，"存在"就是选择成为自己或不成为自己的可能性，选择才会决定一个人的本质。所以，对后来法国哲学家萨特所谓"存在先于本质"的说法，我们就不会感到太惊讶了。

事实上，海德格尔对萨特的说法没有太大兴趣，他有自己的思考路线。只有人会追问存在本身是怎么回事，因此要把焦点放在人身上，从人的存在状况开始思考。然后就会发现，我的生命是在时间过程中展开的，我的存在不能脱离时间。海德格尔的代表作就称为《存在与时间》，他想藉此强调：只有了解了时间性，才能了解此在，进而从时间的角度找到存在问题的相关线索，最后才能回到存在本身。他以这本书作为上册，本来计划要写下册，结果一直没有写。直到第一版的 25 年之后，他才取消了"上册"的说法。因为他后来的作品，足以弥补他原本在下册中想要谈的。

海德格尔在西方哲学界独树一帜。在20世纪，整个世界纷纷扰扰，西方哲学进入了德国唯心论，后面再度产生分裂，各种学派百家争鸣。海德格尔通过回溯根源，掌握到最根本的问题；通过对古希腊思想的深入探讨，找到哲学研究的新范畴，事实上也是最古老的范畴，并进一步推展哲学的主题。他的代表作《存在与时间》专门针对时间问题进行思考，批评了亚里士多德、笛卡尔、康德等人对时间的看法。

收获与启发

1. 海德格尔指出，西方从古希腊时代开始，就已经遗忘了存在本身。把存在物当作存在物来看，最后找到的会是存在物的抽象性质，而不是那个永远充满动力、使万物生生不息的基础——存在本身。西方哲学长期忽略存在本身与存在物的差异，海德格尔以此作为新的出发点。
2. 在探讨存在本身的问题时，必须从提出存在本身问题的存在者的存在状况着手。这里所谓的“存在者”是指人。只有人会提出这个问题，所以海德格尔要进一步研究人的存在状况。
3. 哲学的主题要以存在本身作为目标。但是要掌握存在本身，一定要先了解人——此在（存在者在此），要分析人的日常生活。分析结果表明，人的一切都离不开时间性。所以，他的代表作就称为《存在与时间》。

课后思考

听到海德格尔对于存在本身的说法，请问：你是否也有过类似的关怀，想要了解自己生命的来源与归宿？你尝试过用哪些方式去寻找？

38-3

海德格尔有关人的描述

本节的主题是：海德格尔有关人的描述，要介绍以下三点：

第一，此在是什么？

第二，此在的三个特性；

第三，此在的丧失。

（一）此在是什么？

海德格尔整个哲学的目标是要探讨存在本身。当我们问：宇宙万物有没有来源与归宿？那个最后、最真实的本体，就称为“存在本身”。我们习惯说“所有东西都是存在的”，而“存在本身”就是这一切的来源与归宿，也是让万物一直存在和发展下去的无穷动力。

“此在”就是“存在者在此”，这是海德格尔的术语。简单说来，此在是指人（尤其是个人）的存在。但是个人要“存在”并不容易，因为人的生命非常特别。

海德格尔把宇宙万物分为两种：一种是“存在物”或“手前存在物”，另一种是“此在”。“手前”就是在我的手前面的。放眼四顾，你所看到的一切都是“手前存在物”，也就是外在的、真实的世界。不能从“手前存在物”的角度来研究人。譬如，人类学、生物学或是心理学，都把人当作手前存在物来研究，所以不得要领，无法了解人到底是什么。必须另辟蹊径，回到人的本身，把人当作“此在”。“此在”代表我在这儿，我对一切是开放的。

同时，此在一定是“在世界上的存在”。我们通常会用“在”这个词来描述手前存在物。譬如，水在杯子中，衣服在柜子中，它们都只是在一个地方而已。人作为“在世界上”的存在者，这个“在”有不同的含义。“在世界上”的意思是：我住在世界上，我停留在世界上，我习惯于这样的世界。代表我与世界有必然的联系，我与世界是互动的。

（二）此在的三个特性

此在固然可以对万物、对其他人开放；更重要的是，要通过此在，向存在本身开放。此在有三个特性。

1. 心情，针对自己

此在的第一个特色是心情。我们可以把一个人的存在当作一个存在场，就像很多人所说的气场。我就是一个存在场，我的心情像酵母一样渗透着我整个的存在。我的此在（此时此地的我）总是以某种心情处于世界中，如欢喜、悲伤、恐惧，等等。

人有一个最根本的心情，就是克尔凯郭尔所说的焦虑。焦虑不是恐惧，因为它没有明确的对象。我发现自己的基本心情是焦虑，所以要问自己：我有没有让存在本身展现出来？只有让存在本身从我的此在中展现出来，我的此在才能称为“存在”。存在主义对“存在”一词的用法很特别，当此在选择成为自己，做一个真诚的、属于自己的人，这时他才是“存在”的。

2. 了解，针对万物

此在的第二个特性是了解，这代表我是开放的。譬如，早上起床睁开眼睛，世界就开放在我四周。人永远需要这样的开放，没有这种开放，人根本不可能存在。人的存在必须超出自己，开放于在我面前的世界中，才能进行生命的发展。

换句话说，人如果存在，一定存在于真理中。所谓“真理”，就是开显而没有任何遮蔽。真理与存在本身不可分。但人是有限的，在追求真理的时候，开显多少就遮蔽多少。我们一生中难免会有一些虚伪，经常会给自己找借口，让自己不必活得那么真诚。

3. 言语，针对别人

此在的第三个特色是言语。所谓“言语”，不是声音系统或象征声音的纸上记号。因为人活在言语之中，所以才会有言语的出现。海德格尔甚至说：“言语是存在本身的住所。”代表言语的目的是要开显，人应该为这种开显负责任。

海德格尔进一步分析言语深刻的一面。譬如，两个人互相有一定了解，但谈话很容易陷入沉默。陷入沉默是真正的言语，只有沉默才能产生共鸣，一切尽在不言中。能够沉默，代表相互之间有某种共同的了解。一切言语，包括声音、记号、符号等，都是由沉默而来。正因为人有沉默的能力，他才能拥有真正的言语。如果没有沉默作为基础，一切言谈都是废话。如果你要向别人一遍又一遍地解释，代表你们之间没有沉默作为根基，没有共同生活最根本的脉络。

换句话说，人与人说话时，因为有共同的脉络，才会有不言而喻的了解，这种脉络正是存在本身。因为彼此有一个共同的来源作为基础，才能进行人与人之间的沟通，大家都以某种方式，让真理在某种程度上得到开显。

（三）此在的丧失

日常生活中，很多情况会使“此在”丧失。海德格尔提出三种。

1. 闲话

言语原是为了显示及解释此在，让此在开放并与人进行沟通，最后抵达存在本身。但我们都喜欢听闲话，尤其是在闲话里会诉诸某些权威，好像大家都这么说，所以事情一定如此。所谓的“大家”就是不知名的权威，就像一只看不见的手，使人在还未明了的情况下，就以为自己了解一切，从而变得封闭，远离了存在本身。

2. 好奇心

好奇心会使此在丧失。亚里士多德说：“人在本质上都有看的欲望，就是从视觉开始，表现他的好奇。”中世纪的奥古斯丁也说：“人习惯用看来代表感觉。”我们常说：你看这道菜的味道怎样？你看这个铁盒很硬吧？你看这是哪一种声音呢？其实，味道、软硬、声音，它们与视觉没有直接关系。眼睛不会停留在同一个地方，它一直在更换目标，好像无根的树一样。视觉是理解的阶梯，好奇心在任何地方，又不在任何地方。这样一来，人很容易失落在万物里面，失去了自己。

3. 模棱两可的态度

模棱两可的态度也会让此在丧失。对一件事情懂或不懂，与别人相处得好或不好，好像都没有什么把握，无法让自己有一种明确的态度去选择忠于自己。你要不要做一个属己的、真正的自己呢？我们往往用世人、群众、大家的看法，来进行欣赏、判断或阅读。于是，个人消失在人群里面，每个人都成为别人，没有一个人是他自己，“世人”其实等于“无人”。

当“此在”感到焦虑时，就是必须做出抉择的时候。到底要不要“存在”？此刻必须做出抉择。这种抉择是“全有”或“全无”的考虑，既不能推脱，也不能找借口。

以上是海德格尔对日常生活的分析，下一节再说明时间性的问题。

收获与启发

1. 海德格尔有一个专用术语叫做“此在”，意为“存在者在此”，所指的是每一个个人。此在是开放的，他对这个世界开放，因为人是在世界上的存在者。

更重要的是，此在还要对自己开放，让自己面对一个抉择，由此与存在本身建立联系。

2. 此在有三个特性。

（1）对自己来说，此在有某种心情或感触，他是一个特殊的存在场，最基本的心情就是焦虑，在关键时刻总要问自己：要不要成为自己？

（2）了解。存在本身也展现在万物里面，只是它在万物里面不会开显。万物开放在我四周，我要通过万物来掌握真理。真理与存在本身不可分。但人是有限的，他掌握了多少真理，就会遮蔽多少真理。

（3）言语。言语是存在本身的住所。重要的是，人与人之间的互相了解要以沉默作为基础。你的话只表现了一小部分而已，大部分是在不言之中。因为有沉默的能力，人才能具备真正的言语能力。正如庄子所说，好朋友见面时都是“相视而笑，莫逆于心”（《庄子·大宗师》）。彼此之间深有默契，沉默反而是最有效的沟通。

3. 在日常生活中，有三种情况会导致此在的丧失。

（1）说闲话，就是大量引述别人的说法，让自己陷入封闭，远离了存在本身。

（2）好奇心，就是通过视觉，对一切都感到好奇，到最后却什么也无法掌握，对这个世界也谈不上真正的照顾。

（3）模棱两可，就是对许多事表现出模棱两可的态度。

麻烦的是，人在说闲话、好奇心与模棱两可中，感觉到生活充实。于是，此在完全与他的自我失去了联络，与存在本身的距离也愈来愈远了。

课后思考

海德格尔指出，有三种情况会导致此在的丧失——说闲话、好奇心、模棱两可，这三点分别针对三种不同的对象。你认为这三者中的哪一种，会给现代人造成最大的困扰？

补充说明

对闲话、好奇心、模棱两可三点还可继续分析。好奇心是与生俱有的，眼睛张开来，就希望看看周围的情况，并加以了解。由此出发，有三个方向。

1. 向着外在客观世界出发

这就找到了科学技术，人要设法去了解并控制外在的世界。海德格尔认为，人类发明各种技术本来是为了延伸自己的能力，结果技术出现了独立的生命，反过来宰制人类。你凭个人的力量，怎能抵挡成千上万的科学家长期累积出来的科技成果？你根本没有招架之力。所以如果向着外在世界出发，你终究会发现，个人的生命可能被这个世界所淹没。

2. 转向别人，就是说闲话

其实说闲话的范围很广，也包括因特网上各种新闻，你不知不觉就会沉迷其中。人的注意力为什么很容易向着别人呢？因为你对自己早已司空见惯，你就是这样的人，生活在这样的时代、社会、家庭，有这样的朋友、工作，每天生活作息都差不多，所以自然就把好奇心转向别人。那里多采多姿，丰富有趣，也不用负任何责任。但最后你发现不行，还是要面对自己人生的问题。

3. 转向自己，这时会出现模棱两可

你已经习惯以好奇心来面对外在世界、面对别人，所以当你面对自己时，也会把自己当作外在的世界或别人，这是最麻烦的情况。因此，模棱两可是最致命的。在一些无关紧要的事情上模棱两可倒也无所谓。譬如，别人请我吃饭，问我吃什么，我一向说“随便”，模棱两可。因为在衣食住行方面，我没有任何偏好，一向随顺自然。但对于人生的目的与意义、对于人应该如何生活等问题，我不会模棱两可，我有自己明确的立场，并愿意为自己的选择负责。这样我的生命才有实质，才是我在生活。

海德格尔认为，很多人在日常生活中都会丧失“此在”的选择机会，因而提出这三点。最后你必须做出抉择，不能再模棱两可。你一旦做出抉择，好奇心就不会再像浮萍一样四处飘荡，你不再愿意说闲话，因为闲话没有任何根据，纯属浪费时间，逃避自己应负的责任。生命不堪浪费，所以一定要摆脱模棱两可的态度。

事实上，孔子在《论语》里有两句话与海德格尔所说的类似。

第一句话，孔子说：“饱食终日，无所用心，难矣哉！”（《论语·阳货篇》）即整天吃饱了饭，对什么事都不用心思，这样很难走上人生正途啊。“无所用心”就是海德格尔所谓的“好奇心”，看上去对什么都感兴趣，其实对什么都没有真正的兴趣。孔子规劝这些人说，还不如去玩掷骰子的游戏。玩游戏至少还需要互相竞争、保持警惕，可以让心思专注于某件事情上。

第二句话，孔子说：“群居终日，言不及义，好行小慧，难矣哉！”（《论语·卫灵公篇》）一群人整天聚在一起，说的都是无关道义的话，又喜欢卖弄小聪明，实在很难走上人生正途。“言不及义”就是海德格尔所谓的“说闲话”。

孔子提醒我们不要浪费生命，与海德格尔强调的重点是类似的。可见，第一流哲学家的思维都有全面性，值得用心学习和体会。

38-4

走向死亡的存在者

本节的主题是：走向死亡的存在者。很多人都听过海德格尔的一句名言——向死而生。人只有面对死亡的威胁，才会认真看待自己的人生，选择一个属于自己的、能够自己负责的人生。

本节要介绍以下三点：

第一，人的本质就是挂念；

第二，挂念与时间性；

第三，良心与死亡。

（一）人的本质就是挂念

海德格尔认为，人的本质就是挂念。海德格尔从克尔凯郭尔那里学到，人的生命最基本的情况就是焦虑（Angst）。焦虑不是恐惧，因为它没有对象。所谓“焦虑”是说，你活在世界上虽然什么都有了，但依然会觉得孤单，好像无家可归，有一种不安的感受，总觉得自己的生命找不到真实可靠的基础。你要做选择，但又没有把握。

此在（个人的生命）的本质就是挂念。你要替自己设计，超出目前的自己，针对未来，选择成为自己的可能性。为了说明这一点，海德格尔特别引述了一段拉丁文的寓言。他说：

挂念（Cura）过河的时候，看到一块黏土，
她思念着，拿起黏土开始塑造。
她正在想自己做了什么东西，天神朱庇特（Jupiter）来了，
挂念就请求朱庇特把精神赐给这块土，
她轻易地得到她所求的。
当挂念要取它的名字时，挂念说取为“挂念”，
朱庇特不肯，他说应该取他的名字。
挂念与朱庇特正在争论不休时，大地（Tellus）起来了，
她说应该取名为“大地”，因为是她提供了肉体。
于是他们邀请时间（Saturnum）来做法官。
法官做出这样的公正判决：
朱庇特既然给了精神，死了之后你取回精神。
大地既然给了肉体，死了之后你取回肉体。
挂念既然最先塑造，有生之日就让她来掌握。
但是现在因为名字而发生争执，可以称它为人（homo），
因为它似乎是由泥土（humus）所造成的。

在拉丁文里，homo 就是人，它来自于泥土（humus），但人的一生都由挂念来掌握。这个寓言非常生动地表明，人活在世界上，一生都在挂念之中。人的挂念有些是琐碎之事，有些则是比较根本的问题。

（二）挂念与时间性

挂念让人始终把自己投射到未来。过去的我已经过去，未来的我尚未出现，现在的我必须对自己的可能性进行设计与抉择，这样才能展现出未来的我。这就是过去、现在、未来的时间性。换言之，每个人都有现在，自己目前正处在世间许多存在物的旁边。回头去看，

“已经在世间的”就是过去。重要的是，要“先于自己的存在”，要向着自己，做一个抉择。

时间性就是以过去为基础，以现在为核心，然后走向未来。这样一来，就把挂念与时间性结合在一起。人的挂念在本质上就是要先于自己，以未来作为它的焦点。而未来走到最后，结局必然是死亡。挂念与时间性的关系，生动地指出人的生命特色。因此，要把“此在”当作“走向死亡的存在者”。

（三）良心与死亡

良心是什么？海德格尔认为，一个人如果听闲话，就听不到良心的呼声。良心的呼声要求你属于自己。“属于自己”的德文是 Eigentlichkeit，译为英文时经常用 authenticity（真诚）这个词。一个人如果属于自己，不属于别人或其他任何东西，那么他就是真诚的。所以，中文译为“属己性”更为直接，也更为贴切。

换句话说，良心的呼声就是挂念的呼声，它要让你清楚地知道，自己的生命最后会结束。这个呼声在我内心里面，却又超越在我之上。人之所以害怕死亡，是害怕死后整个生命没有回到根源，变成最后的失落。此时内心就会发出良心的呼声。这种呼声提醒每一个人，要对自己的生命负责任。

负责任或罪恶感，是由一个“不”所限定的存在的基础。因为我做抉择的时候，可以选择成为自己，也可以选择“不”成为自己。人的所有挂念都是空无的来源，没有挂念就没有空无的问题。所谓“空无”就是我不选择成为自己，我经常找各种借口，附和别人的想法，失去了属己的、真诚的良心，这样的我到底是存在还是虚无呢？

人到最后都要面对死亡的威胁。挂念让人投射到未来，先于自己目前的存在状况，对未来的可能性进行设计，这种活动一直发展到死亡为止。换句话说，死亡使此在获得完整性，但此在这个时候已经不再活着，于是死亡使此在成为手前存在物——尸体。尸体需要埋葬、举行仪式，因此是照料的对象。我们平常要照料万物，但是尸体不是一般事物，人必须带着尊敬的心，去关心、哀悼或怀念，有如与他同在。但是不论如何与死者同在，我都无法体验到什么是死亡，因为死亡是不可替代的。人的生命里别的事物都可能被替代，只有死亡不可能。

关于死亡，海德格尔有三点说明。

1. 此在始终不完整，一直有某一部分尚未完成。因为人的本质是挂念，一直在朝着未来做抉择。
2. 每个此在遇到死亡就不再是此在，不再是“存在者在此”。
3. 每个此在的终局（死亡）都是不可替代的。

遗憾的是，虽然每个人都知道自己将来有一天会死，但平常他心里想的是：众人、别人在一个个离开，死亡距离我还很遥远，所以不用担心。如果人意识到死亡必然降临，就会变成向着死亡的存在者，他的本质就是焦虑，此时要选择属于自己或不属于自己。这种使人不安的情况，就称作良心的呼声。

收获与启发

1. 人的本质就是挂念。海德格尔借用一则拉丁文寓言，说明：人的身体来自于大地，人的精神来自于天神；时间是最后的法官，代表人的生命有一定期限，有开始必有结束；而这一生里面，都让挂念去掌握。因为人的身体来自于泥土，拉丁文是 humus，所以把人称作 homo。

2. 海德格尔强调，人的有限性主要表现在时间上。时间使人永远在超出自己，时时向着未来去开展。所谓“过去”是不再存在的，所谓“未来”是尚未存在的。“不再”与“尚未”两个否定词充满在人的存在里面。时间让人意识到自己的结局必然是死亡，所以时间在人的生命中具有关键性的位置。

人生就是三个时间性：“不再”是指过去，“尚未”是指未来，而“此时此地”我应该站在自己外面，努力超出自己。“存在”（eksistence）这个词就是“站出来”的意思。不要只靠过去的支撑，要站出来，脱离过去。这一连串的现在是以过去和未来作为背景，让你站出来向前瞻望。如果没有向前瞻望，你不可能认识到自己现在的情况。海德格尔说：“人这种存在，无论自觉的程度如何，总是从历史的角度去了解自己。”这里所谓的“历史”也包括未来可能发生的一切在内。

3. “良心的呼声”在我之内，又超越在我之上，代表它真正的根源来自于我对存在本身的向往。良心的呼声是由挂念造成的，它要求你负责任。你如果选择错误或选择不成为自己，你的选择就是一个“不”的否定，这个否定就是空无的来源。这些观念不但深刻，而且有继续引申发挥的空间。

课后思考

海德格尔认为，挂念是人的本质所在，挂念把时间上的过去、现在与未来联系起来，让人认真面对自己，选择属于自己，也就是完全的真诚。请问：你有没有类似的经验，在某一次选择属于自己之后，感觉到真理以某种方式展现出来？

38-5

海德格尔推崇老子的智慧

本节的主题是：海德格尔推崇老子的智慧，要介绍以下三点：

第一，海德格尔如何找回存在本身？

第二，海德格尔对老子的推崇；

第三，海德格尔哲学的启发。

（一）海德格尔如何找回存在本身？

海德格尔如何看待西方哲学呢？他说："在《圣经》里面，亚当的堕落成为人类历史的开端；而在古希腊时代，由于失落了存在本身，才引发后续的西方哲学。"所谓"失落了存在本身"，就好比你要在一个地面的背景上看出一个图形，结果你看到了图形，却忘记了地面的背景。从古希腊时代开始，就把存在物与周围广大的存在本身份开了，结果因为掌握了存在物而忽略存在本身，以至于后来整个走偏了。

对于近代西方哲学，海德格尔指出：从笛卡尔开始，人类想要驾驭存在物，却遗忘存在本身，最后人只剩下控制客观事物的求权力、求力量的意志。到了尼采之后，西方哲学走入虚无主义。就像拥有财富与权力的人偶尔到乡下度假，只是把度假当成一种休闲活动而已，而他的心从来没有真正在乡下，忙忙碌碌的心都放在日常生活的事务上。

海德格尔强调，人生最重要的是找回或回归存在本身。海德格尔对于存在本身的观念很清楚，可以从以下三点来看。

1. 存在本身并不空洞，因为我们可以清楚分辨存在与虚无完全不同。既然与虚无完全不同，还有什么好担心呢？
2. 存在本身最为特别，与它不同的只有虚无。存在本身是独一无二的，没有比较的可能性。
3. 存在本身是最确定的，但因为它的超越性与普遍性，又使它成为完全不确定的。

海德格尔认为，最适合描写存在本身的希腊文是 physis，这种说法在西方别具一格。Physis 本来是指整个自然界，它的特色是生生不息，有无限的创造力，可以持续发展。

人是万物里最特别的，他属于存在本身，是存在本身的守护者。所以人的生命只有一个目标：开放自己，从自己本身走出去，以接受存在本身。“存在”（eksistence）这个词本意就是“走出去”。

换句话说，人的本质是挂念，每个人活在世界上，都会有很多根本的挂念。挂念离不开焦虑，因为人要在时间的过程里选择自己的未来。你可以选择遗忘存在本身，就像传统西方人失去精神故乡一样；也可以选择回到存在本身，由于预期死亡的来临，所以必须对存在本身开放，让自己真诚地属于自己。此时可以藉言语来彰显存在，因为言语是存在本身的住所。人要走出自身，他要负责保护存在本身的真实，并且他在根本上属于存在本身。

结论是：存在本身必须通过此在才可以彰显。此在经验到自己的时间性与有限性，就向存在本身开放。存在本身永远是万物的动力来源，并且包含万物为一个整体。

（二）海德格尔对老子的推崇

我年轻的时候，听萧师毅教授讲过这样一段故事。在第二次世界大战结束之后的 1946 年，他在德国南方木材市场巧遇海德格尔。萧教授在欧洲做研究，他的夫人是德国人，他的德文很好，与海德格尔聊得很愉快。海德格尔读过不少《道德经》的德文、法文翻译本，认为这些译本都不够完美。他对老子的思想深有体会，希望将《老子》再一次翻译成德文。他与萧教授约定，每周六下午到他家里，两人合作翻译《老子》。

翻译到第八章，两人的意见就出现了分歧。第八章是著名的“上善若水”那一章，谈到在自然界与人类世界之中，水最接近于道。两人因意见不合而发生争执。海德格尔年纪较大，有点倚老卖老，指着萧教授说：“你不懂《老子》。”萧教授年轻气盛，不甘示弱，就回应海德格尔说：“你不懂中文。”事实上，懂中文的人未必就懂《老子》，懂《老子》的也未必非懂中文不可，因为文字只是思想的载体。

海德格尔为什么认为自己懂《老子》？海德格尔认为，此在很容易丧失在日常生活中，他提醒我们不要闲谈八卦。老子也说：“希言，自然。”（《老子·第二十三章》）意即：少说话，才能合乎自己如此的状态。

老子说：“我是一个愚笨的人，大家都兴高采烈，只有我一个人好像闷闷不乐。”（众人皆有余，而我独若遗。我愚人之心也哉。——《老子·第二十章》）代表老子对这个世界没有什么好奇心。老子又说：“如果要追求学问，要每天增加一点；如果要追求道，要每天减少一点。”（为学日益，为道日损。——《老子·第四十八章》）海德格尔也提醒我们，好奇心会使此在丧失。

另外，对自己的态度不能模棱两可，必须像老子所说的那样，

“见素抱朴，少私寡欲”（《老子·第十九章》），掌握到自然的、原状的东西，保持朴素的心态，减少个人的私心与欲望，这样才不会模棱两可。这三点与海德格尔的说法若合符节。

老子所谓的“道”等于是海德格尔所说的“存在本身”。如何才能悟道？老子提出的修炼方法是“追求虚要达到极点，守住静要完全确实”（致虚极，守静笃。——《老子·第十六章》）。“虚”代表放空自己，让自己处于完全单纯的状态，以便让道可以展现出来；“静”就是安静下来。很多人都认为老子专门谈安静，最后变得消极无为。但是，老子有两次明确说“无为而无不为”，就是一个人没有刻意要做什么事，结果一切该如何就如何，全部都做完了。

在交往过程中，海德格尔请萧教授为他写了一副中文对联，内容是《老子·第十五章》的一句话：“孰能浊以静之徐清？孰能安以动之徐生？”意即：谁能在混浊中安静下来，使它渐渐澄清？谁能在安定中活动起来，使它出现生机？代表老子的思想兼顾静与动两个方面。一方面，道是永远不变的；另一方面，道使万物一直处在生存和发展之中。可见，海德格尔对《老子》的认识绝非一般水平。可惜两人的合作不欢而散，重译《老子》的事情只能告吹。

海德格尔晚年时心里所想的是中国老子的思想，说明人类的智能在最高层次是相通的。这可以说是文化交流上的一段佳话。

（三）海德格尔对哲学的启发

海德格尔对于许多概念把握得很精准，他的思想在西方产生了重大的影响。人活在世界上，就要使用思想。海德格尔分辨了“思想”与“理性”的不同。理性是纯粹抽象的功能，掌握了概念，就被概念世界所取代。抽象是把存在物的性质抽离出来，结果脱离了使万物生生不息的动力和基础——存在本身。

要回到存在本身，只有靠人。人的生命是“此在”，是一个开放的、可以做选择的存在者。此在处在挂念与焦虑之中，要选择成为自己，也就是要对存在本身做出回应。海德格尔掌握到根本的关怀以及具体的入手之处，他从提出存在本身问题的人的存在状况着手，由此去探讨存在本身。他的探讨响应了古希腊时代把“真理”作为“没有遮蔽、全面开显”的传统，这个过程可以在人的身上展现出来。

在思考存在本身的时候，海德格尔特别指出，德文里的“思想”、“感谢”、“回忆”有相同的字根。就像朋友分别时说“勿忘我”，这并不是让你在心里塑造一个我的形象，而是说“让我与你同在”。我们想到存在本身，就要让我们与存在本身同在。没有人可以想象存在本身的形象是什么，但是想到它就是感谢它、回忆它。这样一来，人就成为透明的，他向着存在本身开放，让存在本身得以开显。

在存在主义学者中，海德格尔的思想完整而深刻，并且具有高度的概括性。他虽然没有具体说明人的每一种实际状况，却表现出大的格局。他用精准的线条，以素描的方式，把人类所能思考的领域全都勾勒出来。他的思想可以与老子遥相呼应，实属不易。

收获与启发

1. 海德格尔如何找回存在本身？他设法纠正从古希腊时代就走偏的路，把它转到正确的方向上。
2. 海德格尔对老子推崇备至，他认为自己深刻地懂得老子的思想，想把《老子》再一次译成德文。可惜因为各种限制，没有完成这个目标。
3. 海德格尔对西方文化产生重大影响，因为他找到了根本的问题，可以从根本着手。根本的问题表现为两个方面：一方面，他找到古希腊时代的问题；另一方面，人类自古以来都在思考这个问题，就是要找到人类生命的来源与归宿。

课后思考

我们可以直接阅读《老子》的原文，对于海德格尔的思想有了基本认识之后，请你根据海德格尔提出的观念，重新思考《老子》，并说说你的心得。

补充说明

《老子》中有个比较大的问题：老子谈到“道”，有时会用“无”来描述，他到底在说什么？

老子谈到“无”，是要针对万物的“有”。万物的“有”其实并不是真有，因为万物一直处在不断的生灭变化中，万物来自于道又回归于道。万物既然称为“有”，那么“道”作为万物的根源，则只能用“无”来描写了。同时，道是无形的——不可见，道是无相的——不可说，只好用“无”来加以描述。但是，这里的“无”并不是指“虚无”，因为“虚无”不可能生出万物，而道生万物。简单说来，“道”是万物的来源与归宿，它跟海德格尔所谓的“存在本身”是一样的意思。

老子与海德格尔最明显的差异是什么？《老子》全书 5000 多字，多次提到“圣人”。老子所谓的“圣人”是指“悟道的统治者”，圣人的表现体现了道的作为，他的目的是要管理众人。在古代中国，社会的安定和百姓的幸福都取决于管理者；管理者如果悟道，整个社会就会步入正轨。到了 20 世纪的西方世界，海德格尔认为，所有人都可以通过自觉和不断修炼而回归“存在本身”，也就是悟道。因此，老子认为只有少数人有悟道的机缘，而海德格尔则认为每个人都有机会。这是两人之间最明显的差别。

第 39 章

马塞尔的希望哲学

39-1

马塞尔的心路历程

本章的主题是：马塞尔（Gabriel Marcel，1889—1973）的希望哲学。本节的主题是：马塞尔的心路历程。

萨特在1946年发表《存在主义是一种人道主义》，里面列出四位代表，其中有两位德国学者，两位法国学者。德国方面的代表是雅斯贝尔斯与海德格尔，他们都建构了庞大而完整的体系，格局也非常明确。法国方面的代表除了萨特本人之外，另一位就是马塞尔。法国哲学家擅长用小说、戏剧、散文等体裁来表达他们的思想。马塞尔的名声远远不及德国的两位代表以及法国的后起之秀——萨特，但是马塞尔在哲学与戏剧方面也有很高的造诣。

本节要介绍以下三点：

第一，孤独中的成长；

第二，马塞尔为何被列为存在主义？

第三，马塞尔的信仰之旅。

（一）孤独中的成长

存在主义哲学家的思想大多与他们个人的生活经验有直接的关系，从克尔凯郭尔、尼采以来都是如此，马塞尔也不例外。他从小就体验到孤独，他说："人间只有一种痛苦，那就是孤独。"马塞尔的父亲是法国著名的外交官、国家顾问，当过博物馆馆长，属于上层社会人士。马塞尔四岁的时候，母亲过世，父亲娶了他的姨妈，没有再生孩子，所以全家人的注意力都集中在他一个人身上。他身体稍有不适、功课有点问题，就成为全家大事。这种无微不至的关心，反而让他痛苦不堪，觉得自己处处受到监管。

由于母亲早逝，他四岁时就会问：人死之后要去哪里？活着的人与死去的人能沟通吗？他一生都感到孤独，总觉得母亲"临在"他的身边。所谓"临在"就是现在在场，好像就在他身边一样。另外，父亲与继母原本都有宗教信仰，但因为是高级知识分子，后来都变成不可知论者。马塞尔从小就讨厌天主教，认为只有愚笨、伪善的人才会相信天主教，所以他只能自己设法去摆脱孤独。

他八岁时就写了两部剧本，剧中的角色都是小孩，成为他想象中的兄弟姊妹。他的剧本有一个最大的特色，剧中的主要角色都有他们自己的生命，他也不知道这些角色会怎样发展，好像他们的生命可以自由成长一样。他强调，一个人做事的时候未必清楚自己行为的动机，只有在上帝眼中，人才能"一如所是地被认识"。

马塞尔特别重视他的戏剧作品，他说："哲学与戏剧在我的灵魂里结合起来。如果不研读我的剧本，一切替我的哲学思想所做的诠释注定是要失败的。"换言之，只有借着戏剧，才可以把握他的形而上学的思想。

马塞尔大学时代听过法国哲学家柏格森的课，对柏格森的生命哲学深有体会。马塞尔因为有不错的家庭背景，所以一生的大部分时间都可以用来写作。他也爱好音乐，他说自己在听了巴赫《受难曲》的清唱剧之后，才开始思考上帝的爱与力量。有一次，他在教堂里听巴赫的《双小提琴协奏曲》的时候，认识了他的妻子。所以，是音乐使马塞尔走出了忧郁的困境。

他说："这个世界千方百计使人陷于失望，是音乐并且只是音乐，让我发现救援的光明。音乐为我打开了一条通往真理之路。这个真理超越一切由科学所证实的特殊真理。这个真理烛照过最伟大的作曲家，如巴赫与莫扎特的作品。"他还说："音乐不含有意义，也许音乐本身就是意义。"他甚至说："音乐是无形与有形之间、理想与现实之间、价值与知识之间、无限与有限之间最佳的桥梁。"这些都是他个人的深刻体会。

（二）马塞尔为何被列为存在主义？

马塞尔与德国的海德格尔都于1889年出生。巧合的是，海德格尔在1927年出版了代表作《存在与时间》，马塞尔也于1927年出版了代表作《形而上学日记》，那一年他们都38岁。马塞尔被萨特列为有神论的存在主义，从后面的发展看来，这的确是事实，一般都称他为基督徒存在主义。存在主义是一种时代趋势，反映当时世人内心的动力和方向。一个人有宗教信仰，也可以成为存在主义者，克尔凯郭尔就是最好的例子，马塞尔与之类似。

他最大的转变发生在第一次世界大战期间。当时他25岁，因为身体健康不佳，只能参加红十字会进行服务工作。他的工作是要为下落不明的士兵的家属提供信息，每天都要接受家属的询问，然后查阅数据，再回答问题。

他于是开始思考：什么是询问？询问就是努力使一种怀疑状态明朗化。每个问题都蕴含着一组选言判断：活着或没活着，安全或不安全，等等。答案在什么情况下有效呢？要答其所问，提供对方渴望的信息，还要设身处地为对方着想。他最后得出结论：只有询问者才有资格提出答案。他在这段时间里，第一次面临了许诺或投身（commitment）的问题。亦即人不能置身事外，必须投入到与别人的互动里面。这些资料来自于他早期的《形而上学日记》。

在红十字会的服务，使他从自我中解放出来。只有我与别的主体共存、互动的情况，才会带来真正的自我体认；孤单一人是体认不了自己的。他从小承受孤独的痛苦，现在慢慢打开心房。他肯定，所谓"存在"就是与别人一起存在；所谓"存在本身"就是爱的力量，它是一切价值的根源，是恒久的人间之爱的保证。马塞尔的哲学被称为希望哲学，因为他从爱出发，连上存在本身。这种爱具有活力和创造性，可以给生命带来希望，甚至能克服死亡的威胁。

马塞尔早年丧母的经历，使他对于"灵媒"这种副心理学的数据始终非常重视，也经常在作品中提出相关看法。

（三）马塞尔的信仰之旅

马塞尔受到家庭背景的影响，从小就对宗教保持距离。后来由于音乐的启发，他才逐渐对宗教有了正面的看法。他认为自己的宗教启蒙老师是巴赫的《受难曲》，他认为这首乐曲的影响力要远大于法国哲学家帕斯卡对他的影响。

他在40岁那一年写了一篇评论，批评另外一位法国重要作家莫里亚克（François Mauriac，1885—1970）的剧作《神与金钱》。莫里亚克读到这篇书评之后，给他写了一封信，其中有一句话说："但是，既然你这样讲，为什么你不加入我们呢？"莫里亚克是天主教徒，他的意思是，既然你在评论里谈到人生必须做一个抉择，那么为何不加入我们的阵营呢？神与金钱是《圣经》里很重要的比喻，耶稣说："你或者侍奉神，或者侍奉金钱，必须做个选择。"

马塞尔说："莫里亚克的这句话就像闪电一般，好像神直接向我提出了邀请。"他接着在《形而上学日记》中写道："我既害怕又渴望投入我自己。”几天后又写道：“我不再怀疑。今天早晨，有奇迹似的幸福。我第一次体会到恩宠，我终于被基督的信仰所包围，我沉浸在里面。”于是他信奉了天主教。

需要说明的是，马塞尔是通过自己的哲学思考，转进到天主教的信仰；马塞尔从来没有接受过天主教内部的正统哲学——托马斯主义。换言之，马塞尔的哲学并非来自于宗教的启示。

收获与启发

1. 马塞尔是法国存在主义的代表人物。他四岁丧母，这让他倍感孤独，同时又觉得母亲从来没有离开过他。他从小就创作剧本，剧中角色成为他的兄弟姊妹或朋友。他的戏剧有一个明显的特色，剧中人物就像活生生的人，有自己的个性、发展和对人生的反思。1914 年第一次世界大战使马塞尔有了明显转变，他开始注意到人与人之间有一种休戚与共的关系。
2. 马塞尔被列为存在主义的代表并非偶然。他不像德国的两位代表那样，有严谨的学术著作；他擅长用戏剧、散文、杂记来表达他的哲学思想。巧合的是，他的《形而上学日记》也在 1927 年出版，与海德格尔的《存在与时间》同一年出版。他继承克尔凯郭尔的许多观念，再进一步发展出积极的人生路线。
3. 马塞尔早期对宗教保持距离，后来因为个人的体验与觉悟，于是接受了宗教信仰。

课后思考

所有的存在主义学者都要求对自己真诚。譬如，马塞尔认为，孤独是人生最大的痛苦。请问：你认为人生最大的痛苦是什么？

补充说明

我们可以从两方面来看“痛苦”。

1. 所有痛苦基本上都来自于“求不得”。就是你知道什么是好的，你去追求却得不到。佛教有所谓的“三毒”：贪、嗔、痴。贪与“求不得”有关，嗔（发怒生气）与“怨憎会”有关，痴与“爱别离”有关。所以由“三毒”（贪、嗔、痴）会导致“三苦”（求不得、怨憎会、爱别离）。在日常生活中，我们很容易找到对应的例子。所以，痛苦的根源是求不得。
2. “求不得”是因为你忽略了笛卡尔所说的“不要让我的欲望超过我的能力范围”。你可能会说：如果我所求的都在能力范围内，岂不是很容易达到？的确，人有时需要一些动力，去追求目前看来达不到的东西。在追求过程中，人也会不断改变与成长。这正是生命中比较复杂的地方。

事实上，最痛苦的“最”很难界定。用现在流行的话说：没有最痛苦，只有更痛苦。“更痛苦”是一种比较的关系，而“最痛苦”代表已经比较完了。我认为最痛苦的，别人未必认同，因为每个人的感受本来就不同。

既然没有最痛苦，只有更痛苦，我们应该对人生采取什么态度？要时刻准备接受挑战。人活在世界上，生命在不断发展之中，无论你喜不喜欢，都要接受挑战，不断进入新的层次。就像玩电玩要一关关去突破一样，现实人生是一种比电玩复杂千万倍的大型游戏。

如果你不能把握自己的初心，不能选择人生的目标，在这个游戏中，你根本不知道自己要去哪里。

因此，不了解自己可能是一种更大的痛苦。古希腊的苏格拉底之所以非常强调德尔菲神殿上的第一句话——认识你自己，因为这永远是一个重要的课题。本书介绍西方哲学，就是要让读者接触到许多西方思想家，学习他们是如何认识自己，又是如何找到爱智慧之路的。

39-2

马塞尔提出第二反省

本节的主题是：马塞尔提出第二反省，要介绍以下三点：

第一，马塞尔批评笛卡尔的第一反省；

第二，第一反省带来哪些后患？

第三，马塞尔的第二反省是什么？

（一）马塞尔批评笛卡尔的第一反省

近代哲学之父笛卡尔是法国哲学家，他提出“我思故我在”作为我们认识世界新的出发点。“我思故我在”是说：我思等于我在，我等于思。笛卡尔把思想当作人的本质所在，那身体怎么办呢？如此一来，就变成身心分裂的二元论，从而带来各种复杂的问题。

马塞尔也是法国哲学家，他认为笛卡尔的思想有严重的后果。笛卡尔的方法有三个步骤：第一，我怀疑；第二，我思想；第三，我存在。笛卡尔先是怀疑所有能被怀疑的东西，然后发现不能怀疑正在思想的自己，因此才说“我思故我在”。但是这样的“我在”是什么样的存在？我可能完全封闭在自己的思想里面，彻底失去沟通的能力；而马塞尔最重视的就是人与人之间的沟通。接着要详细说明马塞尔如何批评笛卡尔的这三点：我怀疑、我思想、我存在。

1. 批判“我怀疑”

首先，马塞尔批评笛卡尔的“我怀疑”。他认为，“我怀疑”是一种不信任的心态。笛卡尔把存在放在第三步；事实上，存在才是第一个数据，它先于理性的任何限定。换句话说，一个人用理性去思考什么是存在的时候，他早已经存在了；否则，根本不可能有任何思想。所以，存在必须在一切之前，它是任何思想可以运作的必要条件。笛卡尔把存在放在最后，由于“我思”才到我存在，这是一种颠倒的情况。马塞尔认为，存在不是名词，而是具体的事实；它不是一个有待证明的东西，而是思想的出发点。

笛卡尔的做法有三个问题：他先把人与外在世界隔离，再把人与自己的身体分开，最后人对自己也成了陌生人，不知自己是怎么回事了。哲学起源于惊讶，但笛卡尔用方法的怀疑取代了惊讶。这种做法有助于科学与认识论的发展，但对存在来说并不公平。

马塞尔认为，对存在应该从惊讶到喜悦到信任。先肯定存在，而不要以为存在是为了思想的主体才出现的。马塞尔把笛卡尔的思考当作第一反省，把自己的思考当作第二反省。他强调，理性的光明应该在存在的光明之前退却。先存在，才有理性运作的空间。

2. 批判“我思想”

接着，马塞尔批评笛卡尔的“我思想”。他说：“如果由‘我怀疑’推到不可怀疑之物就是‘我思想’；但这个‘我思’只是一个守门人，就好像集中营里的牢头一样。于是，这个‘我思’所证明的存在是很贫乏的，因为它只能掌握到认识的主体，而这个主体只是作为把握客观知识的工具而已。‘我思’不但不是一个泉源，反而成了一个阻隔器。由‘我思’出发的哲学，由于没有参与及投入，就有危险成为永远接不上存在本身的哲学。”

3. 批判“我存在”

最后，马塞尔批判笛卡尔的“我存在”。马塞尔认为，康德的“先验自我”就是把“我思”实体化；这个“先验自我”独立存在，却不等于存在于世界上。换句话说，这种独立存在并没有“临在”（不是亲临在现场）。于是，每个人都以自我为中心，封闭在自己的心里面，成为第一反省的牺牲品。

（二）第一反省带来的后患

笛卡尔的第一反省带来哪些后患呢？马塞尔指出，第一反省会使每个主体都像单子一样：表面上我是一个“我”，事实上这个“我”也是一个“他”。所谓的“他”就是没有临在于现场的。由此不难理解，为何在笛卡尔之后，会出现莱布尼茨的单子论，还强调单子没有窗户，彼此之间不能沟通。

第二个后患就是抽象的人际关系。你听到我说的话，却没有听到我，也就是用意象取代具体的人。政治领域中的抽象主义更麻烦，它把人民当作抽象的客体。马塞尔指出，没什么比法国大革命的口号更为动听、更为骗人、更为不真实。当时人人天真地相信，自由、平等、博爱这三者可以相提并论。事实上，平等根本就不可能，只能说抽象的人是平等的。在这个世界上，你如何肯定人人平等？

所以马塞尔强调，第一反省的做法是先把“我”从存在里抽离出来，再去面对存在，将其视为客体；但是存在不是一个数据而已，它也是提供数据的主体。换句话说，第一反省的结论有很高的效率，合乎科学的要求，但它不适合用来建立人与人的关系。因为你不可能再信任任何东西，除非你先证实它是存在的。你可以谈在主体意识里面的认识论，但是谈不上“意向性”，因为每一个人都成为封闭的主体。马塞尔后来也批评了萨特，因为萨特在他的代表作《没有出路》中，就把别人当作地狱来看。

（三）马塞尔的第二反省是什么？

马塞尔的“第二反省”强调存在。要尊重每个存在的对象，不能把他当作一个不在场的“他”，不能再有批判心态或意识心态，不能忽略人是一个自立体，但自立体不等于自足体（好像自己就足够了）。任何一个主体的本质，都是主体与主体之间的相互关系。

马塞尔要通过第二反省，超越及修复第一反省所失去的存在。第一反省强调客体，肯定抽象性。超越这些，才能回到存在本身的完整性。第二反省也是一种觉悟，由这种觉悟能找到真正的存在。

同时，第二反省还要回到第一反省之前的经验，即尚未分裂的我们，找到主体与主体之间的关系，用马塞尔的术语来说叫做“主体际性”（intersubjectivity）。人与人之间是主体与主体的关系，而不是像各自分离的单子一样，只是摆在一起而已。总之，第二反省要通过由爱出发的生命经验与存在反省，使人重新回到存在本身的奥秘之中。

收获与启发

1. 马塞尔认为，笛卡尔把“我怀疑、我思想、我存在”三者连在一起，最后存在的只是一个思想的主体而已，它是封闭的，没有沟通能力。人要先存在，才能有思想；而不能用思想来规定存在，使存在变成像单子一样贫乏，这是本末倒置。这种学说也许有助于发展科学、产生效率，但对于实际的人生却是一个很大的伤害。
2. 马塞尔指出，第一反省带来许多后患，它让主体变成单子，让人际关系变得抽象。尤其是在政治领域，人民变成一个抽象的名词，政治人物可以用很多口号来迷惑群众。

3. 马塞尔提出第二反省。他要回到第一反省之前，修复第一反省所失去的存在本身，找到人与人之间的“主体际性”；通过由爱出发的生命经验与存在反省，使人重回存在本身的奥秘之中。“奥秘”这个词是马塞尔哲学的核心观念。

课后思考

马塞尔对笛卡尔的第一反省提出批判，并进一步提出第二反省。你能不能尝试提出第三反省，把前面两种反省做一个简单的综合？

补充说明

这个问题没有所谓的标准答案。笛卡尔与马塞尔两人思考的重点不同。笛卡尔说“我思故我在”，把思想当作最基本的原则，把“我”等同于“思想”。马塞尔与笛卡尔对“存在”的定义不一样。笛卡尔的“我在”是说我能确定的对象只有自我——能思想的自我。马塞尔的“存在”强调一个人的客观存在，我是有生命的，我的生命有丰富的内容。

其实，“思想”与“存在”这两者要兼顾，既要重视个体的思想，又要注意人与人之间的感受。这两者之间有一种辩证关系：思想可以让你不断增加存在的内涵，而存在亦能为思想提供许多不同的材料。这是一个不断发展变化的过程，最后能让你的整个生命发生转变。

在此，也可以对照王阳明的“知行合一”。王阳明提出“知行合一”是因为前面有人讨论：到底“知”比较困难，还是“行”比较困难？双方各执一词。有人引用《尚书·说命中》的话“非知之艰，行之惟艰”，认为知比较容易，行比较困难；也有人说“知难行易”，像后来的孙中山先生就如此说。王阳明的“知行合一”并不是简单地综合别人的观念，而是来自于他个人深刻的体会。他所谓的“知行合一”侧重于道德层面，与西方的笛卡尔和马塞尔所说的有所不同。

39-3

分辨奥秘与问题

本节的主题是：分辨奥秘与问题。

存在主义学者对于“存在本身”通常都有特定的观点。譬如，海德格尔特别强调，不可遗忘存在本身，要区分存在本身与一般存在物。雅斯贝尔斯干脆发明一个新的词，用“统摄者”或“包围者”来代表存在本身。

马塞尔也不例外。他把存在本身称为“奥秘”。但是说“奥秘”，并没有告诉我们什么明确的东西。马塞尔所谓的“奥秘”，用大写就代表存在本身，用小写就代表宇宙间处处都有奥秘，它们都是存在本身的展示。

本节要介绍以下三点：

第一，马塞尔的第二反省是要回到原始的统合状态；

第二，分辨奥秘与问题的不同；

第三，奥秘可以引申出哪些观念？

（一）马塞尔的第二反省是要回到原始的统合状态

马塞尔批评笛卡尔的第一反省。他认为，近代以来的二元论都来自于笛卡尔所谓的“我思故我在”，它明显是一种认识论取向。谈到认识，一定会有主体与客体的对立，有“能知”与“所知”的对立，这样一来就破坏了存在本身的完整性。所以，第一反省最后会走向抽象，走向唯心论。

马塞尔没有研究过胡塞尔的现象学，他知道有这套流行的学术方法。他把自己的方法称为“超现象学方法”，其中有两个重点：第一，要忠实地描写现象；第二，要人自由以走向超越之路。即一方面要描述现象，同时还要回到事物本身。

简单说来，他要使认识论回归到本体论，只有本体论才能接上存在本身的关怀。所以，第二反省是要让人回到经验的原始统合状态，而不要把经验割裂。这种思考路线使存在本身变成与具体经验有关，也可以深入到人性底层。因为人就是具体的生命，活在具体的世界上。

（二）分辨奥秘与问题的不同

人在思考时，通常都在想一些问题。什么叫做问题？问题是可以冷静分析、处理的数据。但存在本身是一个“奥秘”，不能用面对“问题”的方式去探讨存在本身，因为这两者属于不同的层次。

所谓“奥秘”，并不是无法认识的事物或者无法解决的问题。马塞尔说：“奥秘是一种与我自身的实质互相渗透缠绕的问题。”可见，奥秘也是一个问题，但它是一个“超问题”，超出任何单纯的问题。

我们对于一般所谓的“问题”，都预设了某种技术或方案可以去解决它；只要找到适当的技术或方案，问题就会消失。譬如，我发现车子有问题，就可以找专家帮我修好。但是，任何与人有关的，都不是单纯的问题。譬如，我们常常会说“青少年问题、夫妻问题、老人问题”。事实上，这些都不是问题，而是奥秘，它们都不可能被解决。

所谓的“奥秘”是什么呢？一方面，奥秘在我面前；另一方面，它又包括我在内，所以我永远无法给它一个完全的回答。换句话说，我的生命不是一个等待解决的问题。面对自我的奥秘时，要靠具体的、直接的经验。

存在本身作为奥秘，要靠我的投入、许诺与信赖才能够接近；因为真正的生命不是眼前的生命，不是到此为止的生命。马塞尔说过一句深刻的话，他说："存在就是存在得更多。"他所指的就是人。人活在世界上，每一刹那都与过去不同，并不是简单的重复而已。人的生命向往绝对者，因为那是对存在本身的信赖，由此可以带来信仰与希望。

马塞尔用奥秘来诠释存在本身，他认为，人生最大的悲剧是丧失对存在本身奥秘性的感受。一个世界如果取消存在本身的奥秘，人将无法忍受。换句话说，如果没有万物的来源与归宿作为基础，人生将无法理解，也无法忍受。

就像雅斯贝尔斯的"统摄者"一样，马塞尔的"奥秘"也有两个层次：一个是奥秘本身，也就是存在本身；另一个就是人。对于人来说，最明显的奥秘就是：人是身体与灵魂的结合。这种结合是我对自己的临在。身体与灵魂是一致的，不能分开来做分析。

(三)奥秘可以引申出哪些观念?

马塞尔对于"我与你"的"与"这个字深有体会。首先要确定的是，奥秘就是临在。"临在"就是现在在我前面，与我同在。譬如，上课时点名，出席的就是临在，缺席的就是不在场。任何东西都有名称，但是只有当它与我同在时，才能说它与我是临在的关系。只有临在，才能带来对奥秘的体会。如果忽略临在的话，奥秘就消失了。

马塞尔举了一个生动的例子，他说："我们活在一个破碎的世界里，就像一只破碎的手表：表面上没有什么改变，但发条已经失去作用；每个零件都在，但不再滴答滴答响了。现在人的世界应该有一颗心，但它已经停止跳动。”

不临在或不在场，会带来痛苦、疾病、罪恶与死亡。如果常把临在放在心中，那么与任何人或任何对象交往时，都会产生一种“我与你”的关系，奥秘随之出现。

马塞尔强调“奥秘”，并非要搞神秘，故意让别人听不懂。他想要透过“临在”这一观念，使身体与灵魂不再割裂，我与你也不再隔绝。

收获与启发

1. 马塞尔通过对笛卡尔的批评，提出第二反省，目的是要回到原始的统合状态，回到“我思故我在”之前的一种自然状态。
2. 马塞尔分辨奥秘与问题的不同。我们有一个坏习惯，会把一切都当作问题来面对。所有问题都预设了一个正确的解答；找到了答案，问题就会消失。但不要忘记，人不是某种外在的客观对象，人本身就是问题制造者，人的生命有非常复杂深刻的一面。如果把人当成问题来对待，会导致各种误会、冲突或异化。所以不妨换个角度，从“奥秘”的视角来思考人的生命，再推到最根本的存在本身。
3. 把存在本身作为奥秘，可以引申出“临在”的观念。所谓“临在”就是在现场，同时存在。人是身体与灵魂的结合，每一个“我”与别人都可能成为“我与你”的关系。如此一来，思想就会变得比较积极。

课后思考

假如有朋友遇到困难请你帮忙，你会把他想成是一个问题，还是一个奥秘？你能否对这两者做出简单的分辨？

补充说明

“问题”涉及的是有形可见的“身”这个层次。譬如，朋友的车坏了，你可以帮忙修；朋友做生意遇到资金困难，你可以帮忙周转；朋友身体生病了，你可以帮忙找个好医生。这些都属于问题。问题一旦解决，就不再是问题了。因此，只要是钱可以解决的都是小事。一般来说，“问题”都很清楚，你只要帮忙就能解决，但是你未必有能力帮忙。

什么是“奥秘”？人除了“身”这个有形可见、可以量化的层次，还有“心”与“灵”的层次。譬如，我的朋友不快乐就是一个奥秘，它牵涉到我这个主体的临在。我给朋友出主意，投入到朋友的问题中，这个问题对我来说就成了奥秘。所谓“奥秘”就是问题环环相扣，互相缠绕，最后未必能解决，甚至未必能理解。对于奥秘，我们只能接受它、理解它，并与它一起生活。

对于朋友的问题，你可以表示关心，但千万不要添乱，随便出主意。朋友有他自己的考虑，我们最多给他一种心理上的鼓励和支持，让他知道：不管遇到任何状况，不管他最终如何处理，我都会在背后支持他，在他需要时伸出援手。这就是一种“临在”的力量——我在现场，你并不孤单，不用担心；在这个世界上，只要有我这个朋友在，就一定在背后支持你。

因此，朋友的问题很有可能成为奥秘，奥秘是不能解决的，你要跟它一起生活。交一个朋友等于多涉入一个世界。所以交朋友为什么要谨慎？因为你不知道自己有多大能耐。涉入太多世界，到最后恐怕会难以招架。另外不要忘记，你把朋友的问题当作奥秘，但朋友是否把你的问题也当作奥秘？如果不能完全对等，这样的朋友关系最终也会遇到困难。

39-4

马塞尔认为我就是我的身体

本节主题是：马塞尔认为我就是我的身体，要介绍以下三点：

第一，马塞尔提出存在感觉论；

第二，“身体主体”在说什么？

第三，马塞尔的说法有何影响？

（一）马塞尔提出存在感觉论

马塞尔首先区分两个词：一个词是我们常说的“存在物”，就是外在的客体，宇宙万物都是存在物；另一个词是马塞尔提出的，叫做“存在化”。所谓“存在化”，就是参与存在本身，与存在本身有互动关系。马塞尔认为，存在化就是要互为主体，等于是同在。人不但要与存在本身互为主体，更要与其他人互为主体。同时，我与我的身体也互为主体。

马塞尔进一步提出“存在感觉论”，也可以称为“感觉形而上学”。他认为，传统的感觉论总是把感觉当作发报员或收报员，只负责传递或接受信息。也就是把感觉当作外在感官所产生的作用，而不是人的生命的一部分。

马塞尔认为，感觉是感官的当下参与、直接参与，如此才能排除任何二元因素。换言之，感觉并不是内在自我的某种代表，感觉是纯粹的当下，它不可错误。因为所有对错的分辨都是由反省而来的，而感觉是直接的。身体不是工具，所以感觉不能被看作只是传递和接收信息而已。

（二）“身体主体”在说什么？

当时有几位哲学家已经开始思考“身体主体”的观念，而马塞尔是最早提出这个观念的人。

从笛卡尔以来，谈到“主体”当然是指心灵，因为“我思”的“我”是一个思想的主体。现在，马塞尔认为身体也是主体。你不能说“我有一个身体，我使用我的身体，我感觉我的身体”，因为身体与灵魂是合一的。所以，不应该再说“人是身体加上灵魂的组合”，而应该说“人是成为身体的存在者”。

“成为身体”（incarnation）是专用术语，这个词在西方源远流长，指“进入身体”或“取得身体”。在基督宗教里，耶稣就是神取得人的身体。马塞尔强调，人这种存在者当然有精神成分，但他是成为身体（或取得身体）的存在者，而不是抽象、纯粹的精神。

这样一来，就把身体从客体变成了主体。如果身体不是主体，难道身体是像铲子、麦克风一样的工具，人可以借着它扩大自己的能力？假如身体是工具，那么工具的使用者与工具本身应该有某种同构型，才能拓展工具使用者的能力。如果工具使用者是纯粹精神，他怎么可能使用外在的物体作为工具？假如你没有手，怎么使用铲子？所以，任何工具一定在某种程度上反映了精神的能力。譬如，你造了一辆车子，车子就要适合人驾驶或乘坐。所以，由人所造的工具都具有人的生命特色。但人的身体不是这样的工具。

当然，我的身体可能成为别人观察的客体或对象，但它不能成为我自己的客体或对象。因此要肯定两点：我就是我的身体、我的身体就是我。当我说“我就是我的身体”，我不是在讲唯物论，更不是讲单子论。换言之，当我说“我就是我的身体”时，我不仅仅是有形可见的物质。另外，“我的身体就是我”，我被别人或被自己认知时，别人看到我的身体就知道那是我，而不是另一个人。

进一步要分辨“是”与“有”这两个词。“有”就是我所拥有的，譬如，我有工作、有房子、有车子。但是我所“有”的与我所“是”的不一样。马塞尔有一句话很有启发性，他说：“在这个世界上，你拥有的愈多，你所是的就愈少。”换句话说，我要拥有很多东西，就要花很多时间和精力去取得我想要的，结果根本没有时间认真面对自我，无法活出真正的自我。所以，“有”与“是”经常是此消彼长的关系。马塞尔进一步指出：“拥有就是被拥有。”一个人拥有的东西愈多，他就愈不自由，因为他也被他所拥有的东西所拥有。

但是在身体方面不一样。一方面我是我的身体，另一方面我也有我的身体。这个“有”是绝对的拥有，这种绝对性在于身体参与了我的“是”。我对于身体以外其他东西的拥有，都是以某种方式对照着我的身体而加以界定的。譬如，我有一张书桌，我有一个书橱，都是对照我的身体来界定的。因为我坐在书桌前面，看着我的书橱。如果没有身体的话，我不可能拥有任何东西。我与我的身体是“同是与同有”的关系，这显然是最特别的，是一个奥秘。

我就是我的身体，我的身体与临在不可分，我的身体永远与我在一起。同时，我与过去的主体不可分，所以可以进一步说“我就是我的过去”。很多人会敦促自己往前走，把过去放在后面。其实没有人可以摆脱过去，我们身体有许多记忆就是过去留下来的。换句话说，过去的主体与现在的主体不可分。过去的主体会随时闯入，通过回忆让你想起来。这代表你又重新变成过去的主体，从而使你的现在充满了过去，使现在与过去连在一起。这样一来，才有所谓的忠信与希望，才能让人面对未来。

我的身体就是我，我与你构成了我们，由此出现主体之间的关系，形成共同的主体。所以，从身体主体可以进一步引申出“主体际性”（即主体之间关系的性质）等观念。

（三）马塞尔的说法有何影响？

马塞尔分辨了许多概念，影响很大。他首先分辨“奥秘”与“问题”，然后认为身体与灵魂不可分，把人界定为“成为身体的存在者”，精神不再是抽象的东西，身体从客体变成主体，由此又延伸出“是”与“有”的关系。这些观念对后起的哲学启发很大。

马塞尔的思想被称作“希望哲学”，可以从一句话看出来。他说：“有两种死亡是不一样的：一种是牺牲，一种是自杀。牺牲是有希望的，譬如为了国家、为了人群、为了谁而牺牲，这个牺牲最后可能付出生命，但他抱着希望；而自杀是没有希望的死亡。”

收获与启发

1. 马塞尔的思想有开拓性。他提出存在感觉论，认为感觉不可错误，它是纯粹的当下；反省后才有对错的分辨。感觉来自身体，而身体不是工具。这样感觉才不会只被视为信息的收发而已。
2. 马塞尔的创见在于，把身体当作主体，把人当作成为身体的存在者，可以说“我就是我的身体，我的身体就是我”。这两句话同时说可避免误会。我与我的身体是“同是与同有”的关系。
3. 马塞尔学说的启发仍在不断扩展之中。

课后思考

马塞尔提到"是"与"有"的关系：我们拥有的愈多，所"是"就愈少。我的"所是"是指我真诚成为自己的能力。你是否有这样的压力，因为拥有的多，而让自己所"是"的变少了？

补充说明

这里要对"是"与"有"做一番深入的反省，包括以下五点。

1. 一个人的所"是"与他的所"有"之间有明显的消长关系。有的多，是的就少；是的多，有的就少。因为时间与心力都有限。
2. 老子说："少则得，多则惑。"这是特别就"有"来说的。你"有"的少，就容易有心得，因为你能消化它，变成自己的资源。"有"的多，反而容易迷惑，正所谓"贪多嚼不烂"，那会让你的敏感度下降。
3. 马塞尔特别指出，我与我的身体可同时兼顾"是"与"有"。我是我的身体，我也有我的身体。分开来看，我是一个精神主体，身体是一个具体的身体；但我与身体又构成一个整体。因此，两者可合可分。
4. 进一步联想到孟子所说的，身是小体，心是大体。代表"我"是一个统一的人，身与心都是"我"的具体表现。小代表次要，大代表重要。心作为"大体"，要主导身体的作为；但没有身体的配合，我也不可能行善。所以我的心要求行善，身体就会有具体的作为，包括我直接伸手去帮助别人，或是我使用自己所拥有的资源去行善。
5. "有"可得可失、可多可少，身体也一样，可能老、病、死亡；

而“是”属于我的本质，它跟那些可量化、可衡量的东西无关。

不管我的身体如何变化，我的心灵（精神）另有它的境界。

因此，谈到“我与你”的关系，最后一定要提出一个“绝对你”来作为永恒的保障。不管我“有”什么或“是”什么，最后都会结束。“绝对你”跟“我”相对，使我的生命有一个绝对的基础。我的一切选择的最后根据，在于对“绝对你”的信念。

39-5

我与你

本节的主题是：我与你。听到“我与你”，自然会想到犹太人哲学家马丁·布伯（Martin Buber，1878—1965）。他比马塞尔年长 11 岁，有一本重要的代表作，书名就是《我与你》（*I and Thou*）。

本节要介绍以下三点：

第一，“我与你”的一般观念；

第二，马塞尔所谓的“我与你”；

第三，创造的人生。

（一）“我与你”的一般观念

在马丁·布伯看来，我们与别人的关系以及与万物的关系可以简单分为两种。一种是“我与它”，“它”（it）是没有生命的，纯粹是一样东西。另一种是“我与你”，我与你（Thou）都是大写，代表我与你都在现场，要互相面对，互相尊重。

马丁·布伯的这种区分得到很多人的认同。“我与它”的“它”是我观察的对象，而“我与你”的“你”是可以与我互动的。在“我与它”的关系中，我只呈现了一部分，而保留了大部分，这样我比较安全。在“我与你”的关系中，我的全部存在都投入了，这样显得比较危险，因为两个人都有自由，会出现许多不可预测的情况。但是，如果采取“我与你”的态度，就可以不受过去的控制而进行创新。

马丁·布伯的观念最后归结为：人与上帝也是“我与你”的关系。我同任何人都可能形成“我与你”的关系，但这种关系也可能退化成“我与它”。只有我与上帝的关系永远是“我与你”，上帝不会退化为“它”。

马丁·布伯从他的宗教背景提出上述观念，给现代人很多启发。我与别人相处时，不能只把别人当作“它”来互动；还要投入到这个关系里面，形成“我与你”，如此才能与别人真正的沟通。

（二）马塞尔所谓的“我与你”

马塞尔认为，“我与你”的“与”并不是一种并列关系，而是两个人之间可以愈来愈亲近。马塞尔举了一个例子。他有一次坐火车，旁边坐着一个陌生人。刚开始，那个人对他来说只是一个又瘦又小又近视的老头儿，他们只是客套几句。聊着聊着发现彼此有共同的背景，于是慢慢出现主体与主体的关系，这个人就从“它”变成“你”。所以，马塞尔所说的“我与你”的“与”，代表两个人之间有一种默契，由此可以引申到比较深刻的反省。

马塞尔一向强调临在。宇宙的根源是奥秘，奥秘就是临在；人生的奥秘也是临在。临在所及之处，超越客体层次。一有临在，“你”立刻出现。“你”是一个有价值的主体，“你”在我身上，会增加我的临在感。在临在关系中，主体的无限性向对方呈现出来，使自己的存在变得立体化，对方的地位由“它”提升到“你”。在临在关系中的主体性连结，才是真正的奥秘所在。

换句话说，“你”大于也多于个别的临在主体。这个“你”是使我体验临在的特殊对象，使我与临在产生连结，并使我具有了无限超越当下所“是”的能力。马塞尔提醒我们，一旦产生“我与你”的关系（比如当你爱一个人的时候），过去消失了，在当下我们两人都成了新的人，这就是“我与你”所产生的创造性。从奥秘的角度来看，两个主体互相参与对方，这时临在等于同在。这是一种一元化的存在境界，中间没有中介。你无法求证，也没有必要求证，因为临在就是存在的奥秘。

马塞尔进一步指出，这个“你”会带来很多启示。你只要常常想到“你”，就会觉得有一个更大的“存在本身”在背后，那是真正的大写的“你”（Thou）。这个“你”有什么样的魅力呢？他说，临在得以呈现的方式之一，就是掌握“我与你”。这时出现的魅力不是主体所有的东西，而是主体本身自己流露出来的，好像打开了闸门，让自己的本性自由流露。此时，人的不求回报的付出就是他的魅力所在。

换句话说，我们与别人来往，开始的时候可能斤斤计较，要考虑花多少时间和精力与他互动。一旦把“他”当作“你”之后，就不再计较这些，而是乐于提供各种不求回报的付出。这时的心态是开放的、慷慨的。

马塞尔认为，因着魅力，我在另一个人的所“有”，发现他的所“是”，我才邂逅了他。我们平常与别人来往，都会先做一下外在的评估——这个人拥有什么样的身份、地位、权力、财富，等等；当我把“他”当作“你”之后，我在他所拥有的东西之上，发现他真实的本性，这时才算真正认识了他。有些人只有外在美，而缺乏内在美，就谈不上魅力了。“我与你”会产生一种特定的魅力，魅力所及之处会出现临在，可以化平凡为神奇，让永恒进入凡界。

这种临在关系也会通过某些缘分，让人体验到结果远远大于原因。我原来做过的事就是原因，它产生的结果远远超过我所想象的，好像领受了一份太大的礼物，远远超过自己应得的程度。两个人之间会有白白的恩赐，共同领受着感激。这就是主体之间交流的过程中，不需要偿报的阶段。进一步还会产生“全在感”（完全在场），那才是真正的“我与你”的关系，我随时都全面地在你身边。此时的临在可以描写为一个注视、微笑、声调、握手，当下显示出我与你在一起。

（三）创造的人生

马塞尔认为，所谓“圣贤”就是把“我与你”这种无偿性（不要回报的性质）发挥到极致的人。圣贤所到之处，散发出“我们”的心态，人与人之间没有任何障碍。最后，只有在神的爱里面，自己仁爱的潜能才能最大程度地开发出来。

他接着谈到自我创造。“我与你”的关系让一个人的生命力源源而出，有活力，有爱心，两个人互为主体，成为不可分的生命。最后谈到自由，马塞尔说：“当我们的行为从我们整个人格流露出来时，我们是自由的。这些行为表现我们整个的人格，就好像艺术家与他作品的关系。凡是肯为爱、为真理而牺牲自己的人，是最自由的人。”

马塞尔说：“存在就是存在得更多。”生命的本质就是要求去创造。在临在关系里、在“我与你”的互动里，这些都会逐渐实现。对马塞尔来说，存在主义的最高理想就是圣贤，圣贤的主体性是向着绝对“你”、向着众多的“你”开放的。

收获与启发

1.“我与你”的观念是由犹太人哲学家马丁·布伯首先提出来的。不过一般认为，马塞尔并没有参考他的著作，而是自己发展出一套“我与你”的完整观念。

2. 马塞尔谈到“我与你”的关系，可以称作一套临在哲学。“临在”是指我与你同时在场。“你”的启示非常深刻，两个人互为主体，让自己的存在立体化，接着有一种同在的关系。这种临在会产生一种魅力，使我们在彼此的所“有”之上，发现彼此的所“是”，这样双方才会有真正的认识。进一步，我与你是“全在”——同时的、全面地在一起。再推到圣贤典范，最后谈到自我创造。这种临在关系会给人的生命带来无限的动力，使人充满爱心，同时完全自由。

3. 马塞尔认为，圣贤展现无私的爱，他们或许没有写出什么形而上学的作品，但把它活出来了。在爱的阶层上、在存在的阶层上，圣贤的地位远远高于哲学家。

马塞尔的哲学被称作希望哲学，他认为：“死亡是绝对希望的跳板。一个没有死亡的世界，希望只能以萌芽的形式存在。死亡不但不应该使人绝望，反而应该使人更相信接着还有永生；因为真正的生命不在眼前，它一直在出现之中。人原来就是走向永恒的旅客，如果不保持身在旅途中的清醒意识，也许无法重整持久的世间和平。如果想在这个世界建造永恒的居所，反而会使此世归于毁灭。”

课后思考

“我与你”是理想的关系，但我们不可能与所有人都立刻变成“我与你”的关系。请问，在你自己的经验里，你同一个人从陌生到熟悉，最后把他当作临在的“你”，大概会经过哪些阶段？

补充说明

我与别人的关系可以有三种。

1. “我与它”。我把别人当作工具来使用，“它”只是我达成目的的一个工具，没有主体性；
2. “我与他”。“他”代表不在现场，我虽然重视他，但是不等于尊重；
3. “我与你”。“你”是临在的，可以与我互动。这种关系已经达到很高的层次，彼此之间虽然有差异，但可以互相欣赏。

在这个世界上，没有任何两个人可以到达“我与我”的关系。有时我与自己都需要内部协调，哪个人的人格没有一些矛盾冲突之处呢？所以，达到“我与我”的关系显然过于理想化。当然，也许在少数片刻有这种可能，如庄子所说，几个朋友都体验到了“道”，知道一切都是一个整体，所以可以“相视而笑，莫逆于心”。不过，两个人一直保持“我与我”的关系，不仅难以理解，也超出人的自我的承受限度。

第40章 从卡夫卡到萨特的荒谬氛围

40-1

卡夫卡的思想

本章的主题是：从卡夫卡到萨特的荒谬氛围。本节的主题是：卡夫卡的思想。

卡夫卡（Franz Kafka，1883—1924）是著名小说家，有犹太人的家庭背景，父亲是商人。他在捷克的布拉格长大，大学念的是法律，后来在保险公司工作，然后专心写作，可惜只留下三本书稿。他因为肺结核而长期住在疗养院，只活了41岁。他的年代是在20世纪前后，经历过第一次世界大战。卡夫卡的小说很有特色，反映世纪之交的荒谬气氛。后来，世人就用“卡夫卡式的”来指称那些超现实的、恐怖的、神秘怪诞的、创造失望气氛的小说风格。

卡夫卡与存在主义有什么关系？本节要介绍以下三点：

第一，异化的人生；

第二，荒谬的氛围；

第三，后续的影响。

（一）异化的人生

卡夫卡的一生可以用“异化”两个字来描写。他的“异化”表现在五个方面：第一，卡夫卡在捷克长大，但他从小讲德语；第二，在当时不管是德国人还是捷克人，都是国家主义高涨，但卡夫卡是犹太人，没有归属感；第三，在卡夫卡周围都是已经过着世俗生活、自由放任的犹太同胞，但他本人却渴望信仰；第四，卡夫卡是天生的作家，但他周围都是生意人；第五，卡夫卡性格内向，敏感害羞，内心渴望爱，但在当时，爱的关系大都沦为外在化、开放化的表现。卡夫卡在他短短 41 年的生命中，常常觉得自己是局外人。“局外人”的观念后来影响到加缪，使他创作出《异乡人》(又译为《局外人》)这本小说。

卡夫卡过世时留下遗言，要把他的作品手稿全部烧掉。幸好他的朋友没有照办，才留下了三本重要的小说。他的小说叙事具有高度的原创性、预言性，但是其中有很多片段很难被诠释。他在作品中采用各种元素，把存在主义对荒谬与焦虑的感受表现得淋漓尽致。但是，他还来不及从这类经验中找到正面的方向与价值。他的作品的特色在于，以强烈的清晰度来探索整个时代的氛围。

(二)荒谬的氛围

卡夫卡有三本代表作，分别是《审判》《城堡》《失踪者》。他原本学法律，对公平与正义有很高的要求。但他始终记得小时候受到父亲教训的一次经历：他当时犯了一个小错误，却受到父亲很大的惩罚。这让他无法理解，为什么小的错误会带来如此大的惩罚？这样公平吗？这件事影响他一生，使他对于正义深感怀疑。

《审判》这部小说的主角是一个年轻人，名叫约瑟夫·K。K 是简称，就好像卡夫卡姓氏的首字母 K。这个年轻人有一天起来，发现自己被捕了，但不知道自己犯了什么罪，也不知道是被谁控告的。他怎么问也问不出结果，没有人理他；他想办法解释，别人也不听；他想找人帮忙，也不知道该找谁。K 本来是银行职员，是个平凡百姓，没有违反过什么法律，他被捕后出现各种猜测、各种答案。这本小说是要挑战读者去思考什么是罪过。

这个世界上似乎没有人可以逃避有罪过的情况，内心常常觉得不安，认为自己一定出了什么事，但又不能确定。原本许多微不足道的行为，合起来就变成一连串有意的作为。这时谈逻辑和知识根本没用，因为你不知道自己为何被捕。进一步，你要与你没见过的人、与你不知道的控诉去抗争，你在不相信与希望之间、在困惑与失望之间分裂了，最后的结果是死亡。不知道法官在哪里，不知道法院在何处。人努力寻求证明自己的无辜与正义，但不知道该怎么做。不知道何以有罪，不知道如何才能得救，最后好像除了一死，无法走出罪过的情况。这种观念似乎预先暗示了后来萨特所写的《没有出路》这本书。一个人在无罪与正义之间、在挫折与无知之间、在罪过与死亡之间，常常会自觉有罪，好像要面对某种审判。

人活在这个世界上，世界的运作模式和它的意义都是不确定的。《审判》的情节可以归纳为一个简单的公式：小的过错加上弱势的身份，再加上自己认为合义，这三者加起来就变成一种大的罪恶感受。你犯了小的过错，比如闯红灯、随手丢垃圾、跟别人开一些无伤大雅的玩笑，因为你是弱势的身份，处于被别人审判的地位，但是你又认为自己没错，这三点加起来就会出现一种很深的罪恶感。从客观上的小过错，变成主观上大的罪恶感受。卡夫卡藉此描写现代人的孤独、无奈、委屈的心境。他经历过第一次世界大战，知道一般百姓确实有这种体会。

《城堡》是卡夫卡的第二部小说，描写一个土地测量员（他的名字也简称为K）被召唤去一个村庄，然后去附近一个城堡报到。村民知道城堡里住着权贵，但没人见过这些人。K到了村庄，接着想去城堡，但他找不到路。他确实被召唤来这里工作，但他不知道自己是被谁召唤的，一切都陷入困惑。他向遇到的所有人打听自己的角色及任务，但找不到答案。小说一再陷入各种恶性循环。他觉得自己处在非常弱势的处境，与周围的人和环境格格不入，一切都充满敌意，没人可以信任，但他无法违背城堡所发出的命令。

这部小说旨在描写一个人要探寻真理或真相，却无法找到通往真理之路。你想找到正义，想让别人接受你的存在，却发现自己处在一个充满残酷与不义的世界。K 甚至不清楚自己是谁，好像需要一个像上帝那样的角色来告诉他。这件事让人焦虑，因为在上帝面前，人觉得恐惧，觉得战栗。

这两部小说都谈到人的地位以及人在世上孤单的感受，充满挫折与罪恶感。《审判》描写一个人寻找正义却没答案，《城堡》描写一个人寻找解脱或救赎，同样没答案，因为这些只能期待由上界赐予人。卡夫卡认为自己比任何人都了解人堕落的处境，人陷入这样的困境。卡夫卡以犹太人丰富的历史背景与深刻的宗教经验，加上个人敏锐的观察，创作出这两部小说，反映了整个时代的心态。

（三）后续的影响

卡夫卡具有像先知一般敏锐的感受，他的小说似乎预言了第二次世界大战期间犹太人在集中营的处境。此外，他的作品对后续的存在主义作家，如萨特、加缪等人，也有很深的启发。《审判》这部小说在结尾处写道，K 觉得自己会像一条狗一样死去，他在说这句话的时候，有如他死了之后还会有一种羞耻心。

收获与启发

1. 卡夫卡是捷克作家，他的名字后来被当作文学上的特殊术语，专门描写那些恐怖的、超现实的、神秘的内容。但他并非空穴来风。他一生至少经历了五方面的异化，让他觉得自己在世界上像一个局外人。
2. 卡夫卡的小说创造了一种荒谬的氛围。你要寻找正义吗？要寻找救赎吗？很抱歉，你找不到答案。我们在现实人生当中，也许有某种程度的答案，但想要完全了解是不可能的。
3. 他的作品预言了第二次世界大战期间犹太人在集中营的处境，并对后续的存在主义作家有重要的启发。

课后思考

卡夫卡的《审判》可以归结为一个简单的公式，一个人犯了小的过错，他的处境是弱势的，又认为自己没错，这三点结合，最后居然变成一种大的罪恶感受。对于这样的心态，你能否提出自己的观察或反省？

补充说明

可以这样说，犹太人体现了人类负罪感的普遍化。犹太人确实是特殊的民族，在历史发展过程中，他们特别显示出一种宗教崇拜，使他们具有深刻的性格，而且他们在这世界上又到处被隔绝。卡夫卡经历了五种异化，使他觉得自己与世界格格不入，像是一个陌生的局外人或异乡人。这其实也反映出人类的根本处境。

没有人是完美的，如果你内心太过敏感，会觉得世界上的罪恶都直接或间接与自己有关。你看到人间各种痛苦和罪恶，会觉得自己恐怕没有尽到责任。这种人活得很辛苦，但我们必须承认，他活得很真实，因为他把自己的命运与人类的命运连结在一起。

因此，人要“入乎其内，出乎其外”。一方面要知道，每个人对他人都有某种直接或间接的责任；但另一方面，首先要对自己的生命负责，这是最基本的。我认为，一个人想要使世界有所改变，首先要改变自己，先让自己能不断地行善。这样一来，不管这个世界发生了什么事，你至少尽到自己的责任。你去行善一定会对周围的人有正面的影响，这就是一个很好的开始。

40-2

萨特的人生际遇

本节的主题是：萨特的人生际遇。萨特（Jean-Paul Sartre，1905—1980）是“存在主义”这个词的发明人，他本身也是存在主义的重要代表，在思想上有其特别之处。

本节要介绍以下三点：

第一，萨特的家庭背景；

第二，萨特是一位重要作家；

第三，萨特与朋友的互动。

（一）萨特的家庭背景

萨特的家庭背景有些复杂，父亲是法国人，母亲是德国人。萨特两岁时父亲过世，他被母亲带回娘家，在德国长大。受父亲遗传的影响，萨特的身材比较矮小，而娘家的亲戚都身材高大，这让萨特从小就感到自卑。后来母亲改嫁，让他觉得自己是多余的。萨特受到父母双方的长辈的影响，使他的一生都具有一种反叛性。

先说萨特的祖父母。他的祖母原来是大地主的女儿，他的祖父娶了祖母之后才发现祖母家里其实早已经破产了。所以，他的祖父 40 年不跟祖母说话，只用手势互动。他的祖母称他的祖父为“我的房客”。即便如此，两人还是生了两男一女。

萨特外祖父母的感情也不好。萨特称他外祖母为“纯粹的否定”，她对任何事都持否定态度。外祖母到 70 岁还在抱怨，她和外祖父蜜月旅行的时候在车上吃色拉，外祖父把好吃的部分都拿走了，她对此耿耿于怀。萨特还有一位远房的舅舅，就是到非洲行医的施韦泽医生。

另外，家中长辈虽然信奉天主教，但他们做人处事完全是另一回事，所以萨特很小就失去了宗教信仰。萨特非常聪明，精通德文与法文，曾到德国进修哲学，学习胡塞尔与海德格尔的思想。他参加过第二次世界大战，曾经被俘，不到一年就被释放。

（二）萨特是一位重要作家

萨特是一位重要作家，他在 1964 年获得诺贝尔文学奖，这是他在文学上的重要成就。事实上他是一位哲学家，写过不少相当专业的论文。他在 1943 年出版《存在与虚无》这本书，长达 722 页。从这个标题就知道，他想要效法海德格尔的《存在与时间》，用现象学的方法来探讨“存在与虚无”的问题。

1946 年，萨特发表《存在主义是一种人道主义》，正式标举出“存在主义”这个词，使它变成一个哲学派别。他认为，存在主义真正的代表人物就是他自己。

到 1960 年代，他接受马克思主义的历史唯物论，出版《辩证理性批判》一书。从这个书名可以猜想，萨特大概是想超越康德的《纯粹理性批判》与《实践理性批判》。这本书长达 750 页，萨特称之为上册，不过下册一直没有出版。

萨特在 1964 年获得诺贝尔文学奖之后，公开拒绝接受这一奖项。这让一般人无法理解，这可能是因为他的性格对于所有制度化的东西都要反抗。譬如，他的女友是重要的女性主义者西蒙·波伏娃

（Simone de Beauvoir，1908—1986）。波伏娃与萨特结识后，两人一起生活，但没有正式结婚。中间虽有波折，但是直到萨特去世，波伏娃都没有离开他，两人一起生活了将近 51 年。可见，萨特对于世俗的各种规定，譬如婚姻制度，都要予以反抗。

对于萨特拒绝接受诺贝尔文学奖一事，众人猜测可能还有另外一个原因，就是萨特的朋友加缪，比他早七年（1957 年）获得诺贝尔文学奖。加缪比萨特年轻八岁，他的第一本书《异乡人》还是因为萨特的大力推荐才受到广泛的注意。因此，加缪的获奖让萨特难以接受。

萨特认为，人的本质就是自由，自由的具体表现就是对一切说“不”。他在很多方面确实有这样的作为。

（三）萨特与朋友的互动

萨特在文坛上有三位重要的朋友。

第一位是西蒙·波伏娃。波伏娃也是一位作家，出版了二十本著作，《第二性》是她的代表作。波伏娃在 1929 年认识了 24 岁的萨特，两人长期同居，交往长达 51 年，波伏娃最后还为萨特送终。他们为什么不结婚呢？一方面，身为存在主义者，他们认为不用在乎社会制度，应该要对自己的行为负责；另一方面，他们看到很多人婚后感情就变淡了，为了避免这一点，就决定不结婚。两人志趣相投，在 1946 年合办《现代》杂志，对当时的法国知识界产生了很大的影响力。

萨特的第二位朋友是梅洛-庞蒂。梅洛-庞蒂也是重要的现象学家，他提出知觉现象学，肯定知觉和身体的重要性。这一点与马塞尔相近。当时在马塞尔家里会定期举办文人聚会，萨特与梅洛-庞蒂都是座上客，他们两人也一起参加过抗德运动。

萨特另一位重要的朋友是加缪。1943 年，萨特为加缪的小说《异乡人》撰写书评，使加缪从一个法属阿尔及利亚边陲地带的作家，一下子成为巴黎文化中心的重要名人。1944年，萨特与加缪第一次会面，萨特还邀请加缪担任他的戏剧《苍蝇》的导演。第二次世界大战期间，两人合作从事地下抗德运动，编辑《战斗报》，曾经是革命的同志。

1951年，加缪出版《反抗者》一书。萨特对此书不满，就让他的编辑写了一篇书评。加缪随后发表一篇《致〈现代〉杂志主编的一封信》，替自己辩护。萨特更为不满，因为加缪明明知道《现代》杂志的主编就是他，却不称呼他的名字。这让萨特难以忍受，两人就此绝交。萨特后来说："让我们结合的因素很多，让我们分开的因素很少，但是那样的很少也已经是太多了。"后来，梅洛-庞蒂与加缪都在萨特之前过世，萨特撰文哀悼的时候，显然非常伤痛。

收获与启发

1. 萨特是存在主义的代表人物，他的人生际遇很特别。他从小父亲过世，跟着母亲回娘家长大。他常常觉得自己是多余的，再加上个子矮小，使他有很深的自卑感，一生对任何事情都持反叛的态度。由于家中长辈对宗教阳奉阴违，萨特很早就失去宗教信仰，一生都是著名的无神论者。他1964年获得诺贝尔奖之后，一群记者在机场等他，他一下飞机就说："我要告诉你们一个大消息。"当记者们注意倾听的时候，萨特说："上帝死了！"这根本算不上什么大消息，因为在半个多世纪以前，尼采早就说过这句话了。
2. 萨特是一位重要的作家。他的著作有学术性的，也有文艺性的。他创作了很多小说和剧本，反映了他的哲学思想，对于人类的各种处境都有相当深刻的反省。
3. 萨特的朋友主要有三位：他的爱人西蒙·波伏娃，他的合作编辑梅洛-庞蒂以及另一位存在主义者加缪。

课后思考

从萨特的经历可以看到，家庭背景对一个人的影响很深。在你的人生观里面，有没有明显受到家庭背景影响的地方？你是否有一种自觉，要设法去调整或超越它们？

补充说明

家庭环境、家中长辈的人生观、价值观和实际表现，深深影响了萨特。萨特的思想在法国风行一段时间之后，后来为何会收敛呢？因为他受到结构主义的批评。听到“存在”，就要想到在时间的过程中不断做出选择；听到“结构”，就要想到它是一种静态的、客观的社会架构。结构主义认为，萨特根本没有真正的自由，他的生命表现完全由他的家庭结构所决定，家庭背景决定了他的人生主轴。这样的批评也有一定道理。

1. 首先，一个人的身体状况、习惯动作，在某种程度上是被基因决定的。
2. 其次，一个人的思考方式，难免会反映出他的家庭背景以及阶级特色。
3. 再者，一个人的价值观也会受到家庭的影响。你追求什么，认为人生最重要的是什么，有哪些价值是绝对不能放弃的，都会受到家庭潜移默化的影响。

但是受影响并不等于真正被决定，人还是要有一种高度的自觉。所以，为什么要学习？学习的目的就是要认识到：我是一个独特的个人，有选择的可能，可以选择自己认为最理想的身、心、灵的境界，来安排自己这一生。

40-3

存在先于本质

本节的主题是：存在先于本质，要介绍萨特的自由观，内容包括以下三点：

第一，人有说“不”的自由；

第二，自由的运作；

第三，责任与焦虑。

（一）人有说“不”的自由

萨特在第二次世界大战期间曾经参加地下抗德运动，他是如何描写这段时间的遭遇呢？他说：“我们从来没有比在德国占领期间更自由过，因为失去了一切权利，你沉默地接受这种状况。由于这种状况，我们得以自由。常常面临人必须死，常常想到宁死也不如何如何，日夜都在说‘不’。”

萨特由此体会到，所谓自由在本质上是否定的。人无法剥夺的自由、终极的自由就是说“不”，至少能在心里说“不”。说“不”代表否定，也就是虚无，人由此成为虚无进入世界的渠道。

人有意识，就有自由。如果你要消灭人的自由，只有消灭他的意识。人的存在先于任何不变的本质或者价值的结构。这个存在之所以有意义，全在于说“不”的自由。简单来说，你可以对现存的事物、状态或处境说“不”，你的否定使它变成虚无。已存在的被否定了，未存在的尚未出现。所以，人是虚无进入世界的渠道，由此创造一个不同的世界。

（二）自由的运作

萨特在他的分析中指出，自由有两种：第一种是本体的自由，第二种是处境的自由。

1. 本体的自由

意志自由是价值的基础。这样一来，就把自由提到本体论的高度，因为它是根源，是一切价值的基础。萨特批判三种传统观念，认为那都是由假设造成的决定论：第一，上帝假设；第二，人性论的神话；第三，既定的伦理原则。这些观念都会束缚人的自由，使人不能自由创造自己的价值，不能自由选择要成为什么样的人。简言之，这些都是决定论，是有问题的观念，因为人拥有的只是自由。

“存在先于本质”是存在主义的第一原理。这里所谓的“存在”，指的是选择成为自己的可能性。“本质”则是在选择之后才实现的，属于我的特色之一。我如果没有先“存在”，没有先做出选择，我就不可能获得某种特定的本质。因为人原来并没有什么本质，是由自己自由创造的。自由就是人的存在。

萨特进一步说明，不是人选择了自由，是自由选择了人。人被判定为自由，所以要不断否定自身，超越现在。这就是自由的作用。

2. 处境的自由

自由要在具体处境中才能运作，你的自由选择会决定这些处境的意义。萨特列举出五种处境：位置、过去、周围、邻人、死亡。

以“位置”来说，包括你是哪一国人、住在什么地方。人的自由选择决定了位置的意义。譬如，一个人从小生长在乡下，如果他选择成为政治家，就会觉得小时候住在乡下是很不利的；如果他选择成为作家，那住在乡下可能是有利的。换言之，一个人处在某个位置、在某地生活，这个位置好或不好，完全取决于他的选择。

再看“过去”，包括出生背景、专业、人生遭遇。你的选择可以为你过去的背景赋予某种意义。此外，你“周围”的条件、你的邻居以及你的死亡，这些处境有没有意义，都取决于你选择的目标。

萨特是无神论者，认为死亡之后就结束了，所以他所谓的自由是绝对的自由。在自由选择的时候，可以把某种处境化为虚无。如果不做自由选择，任何处境都谈不上有什么意义。萨特在他的书里提到，在纳粹德国占领法国期间，有个年轻人请教他：应该留下来侍奉母亲，还是参军保卫国家？萨特回答说：“你是自由的，所以你选择吧！”换言之，没有普遍的道德原则能够指点别人应该怎么做。萨特这个回答与他的观念是一致的。

关于存在与本质，萨特还有以下说法。一个人要先存在，才有确定的形态或本质。换言之，人要把自己投向未来，并意识到在未来要替自己设计。所以，存在等于替自己设计，设计之后，人才有确定的形态或本质。萨特认为，人被宣判为自由，人始终要超过自己的本质而存在，超过自己的行为动机而存在，甚至可说人就是自由。

（三）责任与焦虑

萨特强调，当人被宣判为自由时，在他的肩膀上就负有全世界的重量，他要对自己与全世界负责。换句话说，一个人在做选择的时候，是替全人类在做选择。萨特认为这是他最得意的发现。他强调：“我们所选择的始终是善；没有一件事能够对我是善，而不对大家都是善的。”换句话说，一个人行动的时候，他自觉是全人类的立法者，他无法逃避这一责任。

他在剧本《苍蝇》里面，通过一个角色对天神朱庇特说："我是自由，自由就是我。你一创造了我，我便不再是你的了。没有任何命令，既非善，又非恶。我已被处罚，除了我自己的法律，没有任何法律。因为我是人，每一个人都需要找到自己的途径。"这句话十分扼要地表达了萨特的观念。

这种责任也会带来焦虑。人往往为了推卸责任、摆脱焦虑而接受某种决定论的思想，以为只能按照某种方式去行动。萨特认为这是自欺。"自欺"有三种表现：第一，该做选择时不做选择，把自己混同于无意识的万物；第二，否定自己的自由，只知道按照既定的要求去行动，消极而被动；第三，信奉一种决定论，顺从这种观点所定的目标。这些都是自欺的行为。

收获与启发

1. 由于第二次世界大战期间地下抗德运动的经验，萨特体会到自由就是说"不"的自由，至少可以在心里说"不"。人被宣判为自由，只能按照自己的意识去做决定，没有任何限制、规范或标准。
2. 萨特认为，自由的运作可以使处境显示出意义。譬如，成长背景本来无所谓好坏，但是我现在做出选择，设定一个未来的目标，就会使我过去的背景变成有利或有害。此外，我周遭的环境与条件，都会因为我的自由选择而使它们变得好或不好。这样的自由显然会带来责任与焦虑。
3. 萨特对责任的描述显然有些夸张。他认为，我在做决定时，是在替全人类做决定。但是，“全人类”是一个相当抽象的概念，并且我的选择未必都是重要的，难道我都是在为全人类做选择吗？“替全人类做决定”的观念，显然有康德所谓的“要把个人的格准转变为人类普遍的道德法则”的意味。但是萨特把这种观念应用得太广泛了。责任意识太强，就会带来焦虑。譬如，一个将军要决定是否进攻，这个决定牵涉到很多人的生死存亡，他难免会产生特别的焦虑。这种焦虑让人试图逃避这种不能逃避的状况，由此产生各种自欺的行为。

总之，萨特的自由观是：人被判定为自由，这一点是人无法选择的。在选择其他一切时，不必找任何基础，这就是人的原始处境。他也认为，人是一种热情，但这种热情最后可能变成无用的热情，没什么创造力，只能无可奈何地不断超越过去与现在。

课后思考

萨特主张人有绝对自由，他与加缪在一次辩论中谈到这一点。加缪最后问萨特一句话：“萨特先生，如果你有绝对自由，请问你能不能把我交给纳粹，说我是抗德分子？”萨特听后沉吟良久，最后说：“我不能这么做。”加缪说：“因此，人没有绝对自由。”请你思考一下：人有没有绝对的自由？

补充说明

萨特认为，人有本体上的自由，还有处境上的自由。他说：“人被判定为自由。”这是指本体上的自由。从这个意义来看，可以说人有绝对自由，但这样说其实不太合适。处境上的自由是指：我每时每刻都会出现特定的意识，它可以决定我的处境到底有何意义。有些人认为，探讨人是否有绝对自由，要区分在思想上还是在行动上。

首先在思想上，可以说人有绝对自由。我的心灵可以自由想象各种情况，譬如想象自己可以飞，可以在水里游，等等。这种想象没有限制，所以人有从事创造、发明的可能。不过，这并非我们探讨的重点。

重点是：在行动上，人有没有绝对自由？应该没有，因为人是群居的动物，身处特定的时代与社会，难免参照当时的观念和条件去做某种选择。行动上的绝对自由等于疯狂。

西方哲学家斯宾诺莎说："自由是按照你本性的必然性去活动。"这种说法很特别。我是人，因此我只有人的自由，而没有其他动物的自由，譬如我不能像鸟那样飞，不能像鱼那样长时间潜游。可见，"绝对自由"这个概念不容易掌握。

进一步，可以从以下三点来思考。

1. 所谓"绝对自由"，代表你有无数的选项。这显然是不可能的，你的选项往往只有少数几个。
2. 具体行动时，你的行为不可能毫无限制。譬如，我在路上随意开车，很容易就会发生车祸。可见，我们与别人来往时，如果行为没有某些明确的限制，自由根本无法表现。每个人的行为完全无法预测，那要如何维持人与人之间的互动？
3. 任何自由都牵涉到后续的责任。自由做任何事而不用负责，那只是一种盲目冲撞。就像一头牛到瓷器店盲目冲撞，它是牛，又怎么负责？因此，绝对自由意味着绝对责任，而绝对责任是无法想象的。人所能负的责任都是有限的，有时你竭尽全力，都未必能负完整的责任，还需要其他人来帮你善后。从上述几个方面来看，就会对绝对自由有比较清楚的了解。

另外，可以由以下三点来说明人没有绝对自由。

1. 从生物学的角度来看，每个人都有基因的决定因素。

2. 从物理学来看，人不可能穿越时间。

3. 在具体选择时，就像加缪问萨特能不能检举他，理论上萨特可以这样做，并且也确实有人这样做，但萨特是一位负责任的哲学家，他不会为了利益、报复或开玩笑而那样做。

学哲学目的就是希望学到有意义、负责任的思维方式。人在具体选择上不能脱离环境和人群的影响，因而自由必定有某种限制。

40-4

存在与虚无

本节的主题是：存在与虚无。先想象一种情况：我参加一个宴会，离开时忽然觉得有点伤感，觉得我不是我自己。事实上，只有人才会对自己说“我不是我自己”。每次参加无聊的社交活动，我都会暂时失去或错置我的存在；离开后，才有回到自我的感觉。所谓“我不是我自己”，是因为我没有完全成为我自己，没有实现我的存在之各种计划或企图。事实上，我永远无法形成我自己，因为我的存在随时向外伸展，超出我的本身。我总是同时多于自己，也少于自己。以这段话为出发点，可看到萨特思想的复杂性与深度。

本节要介绍以下三点：

第一，在己存在物与为己存在物；

第二，为己存在物的作用；

第三，为己存在物造成的结果。

（一）在己存在物与为己存在物

首先要分辨“在己”与“为己”。黑格尔在他的唯心论系统里面，曾经用过这两个词；但萨特有自己特定的用法。萨特在《存在与虚无》一书中，把世界上存在的东西分为三种：第一种是人类之外的宇宙万物，称作“在己存在物”；第二种是我这个主体，称作“为己存在物”；第三种是他人。

简言之，人类以外的外在物质世界都是“在己存在物”。它们是已存在的东西，本身没有意识、本质或价值。它们只是偶然在那儿，与自身完全相同。譬如一颗石头，它就是那个样子，不多一分，不少一分。这些在己存在物，没有过去、现在以及未来的区分。

重要的是“为己存在物”，也就是人的意识。它永远会超出自己，总是会想到过去、现在与未来，想到世界的一切。为己就是为自己，等于我面对万物，我有机会去了解它们，进而采取某种行动。

为己是人的意识，而人的意识总是在活动中。这种活动会带来什么后果？它会产生一种虚无。意识一定会针对未来，而否定过去的自己。就算它针对现在，在时间的过程里也是不断地刹那生灭。所以，对未来有任何愿望、理想甚至失望，都会否定现在的自己，因为你注定要走向未来。这种“否定”是纯粹的否定性。你总是要超越本身的情况，指向未来，才能使现在这一刹那得到意义。

“为己”的力量可使其他“在己”从背景里凸显出来。譬如，我在郊外特别注意到一辆车，这辆车（在己）就会从背景里凸显出来。我的意识就像探照灯，照到这辆车的同时，会忽略其他的背景。

（二）为己存在物的作用

萨特受现象学的启发，强调为己存在物就是意识，而意识一定有意向活动，这个意向活动可以为其他“在己”赋予意义。

意识有内在结构与外在结构。就内在结构来说，它总是面对在现场的自我，自我与自身合一；但这是不可能的。因为你刚意识到自己，立刻就会出现别的状况；才意识到自己的一刹那，你已经不是原来的自己了。

意识的外在结构就是面对在现场的世界。譬如，我们面对自己的身体，身体是我们处世的工具，有什么样的身体是偶然造成的，如高矮胖瘦等身体条件。我在特定处境中进行选择，就可以给这个处境带来意义。譬如，你生于何时何地、有何经历、遇到何人、生命何时结束等，都是你的处境。这些处境有意义吗？这就要看你的意识怎样去掌握它的焦点，因为你是完全自由的。

“为己”的存在方式首先是时间性，其次是超越性。为己（人的意识）总在活动之中，它会不断筹划自己的未来，否定自己的过去，因为所有的过去已经变成“在己存在物”。即便在现在这一刹那，我的意识也在面对着自己的未来。只有针对未来，才能使你的现在显示出意义。换言之，时间是从未来开始的。时间并非从过去向未来的流逝，而是一种从未来出发的永恒的否定性。如果没有对未来的设计，你根本不知道现在该做什么。

未来对于现在显然是一种否定和超越，所以为己存在物的另一个特色就是超越性。我的意识总是企图超越自身、超越世界，与它们保持距离。到最后，人生永远在超越的过程之中。这个时候不用提到上帝，因为上帝是“在己兼为己”，是存在物与意识合而为一，而这是个矛盾的概念。所以，萨特才会说：“人生是无用的热情。”

（三）为己存在物造成的结果

“为己”有时会有诱惑，想成为“在己存在物”，因为“在己”是安定自足的，不需要再变化。但只要你是清醒的，就注定要接受你的存在状态，即极端的不安与偶然的状态。正如海德格尔所说，人的存在充满否定性的“不再”与“尚未”。“不再”针对过去，“尚未”针对未来。这两个否定语词都描写了人的存在状态。

萨特进一步探讨虚无的丑陋面貌。人的存在是荒谬的，因为只有从他自己的虚无中开始做自由的投射，他才可以赋予意义。“存在”这个词的原意是“站出来”。你要超越自己的过去甚至现在，面向未来，才能够站出来。人生命的本质就是意识，他是一个“为己存在物”，一生注定要不断地否定过去；现在这一刹那只能做一件事，就是向未来投射，所以现在也可能被否定。

萨特的《存在与虚无》一书，大多数篇幅都在讨论虚无。他认为，人是虚无的起因，是虚无藉以来到世界的渠道。他甚至说，人可以分泌出虚无，隔离其他的一切。我的意识可以画一个圆圈，把过去的一切都隔离开。这种隔离才能让我有自由的可能性。

换言之，“存在先于本质”就是我的意识有当下的自由，能让我把注意力投向未来的事物，从而把过去的本质加以隔离，因为本质是已完成的事物。人的自由是一切价值的基础。人可以自由选择，不需要任何理由。除了他自己所造成的自己以外，人什么也不是。

收获与启发

1. 萨特的《存在与虚无》一书，专门讨论存在本身的地方很少，重点都放在讨论虚无上。虚无来自于人这种“为己”存在物。人的意识会把过去、现在与未来隔绝开来。当意识的焦点转向新的东西时，所有的过去都变成了虚无，而未来尚未出现，所以虚无是经由人的意识而产生的。在虚无状态中，人体验到自己的自由，同时也带来选择的焦虑。换言之，为己存在物因为有意识，他在自己面前对自己采取距离，使自己的内部被虚无隔开。为己存在物是虚无的产物，同时又产生了虚无。
2. “为己”的存在方式具有时间性与超越性。由于上帝不存在，所以不用谈永恒的完美。人永远在超越的过程中。

3.“为己”造成虚无的后果，给人的处境带来很大的压力。

课后思考

萨特认为人就是为己存在物，他的焦点在于意识，他又显示于自由中，由此也带来了焦虑。你认为以下三种情况，哪一种更让人觉得焦虑？第一种，不知道自己就是自由；第二种，有自由而不知道该如何选择；第三种，选择之后并没有改变任何东西。

补充说明

我们可以这样思考。

1. 一个人不知道自己就是自由

这样的人让人觉得可惜，因为他把自己当作“在己存在物”，而未察觉自己是“为己存在物”。人的特色在于他的意识，意识与自由紧密相连。一般来说，人不可能一直处于这种情况。

2. 有自由而不知道该如何选择

这样的人让人觉得可怜。不过，凡可怜之人，必有可恨之处。你有自由而不知道如何选择，那为何不学习？为何不参考别人的作为？如果你欣赏别人的做法，那就照着去做；如果厌恶，自己就不要去做。有自由而不知如何选择，确实会给人带来最大的焦虑，但可以通过不断学习和真诚面对自我，来改善自己的处境。

3. 选择之后发现什么都没有改变

这种情况也会让人觉得可惜，但这种可惜不是针对某个人，而是针对外在的世界。但是也不需要太可惜，之所以觉得没有改变任何东西，是因为期望太高，原先设定的目标超过实际的状况。

选择之后，果真没有改变任何东西吗？首先要从自己身上开始思考：我选择之后，自己有没有改变？让自己有所改变才是关键。如果选择之后，发现自己毫无改变，就要调整思想和目标，从改变自己开始。当你发现外在世界没有任何改变，那就继续做自己该做的事。要不忘初心，知其不可而为之。一个人如果到 80 岁还有 18 岁时的理想与热情，那才是所谓的赤子之心。

40-5

别人就是我的地狱

本节的主题是：别人就是我的地狱，要介绍以下三点：

第一，意识的虚无化作用；

第二，别人的注视；

第三，悲观的人生。

（一）意识的虚无化作用

人是“为己存在物”，他的本质就是意识。意识本身空无所有，总是向外去注意，好像一面镜子一样。如果没有外面的东西，就显不出它是一面镜子。这种意识的自觉的存在，永远在扩展、超越之中。它是痛苦的来源，会让人感觉到虚无、失落、焦虑。作为镜子还好，它是安静的，所有东西都反映在上面；然而意识则永远在活动之中。

萨特举过一个例子：我约了彼得在咖啡馆见面。下午 3 点钟，我到了咖啡馆，脑袋里想着彼得的形象，此时我会把咖啡馆里的非彼得全部化为虚无，这是第一度的虚无。我在咖啡馆绕了一圈，没有看到彼得，于是连彼得的形象也变得模糊了，这就造成了第二度的虚无。

这是非常生动的描写，我们的意识确实会有这样的作用。这种虚无造成失望，接着就要转移意识的内容，否则一直失望下去也不是办法。

（二）别人的注视

萨特所谓的“别人”，是指“我”之外的其他人，这样的“别人”为数众多。我有意识，可以把别人当作意识的对象，把他当作“在己存在物”，好像是被我注视的一个客观的东西。但别人也有同样的能力，也可以把我当成这样的东西。

萨特对于“注视”这个词非常在意。他的著作经过专家统计，使用“注视”及其同义词多达7000多次。所谓“注视”是指意识的焦点集中。透过注视，你可以把别人化为“在己存在物”，也就是化为虚无。同样的，别人也可以把你化为虚无。

为了说明注视的可怕，萨特特别引用一段希腊神话，即著名的美杜莎（Medusa）的故事。美杜莎原来是一位美少女，她与海神波塞冬（Poseidon）有染，在雅典娜神殿生下了两个孩子。这件事触怒了雅典娜，她把美杜莎的头发变成毒蛇，别人只要看到美杜莎的脸，就会吓得变成石头。萨特藉这个故事说明，当我被别人注视的时候，我的主体会沦为客体，就像一块石头、一张桌子一样。

萨特举了不少类似的例子。譬如，我住在旅馆，很好奇隔壁房间里的人在做什么，我就由钥匙孔去偷窥。此时走廊上正好有人过来，我被别人看到，会觉得很羞愧。今天的旅馆很少有钥匙孔，在萨特当时，确实是这样的情况。值得注意的是，我被别人看到，才会觉得羞愧；如果没有被人看到，我会觉得有趣。

换句话说，别人是我不自由的来源。他把我当作客体来注视，会使我的自由消失，使我感到羞愧。那怎么办呢？这时我就要反注视，反过去贬抑他，意思好像是说：“这关你什么事？你是什么东西？你又好到哪里去？”

注视是最让萨特担心的。他强调，人的本质就是意识，意识可以带来否定的作用，并且总在否定之中。因为意识总是注意新奇的东西，它总在变化中，过去的一切都被否定了。所以，意识是虚无的来源。

萨特的戏剧《没有出路》描写三个人死后被关入地狱，他们都是自欺的人，有杀害婴儿的，有同性恋，有卖国贼。他们在世的时候，逃避自己的人生责任，等于把自己当作“在己存在物”，以为可以自欺。结果死了之后，这一生的作为都不能改变了，他们真正变成了某种“在己存在物”。

他们三个人互相注视，每个人都变成在别人注视下的无生命之物（在己存在物），由此失去自己主体的存在。这样一来，人与人之间完全无法沟通。在戏剧的结尾，虽然门开了，但三个人都不出去。因为如果出去的话，世间有很多人同样会以他们的眼光注视你，对你议论纷纷。这部戏剧最后的结论是：他人就是地狱。

听到霍布斯说“人对人而言就像豺狼一样”，我们已经觉得过于消极，忽略了人性的正面价值；现在萨特说“他人就是地狱”显然更加消极，地狱就是没有希望的地方。可见，萨特的存在主义过于强调个人主观的自由抉择，最后变成我与别人无法并存，人与人之间充满敌意，互相以自己的意识去否定对方。

（三）悲观的人生

萨特思想后来的发展很特别。他后来发现存在主义就像一个过时的牌子，于是就投靠到欧洲的马克思主义阵营里面。因为马克思主义不但有学说，还有政治上的具体主张与作为。萨特为了明确自己的立场，同他的朋友梅洛-庞蒂、加缪等人分道扬镳。他对人生的看法走入了困境，思想找不到出路。

萨特到晚年时思想有了转向，他似乎要努力回归于人性的大旗帜之下。越南沦陷时，萨特四处游说法国人租船接运难民；苏联入侵阿富汗时，他公然抗议这一暴行；法国知识界劝谏政府抵制（抵制）莫斯科奥运会的请愿书中，萨特的大名也赫然在列。

大家都以为萨特变了，但他另有一番说辞。他在 1980 年 75 岁的时候，在过世之前最后一次访问中强调，他 1945 年以后所关心的都是希望，而不是绝望。希望是行动的来源，人的行动必定以未来的目标为对象，而希望是人与目标之间的关系。他说："即使目标无法达成，这种关系依然存在。人生没有目标，则与死亡无异。"萨特认为："人生的首要目标是使人类变得更完美，让个人与团体都能符合人性的要求。人生是开放的，求完美的。"这听起来不太像萨特早年的口吻。

他还说："道德是人与人之间的关系。人人天生都有良心，良心都有基本的责任与要求，其中第一项就是关心别人的存在。人与人互相依存，大家都是兄弟姊妹。人类之所以为人类，因为大家都属于同一类。道德的未来，在于人与人互相照顾、互相接济、互相成全。"萨特回顾当时的情况，对人类的历史感到触目惊心。但他认为，这只是历史潮流中的一段插曲，未来仍有希望。

萨特接受访问时已离他去世之日不远，他说："我将在希望之中与世长辞。"他原来是彻底的无神论者，他的书充满负面的情绪，引发时代的回响与思潮的发展，他甚至进一步把别人都当作地狱，但最后他也开展出一种博爱的道德观。由此可见，人性的力量还是强大的。萨特的思想发展到最后，总算走上一条比较平稳的道路。

收获与启发

1. 意识有虚无化的作用。萨特把人的意识当作“为己存在物”的一个特色。意识可以选择新的目标，否定旧的目标，不断造成虚无化的现象，这是虚无进入人间的一个渠道。这样一来，人与人之间的关系显然是比较负面的。
2. 萨特非常担心别人的注视。当我们用意识的能力去注视一个人的时候，可以把他当作万物之一（在己存在物），而不是与我平等互动的一个主体。我这样做的时候，别人也可以这样做。人与人之间就在互相注视当中，产生了紧张、焦虑、不安，甚至产生了各种罪恶的念头。这样的人生观显然是悲观的。萨特的思想一路发展，都带着悲观的情绪。
3. 萨特在生平最后一次接受访问的时候，居然转了弯，认为自己有各种负面的思想，是因为内心还存着希望。也就是我们常说的“破邪才能显正”。只不过萨特所显的“正”，在他的著作里显然分量较轻。下一章要介绍的加缪，在这一点上就与萨特截然不同。

课后思考

萨特在分析人的意识与自由时，显得非常深刻，但充满负面的情绪。他最后谈到人与人应该互相关怀，似乎思想有了一种转向。请你思考，理论上你认为人性是什么？而在现实世界中，你实际感受到的人性又是什么？这两者之间有落差吗？这两者之间的落差可以缩小吗？

补充说明

在实际的人生中，可以通过观察自己来了解人性的真实状况，你会发现：自己有时会对别人心存善念，有时也会心怀不轨。

讲人性是善是恶都有特定的角度，也许过于局限。我在谈人性问题，一向强调真诚为先。但真诚绝不是天真，或者我以为自己很真诚；真诚是需要修炼的。关于真诚如何修炼的问题，一直以来众说纷纭。每个人可能都认为自己很真诚，事实上他未必知道自己在想什么，所以人的世界充满各种可能性。

萨特特别讨厌注视。他认为，当别人注视你时，你可以反注视，以其人之道还治其人之身。这似乎又回到一种比较原始的状态，要根据你在社会上的角色或权力，来界定你该如何体现自己的特色。萨特所讲的只是一种可能的情况，其实还存在着许多其他的可能。譬如从加缪来看，他人跟地狱的关系并不大，地狱有时就在你自己的心中。

第41章

加缪：从荒谬走向幸福

41-1

加缪反映了时代心声

本章的主题是：从荒谬走向幸福的加缪。前文介绍了存在主义在法国方面的两位代表——马塞尔与萨特，他们都同时在哲学与文学上有著作，有思想，有见解。本章要介绍的加缪也具有同样的特色，可惜他的寿命不长；作品虽多，精彩的部分却来不及发挥。

本节的主题是：加缪反映了时代心声，要介绍以下三点：

第一，加缪生命中的反与正；

第二，加缪的哲学与文学；

第三，加缪作为当代文化的象征人物。

（一）加缪生命中的反与正

加缪（Albert Camus，1913—1960）是法属北非阿尔及利亚人，从小说法语。他一岁的时候爆发了第一次世界大战，父亲参战阵亡，母亲靠为人帮佣才把他抚养成人。加缪从小家境极为贫寒，从中学开始，就要靠奖学金才能维持学业。不过他生活在地中海畔，自然界的阳光与大海极为慷慨。这一反一正两种处境，共同塑造了加缪思想的特色。

加缪的思想反映出时代的困境。他曾在一次演讲中提到自己的遭遇："我诞生于第一次世界大战初期，稍后经历了 1929 年的危机，20 岁时遭受希特勒的迫害，然后是埃塞俄比亚战争、西班牙内战以及慕尼黑协议，这些就是我辈教育的基础。再加上第二次世界大战，生长在这样一个世界里，我们相信什么？没有，除了我们最初就被迫置身其中的顽强否定之外，一无所有。我们被带入的世界，是一个荒谬的、无处可以避难的世界。"

但是，他始终对人性抱有信心，这与他的求学经历和生活背景有关。他在中学时遇到一位老师，教导他人道精神与人生信念。后来，他考上阿尔及尔（Algiers）大学哲学系，毕业论文的主题是新柏拉图主义者普罗提诺（Plotinus，204—269）与中世纪教父哲学家奥古斯丁的对照。他的立场倾向于新柏拉图主义，肯定我们的王国属于这个世界。加缪一生热爱世界，他肯定地说："要改善人生，而不是去改造世界。"

加缪对于普罗提诺的"流衍论"颇为认同。普罗提诺用太阳比喻作为万物根源的"太一"，用阳光普照一切比喻流衍理论。太阳与阳光是加缪非常熟悉的题材，他从小就对自然界有亲切的体验。所以，加缪一向认为人类分享共同的人性。他对人性从未失望过，不管遇到何种负面的处境，他总是相信：在人身上，可赞美之处多于可鄙视之处。他说："我对人关心，我对人类绝无轻蔑态度。在我作品的核心，总有一颗不灭的太阳。"

（二）加缪的哲学与文学

加缪大学念的是哲学，但为了生活，他也从事过各种工作，主要是剧团表演与写作戏剧，由此磨练出很好的文笔，他细腻的观察让人赞叹。

加缪比萨特年轻八岁，但是他的思考更完整，也更积极。第二次世界大战期间，两人一起在巴黎从事地下抗德运动。他们曾经辩论过“人有没有绝对自由”。加缪认为，人不可能有绝对的自由，自由必须有所限制。

事实上，加缪与萨特的关系密不可分。萨特是法国文化核心地区的知名作家，而加缪是法国文化边陲地带的后起之秀。1942 年，加缪出版他的第一本小说《异乡人》（*L' Étranger*）。第二年，萨特为这部小说写了篇一万多字的书评，非常深入而细致。萨特当时还不认识加缪，他形容加缪：“他推理的指向、观念的明晰、剖析事理的一针见血，以及他某种阳刚的、哀怨而沉郁的性格，无不显示他那地中海人的古典气质。”同时，萨特还把加缪与帕斯卡、卢梭等学者进行了比较。萨特认为：“《异乡人》这本小说没有多余的细枝末节，是一本经典之作、一本严谨的书，我们从中可以听到荒谬与反荒谬的争辩。”加缪由此一夕爆红，受到法语世界的普遍注意。那一年，加缪年仅30 岁。

加缪的小说与戏剧都具有哲学的特色，他总是围绕着一个核心问题，用小说或戏剧的方式表达到深刻的程度，因为有很多思想是无法用理论说清楚的。

（三）加缪作为当代文化的象征人物

加缪生命中的重大转变发生在第二次世界大战期间。他在巴黎从事地下抗德运动，担任《战斗报》的主编，发表很多社论，思考人在这种处境下的问题。他的思想慢慢从个人对荒谬问题的体验，提升到人群与人类的高度，开始思考人类何去何从的问题。

第二次世界大战之后，加缪在法国文坛受到高度重视，他陆续推出了几部重要的作品，包括《鼠疫》（*La Peste*）《反抗者》（*L'homme Révolté*）等。

1957年，诺贝尔文学奖颁给了44岁的加缪，他是有史以来第二年轻获得这个奖项的作家。最年轻的是1907年获奖的42岁的英国小说家吉卜林。加缪获奖的理由是：他对现代人良心的处境，有非常清晰而诚恳的阐述。加缪成为现代人良心的代言人，他的作品总是要替人类说话，为受压迫的人发声，由整个时代来反映人类的处境。加缪有一种天赋，可以把一般民众的感受与知识分子的心灵结合起来。他总是强调人的正直、诚信与独立。

不幸的是，1960年1月4日，刚过完新年假期，加缪就遭遇车祸身亡。他原本要去法国南部，已经买好了火车票。这时正好有一位朋友开车带着家人出行，约加缪一道前往。这位朋友是法国加利玛出版社家族的亲戚，《加缪全集》后来就由该出版社出版。加缪连火车票都没有退，就上了朋友的车。途中汽车轮胎脱落，撞上了路树，加缪不幸过世。

这件事震惊了法国文坛以及世界上关心文化的人。在法国，有很多重要的文人对他的过世表示哀悼。马塞尔说："加缪使'人文主义者'这个词重新获得意义。"马塞尔的朋友莫里亚克说："加缪的死，是当前所能影响法国文坛的最大损失之一。一整个世代的人，因为加缪而觉察到自己的存在，以及自己的种种问题。"有不少媒体评论道："很多人以为加缪的作品是悲观主义，充满失望的情绪；其实错了，加缪倡导要英勇面对生命的挑战。"

加缪过世时年仅47岁，他的思想还来不及完成。他留下的著作总数不到十本，但是值得深入研究。他的思想呈现为一个不断进展的过程，每本书都标志着思想的一个进展阶段。他有两个最主要的观念——"荒谬"与"反抗"，指向一个目标就是"自由"。"荒谬"、"反抗"、"自由"这三个词，可以反映出加缪思想的重点。

收获与启发

1. 加缪生命中有明显的反面与正面的处境。反面的，比如家庭极为贫困；正面的，是指自然界丰盛的资源。他在两次世界大战之间长大，亲身经历过整个第二次世界大战，见识到人类黑暗的一面。同时，他积极为人类揭示良心的处境，以他的作品唤醒了许多人，使他们愿意接受人类命运的挑战，并对人类的未来燃起希望。
2. 加缪的作品结合了哲学与文学。他是哲学系本科毕业生，对古希腊与中世纪哲学有一定研究，对于当代哲学则比较少琢磨。对于认识论或形而上学的争议，他的兴趣不大。他与萨特的交往是他生命中的重要事件。
3. 从 1942 年的《异乡人》开始，加缪的每一部作品都让人惊艳。他在 30 岁上下就能写出这样高水平的作品，所以他在 1957 年，年仅 44 岁就获得了诺贝尔文学奖，比萨特获奖整整早了七年。

课后思考

加缪能够协调生命中的反面与正面的元素，从而保持综合的人生态度。请你思考一下，你能否让自己生命中正面与反面的元素产生更大的能量，来帮助你面对人生的挑战?

补充说明

如果你目前不太厌恶生命的反面，代表你现在的学习、生活各方面都比较稳定。如果你完全处在反面的情况，则很容易怨天尤人，觉得生命不公平。所谓人生的正面与反面，从客观上来说，就是顺境与逆境，从主观上来说，就是快乐与痛苦，两方面可以相互对照。

先看客观。人生的修养在于，当遇到客观上的逆境时，你能否“逆来顺受”？这样就把“逆”与“顺”合在一起。我欣赏孟子的一句话：“莫非命也，顺受其正。”（《孟子·尽心上》）“命”代表遭遇。人生在世，可能会有各种遭遇，没有一样遭遇不属于命运。要顺着合情合理的方向，接受命运里可能出现的事，这就是“顺受其正”。孟子这样说的用意是：希望你在逆境中修养自己，同时不要去冒不必要的危险。其实，逆境对人来说往往是一种很好的锻炼。

再看主观。主观上既然有乐与苦的分别，我们就要设法练习苦中作乐。一旦习惯某种痛苦，那种痛苦就无法进一步折磨你。

年轻人往往对未来充满希望，为了美好的明天而努力奋斗。老年人则常常把希望放在当下：我今天要做什么事？我现在正在做什么事？当然，现在的行动不可能脱离对未来的规划。因此，对于生命既要有一种“长程”的观点——对人生有全盘的了解；也要有“短程”的观点，譬如这几年或几个月之内，我要做什么事？如果有这样的规划，那么生命中正反两面的所有经验，都可以成为我的能量来源。

41-2

荒谬是什么?

本节的主题是：荒谬是什么？由于深入探讨“荒谬”这一概念，加缪成为荒谬的代表人物，表达出整个时代的心声。他是如何探讨“荒谬”这个概念，又是如何看待人的荒谬处境呢？

本节要介绍以下三点：

第一，荒谬的出现；

第二，人在荒谬中何去何从？

第三，西西弗斯神话的启发。

（一）荒谬的出现

加缪主要在两本书中讨论了“荒谬”这个题材：一本是小说《异乡人》，另一本是哲学散文《西西弗斯的神话》（*Le Mythe de Sisyphe*）。

加缪曾在接受记者访问时说：“我在《西西弗斯的神话》中分析荒谬感受时，是在寻求一种方法，而非一种学说。我是在从事方法上的怀疑，试图造成一种有如白纸一般的无瑕心态，作为建构一些东西的基础。”这就好比笛卡尔的“方法上的怀疑”。对荒谬进行分析，是希望藉此找到一个新的出发点。

对加缪来说，荒谬是不能逃避的，也是最先出现的情况。他说：

"荒谬是最根本的概念，它是第一个我能肯定的真理，甚至是唯一一个我们思考的材料。"加缪如此重视荒谬，那到底什么是荒谬呢？可以从以下三点来看。

1. 荒谬是一种遭遇和对峙

人有理性，他生活在世界上。理性要求理解，否则没有"意义"可言。加缪说："所谓荒谬，在于世界的非理性，世界是无法沟通的，但是人的理性对清晰有狂热的期望，总希望一切都可以被理解。所以，荒谬生于一种遭遇：人需要的是理解，但世界是不可理喻的沉默。"人的理性与世界的非理性之间的遭遇和对峙，就造成了荒谬。

2. 荒谬是一种关系

荒谬既不在人，也不在世界，而在于两者共同出现。人活在世界上，就是荒谬的出发点。荒谬把人在世界上的情况表现出来，没有人可以逃避这样的情况，因为这种关系是结合，也是分裂。

3. 荒谬具备特殊的"三合一"状态

"人的理性"与"世界"的不可理喻之间产生了"荒谬"。这是一种"三合一"的状态。

加缪认为，荒谬是人类最根本的处境，人无法摆脱这种处境。加缪的《西西弗斯的神话》开宗明义就说："真正严肃的哲学问题只有一个，就是自杀。判断生命是否值得活下去，等于回答这个哲学上的基本问题。"我们从未见过一本哲学著作一开始就把自杀拉到眼前。加缪的意思是说：自杀问题就是生命意义的问题。如果生命毫无意义，就不值得活下去，因为人终有一死；只有承认生命有意义，才值得活下去。

《西西弗斯的神话》中，有一段话被其他作品一再引述，加缪写道："舞台的布景也有崩塌的时刻。起床，乘车，在办公室或工厂上班四小时；吃饭，乘车，工作四小时；吃饭，睡觉；然后是星期一、星期二、星期三、星期四、星期五、星期六，同样的节奏。多数时候，这个轨道很容易遵循。只是有一天，突然产生了‘为什么’这样的问题，于是一切在预料不到的厌烦中重新开始。”

这里所说的“为什么”，就是意识的突然觉醒，随之而来的是一片茫然，“灵魂空虚，日常习惯的环节被打破，心智无望地找寻新的环节”。

加缪指出，我们熟悉的世界是一个能够被解释的世界，即使理由粗劣。因此，站在一个突然失去幻象与光明的宇宙中，人自觉是一个局外人。这个“局外人”面对着“死亡、世界、他人以及自我”，会产生荒谬的感受。

首先，“死亡”明显让人觉得人生荒谬，因为善恶没有报应，所有努力最后都归于徒然。其次，“世界”好像有某种敌意，各种天灾让人触目惊心，对于熟悉的世界，我们忽然会觉得很陌生。至于“他人”，加缪不会像萨特那样宣称“别人就是地狱”，但不能否认，别人身上确实有难以沟通的部分。最后是“自我”，有时候我们也不了解自己是谁，对着镜子，好像看到了一个陌生人。

（二）人在荒谬中何去何从?

人在荒谬中该何去何从？加缪说：“人一旦发现荒谬，就不免想写一本《幸福手册》。幸福与荒谬是大地的两个儿子，它们不可分开。”这些话显示了人道主义的关怀。他以尼采的论断来对照自己的心得。尼采说：“上帝死了，我们自由了。”加缪则说：“上帝死了，我们的责任更重了。”

《异乡人》这本小说描写了现代人荒谬的处境。一开头，主角莫尔索（Meursault）的表现就令人震撼。小说写道：“妈妈今天死了，或许是昨天，我不清楚。养老院寄来通知，说：‘令堂过世，请来料理后事。'”西方社会往往把老人送到养老院。母亲是一个人生命的来源，现在她过世了，莫尔索感到很茫然，但他继续过着平常的生活。

接着发生了许多事情。他替朋友出头，莫名其妙杀了一个阿拉伯人。北非是法国属地，白人占有优势。如果杀了人，只要表现出一点后悔的情绪，或者把责任推给意外状况，可能就不会受到极刑。但是，莫尔索对可能的死亡没有什么特别的感受。结局很简单，他被判了死刑。整个审判过程在某种程度上与卡夫卡的《审判》有点类似，很多事情都模糊不清。犯的错是怎么回事？审判所使用的普遍规范是要求谁的？都不太清楚。加缪用小说这种形式，描绘了现代人的荒谬处境。

（三）西西弗斯神话的启发

《西西弗斯的神话》这本书虽取名为神话，但其中的神话部分就像附录一样，只占短短三四页的篇幅；书的主要部分都在讨论“荒谬”这个概念。

这本书的关键就是响应那个严肃的哲学问题——自杀。他说：“生活在这个令人窒息的穹苍下，我们只有两个选择——离开，或者留下。要紧的是去发现：人如何离开，以及人为何留下。”所谓“离开”，就是指自杀而言。

加缪认为自杀有两种：一种是消灭自己的身体，一种是压制自己的思想。

身体上的自杀是一种误会，以为可以藉此化解荒谬，却反而对荒谬不忠实，因为生活就是要使荒谬生存。要使荒谬生存，最重要的是注视它。换句话说，有些人以为自杀可以化解荒谬，于是选择死亡；但这是逃避问题，而不是解决问题。荒谬无法被解决，所以不但要意识到死亡，还要拒绝死亡。

另一种是思想上的自杀。加缪列举出几位存在主义的代表人物，如克尔凯郭尔、雅斯贝尔斯等人，认为他们逃避了荒谬的处境。因此，加缪多次公开说自己不是存在主义者，他认为存在主义是以哲学的方式来自杀。有一次，记者问他是不是存在主义者，加缪回答说："我不是存在主义者，萨特和我都对我俩的名字经常被连在一起而感到诧异。萨特是一位存在主义者，而我已经出版的唯一的理论性著作《西西弗斯的神话》，却是要直接反对那些所谓存在主义的哲学家的。"加缪认为，有些存在主义者毫不犹豫地投靠了一个绝对者或超越者的力量，而他愿意继续留在现实的处境里奋斗。

西西弗斯神话的内容很简单：西西弗斯（Sisyphus）为了让河神给人类水源，没有遵从天神宙斯的命令，他泄露了秘密，让河神知道自己的女儿被谁拐走了。这类似于普罗米修斯（Prometheus）的神话，他因为从天上盗取火种给人类而受到惩罚。在西西弗斯神话中，神明为了惩罚西西弗斯，命令他不停地推巨石上山；当他好不容易把巨石推到山顶时，巨石因为本身的重量，又滚回到山脚下。神明大概认为，徒劳而无望的工作是最可怕的刑罚。这个神话经常被用来描写现代人的处境，他们日复一日、年复一年、周而复始地做着同样的工作，生命渐渐老去，最后归于结束。

在这本书的结尾处，加缪写道："向山顶奋斗的本身，已经足以使人心充实。我们应该想象西西弗斯是快乐的。"他认为，面对荒谬的处境，人不需要逃避，既不能伤害自己的身体，也不能放弃自己的思想，而是要继续奋斗。有一个奋斗的目标，就会让人心觉得充实。人在这种处境之下，也有可能得到快乐。

收获与启发

1. 何谓“荒谬”？有理性的人生活在不可理解的世界上，就出现了荒谬。加缪一开始就完全不谈上帝，因此他被许多人称为当代著名的无神论者。事实上，加缪只是先把宗教问题搁在一边，直接就人的现实状况去思考。
2. 人在荒谬中何去何从？人在面对死亡、世界、他人、自我这四个方面时，都可能出现无法理解的情况。但是无论如何，人不能选择自杀。自杀等于是面对死亡这个最大的荒谬来源，放弃自己的奋斗。自杀行为本身就是不合理的。同时，在思想上也不能轻易就投靠一个超越界。
3. 加缪在《西西弗斯的神话》中，全面探讨“荒谬”概念，他认为自己与当代存在主义哲学家的立场是不同的。西西弗斯的神话从此深入人心，给众人带来很多启发。

课后思考

西西弗斯虽然明知石头一定会滚下来，但他仍要将巨石推到山顶。请问：你有没有类似的经验，亦即有一个任务要去完成，虽然知道它到某个时候一定会过去，但就在奋斗的过程中，你感觉到生命有某种意义？

补充说明

加缪想要强调，西西弗斯的巨石就是人被判定的某种命运。但很多时候这不是被判定的，而是我们自己找的。我们与任何人来往，彼此都会制造某些“石头”。“巨石”则代表比较大的要求或责任。

人活着必定有巨石，没有这一块石头，就有另一块石头。我从小开始，每当觉得日子很苦时就会想：没有这个苦，就有别的苦。既然知道是这种苦，也就没有太多悬念。针对这种苦的特色，我要努力撑过去。所以痛苦变成了锻炼，让我调整自己的性格，有能力接受更大的挑战。

如果一个人真的没有任何石头要推的话，譬如退休之后不用承担任何职责，很容易就会觉得无聊。退休后好像可以自由自在地休闲，但休闲的内容是什么？目的何在？是为了更多的休闲，还是为了更有效地工作？休闲是相对于工作来说的。人活在世界上，如果什么巨石都不用推，等于是生命快要结束了。因此，不要幻想着摆脱所有的压力。

不过，这种幻想也能让人在巨大的压力下过得比较愉快。我人生中最苦的阶段是在美国读书的四年，那时我经常使用两种方法。第一种方法是回忆过去的美好生活，因为人在痛苦时，记忆会自动把过去最美好的一面筛选出来。没有当下的痛苦，往昔的快乐也不容易浮上心头。第二种方法是畅想未来。一想到读完博士之后，将来可以在学术界自由翱翔，心情就会变得开朗起来。所以，面对“巨石”有各种方法，关键还是要先了解自己。

41-3

如何超越荒谬处境?

本节的主题是：如何超越荒谬处境?

加缪在《异乡人》与《西西弗斯的神话》中，已经对“荒谬”这个观念与处境做了相当深入的探讨。本节要进一步介绍后续的发展，内容包括以下三点：

第一，虚无中的希望；

第二，荒谬引申出什么?

第三，走向新的阶段。

(一)虚无中的希望

如果荒谬注定无法摆脱的话，那么人生还会有希望吗?加缪在1944年出版《误会》(*Le Malentendu*)这个剧本，以此作为现代悲剧创作的尝试。1945年他又出版另一个剧本《卡里古拉》(*Caligula*)。这两个剧本的内容值得介绍。

在《误会》这个剧本里面，男主角想要实现心中的某种愿望。他从小就离开家乡，到外面打拼；事业有成之后，希望回到老家，让母亲与妹妹也能享受幸福的生活。但是他心中有个念头，就是《圣经》里耶稣所说的“浪子回头”的故事。浪子花光了父亲给他的所有财产，回家时仍然得到父亲无条件的欢迎。现在，男主角非但没有花费祖产，反而从外面带钱回来想要让母亲过好日子，所以他也幻想着能得到母亲的欢迎，于是产生了严重的误会，最后的结局非常悲惨。

《误会》剧中，男主角的妻子问他："我们在这儿很幸福了，何必还要回老家去呢？"他的回答是："幸福不是一切，人还有责任。"这句话说得好。没有人不追求幸福，但如果完全撇开人与人之间的责任，你还能得到什么样的幸福呢？所以，真正的幸福是你关心的人也能得到快乐，或者至少尽你的力量使他们得到快乐，这是人普遍的愿望。《误会》这个剧本说明，这种情况所造成的误会是很难避免的。

在《卡里古拉》这个剧本当中，卡里古拉是罗马皇帝。他在他挚爱的皇后过世之后，陷入失常状态，他对大臣说："我现在要得到月亮。"大臣问他为什么，他说："我突然有一种欲望，想得到不可能的东西。我要月亮，或者幸福，或者永恒的生命。"幸福与永恒的生命显然是每个人的愿望，但它们就像天上的月亮一样，可望而不可及。罗马皇帝可以为所欲为，他的自由没有任何限制，但是最后也无法达成自己的愿望。这说明，人在世界上要得到幸福，可能是一种奢望。

《卡里古拉》最后的结语让人印象深刻。卡里古拉认为自己发现了一个真理：人死了，他们并不快乐。这就像我们常说的"盖棺论定"。很多人去世，回顾他这一生，好像谈不上什么真正的快乐。即使活着的时候再怎么快乐，死亡也会让一切结束。可见，加缪在描写人生的荒谬处境时，已经慢慢显示出：自由应该有所限制，人必须承担某些责任。

（二）从荒谬中引申出什么？

既然反对自杀，就要在荒谬中勇敢地活下去。加缪清楚地强调，荒谬产生三个结果：第一，我的反抗；第二，我的自由；第三，我的热情。这三点显示了加缪思想的进展。

1. 我的反抗

所谓“荒谬”，就是对某种处境说“不”，强调这样是不对的、不合理的、没有意义的。但是，当你说“不”的时候，等于以一种否定的方式去肯定事情的另外一面。譬如，我说“你这样做是荒谬的”，代表你不这样做或者你那样做，就不荒谬了。荒谬是以说“不”的方式，肯定另外一种模式的存在。

萨特在第二次世界大战中曾被俘虏，他说：“唯一的自由就是说‘不’的自由。”我在荒谬中可以对荒谬说“不”，由此产生第一个结果：我的反抗。

加缪说：“我反抗，所以我们存在。”透过“我”个人的反抗，可以肯定“我们”的存在。换句话说，我不是为了自己，而是为了整个人类而反抗，我对他们负有责任。

2. 我的自由

荒谬所带来的第二个后果是什么呢？既然没有一个绝对的标准，没有超越的世界，我们就把这些摆在一边，只就现在的情况来看。加缪提出一个相当特别的观念，即“从质的伦理转向量的伦理”。一般谈到伦理，焦点会放在善恶的抉择，这属于“质”方面的考虑。现在要转向“量”的伦理，也就是要一而再再而三地增加行动的数量。

从古希腊时代以来的快乐主义，就不谈什么绝对价值，只追求现在可以过得快乐，在量方面不断增加。加缪说：“如果荒谬使我无法获得永恒的自由，那么在另一方面，它就扩大了我行动的自由。当我的希望与未来被剥夺之后，我的自由幅度反而增大了。”换言之，如果存在一个超越界或上帝，那么一定会有某种普遍规范来限制我的自由。现在这些都没有了，我不就可以为所欲为了吗？这种“量的伦理”也可以称作“某种绝对的自由”。

然而加缪认为，自由并不是放纵自己的欲望，为所欲为。他想要强调的是，你必须不断地体验生活，而不要想在本质方面一劳永逸，好像跨过某个界限，就能达到某种不同的境界。加缪希望我们好好注意当下生命的处境，活在每一刹那中，用心去体会生命的特色，感觉到自己的自由。加缪说："荒谬者的理想是临在，并且不断地临在于一个始终清醒的灵魂之前。"人要保持清醒，珍惜生命的每一刻，因为每一刻代表了"量"方面不断的增加。人要站在自己的脚上，真实地过日子。

3. 我的热情

荒谬产生的第三个结果就是我的热情。加缪说："人一旦发现荒谬，就不免想写一本《幸福手册》。"所以，荒谬与幸福两者不能分开，人要自己创造生命的意义。

有一位教授这样评论加缪的思想，他说："加缪的作品是未来任何一种伦理学的导论。"他认为，只有了解加缪的思想，知道何谓荒谬，才能建立新的伦理学。换言之，人活在世界上，对于过去的某些信仰或道德规范，很多时候并没有真正了解就接受了，这反而造成各种限制。

加缪所谓的"热情"就是关怀人间，希望给人类找到一种新的幸福。加缪在成名之后，以他的作品和行动与读者广泛接触，成为很多人希望的象征。

（三）走向新的阶段

加缪超越荒谬之后，会走向什么样的新阶段呢？第二次世界大战期间，加缪在巴黎从事地下抗德运动，他在《战斗报》发表了一系列社论，其中包括连续四篇《致德国友人书》。他的基本信念可以归纳为以下三点：

1. 如果一切都没有意义，那么你们德国人的做法并没有错；但仍然有某些事物是有意义的，就是要尊重生命的存在价值；

2. 为了反对不义，人必须高举正义；为了抗议这个缺乏幸福的宇宙，人必须创造幸福。这句话反映了加缪内心的愿望；

3. 人与人之间有共存共荣、休戚与共的关系。

加缪在此表达出他的三个信念——生命价值、创造幸福以及人际团结。第二次世界大战时的经验使加缪的思想提升到更高层次，注意到人与人之间深刻的关怀。他在第二次世界大战之后创作的作品，如《鼠疫》《反抗者》，对此都有深入的发挥。

收获与启发

1. 当愿望不能实现的时候，就会发现人生是荒谬的，最后的结局是虚幻的。但是，人仍然会有某些希望，正如《误会》剧本里所说的“幸福不是一切，人还有责任”。人在荒谬的处境中，要有活下去的勇气。

2. 由荒谬可以引申出三点后果。

（1）我的反抗。我的反抗不是为了自己，而是要与别人一起对抗共同的命运。因此，我反抗，所以我们存在。

（2）我的自由。我的创造有无限制的可能性，要用这种自由来创造人生的幸福。

（3）我的热情。要肯定人间的关怀，为人类找寻新的机会，走向新的幸福。

3. 第二次世界大战期间的地下抗德运动，使加缪的思想提升到新的高度，对于人性有了比较完整而根本的理解。他认为，人生不能从平淡的生活去看，而要从许多临界点、从许多底线的状况去做进一步的考察。加缪的探讨带给我们很多启发。

课后思考

对于加缪所说的“幸福不是一切，人还有责任”这句话，你有哪些观察与体验？请你简单阐述一下幸福与责任的关系。

补充说明

这句话是我在念硕士的阶段读到的，是加缪给我印象最深的一句话。幸福不能脱离责任，脱离责任的幸福是空的，很容易就感觉到轻飘飘的。承担责任确实会带来压力，但生命本身就是要承受某种重量。就像一艘船的底部要有足够的重量，这样才能稳得住，禁得起风浪。

承担责任的过程中，最大的问题是容易产生误会。加缪的《误会》这个剧本曾经给我很大启发，剧本里的男主角基本上是善意的，却与家人产生严重误会。责任要区分对事还是对人，“对事”到最后还是会归结为人与人的关系。所以责任就是以个人的身份，面对所有与我相关的人，由亲到疏、由近及远，最后是天下人。人生的幸福就在于我能够承担这样的责任，能以我的方式，直接或间接地对某些人负责任，负责的范围可能愈来愈广，因为社会总要一代代地交棒。你还很年轻，但将来总要承担这个世界的责任。

在承担责任方面不能太主观，否则很容易产生误会。譬如你要对孩子尽教养的责任，但如果太主观，往往会出现问题，你以为这样对孩子最好，其实未必如此。美国哲学家杜威（John Dewey，1859—1952）强调：对孩子的教育，一方面不能完全灌输，譬如直接让他背诵《三字经》《弟子规》，然后照着去做，这并非很好的教育；另一方面不能太过放任，譬如，认为孩子是“小大人”，他有独立思考能力，爱怎么做就怎么做，放任自流，这也不对。所有父母对于子女的教育都会有一定的焦虑。书本上写得都很好，但到底怎样才适合我眼前的这个孩子呢？

事实上，人活在世界上，如果没有各种大大小小的误会的话，人生也就没什么乐趣了。人是问题制造者，所以人生第一个功课就是：要练习如何了解问题、解决问题。

你可能以为，把误会解释清楚，问题自然就解决了。但解释和解决不一样。老子说：消除大的怨恨，还会有小的怨恨留下来（和大怨，必有余怨）。仅仅“以直抱怨”是不够的，所以老子才会主张“以德报怨”。世间并没有所谓“客观的公平”，每个人都有自己主观认定的公平。譬如，我有一位朋友，我对他非常好，他对我只是普通的好，那我是否愿意如此？我如果心甘情愿，天下人有什么意见呢？我如果心不甘、情不愿，别人再怎么劝我，又有什么用呢？

由于人要承担的责任非常不确定，并且你只要活着，责任就会一直存在，所以人生的幸福就像卡里古拉追求月亮一样，可望而不可及。但是我们只要做到一点就可以了：慢慢地接近真相，你对每个人所负的责任，慢慢地接近他所期许的。就算有误会，也要设法从言行上去沟通，把误会降到最低。

王阳明临终之际，学生问他有何遗言，他说：“此心光明，亦复何言？”他把自己作为一个学者、作为一个大臣、作为一个老师所应尽的责任都尽到了，才能说此心光明。他也不能说自己真的很幸福，但是他至少承担了所有责任，这一生实实在在地可以安息了。

41-4

我反抗，所以我们存在

本节的主题是：我反抗，所以我们存在。加缪的思想有三个重点，分别是荒谬、反抗与自由。

本节要介绍以下三点：

第一，从荒谬走向反抗；

第二，反抗的三个层次；

第三，形而上的反抗。

（一）从荒谬走向反抗

加缪早在 1936 年就在一本散文集里提到“反抗”这个词。他到意大利佛罗伦萨旅行，在一座修道院后面的墓园里，写下一段墓园独白：“我孤零零地靠着石柱坐着，彷佛喉头被扼住却仍然拼死喊出自己信仰的人；整个的我都在抗议这种抛弃，也就是死亡。墓碑似乎在冷语：你必须接受。不！我该反抗。墓碑还想说服我对死亡认命，生命有如太阳，升起又落下。然而，即使反抗枉然，也不见得会失落什么。可是我却明白，将会由反抗获得什么。”由此可见，由荒谬自然会引发反抗。加缪最初只是简单地反抗死亡，他的语气有点像帕斯卡的“赌注论证”：反抗无效也不会失落什么，但是我知道反抗可以获得什么。

加缪在1951年出版《反抗者》这本哲理散文，他在里面写道："我喊说，什么也不信，一切都是荒谬的。但是我不能怀疑我的叫喊，至少我得相信我的抗议。在荒谬体验中的第一个、唯一的、明显的事实，就是反抗。"换言之，你意识到荒谬，认为这种情况不合理，至少在消极的意义上，这已经是反抗的初步形式了。

所谓"反抗"，就是对荒谬说"不"，然后对另一种情况说"是"。表达荒谬，在根本上是肯定荒谬的反面有一些东西存在。所以，在加缪的思想中，从荒谬走向反抗是必然的发展。

（二）反抗的三个层次

反抗有三个不同的层次：第一，盲目的反抗；第二，反抗与价值；第三，反抗与革命。从中也可以看到加缪思想的演变。

1. 盲目的反抗

盲目的反抗，就是为了反抗而反抗。人有自由，本来就可能说"不"。意识到自己的存在是一种荒谬的处境，这种意识本身就是一种反抗。这个时候什么都不期待，也完全没有希望可言，但他对命运仍然表现出一种顽强的否定，用自觉的深度来蔑视及超越自己存在的荒谬处境。但是，随着经验的扩展，加缪逐渐走向人际层次的关怀。他认为，个人的命运也许是悲观的，但是人类全体的命运却有可能是乐观的。由此可以进一步思考：人类可能团结吗？反抗有无价值呢？

2. 反抗与价值

反抗的第二个层次，就是要把反抗连上价值。加缪在《战斗报》的社论中提到"希望的广度与反抗的深度"，他把"希望"与"反抗"连在一起，以此陈述法国抗战的理由。后来他又直接写道："没有反抗就没有正义。"反抗于是成了正义的护身符。人的责任是要伸张正义，使希望得到保障。唯有如此，才有幸福可言。没有反抗精神是不可能有幸福的。

加缪在 1947 年出版小说《鼠疫》，书中描写到：奥兰城出现黑死病，整个城市被封锁，没有外在的救援，只能自救。这座城市象征欧洲在第二次世界大战期间的情况。其中有两个重要的角色：一个是医生，一个是牧师。医生代表科学家，牧师代表宗教家。这两种人平常井水不犯河水，彼此不相往来，但遇到像黑死病这种人类共同的灾难时，科学与宗教携手合作，因为他们都需要帮助受苦受难的人。反抗把众人团结在一起。

3. 反抗与革命

反抗的第三个层次，就是反抗与革命。革命又分为两种：一种是历史上的革命，一种是形而上的革命。

历史上的革命主要表现在政治上，最后难免会出现杀人的情况。加缪认为，不能以反抗作为杀人的理由，就像不能以荒谬作为自杀的理由一样。因为生命是唯一的、必要的善，生命本身就是一种价值的存在与判断。他说："必须承认，绝对否定是不可能的；因为只要肯定生命，就是承认这一点。第一个不容否定的东西就是他人的生命。"

加缪强调：在荒谬经验中，痛苦是个体的；一有反抗活动，人就会意识到痛苦是集体的，是大家共同的遭遇。所以，加缪在《反抗者》第一章的结论中说："在我们日常承受的考验中，反抗所扮演的角色正等于在思想层次的'我思'（Cogito）：它是第一个明显的事实。但这个事实使得个体离开他的孤独，进入到共有的场地，在所有人身上建立起第一个价值：我反抗，所以我们存在。"

中世纪教父哲学家奥古斯丁说："若我受骗，则我存在。"近代笛卡尔说："我思故我在。"现在加缪则说："我反抗，所以我们存在。"在西方哲学史上，这是第一次以格言的方式，明显地把"我"个人的某种行为，连上人类的共同处境。这是对人性的充分肯定。

（三）形而上的反抗

加缪在《反抗者》中提到“形而上的反抗”，他陆续提出四个非常深刻的问题。

1. 人能否在反抗中活下去？

可以，但是要把反抗推到极限，进行形而上的革命。既然上帝和永生都不存在，新的人类就可以成为上帝。成为上帝就是什么都许可，每一个人都可以为所欲为，世界将陷入一片残杀，人对人必定失去信心。

2. 人能否什么也不信而活下去？

人可以什么都不信，不相信上帝与永生，但是必须自己建立秩序和法律。在达到这个理想之前，人类会遇到一个最伤痛的问题，也就是第三个问题。

3. 我在哪里能感觉到是我的家乡？

这是一种无家可归的感受。如果局外人的感受弥漫全球的话，怎么办呢？尼采会说：“上帝死了，我们自由了。”陀思妥耶夫斯基在他的小说里面也提到：“若上帝不存在，一切都许可。”加缪则认为：“若上帝不存在，一切都不许可。”自由必须有规范、有限制，否则必须回答第四个问题。

4. 人怎能没有法律而生活自由？

如果没有法律，大家各行其是，为所欲为，反而会导致天下大乱，陷入虚无主义。

加缪一方面承认人是孤单的，没有任何超越界的依靠；另一方面，在反抗这种荒谬的情况时，还是要有一个底线。人必须对人性有基本的信心，对他人有基本的尊重。所以，法律与自由是不能分开的。

收获与启发

1. 从荒谬走向反抗是加缪从早期到后期一路贯穿的思想。称加缪为“荒谬哲学家”只是表面的初步观察，因为他很早就知道荒谬与反抗不能分开。荒谬是对事实的觉察，处境确实如此不堪；而反抗是人的意识的直接反应，认定某种情况是荒谬的，里面就包含对荒谬的反抗，进一步则要选择自己的生活方式。
2. 反抗有三个层次，从盲目的反抗，提升到将反抗与价值连上线。最后，反抗一旦与革命发生关系，就要强调：不可轻易杀人，就像在荒谬的情况下不能轻易自杀一样。这样才能说“我反抗，所以我们存在”。
3. 谈到形而上的反抗，加缪连续提出四个问题，值得我们深思：

（1）人能否在反抗中活下去？

（2）人能否什么也不信而活下去？

（3）人在哪里可以感受到是自己的家乡？

（4）人怎能没有法律而生活自由？

最后的结论是：人必须对自己的世界负责。

课后思考

当听到“我反抗，所以我们存在”这句话时，请问：你曾经反对过哪些事？你的目的不是为了自己得到某种满足，而是为了所有处境跟你一样的人而提出抗议？

补充说明

“我”（个人）与“我们”（群体）之间，为何会产生一种休戚与共的关系？关于“反抗”，可以从以下三个方面来看。

1. 反抗也是为自己发声。你在这种处境中觉得无法忍受，于是站出来替大家说话，其实也是为自己说话。这样才有切身的体验，说出来的话才会有临场感。
2. 反抗是对未来抱有希望。抗议是希望将来的情况变得更好。
3. 要考虑“我们”的范围有多广。这是本问题的关键所在。

所谓的“我们”是指哪些人呢？它的范围可以从个人的家庭开始，到生活的小区、上班的公司，到社会上的各种团体，到整个国家，最后到整个人类。“我们”的范围可大可小。并非范围愈大就愈好，范围太大可能会显得比较空洞。不管怎样，反抗的目的是要在“我”与“我们”之间建立某种关联。

这正是加缪思想最为可贵之处。他面对荒谬，发现里面含有一种潜在的反抗：说一种情况是荒谬的，等于是反抗这种不合理的情况。进一步，这种反抗牵涉到很多人，所以我的反抗就把我与很多人共同的命运连在一起。最后再扩展到：只要是人，在这种情况下都应该得到公平的待遇。

41-5

走出虚无主义

本节的主题是：走出虚无主义。把加缪的思想称作“荒谬哲学”并不适合，比较适合的说法是“反抗哲学”。

本节要介绍以下三点：

第一，何谓反抗哲学？

第二，反抗哲学的四点主张；

第三，走出虚无主义。

（一）何谓反抗哲学？

加缪在1951年出版《反抗者》，旗帜鲜明地阐述了自己的立场。这本书出版之后，立场偏向马克思主义的萨特立刻撰写书评，对加缪进行批判，两人七年的交情就此结束。

上一节简要介绍了加缪的“形而上的反抗”，本节要接着介绍“历史上的反抗”。

加缪认为，法国大革命之后，1793年法王路易十六丧命于断头台，这是西方社会进入革命的重要标志。从此以后，各地革命的浪潮汹涌而来。然而，反抗者面临着一个矛盾：一方面认为暴力不可避免，另一方面又认为暴力不合理。在他们眼中，杀人是必要的，但又不可原谅。

加缪说："谁投出了一枚炸弹之后，他一生的时间便在下一秒钟一闪而逝，留下的只有死亡。"

加缪认为，这时要思考两个问题。一个是 19 世纪的问题："没有恩惠，人如何生存？"所谓"没有恩惠"，是指没有上帝的照顾。有些人不愿意接受虚无主义，就会回答："可以靠正义。"到了 20 世纪，问题变成"没有恩惠与正义，人要如何生存？"既没有上帝的照顾，也没有人间的正义，人怎么活得下去呢？这时就要以"未来"作为向往的目标。但是，未来会实现吗？

加缪在分析历史上的反抗时说："与其为了产生我们所不是的存在而去杀人和自杀，我们反而应该活下去，并且让别人活下去，为了创造我们已经是的存在。"换句话说，西方已经走向了虚无主义，加缪现在要寻找一条新的道路。因此，加缪过世之后，马塞尔撰文称赞他"使人文主义一词重新获得意义"。

加缪认为："反抗是少数一贯的哲学立场之一。"他从头到尾都认为人生不合理、社会不合理，应该要努力创造合理的情况。所以，加缪不断赋予"反抗"以积极的价值，以之作为他的伦理学的基础。

（二）反抗哲学的四点主张

反抗哲学作为一套哲学思想，可以概括为以下四点主张。

1. 肯定生命是善的

我之所以反抗死亡，是因为发现生命是善的，并且值得活下去。如果生命对我是善的，那么对别人也一样，所以我们要维护人性的价值与团结。我们活着，是因为在自己身上看到善；我们反抗，是因为在人类社会中看到善。这种主张可以归结为两句话：第一，因为荒谬，所以我反抗；第二，因为我反抗，所以我们存在。

2. 要寻求一位新的神

加缪认为："'反抗者'不知不觉地是在寻求一种道德，或一种神圣。反抗是一种修行……倘若反抗者干犯神威，那是因为他对新的神抱有希望。"陀思妥耶夫斯基笔下的伊凡也说过："人类需要的是一位能够给予他们正义的神。"反抗者要求的不是生命，而是生命的意义。在反抗者眼中，世界缺乏一个解释的原则。换句话说，世间的不义与罪恶问题引发了无神论，加缪所寻求的新神一方面要作为道德规范的基础，另一方面又要充当生命意义的根源。这两点正是传统西方基督宗教对于神的期许。这两者之间可能融合吗？加缪曾经接近过天主教，但没有正式皈依。

3. 寻求人类合一

反抗者所寻求的，是全有或全无。反抗所涉及的，是大家或无人。或是大家得救，或是救赎无望。加缪强调："同上帝一起未能实现的世界的合一，今后将设法实现以反对上帝。"换句话说，如果人类团结起来让人间和平幸福的话，还需要上帝吗？"为了能承担大家共同的奋斗和命运，反抗者拒绝神性。世界是我们的最初也是最后的爱。我们的弟兄与我们活在同样的天地间。有了这种快乐，在不断的奋斗中，我们将重整这个时代的精神。"这些话代表了一种开放的人文主义，肯定人类的合作将带来新的希望。

4. 乐观的奋斗

加缪强调："在目前所处的黑暗的尽头，必有一线光明出现，我们已经可以看到迹象，只待我们继续奋斗，促其实现。在废墟中，我们每个人都准备着在虚无主义彼岸的新生。"

由此可见，加缪的反抗哲学可以给人带来希望。

（三）走出虚无主义

加缪思想分为三个阶段：荒谬、反抗与自由。在 1941 年的《札记》中说："《西西弗斯的神话》脱稿，三荒谬完成了。自由的开始。"他所谓的"三荒谬"，一般认为是指《异乡人》《误会》以及《西西弗斯的神话》这三部作品。

隔了十年，1951 年，他在《札记》中写道："写完《反抗者》初稿。这本书结束了前两期。今年 37 岁。从今天看来，天下会自由吗？"他所谓的"前两期"是指荒谬期与反抗期；他最后问"天下会自由吗"，代表接下来应该是他的自由期。他有一本书，预定书名是《第一人》，也可译为《新的人》，但还没写成，他就在 1960 年因车祸去世。这本书直到 30 多年后才面世。

天下会自由吗？这个问题今天仍然值得思考。在虚无主义中，加缪已经指出一个新的方向。英国学者里德爵士读了加缪的《反抗者》之后，他说："压迫欧洲精神一个多世纪的乌云开始消散了，在忧患、绝望与虚无主义的世代之后，好像又能开始希望了，对人和未来又有了信心。"

最后引用萨特对加缪的一句追悼词，作为加缪思想的总结。萨特说："无论他未来的决定是什么，都无损于他作为我辈文化的主力之一。或者说，以他的方式代表着法国的历史与这一代的历史。"加缪是一位才华极高的哲学家，他不是以传统的学术方式来说明人生的各种问题，而是以小说、戏剧、札记以及访谈的形式来表达他深刻的思想。

收获与启发

1. 谈到历史上的反抗，加缪认为从 19 世纪以来，各种问题的关键是：人能否在没有上帝的恩惠、又缺乏人间正义的情况下，继续活下去？
2. 加缪的反抗哲学显示了一种开放的人文主义，他的四点主张值得参考。
3. 加缪的思想可以带我们走出虚无主义。

课后思考

对我们来说，虚无主义的威胁可能只是偶尔出现就一闪而逝的念头。如果让你描写今天这个时代，你觉得哪种说法比较适合？是虚无还是希望？或者是加缪所说的“反抗”？

补充说明

克尔凯郭尔被称为“存在主义之父”，他是丹麦哲学家，由于宗教上的深刻体验而掌握到了存在的特色。他认为，到最后一切都要归结为：个人的存在有没有一个归宿？

尼采是德国学者，发现整个欧洲的价值系统需要重建，他从“上帝死了”这个震撼的命题展开思考，后续发展为存在主义的主轴思想。

第二次世界大战前后，人类遭遇到共同的命运。德国学者海德格尔与雅斯贝尔斯重视建构系统，分别提出要回到传统的存在本身，或者给超越界换一个名称，称之为“统摄者”或“包围者”，以此代表最根本的来源。

法国学者擅长采用文艺的方式，以小说、戏剧来表达他们的哲学思想，往往使用虚构的人物关系、对话或是行动来反映人类共同的处境。马塞尔与萨特可谓两个极端：马塞尔的哲学称作希望哲学，他充分肯定了人与人之间的正面互动；萨特则把别人当作地狱，个人陷于意识虚无化的不断否定之中，很难找到希望或是方向。

加缪在文学上有很高的成就，他的作品是整个时代的缩影：从个人到整个人类，从人文走向科技发展，最后进入惨烈的战争；高度商业化严重影响了人的思想，对人生的处境极为不利。加缪以荒谬作为出发点，然后进行反抗，目的是要走向自由。

有很多学院派的学者认为，存在主义的思想似乎哲学的成分不够，它们最多只是顺应了时代的要求。但是，离开了时代与社会，哲学所谓的爱智慧要如何体现？长期以来谈到西方哲学，都会选择系统建构比较完整、形而上思考比较深刻的学者作为重要的哲学家，但这对我们来说没有太大的意义。譬如，近代以来，西方哲学在欧陆有现象学与逻辑实证论，在英国有语言分析学派，有的重视方法，有的强调立场，有的则受到专业的局限。譬如，语言分析学派与西方的语言直接相关，中国人学习这个学派很难有什么心得。

存在主义思潮对于人类的启发历久弥新，并且还会一直发展下去。正如苏格拉底的思想经过柏拉图的介绍而流传下来，真正感动人心的还是他对于真理的追求，以及用自己的生命作为验证的那种态度。

Part

9

响应时代挑战

第 42 章

从威廉·詹姆斯的实用主义到舍勒的人格主义

42-1

詹姆斯的丰富人生

本章的主题是：威廉·詹姆斯（William James，1842—1910）的实用主义。从美国本土发展出来的哲学，最有代表性的就是实用主义（Pragmatism）。“实用主义”这个词听起来好像太实际了，与传统西方哲学所重视的认识论或形而上学相比，似乎有些落差；其实并非如此。

美国于1776年建国，中国当时是清朝乾隆四十一年。美国建国后，于1861年发生南北战争。美国哲学在开始阶段大量引进欧洲的系统哲学，尤其是德国唯心论以及英国的经验主义。这样合成的美国式哲学在说什么？实用主义是否像表面所想的那么简单呢？

本节的主题是詹姆斯的丰富人生，内容包括以下三点：

第一，威廉·詹姆斯的生平简介；

第二，威廉·詹姆斯在哲学与心理学之间；

第三，威廉·詹姆斯的几本代表作。

（一）威廉·詹姆斯的生平简介

威廉·詹姆斯生于1842年，尼采生于1844年，两人的年代接近。不过，尼采直到今天仍有广泛的影响力，而威廉·詹姆斯则较少受到注意。詹姆斯家境不错，毕业于哈佛大学医学院。詹姆斯的父亲继承大笔遗产，经常带孩子到欧洲旅游。他的父亲本身也是文化人，与当时的美国哲学家爱默生（R. W. Emerson，1803—1882）、梭罗（H. D. Thoreau，1817—1862）等人都有密切的来往。

詹姆斯承认自己在年轻时曾出现过精神危机。他在 28 岁前后陷入困惑，他的问题是：不知道为何会有我这样的人存在，一个很熟悉的我有时会忽然变成陌生的、荒谬的我，亦即不知道人生的意义何在。

幸好他当时阅读了法国哲学家的书，从中得到启发。他在日记中说："我的第一个自由意志的动作，就是去相信自由意志。""相信"这个词跟詹姆斯后来的思想发展密切相关。他继续说："我要进一步运用我的意志，不仅用它来行动，还要用它来相信，相信我个人的真实性与创造力。"换句话说，要证明自己的存在有时并不容易，你相信自己的存在，就可以继续去创造与发展。

詹姆斯 30 岁开始教书。由于他曾就读于医学院，他在哈佛大学先是教生理学，后来改教心理学，结果大放异彩。一般认为，历史上第一个心理学实验室是由德国的冯特教授于 1879 年在莱比锡大学建立的。事实上，比冯特早四年，詹姆斯于 1875 年就在哈佛大学建立了生理心理学实验室。该实验室才是心理学方面的第一个实验室。

（二）威廉·詹姆斯在哲学与心理学之间

威廉·詹姆斯在 48 岁时（1890 年）出版《心理学原理》。这本书后来成为心理学的经典之作，詹姆斯也成为学术界名人。但是从此之后，他就把主要精力都用于哲学方面的探讨，而很少再谈到心理学。

在此之前，他已从心理学改教哲学，他教的第一门课是"进化论的哲学”。达尔文的《物种起源》在1859年出版，影响了一两个世代的人，詹姆斯也从中得到很大启发。1890年之后，詹姆斯发表了许多哲学作品，但是他的心理学背景影响了他的一生。

威廉·詹姆斯以下几段话很像现代人所谓的“心灵鸡汤”，它们都与心理学有关。他说：“人类本质中最深切的需求是渴望被肯定。”他接着说：“一般来说，大家习惯上只用了他们真正拥有的能力的一小部分。”他又说：“与我们应有的成就相比，我们仍在半睡半醒的状态。”可见，他鼓励众人开发潜能。

他有一句话经常被引用，他说：“行动养成习惯，习惯培养人格，人格影响命运。”詹姆斯关于大学教育的观点比较特别，他说：“大学教育的目的，是要教你在看到好人时，可以分辨出来。”原来念大学的目的是要学会分辨好人与坏人。

他在56岁时（1898年），公开宣布自己的哲学立场是实用主义。关于“实用主义”这个词，需要说明以下两点。

1. 皮尔士

首先使用“实用主义”一词的是詹姆斯大学时代的同窗好友、美国哲学家皮尔士（Charles Sanders Peirce，1839—1914）。皮尔士在1878年就发表过一篇文章，题为《如何使我们的观念清楚？》。他在这篇文章里，首先提出了实用主义的概念。他强调，如果要让一个观念清楚的话，就要有具体的效果；如果观念不能影响实际的状况，那么观念就是空洞的。威廉·詹姆斯认为，皮尔士早在20年前就提出了“实用主义”，但当时未受重视，所以他在1898年重新提出这个词。

2. 译为“实效主义”

“实用主义”译为“实效主义”其实更适合，代表观念有实际的效果。不过，大家已经习惯将其译为“实用主义”，代表任何东西都要有实用价值，跟原意差别不大。如果一定要改译为“实效主义”，就会让很多人以为是另外一种学说。所以，我们可以按照约定俗成的方式来翻译。这一点与前文介绍的“效益论”不同。“效益论”常被译为“功利主义”，但“功利”一词在中文有明显的贬义，所以要改译为“效益论”，所指的是在伦理学上重视效果、利益的学说。

詹姆斯自己也承认，实用主义饱受误解。当然，哲学思想受到误解并不是什么新鲜事。詹姆斯认为，思想的作用在于指引我们达到令人满意的终点，如此才能构成一物的意义与真实性。换言之，我提出一种观念或思想，它可以让我达到这个观念所指涉的对象，这种观念或思想才有意义，也才是真实的。可见，实用主义重视实效，一个观念必须要有实际的效果。

（三）威廉·詹姆斯的几本代表作

詹姆斯于1897年出版代表作《要信仰的意志》（*The will to believe*）。在西方哲学中，只要提到“意志”这个词，就会想到叔本华的“要生存的意志”（the will to live）、尼采的“要力量的意志”（the will to power），以及威廉·詹姆斯的“要信仰的意志”。也可译为“求信仰的意志”，两者意思相同。

詹姆斯于1907年出版代表作《实用主义》。他自认为这本书最重要，就像马丁·路德的宗教改革一样，此书具有划时代的价值。但是偏偏“实用主义”这个学派经常被人误解。

詹姆斯的另一本代表作是《宗教经验种种》（1902年）。这本书受到知识分子的广泛重视，主要是因为詹姆斯在书中没有什么成见。他不会说宗教是迷信的、不能验证，等等。他只是重视经验，凡是能被人类经验到的东西，都必须承认它的价值。对于研究宗教哲学密契经验的人来说，这本书是必读的，因为它搜集了人类从古至今所能找到的各种相关材料，对于人的宗教经验做了完整而充分的介绍。

收获与启发

1. 威廉·詹姆斯是美国实用主义的主要代表。他的父亲与哲学家来往频繁，也常常带他到欧洲旅游，使他在眼光、见解等各方面都超过同辈之人。威廉·詹姆斯有个弟弟名叫亨利·詹姆斯（Henry James，1843—1916），是著名的作家。为了有所区分，世人就完整地称呼他的名字——威廉·詹姆斯。他毕业于哈佛大学医学院，后来在哈佛大学教书，先教生理学，再教心理学，后来又改教哲学。

2. 由于在心理学方面的贡献，威廉·詹姆斯在心理学历史上占有一席之地。他建立了历史上第一个生理心理学实验室。但因为该实验室的名字前面加了“生理”二字，所以一般都认为德国冯特教授在莱比锡大学建立了第一个心理学实验室。其实，詹姆斯的实验室比冯特的要早四年建立。

詹姆斯在1890年出版《心理学原理》，受到广泛重视，使他声名大涨，成为学界的重要名人，但他就像后来的罗素一样。罗素在出版他的代表作《数学原理》之后，就很少再谈数学的问题，转而走向哲学方面；詹姆斯在出版《心理学原理》之后，也不再专注于思考心理学的问题，转而走向哲学的世界。他在哲学方面也做出很大贡献。

3.《要信仰的意志》是他的代表作，对于探讨宗教的学者至今仍有很大启发。他后来又发表《实用主义》，他认为这本书是他最有代表性、有划时代意义的作品。

他的另一本代表作是《宗教经验种种》，这本书广泛搜集了人类历史上各种经典中记载的宗教经验，其中关于密契经验的部分特别值得参考。

课后思考

詹姆斯从心理学走入哲学的世界，他有些观念很有励志作用，能够激励人心。譬如，他说："跟我们应该有的成就相比，我们还在半睡半醒的状态。"请你思考：

1. 我要在哪方面下功夫才能让自己完全清醒?
2. 我如果完全清醒的话，我的成就大致会如何?

补充说明

"半睡半醒"是对一个人状态的描写。每个人清醒与睡着的比例不一样，有些人可能醒着多一点，有些人睡着多一点。如何才能让自己完全清醒?

我们可以从身、心、灵三个层次来看。

1. 身

要让自己完全醒来，身体方面肯定非常劳累，每天睡眠的时间会愈来愈少。像爱迪生这样的天才发明家，还有很多艺术家，以及像拿破仑这样的军事家，他们每天睡眠的时间一般不会超过四个小时，身体始终处在劳动状态。长期如此当然会影响健康，但他们要让自己完全醒来，所以对健康方面的考虑不是很多。所以，若要摆脱半睡半醒的状态，首先就要让身体醒的时候居多，每天的睡眠时间无论如何也不要超过八小时。

2. 心

不光身体要保持清醒，"心"方面更要想尽办法让自己醒过来。我们常说"苦心孤诣"、"处心积虑"，都是类似的意思。心的作用包括知、情、意三方面，要让自己醒来，就要努力发现自己的志趣所在。

3. 灵

如果想完全醒来，非要靠“灵”不可，你会觉悟愈来愈多的人生真相和道理。但这种灵的觉悟也有个人的限制。所以，身、心、灵的发展是一个过程，永远无法达到完美的境地。你也许会问：“如果一个人完全醒来，充分发挥自己的潜能，是否可以变成像神一样，无所不知、无所不能？”事实上，神代表完美的境界，代表某种力量或根源。我们不可能变得像神一样完美，只能努力让自己成为真正的自己。

这里不妨参考孟子的一句话。孟子说：“故天将降大任于是人也，必先苦其心志，劳其筋骨，饿其体肤，空乏其身，行拂乱其所为，所以动心忍性，曾益其所不能。”（《孟子·告子下》）需要注意的是，《孟子》原文说的是“是人”，而不是“斯人”，两者意思一样，但我们还是要尊重原典。上天要降大任给一个人，会怎么做呢？“苦其心志”与“行拂乱其所为”都与“心”有关。“劳其筋骨，饿其体肤，空乏其身”，这连续三句都跟身体的劳累有关。经过身与心两方面的磨练，才能“动心忍性，曾益其所不能”——震撼他的心思，坚忍他的性格，由此增加他所缺少的才干，使他有更大的能力来面对未来的挑战。

这样一来，一个人就不可能再昏睡了，即使睡觉也是为了醒来做更多的事。譬如《孟子》书中提到周公，他学习古代四位圣王的典范，常常夜以继日地思考；一旦想通了，就“坐以待旦”，坐着等候天亮，立即去实践（《孟子·离娄下》）。这样的人几乎一直都保持清醒状态，由此才能对整个社会做出贡献。

在古代，作为杰出的政治领袖，或是像孔子、孟子、老子、庄子，他们是人类中少数完全清醒的人。以他们作为典范，我们会对詹姆斯的话有更清楚的认识。

42-2

两种哲学家气质

本节的主题是：两种哲学家气质，要介绍以下三点：

第一，在詹姆斯看来，哲学是什么？

第二，詹姆斯所谓的“两种哲学家的气质”是什么意思？

第三，詹姆斯为何反对一元论？

（一）在詹姆斯看来，哲学是什么？

詹姆斯对于哲学有明确的看法，他的看法对于我们了解实用主义是非常关键的。他说：“哲学的全部功能是要找出来，假如某个世界公式是真的，则将对你我在生活的确定时刻中会造成什么确定的差别。”所谓“确定时刻”，往往是人在碰到抉择的时候，就像存在主义所说的“存在是选择成为自己”。所谓“世界公式”，就是哲学家对世界的一套完整解释。

简单来说，假如你学了一种哲学之后毫无感觉，代表学了跟没学差别不大。譬如，有人学了柏拉图以后，发现他无论赞成还是反对柏拉图，他的生活都没什么改变，并没有让他在某些确定时刻出现一些确定的差别，那不学也罢。换个角度来说，我作为一个现代人，如果不懂现代物理学、电机学等知识，并不会妨碍我的日常生活，我照样可以使用汽车、手机等科技产品，所以我不了解这些科研成果也没有关系。

詹姆斯对于“什么是哲学家”也有一个简单的说法，他说：“所谓哲学家，就是对于一般人并不觉得困惑与惊奇的东西，他觉得惊讶，于是用想象力去解释，并综合成一套理论。”换句话说，哲学家以知性的态度去处理普遍的课题。一般人对于这些课题没有兴趣，但哲学家就是要问：万物的原理或元素是什么？宇宙的起点与终点是什么？人的认识有哪些共同的条件？人的活动是否有共同的规范？这个世界上总要有一些特别的人去思考这些问题，一般人才能按照他们的结论去生活。

需要强调的是，詹姆斯认为：“哲学家是没有共识或结论的，就像一个盲人在暗室中寻找一只不存在的黑猫。”这个比喻非常生动。自古以来，哲学界一向充满针锋相对的说法，尤其是在科学革命之后，哲学界更是饱受批评。譬如，有以下三种常见的批评：

1. 科学一直在进步，并有明确的效益，而哲学没有；
2. 我们探讨真理时依靠的是具体的经验，而哲学只是在做思考，甚至是独断的思辨；
3. 真实的世界是多样的，混杂了各式各样的苦乐，但是哲学远离了人生。

威廉·詹姆斯对这三种批评一一加以反驳。他最后说：“尽管哲学烤不出面包，但它能鼓舞我们的灵魂，使我们振作起来。”在他心目中，哲学仍然有实际的效用。他强调，哲学家是人类的斥候（负责探路的人），要给人提供生命的起点与终点，加上一个方向。缺乏热情的人无法成为深刻的哲学家，哲学家要有冒险的勇气与过人的热忱。

（二）两种哲学家气质

詹姆斯提出两种哲学家气质，这在哲学史上是很有名的说法。他认为，哲学家一向分为两类，这是因为他们的气质不同：一种是理性主义，另外一种是经验主义。这种分法非常简单。事实上，从柏拉图与亚里士多德这一对师徒，就已经分出了这两个方向。

詹姆斯认为，理性主义是软心肠的，他们肯定人的知性的重要，会依照原则来推广自己的思想。他们倾向于唯心论、乐观主义，重视感情，强调意志自由，而且往往有宗教信仰。一般来说，理性主义都主张一元论，甚至倾向于独断论。他们总要给人一些希望，有时即使没有充分的理由，也要提出独断的说法。

另一方面，经验主义则是硬心肠的，他们偏重感觉，会按照事实去生活。他们倾向于唯物论、悲观主义，不重视情感，强调宿命，也没有宗教信仰。经验主义主张多元论，甚至表现出怀疑的心态。他们会老老实实地告诉你：人生就是如此，不用想太多。

詹姆斯这两种分法非常有趣，在某种程度上也能做出合理的说明。威廉·詹姆斯本人当然属于按照事实行动的经验主义者，因为当时德国唯心论在美国已经慢慢走下坡了。德国的费希特、谢林与黑格尔建构了各种唯心论的系统，也许可以与宗教信仰相配合，与人生理想相协调，但往往禁不起事实的检验，无法解释人间各种负面的状况。

（三）詹姆斯为何反对一元论？

詹姆斯属于硬心肠的，他重视经验，强调多元论。软心肠的理性主义者通常是主张一元论，他们把世界当作一个整体，可以对它进行思考，事实上这是不可能的。所谓的“世界”只是一个名词而已，它的内容千变万化。威廉·詹姆斯指出，一元论认为万物是连续不断的，而不是各自独立分裂的，他们要想尽办法说明，这个世界从物质到生命到意识到精神，从无生物到有生物到人类，是一个相连的整体。如此一来，显然会肯定有统一的目的与因果性，最后让人可以做统一的认识与审美。

詹姆斯认为，一元论有许多不能验证的地方，主观想象的成分太多。他得出了一个结论：理性主义是往后看的。所谓“往后看”，就是看世界的来源是什么。如果世界有来源的话，就应该有个归宿。

詹姆斯主张实用主义，他承认实用主义是经验主义的一种，但不是英国那种经验主义。实用主义是“向前看”的，它看向未来。世界并没有统一，统一需要人类的努力。

譬如我说“某样东西是可能的”，这句话有什么含义？

1. 它不是不可能存在的，亦即它的存在没有逻辑上的矛盾；

2. 它不是现在实际存在的，所以才说它是“可能的”；

3. 它也不是必然存在的，只是目前尚未看到禁止它存在的因素。

换句话说，詹姆斯提出多元主义或多元论。他认为，从这个角度出发，才会发现创造的可能性。因此，詹姆斯对于人类世界采取改良主义的观点，亦即要逐渐地、一点一点地去改善，不要幻想有超越的上帝会来提供拯救。世界的得救不能靠上帝，而要靠我们自己。使世界得以存在、免于灭亡的条件在我们自己身上。

实用主义并不排斥某些观念。假如你问詹姆斯：“上帝存在吗？”他会对你说：“你认为未来有没有希望呢？”换句话说，上帝这个概念是否在未来造成了重大差异？如果人的行为没有表现出差异，信或不信有什么差别？那只是名义上的信徒而已。如果你问詹姆斯：“你相信上帝吗？”詹姆斯会说，按照他对宗教经验的研究，他相信存在一个更高的力量，它朝着与人类理想类似的方向，一起在努力拯救世界。

换句话说，威廉·詹姆斯的多元论认为：世界尚未完成，人有部分的决定权，所以要用人的自由意志，找到正确的方向，然后去努力奋斗。

收获与启发

1. 詹姆斯认为，哲学是要让人分辨各种不同的世界公式哪种是真的。若它是真的，就会在我们生活的某些确定时刻造成确定的差别。若一种哲学无法造成任何差别，这种哲学只是说说而已。
2. 有趣的是，詹姆斯指出两种哲学家气质。一个人的哲学立场，往往取决于他天生的气质是软心肠还是硬心肠的。软心肠的比较偏向于理性主义，强调唯心论，比较乐观，肯定宗教信仰，重视感情、意志等。威廉·詹姆斯本人则属于硬心肠的，偏向于经验主义，实事求是，说真话，不给人幻觉，谈不上乐观，而是比较实在甚至悲观。他认为，一切都是多元的，并没有所谓的一个整体。这种想法最后可能会陷入怀疑论。实用主义就是在这样的背景下发展出来的。
3. 一元论最典型的代表是德国唯心论。唯心论的“心”所指的是精神，宇宙万物都是精神的展现。这样就忽略了宇宙万物存在着矛盾、冲突、痛苦、悲伤，所有这些负面元素该怎样解释呢？所以詹姆斯认为一元论的假设是没有必要的。

课后思考

詹姆斯认为，哲学找不到固定的结论，但它有一个好处，就算哲学烤不出面包，但能够鼓舞我们的灵魂，使我们振作起来。对于这种说法，你有哪些个人的感受或体会？

补充说明

我最早看到“哲学不能烤面包”这句话，是在我的老师方东美先生的书上，他说：“哲学不能烤面包，但它能使面包增加甜味。”当时我并不知道他是从威廉·詹姆斯那里得到的启发。方先生年轻时留学美国，对于威廉·詹姆斯、杜威，以及黑格尔的思想有很深的研究。哲学不能烤面包，而且学哲学也不一定赚得到面包，但哲学能让面包增加甜味。人活在世界上，靠什么事情谋生，要看个人的机缘和能力。但是请问：这样的人生有意义吗？哲学就是让你的人生有意义、让面包更香甜的方法。

多数人都会赞成詹姆斯所说的“哲学没有什么标准答案”，它一直提出问题，让你思考。但我们还是要知道：西方哲学家各说各话；不过，他们有共同的思想基础和脉络——不偏重理性，就偏重经验，或者两者配合，由此找到生命最根本的状态。

老子有一句话叫“自知者明”，一个人能够了解自己就是“明”。老子所谓的“明”不只是聪明而已，还代表能够从“道”来看待万物。我的人生要设法悟道，了解自己是道的一部分，进而可以从整体来看每一部分的发展及其最后的归向。

因此，哲学共同的目的是爱智慧，而智慧的特色是完整而根本。西方哲学家有的将重点放在逻辑与认识论上，其实这只是出发点；有的将重点放在形而上学上，或是对宇宙与人性的根本看法上，这偏重于“本体”方面。里面难免涉及到个人的抉择或觉悟，很难说谁的看法一定对，或一定不对。

这就好比你去爬十层楼，在每一层所看到的景观都不一样。当你爬到第五层的时候，你说景观如何美妙，底下的人还没爬到那么高，怎么知道你说的是真是假？而上面的人会说，那不算什么，继续往上爬，还有更高的境界。不是每个人都有能力爬上十层楼，大概只有少数几位圣哲能够爬到顶层。他们之间一定深有默契，彼此“相视而笑，莫逆于心”，反而不会在意到底谁的说法比较正确了。

42-3

实用主义的观点

本节的主题是：实用主义的观点，要介绍以下三点：

第一，实用主义在说什么？

第二，彻底经验论是什么？

第三，实用主义的真理观。

（一）实用主义在说什么？

威廉·詹姆斯提出实用主义作为美国哲学的代表，主要目的是为了调和科学与宗教的冲突。自从西方近代科学昌明以来，宗教可以说是节节败退，而科学步步进逼，并且这种趋势一直没有改变。詹姆斯希望调和科学与宗教，他强调，科学对于自然界的研究的确取得了成就，但这并不代表宗教方面的说法都是错误的。

詹姆斯认为要保持一种开放的心态。他在《实用主义》一书的封面上写着：将此书献给密尔（John Stuart Mill，1806—1873）。密尔是效益论的主要代表。詹姆斯说，他从密尔那里学到实用主义的开放心态，如果密尔当时还活着，他愿意以密尔作为这个学派的领袖。《实用主义》一书副标题为“某些旧有思考方式的新名称”。换句话说，詹姆斯认为实用主义并非某种创新的立场，而是把过去正确的思维模式重新加以介绍和阐发。

实用主义的基本主张是：我们可以有自己的信念，但要根据它的实际效果来解释这些信念的意义，并对其加以证明。换言之，判断任何信念是真还是假，要看它的效果。这种立场很合理。如果没有实际效果，不要说信念，就算是科学上的主张，也不能成立。

实用主义强调：它不是一个形而上学的派别，不去决定关于任何事物的任何真理，不去强调它是唯心论还是唯物论；它只是一种方法，藉此确定很多困难字词与抽象概念的意义。这就是我们一再强调的，哲学的第一步是要澄清概念。事实上，从古希腊时代苏格拉底的反诘法开始，就已经在这样做了。

詹姆斯强调，实用主义这种方法其实就是成功的科学家所采用的实验的方法，可以由此得到高度的确定性。这也符合《圣经》里古老的逻辑法则：要用一棵树的果子来判断它的好坏，好树结好果子，坏树结坏果子。

实用主义强调，你可以有任何主张，但是要看这种主张所造成的后果如何：它有没有产生实际的效果呢？有没有确实给人改善人生的机会呢？要根据结果来判断你的主张是否正确。换句话说，人是认知者，也是行动者，并且以某种方式扮演着创造真理的角色。我们的行动不完全来自于认知，很多时候来自于从小接受的先入为主的观念或传统的信念。但在行动过程中，我们也创造了某些事实或真理。

詹姆斯强调，心灵的兴趣、假设与设定，可以作为人类行动的基础，使人类得以改造世界，有助于造就他所宣称的真理。换句话说，人的情感与意志会展现为行动，产生改造世界的力量，使世界呈现出新的面貌。这不能完全由理性来掌握。

实用主义显示出三点特色：

1. 重视经验，任何抽象观念的意义都要由具体经验来界定；

2. 受到进化论的影响，认为个体与生存环境之间有密切的关系，经验会变动，人需要适应它；
3. 重视未来，因为实践的效果在未来才能加以检证。

（二）什么是彻底经验论？

詹姆斯一再强调，他受英国古典经验论（从洛克到休谟）启发，但他主张的是彻底经验论（Radical Empiricism），内容包括以下三点。

1. 彻底经验论的基本设定是，只有可以经验的事物才是哲学的合法题材。要谈哲学，就不必谈一些不能经验的东西。
2. 各种经验材料之间的关系本身也是经验的对象。詹姆斯认为，古典经验论最大的问题在于把经验材料当作独立的原子，而忽略材料之间的关系。
3. 经验有整合的作用与链接的功能，所以不必另外找一个抽象的理性（譬如一个超越界或理性的力量）来把经验整合起来。事实上，经验本身就有连续性与整合性。

以打雷为例。根据古典经验论的立场，我听到“砰”的一声，有点像火炮发射的声音，我只能由我的感官（听觉）来测定这个声音，并给它取个名字叫做“打雷”。但是詹姆斯说：“打雷打破了安静，安静只有在被打破时，才会被你生动地体验到。”换言之，打雷之前你并不觉得安静，当听到雷声时，才发现原先是安静的，安静与雷声同时被你经验到。因此，经验的内容有相关性、连结性与转换性。这样一来，就把古典经验论的狭隘立场整个拓宽了，承认“关系”也是经验的对象。

又譬如，“我与你”的“与”就是一种“关系”。我与你不是两个互相隔绝的单子，除了“我”和“你”两个人之外，还有某种“关系”存在。我一旦与你建立关系，就变成“1+1=3”的局面。我能改善的是“我”以及我们之间的“关系”。每个人都有三分之二的责任，而不是二分之一的责任。这就是彻底经验论，要把各单元之间的关系也一并掌握。

（三）实用主义的真理观

西方在传统上对于真理有两种立场。第一种是符应论（符合论），你说的一句话与事实相符合，它就是真的。真假在于一句话或一句陈述。第二种是融贯论，指一本书里面的观念彼此没有矛盾，还可以互相推演，就像我们常说的“以经解经”。数学是最好的代表，它首先确立基本的定义和公理，然后步步推演，形成融贯一致的真理系统。

无论是符应论还是融贯论，都很难说明我们对历史事件的信念。同时，数学里也有无理数的运算，根本对应不到任何东西；逻辑上的同一律也对应不到任何东西。所以，实用主义提出他们的真理观。简单来说，真理让人可以藉着它，与世界达成令人满意的关系。这样的真理是可以改变、可以进步的，它有以下几点特色。

1. 实用主义的真理是个别的，并没有统合的、绝对的真理。
2. 要考虑心理学的角度，而不是逻辑的角度。“逻辑的角度”往往强调像客观公式那样的真理；而“心理学的角度”强调尊重旧有的真理，再配合新的经验与可能发现的真理。
3. 真理有可能错误，不需要什么终极真理，因为真理不能脱离人生，这样的真理包含了人的因素。譬如一条线，你可以说它是向东，也可以说它是向西。譬如人为万物取名字，并没有什么决定性的标准，也可能会弄错。
4. 真理不是先天的，而是我们在经验过程中所造成的。
5. 真理就是有用。

换句话说，所谓“真理”，就是一个观念必须造成令人满意的效果。譬如，我在森林里面迷路了，看到牛羊走过的小路，我想这个尽头应该有住家吧。我沿着小路一直走，最后找到了住家。这里面涉及到：第一，我相信这条路的尽头有住家；第二，我采取了行动；第三，后果证实我前面的相信是对的。

所以，真理取决于最后的效果。如果没有效果，你说它真或假，又有什么差别呢？

收获与启发

1. 詹姆斯强调，实用主义基本上是一种方法，是把过去正确的思考方式重新加以介绍和阐发，目的是要澄清概念。实用主义重视经验，接受进化论的启发，强调人与环境要相互适应，并且重视未来。
2. 詹姆斯一再强调，他的立场是彻底经验论。他超越了英国的古典经验论，强调一切都以经验为主，但经验要包括存在的单元之间的关系在内。以打雷为例，说明实用主义会注意到经验内容的相关性、连结性与转换性。这样一来，可以把所有经验单元之间的关系全部掌握住，人生将会变得丰富多彩。
3. 实用主义的真理观认为：真理是个别的，要尊重旧的真理，同时创造新的真理，真理可能会错误，它并非先天的，但它是有用的，可以被验证。

课后思考

威廉·詹姆斯的实用主义在真理观方面确实有新的看法，但他的这种说法常常被说成是“兑现价值”。好比你给我一张支票，这张支票能够兑现的话，才能证明它是真的，不然就是假的。然而，有很多说法、观念或是信念，它的价值可能需要很久才能兑现，甚至要到生命结束之后才能验证。请问，你如何考虑真理的兑现时间问题？

补充说明

"兑现价值"是实用主义的一个标准口号。这种说法常常被人批评，说它好像立刻就要兑现一样。我们要思考，从人类社会整体来看，兑现价值最好是多长时间呢？如果需要几百年才能兑现的话，那个真理在当时根本无法造成实际的效果，那它还能算是真理吗？

事实上，兑现价值一定要落在个人身上。即便整个社会都发现了某一个真理，而你个人没有发现的话，那个真理对你来说，也只是一种说法而已。所以，实用主义最后要回到个人身上。一群人有共同的观念，而那个观念对个人产生具体的效果，我们就说它是真理。

有人认为，科学可以验证，所以可以称为真理，但哲学与宗教未必如此。事实上，对威廉·詹姆斯来说，哲学与宗教有时比科学上的真理更有兑现价值。当你发现某种哲学上或宗教上的说法，先不要管别人怎么看，这种说法能对你产生作用才是关键。譬如，你听到老子的一句话，马上有所领悟，这不就很好吗？

另外，有人认为，兑现的时间不适合拖太久。但是，我在这里引用一句《庄子》的话来作为总结。庄子说，我现在讲个道理出来，就算是万世之后才遇到一位大圣人能明白这个道理，就好像我早上讲，晚上就有人了解一样。(《庄子·齐物论》)万世是指30万年，可见，时间在真理面前是可以化解的。庄子说的是道家觉悟到的真理。这句话的关键在于：后代一定有人能够了解。我们就要设法做这样的人，以悟道作为自己努力的目标。

42-4

实用主义的应用

本节的主题是：实用主义的应用，要介绍以下三点：

第一，“要信仰的意志”在说什么？

第二，詹姆斯对宗教的看法；

第三，实用主义的贡献。

（一）“要信仰的意志”在说什么？

1897 年，威廉·詹姆斯出版《要信仰的意志》。但他后来谈到此书时，表示有点后悔，认为应该把书名改成《信仰的权利》，即每个人都有权利选择自己的信仰。他的观点是，当你在理性上找不到一个明确的理由时，你该怎么办？这种“要信仰的意志”并不是与自己不相干的东西。人活在世界上，有些选择是必要而且重大的，选择之后就会改变自己的生命，所以不能逃避。譬如，你是否选择动手术呢？不动手术可以勉强活下去，动手术则可以恢复健康。你是要苟且活着，还是要恢复健康呢？这就是一个重大抉择。

在什么情况下，一个人可以自由决定自己的信仰？詹姆斯提到以下三种情况：

1. 你面对的是一个真实的抉择，这个抉择是有效的、必要的、重大的；

2. 此时你没有足够理由或证据，去证明某一个假设比相反的假设更有效，譬如你无法证明上帝存在比不存在的可能性更大；

3. 你信仰某种假设后，会在实质上使生活变得更完善。简单来说，当你遇到重大抉择时，不能保持中立的态度。此时，理性的证据有限，人有权利选择自己的信仰；不选择也是一种选择，等于选择了放弃。

进一步来说，选择本身也是证据的一部分。这一点特别重要。你的决定会在某种程度上影响未来的发展，甚至你的行动会影响世界的某一部分。因此，在接受某种信念时，虽然要靠理性去认知与研究，但不能忽略情感与意志的因素。换句话说，世间没有绝对不变的真理或道德标准。

当我们以为自己只靠知性在追求真理时，其实已经掺入情感与意志的成分。詹姆斯认为，即使科学家做研究也是如此，这时有两种选择：第一，要认识真理；第二，要避免错误。如果为了避免错误就放弃一切信念，显然不太合理。为了认识真理，必须愿意冒一些风险，最后还是要看效果能否验证。同样的，你必须选择某种信仰或世界观，不能保持中立。

（二）威廉·詹姆斯对于宗教的看法

詹姆斯有一本代表作叫做《宗教经验种种》，心理学的背景使他可以从心理学的角度，考察人类宗教方面的丰富经验。他对宗教所下的定义是什么？他说："一个人在孤单的时候，由于觉得他与任何他所认为的神圣之物保持着关系，因而产生了感情、行为与经验，这就是宗教。"

"孤单的时候"代表你跟群众保持距离，不再依靠群众的力量或别人的怂恿。“神圣之物”可以指涉超越界。你相信有某种神圣之物，并与他建立关系，由此产生特定的感情、行为与经验，就叫做宗教。这个定义很好，因为“信仰”就是人与超越界之间的关系。

詹姆斯也强调个人宗教，亦即你个人对宗教的体验是什么。事实证明，在某种意义上，个人宗教比神学的或制度化的宗教更为根本。神学理论或制度化的教会当然有其价值，但最重要、最根本的是个人的宗教。

在宗教方面，詹姆斯有两个较为特别的观念。

1. 他反对全能的上帝观。他认为，上帝应该不是全能的，上帝想让善遍在一切，但是力有未逮，因此世间依然存在着恶。人经常质疑，若上帝是全能的，为何世间还有恶？所以詹姆斯强调：上帝是全善的而非全能的，上帝还需要人的帮助。
2. 人是上帝的伙伴，要与上帝并肩努力，成就美好的世界。如此一来，人类存在的意义与尊严就得到了充分肯定。

詹姆斯对宗教的看法很有特色，由他的实用主义确实会得出这样的结论。但是，基督宗教的神学家不可能推广他的说法。他们宁可去解释恶的存在是怎么回事，而不会认为人与上帝是伙伴关系。

（三）实用主义的贡献

过去三四百年来，西方文化的各个领域以科学的发展最为重要，结果造成人与自然界的分裂，价值与事实的分裂。现在的自然科学能够谈人吗？所谈的是一个完整的人吗？如果重视事实的研究，如何肯定人的价值呢？

可见，西方文化出现了两难的困境：如果要肯定人的价值，则无法面对科学的发展；如果接受科学，可能会进入到一个没有人生意义或目的的世界。詹姆斯的实用主义强调，哲学应该为现代人找到一条出路，以摆脱这种困境，亦即摆脱科学事实与人类价值之间的矛盾。詹姆斯认为，科学上的信念能够成为真理，有它自己的检验方式；宗教上的信念也能够成为真理，同样有它自己的检验方式。光是指出这一点，就已经是很大的贡献了。

举例来说，你要接受唯物论还是唯心论？在实用主义看来，这不难决定。假如今天地球被彗星撞击而整个毁灭，那么接受唯心论或唯物论有何差别？所以对于过去与现在来说，两者差别不大；但对于未来，则会造成差异。如果主张唯物论，就会只承认事实，只注重科学研究，对人的价值没有特定的希望。如果主张唯心论，就会认为宇宙有精神上的力量，因而对人的价值有某种承诺。这不是真与伪、对与错的问题，而是在情感上你要失望还是希望的问题。

詹姆斯认为，对于唯物论与有神论这两者，就世界的过去而言，没有什么好争论的；但对于世界的未来而言，则有很大差别。科学所了解的世界，最终的结局就是死亡，整个宇宙可能在 80 亿年之后完全结束。如此一来，人类历经无数世代的努力，所达成的一切成就都无所谓好坏了。

詹姆斯并非反对科学，而是认为科学无法触及人生的所有方面。科学无法保证所有人对生活充满兴趣、怀抱希望，无法满足人心对于永恒道德秩序的深切渴望。当然，这种秩序不会因为人的渴望而存在；但只要是人，就有这样的渴望，所以你当然有权利选择你认为正确的信念。

譬如，人有没有自由呢？你要问：如果没有自由，会造成什么情况？如果有自由，又会造成什么情况？两种后果有明显差别，你愿意哪种情况出现呢？因此，所有这类争论会给人类带来什么后果，才是问题的重点。

詹姆斯承认，他本人并没有深刻的宗教信仰，也没有过密契经验。他的宗教信仰来自于家庭背景，因为他父亲是虔诚的信徒。不过，他研究历史之后认为，要肯定有一个像神明这样的力量存在，才能合理解释人类历史的发展。

最后，詹姆斯的贡献可以概括为以下三点。

1. 他提出实用主义的方法，注意到概念与其后果之间的关联性，强调概念的兑现价值，藉此可以解决许多抽象的争论。
2. 他肯定彻底经验论，使经验世界的丰富面貌得以呈现。他不再像古典经验论那样，把经验仅仅当作原子之间的碰撞。他强调，经验本身具有关联性，因此不需要另外设定某种唯心论来把经验整合起来。
3. 在实践方面，他的思想产生具体效果，可以肯定人的存在意义以及人的价值与尊严。

收获与启发

1. 詹姆斯提出“要信仰的意志”，旨在强调人有权利选择信仰。如果没有信仰，人简直不知道要如何设定自己的人生目标，可以为了什么理想而奋斗，为了什么原则而牺牲。所以对一般人来说，非要信仰某些东西不可，这是每个人的天赋权利。
2. 詹姆斯强调，宗教是人与某种神圣之物之间的关系，由此造成这个人特定的感情、行为与经验。他认为上帝不是全能的，人类可与上帝合作。这种观念大幅提高人类本身的意义与价值。
3. 实用主义的贡献是多方面的：对于近代以来科学与宗教之间的对峙，它有一定的协调作用；作为一种方法，它可以帮助我们澄清概念，把这些概念（或信念）与它的后果联系起来，对于实践也有具体的指导作用。

课后思考

学会实用主义的说法之后，你能否举一个例子，说明自己过去的某个观念或信念没有兑现价值，以至于你要重新思考它到底是不是真的？

补充说明

观念或信念大致可以分成两类。

1. 具体的观念

第一类观念较为具体。譬如，在教育孩子方面，你可能有“身教胜于言教”的观念，在爱情与婚姻方面，有一见钟情、白头偕老的想法。后来发现事情没有那么单纯，这些观念不一定有兑现价值。事实上，兑现价值未必能很快看到效果，有些观念要从长远来看，甚至在你回顾整个人生时才会有所领悟。比如，“身教胜于言教”还是有一定道理，若不如此，孩子的发展恐怕更令人担忧。如果对爱情和婚姻没有某些信念，你会觉得那只是一种幻觉而已。

2. 广泛的观念

第二类观念较为广泛。譬如，这个世界公平吗？善恶有报应吗？宗教所宣称的死后世界真的存在吗？等等。这些说法能否兑现，取决于你看问题的角度。如果你把“公平”局限在个人的判断里，那么人间不可能有公平。

对于善恶报应的问题，第一，如何判断善恶？标准是你自己定的。第二，报应如何体现？也是按照你主观的想法。这样一来，善恶报应当然不太可能兑现。对于宗教信仰，威廉·詹姆斯本来就不看死后的世界，而是看现在。如果能让你的人生有明显的改变，这样的宗教信仰就有兑现价值。

对于很多信念，我们确实要用心思考。如果发现它没有兑现价值，就要及时调整观念。如果发现有价值，就要更加珍惜。我们常说“理所当然”，其实在人的世界，每一件“理所当然”之事，都来自于自己或别人长期努力的付出。

42-5

德国哲学家舍勒

在伦理学的部分曾介绍过，德国哲学家舍勒是价值客观论的代表，他对于爱的看法特别值得参考。本节要介绍以下三点：

第一，舍勒总在寻求真理；

第二，舍勒人格主义的主张；

第三，人格与爱的关系。

（一）舍勒总在寻求真理

舍勒（Max Scheler，1874—1928）是德国哲学家，得年54岁，但他的一生有相当丰富的内容。他的家庭背景比较复杂，父亲信仰基督教路德派，后来改信犹太教；母亲是犹太人，家境富裕，所以一向显得咄咄逼人。父母的关系并不和睦，但对于舍勒非常溺爱，称他为“小王子”。

舍勒从小天资过人，他最初属于新康德主义学派，后来转向现象学；但胡塞尔认为，舍勒和海德格尔都背离了现象学的立场。舍勒的家庭背景是犹太教，后来他改信天主教。他年轻时研究尼采很有心得，被称为“天主教的尼采”。他不认同以托马斯·阿奎那为代表的正统经院哲学，反而接上了中世纪的奥古斯丁和近代的帕斯卡这个传统。

后来，他又声称自己不是有神论者。换句话说，他总是在寻求他所相信的真理。

虽然舍勒关于人格和爱的说法非常精彩，但是他的婚姻并不幸福，他三度结婚。这说明：你与别人相爱，你再怎么努力，只能负责“你”以及“关系”这两部分；对于你所爱的人那一部分，你有时候无能为力。

舍勒求学很顺利，后来也在大学教书。他总在寻求真理，追求圆满的人生。在他朋友的印象里，舍勒具有以下三点人格特质。

1. 他才华过人，甚至挥霍他的才华。他天资聪颖，但他不保留任何东西。他每天起床时都会对自己说：我要找寻、丢掉、冒险，追究到最后的结果，要面对思想的各种可能性。
2. 他有直观的天赋。许多人一起讨论问题时，他很容易直接掌握到最根本的真相。一般认为，在现象学领域，对本质的直观把握能力方面，舍勒是最杰出的代表。
3. 在实际生活中，别人经常会觉得他很无助。有位朋友曾看到他在咖啡馆的衣帽间里发呆，因为他忘记哪一件是自己的大衣。他是一位特别的学者，有很大的影响力。

（二）舍勒人格主义的主张

舍勒的立场属于人格主义。“人格”这个词在中世纪就开始使用了，拉丁文是persona，原意为“面具”。一个人在面对不同对象的时候，会显示出不同的角色，就像换上不同的面具一样。后来演变成英文里的person。

舍勒主张的人格主义，基本上是要批评当时最流行的先验方法与心理方法。“先验方法”是由康德传下来的；“心理方法”当时正在流行，大家都喜欢从心理的状态去了解一个人。舍勒认为，这两种方法都有问题。要探讨真正的哲学，就要采用精神学的方法，亦即把先验方法与心理方法统合起来。不能忽略日常活动和它的精神意义，要将这两方面合起来，共同指引人类文化的发展。

人格理论是舍勒思想的关键。他强调，人格是行动的中心。一个人有任何行动，其中心就是他的人格。所以，人格是统一的，它既不是单纯属于心灵的主体，也不是具体的身体，人格是整合的，没有主客分裂的问题。人格只以精神的现象显示，人格及其行动不能被客观化。人格由内在结构而显示为一个完整的个体。舍勒的人格理论很有特色，他把人当作完整的人格，合身心为一体。

舍勒也特别区分了人的功能与行动。他强调，功能是心理上的一种能力；而行动不属于心理，因为它已经落实到具体行为上。功能是正在实行中的，而行动是已实现出来的。同时他也强调，功能必然在身体中，并且属于它的客观环境，因为身体运作总是需要一个客观环境；但是人格所对应的不是特定的客观环境，而是整个世界。可见，他对人格的看法十分特别。

（三）人格与爱的关系

作为价值客观论的代表，舍勒提出五种标准来判断价值的高低，亦即持久性、不可分割性、基础性、深度满足性、非相对性。同时，舍勒也区分了四种层次的价值，由低到高依次是：感官愉快的价值、生命感受的价值、精神品味的价值以及宗教的价值。这样明确的分法很容易招来别人的质疑与批判，但也不能因此就不去谈自己对价值的完整观点。

舍勒始终活在具体的生活世界中，对伦理学的问题特别关心。他对康德的形式伦理学提出具有代表性的反省与批评，那是他在学术界主要的代表作。

谈到人格与爱的关系，舍勒首先提出四种人格类型。这种观点也很有特色。他认为，人格在自我实现的过程中，最后会成就四种价值的类型：最高的是创造神圣的价值，像宗教家、使徒、殉教者等；第二种是天才人物，像哲学家、艺术家、立法者等，在文化上有杰出的贡献；第三种是英雄的人格类型，像政治家、军事家、殖民开拓者等，他们富有活力；第四种是能够创造物质文明的人格类型，像科学家、经济学家等，他们所针对及宰制的是物质世界，并在其中取得明确的成就。

舍勒认为，人格是一种不断发展的力量。外在的目标有助于内在人格能力的发挥。人格一定牵涉到你天生的才华，但是与后天选择的目标也有直接关系。主客之间不断互动，就会表现为人类文化上的成果。事实上，我们一般人往往是追随者，前面那四种人物确定了某些价值与方向，我们就追随他们去发展。但我们至少要了解，舍勒这种区分的考虑是什么。

舍勒在 1927 年出版《人在宇宙中的地位》，书中谈到存在的五个层次，由低到高依次如下。

1. 感触的冲动。所有生物都有感触的冲动，譬如植物有向旋光性，它是无意识的。
2. 本能的行动。所有动物都有本能的行动，会在行为中表现自己，它是随机的。
3. 联想与记忆。会有机械式的反应，有些动物有这种本事。
4. 实践的智慧。有些高等动物有这种能力，但就像蜗牛不能离开它的壳，所有动物都受制于它的环境。然而人不一样，人在实践的智能层次，已开始表现出个人的觉悟与创作能力。
5. 人的精神。人的精神显示在两个方面：

（1）世界是开放的，人可以免于环境的束缚。只有人能拥有这样的世界，可以把世界对象化，使精神无限制地开展。

（2）人是能够说“不”的生命。动物对实际的存在状况或存在物只能说“是”，只能接受；人是能够说“不”的生命，他可以用否定的方式来反对所有现实的状况。

从“世界是开放的”和“人能够说不”这两点，可以证明人有精神。另一方面，人也有基本的生命冲动。人的精神与生命冲动这两者要设法协调。

最后舍勒得出结论：思考得最深的人，会爱那个最具有生命的存在者。人变成了小宇宙、小的神。

收获与启发

1. 德国学者舍勒一般被认为是现象学界的第二号人物，第一号人物是创始人胡塞尔。舍勒的年代比海德格尔早 15 年，所以说他是现象学第二号人物也可以说得通。但在胡塞尔眼中，舍勒与海德格尔最后都背离了现象学的基本立场。由于家庭环境和所受教育的影响，使得舍勒总在寻求真理。但他最后找到的是不是真理呢？恐怕他自己也不敢肯定。
2. 舍勒的基本立场是人格主义，他把焦点放在人的生命上。舍勒认为，人的生命是一个不断发展的过程，人格是行动的中心；进一步来说，爱是人格的基本行动。
3. 舍勒是价值客观论的代表，对于价值有明确的判断标准和层次划分。他提出四种人格类型，旨在说明：人的一生如果努力发展人格的潜能，可能会造成什么结果。他认为现象学方法给他带来很大帮助。他对于各种情绪问题所做的分析，直到今天仍然受到重视。

课后思考

谈到舍勒的人格主义，有两句话特别值得注意：人格是行动的中心，爱是人格的基本行动。这样就把人格与爱连在一起了。请问：你从这两句话可以得到怎样的启发？

补充说明

爱不能只看正面，还要看到反面的恨。爱与恨构成了两个极端。就算是恨，也是因为爱而产生某种期许或要求。因此，爱是人格的基本行动，是生命力的表现。你只要愿意活下去，一定会抱着某种希望，可以分成对人、对事、对自己三个方面。

对人的话，包括家人、朋友、同事等。无论是关心还是被关心，都包含着一种希望。

对事的话，你每天看到周围发生的事，听说某些台面人物的消息，总是希望这些新闻有延续性、发展性，最后能有结果。

对自己的话，你每天醒来都希望生命得以延续。问题是：如果年纪愈来愈大，你是否有勇气面对衰老这个事实？你能否承受死亡慢慢接近的压力？

如果对爱有全面的了解，就知道从恨到爱，两个极端之间都是爱的表现。因此，爱是生命存在和发展的原动力。

42-6

舍勒论爱

本节的主题是：舍勒论爱，要介绍以下三点：

第一，舍勒论爱的出发点；

第二，舍勒认为爱不是什么，指出一般人对爱的误会；

第三，舍勒认为爱是什么。

（一）舍勒论爱的出发点

舍勒在哲学上受到中世纪奥古斯丁的启发，他也是价值客观论者的代表。他在谈到爱的时候强调，世界是一个价值的世界，凡存在之物皆有价值。人不论是作为认知的存在者还是意志的存在者，都是一个爱的存在者。因为所有行动的本源就是爱，或者说爱是本源的行动，是一个人最根源的行动。譬如吃饭、上班，这基本上都是一种爱，不但是爱自己，也是爱相关的人。舍勒认为，爱总是唤醒认知者与意愿者，作为精神与理性本身之母。如果没有爱，你根本不会想去认知，不会想去意愿。精神与理性能够发展，也是因为有爱做基础。

舍勒认为，爱完全指向积极的人格价值，并且只有在幸福成为人格价值的承受者时，才指向这样的人格价值。人类要求幸福，爱是一种精神的行动，而人格是这个行动的中心。因此，爱与人格不能分开。

爱是自发的、精神的行动，不能由感受去把握，而要由现象学的意向性去捕捉。爱不等于同情或共同感受，而是我对另外一个人的自我揭露。爱所企及的是活泼的独立个体，是面对面、正在与我交谈的你，而不是抽象的观念。舍勒的说法很生动，他说："我爱你，只因为你是你，而不是因为你是一个好丈夫或好妻子。"爱不能有理由，不能设定目标，它是一种活动，是从非存在者向着存在者去活动，是从较低价值走向较高价值，并朝向最高的价值。这些话的含义要配合以下的具体说明，才会显得比较清楚。

（二）舍勒认为爱不是什么

舍勒先说明爱不等于什么，可从以下四个方面来看。

1. 爱不等于施恩于人，不是给别人带来恩惠

施恩包括替人服务效劳、给人财货名位这两方面。施恩常带有目的性，有些人为了有形的酬劳，有些人出于虚荣心，也有些人纯粹出于乐趣。施恩往往缺乏人与人之间的亲密性与互操作性。爱当然包含施恩的表现，但条件必须是有益于对方完美的人格。譬如，中国人认为，给子女万贯家财不如让他一技在身，最好是能让他有正确的人生观。所以，爱不等于施恩，不能因为给别人恩惠，就给他设定一个目标，要求他去达成。

2. 爱不等于欲望，也不是个人主观的快乐感受

欲望会因满足而消失，爱却永不满足，也永不消失。真爱能够持续一生，它不是短暂的欲望表现。爱也不是主观的快乐感受，不是在身心方面产生快感，因为爱的焦点应该在对方身上。有些人是害怕寂寞才去爱人。有些人是因为付出太多，就要求对方必须还报，因此才会说：爱之深，责之切，有爱必有苦。

3. 爱不等于价值判断

每个人都有家世、学问、人品，但爱不会停留在这些价值上，因为爱的本质是动态的、超越的，总在追求更完美的境界。像家世、学问、人品等受到肯定，是随着爱而来的。简言之，因为我爱他，所以他可爱；而不是因为他可爱，所以我爱他。爱不是去同情他人。譬如，我们同情病人、穷人，但只有进一步关心他们，才有爱可言。爱也不是比较、选择，你不应该问：你爱他还是爱我?

4. 爱不是兴趣相投或同化合一

爱不只是兴趣相投而已，因为兴趣可能改变。如果只是兴趣相投，可以参加俱乐部或者社团。相爱的人永不分开，因为心灵永远同在，它甚至可以跨越生死的隔阂。爱也不是同化合一。同化合一其实是自然的表现，但是真正的爱能让彼此保有自由、独立与个性。爱应该成全人的自我，而不是泯除或消蚀人的自我。

上述四个方面是一般对爱容易产生的误会，即把爱当作施恩、当作欲望满足、当作价值判断或兴趣相投等。

(三)舍勒认为爱是什么

舍勒认为爱是什么，也可以从四个方面来看。

1. 爱是价值提升

只有爱能够邀请一个人的价值涌现出来。你爱一个人，就是要让他的价值呈现，因为爱里面包含了期待与指望。《圣经》里有一段故事就是很好的例子。耶稣来到一个地方，当地有一个税吏叫做撒该，他知道耶稣是名人，但他的个子小，就爬上桑树，想看看耶稣。耶稣经过时，抬起头对他说："撒该，快下来，今天晚上我要住在你家里。"撒该是替罗马政府向犹太人收税的税吏，犹太人都看不起他，大家私下议论说：耶稣竟然会到有罪的人家里去住宿。这时撒该立刻

说出两句话："我要把我财产的一半都分给穷人，我曾经骗过谁的话，我要四倍来偿还。"（《路加福音》19：1—10）

撒该本来没想做那两件事，但是耶稣对他的鼓励使他的价值展现出来，他立刻提升了自己生命的层次。所以，爱是价值提升，你爱一个人，就会让他显示生命的奥秘，展现更高的价值，因为爱可以穿透表象。

2. 爱可以让人创造新的价值

爱是一种关系，将两个人联系起来。它可以像钥匙一样，打开对方的价值领域，照亮对方的理想本质，同时肯定对方会实现他的价值。所以，爱是价值创造，能让一个人不断地成长。前面两点指向所爱的对象，后面两点则要回到爱的主体。

3. 爱的主体会走出自我中心

你去爱一个人，自然就会走出自我中心的世界，重新诞生于自由之中。你会摆脱形体的欲望，超越时空的局限，化解阶级与传统的束缚，进而免除个人的种种偏见。我原来是一个特定的个体，有一些先天的条件；但是当我与别人相爱时，我这个主体就会进入到一种无限的境界，可以不断地自我超越，从而走出自我中心，得到新的自由。

4. 这个主体可以参与分享对方的一切

一个人走出自我，反而得到全世界。所以，爱可以说是人的首要特征，爱的力量可以使两个人结合，共同走向更完美的境界。

上述有关爱的理论能否落实呢？这取决于两个人有没有类似的爱的次序表。譬如，要了解对方最关心什么，认为人生什么事情最重要。如果爱的次序表不能互相对应，到最后恐怕是因误会而结合，因了解而分离。

收获与启发

1. 德国现象学家舍勒对于爱的看法来自于他的人格主义，而不是像心理学家那样，通过分析许多个案，提出一些爱的心灵鸡汤。舍勒有一套完整的看法，他认为：每个人的人格都是他行动的中心，而行动表现出来的最基本的力量就是爱，所以爱是人格的基本行动。
2. 舍勒所说的爱不是什么，正好是一般人常有的误会：把爱当作给人恩惠、当作自己主观欲望的满足、当作价值判断或兴趣相投，最后希望同化合一，这些都不完全等于爱。
3. 舍勒认为，爱可以使被爱者的价值得以照亮与提升，并实现创新与成长。在爱的主体方面，我走出了自我中心，重新进入一种自由的境界，感觉到自己有无限制的可能性；我也参与分享了对方的一切，从而开拓了我的世界。最后的结论是：爱是一种活动，在活动中，每一个带有价值的个体，都要求能够达到对他以及按照他的理想，可能达到的最高的价值，或者达到他所本来具备的价值的本质。这些都是自然发展的结果。

对于舍勒的说法，我们可以从更广泛的角度去理解。舍勒所谓的爱是指人与人之间的爱，并非仅限于爱情，还可以包括亲情、友情在内。我们对于周围人群和对团体的爱，也可以从这个角度去加以了解。

课后思考

对于爱不是什么，舍勒提到四种观点。请你思考一下，其中哪一点最常出现在我们的经验或观察中？

补充说明

舍勒认为，人对爱通常有四种误解：认为爱是施恩，爱是满足欲望，爱是价值判断以及爱是同化合一。值得注意的是：就算知道真正的爱不是那些，但上述每一点都可能对爱产生影响。舍勒所说的只是一种理想上的分辨，但人活在世界上，多数人都是在这四种“不是”里面寻找他的爱。

所以，爱很难有什么标准。当两个人价值观接近时，他们可能属于这四种“不是”里面的一种或多种。他们只要自己过得快乐，能够了解和接受对方就好。我们没有必要给别人太多判断和压力，说“你们这样是有问题的”。很多人一辈子都无法设想其他的可能性，他就在某种问题中度过自己的一生，然后把问题留给下一代。

人的世界永远不可能完美，所以学哲学要有心理准备：哲学家讲得再好，一旦落实，可能就会打折扣。重要的是，你如何选择过好自己的人生。所有的一切都只是参考。当你读完西方哲学史之后，你走到街上没带笔记本、没带手机，这时还记得什么，这才是重要的。如果你什么都不记得或记得很少，代表你只是用脑袋去记，而没有经过深入的思考与实践。

第43章

怀特海的机体宇宙观

——过程与实在

43-1

怀特海的思想发展

本章要介绍怀特海的机体宇宙观。本节的主题是：怀特海的思想发展，内容包括以下三点：

第一，怀特海一生有三个时期；

第二，怀特海对科学哲学的基本立场；

第三，怀特海的学术目标。

（一）怀特海一生有三个时期

很多人没有听说过怀特海（A. N. Whitehead，1861—1947）的大名，但一定听说过罗素（Bertrand Russell，1872—1970），怀特海是罗素的老师。怀特海对于当代西方哲学有重要贡献，他开创了过程哲学这个新的学派，他的代表作是《过程与实在》。

怀特海是英国人，父亲是牧师，祖父与父亲都当过中学校长。他从小学习拉丁文、希腊文、历史以及数学，19 岁进入剑桥大学三一学院学习数学。他一生有 54 年的时间在大学教书，教过三所大学。他的学术生涯可以划分为三个阶段。

1. 剑桥阶段

他从剑桥大学数学系毕业之后，留校任教 30 年。在此期间，他与学生罗素合著《数学原理》一书，证明数学可以从形式逻辑的前提推演而成，把数学与逻辑关联起来。逻辑是思维的规则，亦是哲学里重要的部分。完成此书后，怀特海便与罗素分道扬镳，各走各的哲学之路。

2. 伦敦大学阶段

从 1911 年至 1924 年，怀特海把目标从数学转向自然科学，进而涉及到自然哲学的问题。

3. 哈佛大学阶段

1924 年，怀特海以 63 岁高龄应聘美国哈佛大学，开始讲授形而上学。当时很多人都希望听到他对数学或自然哲学的看法；但事实上，他已建构出一套新的观念。

（二）怀特海对科学哲学的基本立场

怀特海认为，西方的学术从 17 世纪科学革命开始发展，形成自然机械论的宇宙观。

所谓“机械论”，就是把自然界当成一部大的机器，它的基本立场是唯物论与决定论，认为自然界就是物质的运作，物质之间的各种关系是被决定的。

由此一路演变到 19 世纪，情况发生了明显的改变。怀特海认为，19 世纪最大的发明是找到发明的方法，可以把理论与实践连结起来。这期间有四个基本的概念延续发展下来：第一是物理作用场，第二是原子机体观，第三是能量不灭定律，第四是生物学上的进化原理。

我们注意到，其中有一个词叫做“机体”。19 世纪从以前的自然机械论转变为机体论，不再把自然界看成一个大的机械，而是开始注意到它可能是一个有机体。所谓“机体”是指，它具备各种相互作用，能够选择目的，协调发展，对周遭环境做出回应，进而创造新的生机。

怀特海从英国古典经验论的立场，走上了机体论与过程哲学，这是当代哲学界的一件大事。

（三）怀特海的学术目标

怀特海的学术目标简单说来有两个方面。

一方面要设法协调甚至打破西方传统以来的二元对立观。譬如，你如何看待宇宙万物？很多人会选择科学的路线，根据经验观察与逻辑推理去认识宇宙万物；也有人会依靠宗教的直觉。怀特海认为，这两种看法并不冲突。

除了科学与宗教的对立之外，还有更明显的二元对立。譬如，英国经验论的代表洛克，把外在世界的性质分为“初性”与“次性”；到了康德，进一步区分“现象”与“物自身”。此外我们也发现，自然界有两面：一面是我们知觉到的，另一面则是我们知觉不到的。我们通过知觉，看到太阳从东方升起；我们通过科学，知道地球绕着太阳转。这两种世界观同时影响着我们。

西方习惯用一种二元对立的方式来说明“非此即彼”：要么就是唯物论，要么就是唯心论，因为宇宙背后的存在本身应该是同一种性质。事实上，人类所接触到的是人类自身能力的展现，而不是外在的客观世界。这种二元对立造成许多问题，怀特海要设法打破这种对立。他本人既有宗教背景又兼具科学基础，总觉得这两者在他身上没有什么矛盾。

他在学术上的第二个目标，是要把唯物论与唯心论统合在“价值论”上面。谈到价值论，一般会想到伦理学的善、美学的审美，但怀特海的价值论同时也是一种本体论。他是如何做到这一点的？这要从怀特海所提出的过程哲学去了解。

怀特海认为，构成宇宙万物的最根本元素既不是心，也不是物，而是“事件”（event）。任何事件的发生，一定处在某个地方，并经过一段时间，它有开始，有过程，有结束。所以，以“事件”作为宇宙万物的根本元素，就包含了时间与空间的要素；如果不结合时间与空间，根本不可能看到任何事件的状态。可以说，“事件”是人与宇宙万物合作产生的结果。

换言之，如果人类不存在的话，这个世界如何构成、如何运转，根本无所谓。但因为人有理性，所以必须去了解，以便找到生命的意义；而人的了解一定包含人类自身的某种特质在内。人本身就是一个价值评论的出发点。即便是科学家也一样，当他选择研究材料、做出基本假设时，也是从他个人特定的条件、背景、愿望与感情出发的。因此，怀特海说：除了事件之外，没有任何东西存在；宇宙是一个大的事件场。

这种观念显然突破了科学唯物论或机械论的观点，进入到机体论的范畴。机体是有生命的组织，生命是一个活动的过程，不断在变迁发展之中。怀特海的过程哲学强调：自然界是一个过程，它在不断变化发展之中。事件基本上是存在的，它只是不断转变并流逝到更大的事件中。过程哲学的目标是要解决传统以来的二元对立，从人的身心对立，到科学与宗教的对立。这是一个很大的目标，怀特海是极少数有能力完成这件事的人。

收获与启发

1. 怀特海是一位从英国到美国的当代哲学家，一般称为英美哲学家。怀特海的学术生涯可分为三个阶段，他分别在三所大学教书：第一是剑桥大学的数学阶段，出版了《数学原理》，成为该领域的代表作；第二是伦敦大学阶段，主要探讨自然界与自然哲学；第三是美国哈佛大学阶段，他从 1924 年开始在哈佛大学讲授形而上学。
2. 怀特海对于科学的观点非常典型，受到 17 世纪以来一路发展的科学的影响；但他清醒地认识到，现在到了转变的时刻，不能再把科学唯物论当作真理，而要进一步结合生物学上的进化论，以及 20 世纪初期出现的普朗克（Max Planck，1858—1947）的“量子论”、爱因斯坦（Albert Einstein，1879—1955）的“相对论”、海森堡（Werner Heisenberg，1901—1976）的“测不准原理”等理论，对宇宙与人生都提出新的看法。
3. 怀特海的学术目标主要有两个方面。一方面要调和西方哲学由来已久的二元对立（从身心对立到科学与宗教的对立），化解科学唯物论的挑战。另一方面，他进一步提出他的价值论：从价值的角度来看，科学求真，宗教求善，最后可以在审美经验中得到统合。他认为，产生价值的单位是有机体，不但人是一个有机体，整个宇宙都是一个有机体。他由此提出过程哲学，成为当代哲学的重要学派，目前仍在多方发展之中。

存在主义与怀特海的过程哲学是 20 世纪比较新的学派。但过程哲学很难理解，因为怀特海发明了一系列新概念。有人认为，怀特海的《过程与实在》就像康德的《纯粹理性批判》一样，是很重要又很难读的哲学著作。

课后思考

从怀特海的思想出发会发现：一个人最初的生活背景，会让他思考人生最重要的问题是什么，并进一步加以探讨和解决。怀特海一生最重要的问题，就是如何化解科学与宗教之间的对峙。到目前为止，你认为自己生命中最重要的问题是什么？你是否尝试过用自己的方法去面对或化解这一问题？

43-2

近代科学为何在西方出现？

西方从近代以来开始领先世界，直到今天有将近 500 年的时间。形成这种局面最重要的原因是近代科学在欧洲出现。英国生化学家李约瑟（Joseph Needham，1900—1995）花了 50 多年的时间研究中国科技的历史，写下 15 卷巨著《中国科学技术史》。李约瑟本人是化学家，他采用化学上定量分析的方法——滴定法，肯定了中国的科技水平在公元 1500 年之前领先全世界，亦即直到 16 世纪之后，西方科技才开始领先。

为什么中国在 16 世纪之前领先欧洲呢？因为中国是统一的帝国，而欧洲从希腊发展下来，缺乏这一条件。但是，有利就有弊。统一帝国的优点是可以连续发展，缺点是过于重视应用科学和技术，不太可能形成“科学的心态”。另一方面，中国也没有专门从事科学研究的机构，以对自然界做实事求是的探讨。

为什么近代科学会在西方出现？怀特海在他 1925 年出版的《科学与现代世界》第一章里，对此提出一种很特别的解释。他认为，西方的科学能够从 16 世纪开始长足发展，主要是因为此前有 2000 多年在人文方面的酝酿。

他进而提出三项要素：第一，希腊的悲剧；第二，罗马的法律；

第三，中世纪的信仰。

悲剧、法律、信仰都属于人文方面的东西，为何会酝酿出西方的近代科学呢？怀特海认为，这三种人文方面的资源在 2000 多年的时间里，逐渐塑造了西方人实事求是的科学心态，即不依人的情感和意愿而转移，而是以一种理性的心态去研究客观的规律。

下面将依次介绍这三项要素。

第一，希腊的悲剧。

第二，罗马的法律。

第三，中世纪的信仰。

（一）希腊的悲剧

怀特海认为，培养科学心态的第一项要素是希腊的悲剧。希腊悲剧的主角是不可抗拒的命运。悲剧的情节是无情的、必然的，不依人的意愿而改变。悲剧不是要博得同情与怜悯，而是要表现事物的必然规律，以及宇宙间一切现象的无情性格。在希腊悲剧中，充分描述事实之无情这一面，使人通过人生的不幸遭遇，了解到无情之必然性。

当然，最初创作悲剧的人未必有如此复杂的想法，他只是在描写人生有许多东西是必然的、不可抗拒的。希腊人长期欣赏悲剧之后就发现，事与愿违是人生中很常见的现象，所以不必有无谓的期望，而应该接受残酷的事实。希腊悲剧塑造了“尽人事，听天命”的心态。

后来，命运的必然性演变为物理学上的定律，它完全不受人的意志所支配。所以，希腊悲剧一方面可以洗涤人的心灵，使人调节心中的怜悯与恐惧的情愫；同时也可以减少人的主观愿望，当事情发生时，不要抱怨哀叹，而要坦然接受。

怀特海总结道：“悲剧的本质并非不幸，而是事物无情活动的严肃性。但是命运的这种必然性，只有通过人生中真实而不幸的遭遇才能加以说明。这种无情的必然性充满了科学思想。物理的定律就是命运的律令。”

(二)罗马的法律

罗马的法律并不是通过归纳客观数据而制定的，而是先设定基本原则，再由这个原则制定各种细节，形成一套明确规定的系统观念，演绎出一个社会机体的详细结构与行动方式的法律义务，其中没有任何含糊不清的东西。

罗马的法律非常地严格，它充分反映当时斯多亚学派的影响。怀特海引述道：“罗马的立法从两方面来看，都是哲学的产儿。首先，它是根据哲学的模式来制定的。因为它并不是纯粹为了适应社会所实际需要的经验系统，而是先确定了许多关于权利的抽象原则，然后再力求符合。其次，这些原则都是直接从斯多亚学派借来的。”

罗马帝国崩溃之后，欧洲的广大区域都陷入无政府状态。但是，法律秩序的观念仍然存在于帝国人民的传统之中。同时，西方宗教的继续存在也鲜活地体现了帝国法制的传统。这种法律的烙印强调：要有把任何事物都放置并保持在适当位置上的确定程序。

(三)中世纪的信仰

一般人都以为，信仰是一种很主观的选择，是一种与理性相对立的思考模式，其实不然。中世纪基督宗教的信仰使人相信：一切都有上帝的安排，无论多么微小的事情，上帝都会照顾到。譬如，耶稣说过：“如果上帝没有允许，你一根头发也不会掉。”(《马太福音》10：30)自然界也一样，无论多么细微之物，都有它的规律。怀特海指出，每一种细微事物都受到上帝的监督，并且被置于一种秩序中；因此，研究自然的结果只能证实对理性的信念。在欧洲人的心中，上千年以来从未质疑过这种信念。

相对于此，怀特海批评亚洲人的观念：“亚洲方面，关于上帝或神的观念不是太武断，就是离人性太远，因此无法对思想的本能习惯产生太多影响。亚洲人认为，任何事物都出自一个非理性的专制神明的命令，不然就是由一种非人性的、不可思议的事物根源中演变出来。所以，亚洲人没有产生类似西方人的信念，即上帝具有像人一样的可以理解的理性。”

怀特海的结论是：在近代科学理论尚未发展之前，西方人就相信科学有可能成立，那是不知不觉中从中世纪的信仰中导引出来的。但是，科学不仅仅是出自本能信念的产物，它还需要对生活中的事物本身具有积极的兴趣。最后这句话很重要，说明科学需要回归事物本身。

上述三项要素——希腊的悲剧、罗马的法律、中世纪的信仰，连续发展 2000 多年，潜移默化培养出西方人实事求是的心态，不依人的意见、情绪、意志而改变。他们要追求完全客观超然的自然界的规律。这种心态就是科学心态。

由此可见，西方科学的出现不是偶然的，而是有其历史和文化的背景，这个背景当然离不开人文方面的条件。对现代人而言，科学心态的形成不一定非要具备这三项要素。现代人的科学心态往往是通过西方的科学教育而培养出来的。

收获与启发

> 对于近代科学为何会在西方产生，怀特海提出三项要素，即希腊的悲剧、罗马的法律以及中世纪的信仰。
>
> 怀特海的说法有一定的根据，我们可以藉此反思自己的情况：为什么我们还没有培养出普遍的科学心态？这要留给每个人自己去思考。

课后思考

怀特海提到影响西方近代科学的三种因素，第一就是悲剧，即广义的文学创作。在你所知的中国文学作品中，像诗歌、小说、戏剧等，有哪些能产生科学的心态？换句话说，它会让你发现，命运的发展不以人的情感和意志为转移，最后也不会出现“诗的正义”（善恶有报应）这样的结局。

补充说明

我建议大家回顾亚里士多德的悲剧理论。简单说来，希腊悲剧的剧情并不是善恶有报应，更不是善有恶报或恶有善报。悲剧的一般模式是：一个人没有特别明显的善恶，就像一般人一样过日子，但是他却遭遇可怕的命运。所以，命运才是悲剧的主角。

希腊悲剧至少有两个特色。

1. 希腊悲剧有明显的神话背景。希腊神话中的神明力量超凡，不可预测，神明之间也充满了矛盾与冲突。
2. 希腊悲剧把个人的遭遇推广到普遍的宇宙层次，这样的宇宙有客观的规律，不以人的意志为转移。

从这些特色来衡量中国是否有希腊式悲剧，首先就要排除所有与人的情感、意愿有关的文学作品。譬如，金庸小说都有美好的结局，善恶都有报应，所以很多人喜欢看。其中固然有某些个人遭遇到不幸，但那都是由过去的时代和社会所造成的，或是由他们的长辈、前辈所形成的复杂恩怨。这些情况都可以理解，因此不能算是真正的悲剧。

人的世界充满恩怨情仇，经过世代累积，后面会造成一种有如天罗地网的情况，历史上常会看到这样的情况，这与希腊悲剧不属于同一个层次。再比如《红楼梦》等名著，在我看来，其中的不幸都可以用人为的想法、欲望或意念来加以说明。凡是从人的角度可以说明的，都与希腊悲剧的关系不大。所以希腊悲剧是一种特殊的文类，后代不太可能再去复制。

近代欧洲的悲剧以莎士比亚的悲剧为代表，其中命运的色彩很淡，不过它有一个新的主要角色——人的理性。人以为自己可以用合理的方式来安排一切，事实上还有其他各种力量存在，从而让人感觉荒谬，最后可能放弃理性的愿望，甚至陷入虚无主义。

古希腊的悲剧不会陷入虚无主义，因为它的主角是命运。命运对人来说是一种无限大的力量，人由于面对命运这样伟大的对手，而使自己也变得伟大。看完希腊悲剧后，你会发觉人的生命具有特殊的、伟大的价值，居然要劳驾神明来对付。人有自由、有思想，可以决定自己面对命运的态度，这就是希腊悲剧的关键所在。希腊悲剧最后会让你知道，人不可能胜天，于是就把天当作另外一个层次，实事求是地加以了解。

中国的悲剧可能更接近近代欧洲的悲剧，剧情违反了理性的规则，让你觉得不合理、觉得荒谬，你置身其中会试图反抗，希望提出合理的解决方案；但是那不可能解决，因为问题的根源就在于人性。

希腊悲剧通过人的遭遇反映出宇宙有必然的规律，不以人的意志为转移。不是人在表演，而是命运在表演。就像人活在世界上，春夏秋冬不是我们自己可以决定的，而是命运决定好的，人只能够了解和接受。所以，希腊悲剧慢慢造就了科学精神所需要的心态。

43-3

机体论宇宙观

本节要介绍怀特海的机体论宇宙观，内容包括以下三点：

第一，怀特海批评自然机械论；

第二，怀特海提出机体论，它的内容是什么？

第三，怀特海的《过程与实在》在说些什么？

（一）怀特海批评自然机械论

怀特海受过严格的科学训练，拥有丰富的知识背景，他首先批评西方从 17 世纪以来一路发展的自然机械论，它来自于当时的科学宇宙观。怀特海说："科学宇宙观事先假定有一种不以人意为转移的，并且不为人所知的物质存在，或是有一种在外形的流变之下充满空间的质料存在。这种质料本身无知觉、无价值、无目的。它所表现的一切就是它所表现的一切，它根据外在关系加给它的固定规则来行动，而那些关系并不是从它的性质产生出来的。所谓的科学唯物论，就是这样的假设。"

怀特海认为，这种假设最大的问题在于"简单定位"的观念。牛顿物理学肯定了"简单定位"，亦即在时间上与空间上，可以把一样东西孤立起来加以了解。这种观念会对归纳法的有效性造成重大挑战。

如果物质在任何一段时间中的位置，与过去及未来的任何时间都没有关系，则我们立即可以推论：任何时期中的自然界都与其他时期中的自然界没有关系。这样一来，归纳法便无法通过观察来确定自然界的规律；我们对任何规律（如万有引力定律）的信念，便都无法在自然界中找到根据了。

换言之，如果用“简单定位”的观念，把每一样东西在时间上、空间上都孤立起来，说它在这儿就不在那儿，将会导致宇宙万物没有延续性；如此一来，归纳法根本无法运作。因为归纳法是把到目前为止的相关材料进行归纳，然后推论未来将会如何。由此可见，自然机械论确实困难重重。

（二）怀特海提出机体论的内容是什么？

怀特海提出机体论，又称为机体机械论。换句话说，怀特海不愿意一下子就把机械论彻底抛开，但他的重点在于“机体”这两个字。到底什么是机体论？举例来说，一杯水被我喝掉与被马喝掉会产生不一样的效果：我喝了这杯水之后，会表现出人的各种功能，包括思考、审美、行善等；马喝了这杯水之后，会表现出马的特色，可以飞奔或高声嘶鸣。同样的水进入到不同的有机体，所产生的效果是截然不同的。

怀特海指出：在机体论中，分子将按照一般规律盲目运行，但每个分子由于所属整体的一般机体结构不同，而使它的内在性质也随之各不相同。如此一来，万物的性质皆有差异，而不是由同一种物质与一定的动力所控制。每一样东西都是有机体，整个宇宙亦然。

怀特海特别提出两个概念，一个是“事件”，一个是“永恒物体”。所有解释自然界的系统都必须面对两个事实：自然界一方面充满变化，一方面持续存在。变化与持续这两者该如何协调？怀特海提出“事件”这一概念，作为同时解释变化与持续的基本单位。

后来，怀特海也称“事件”为“实际体”(actual entities)或“实际缘现”(actual occasions)。譬如一棵树，它是一个实际体，也是一个实际缘现。“缘现”就是“缘此而现”，即随着这些机会而出现。你只能看到树的外形，好像昨天和今天差不多，事实上它每一刹那都在变化之中。从“实际体”或“实际缘现”的说法可以看出，怀特海在解释整个宇宙的存在时，会特别注意发展的历程。

“事件”是具体的、个别的、流动的、一去不复返的，它既不是永恒，也不是变化。任何事件都有构成它的部分，每一部分也是一个小的事件。譬如，一棵树有树干、树根、树叶等。同时，这棵树也是整片森林的一部分，所以它是更大事件的一部分。

接着，怀特海又提出“永恒物体”的概念。举例来说，一座山会随着岁月流逝而发生变化，但它的颜色是永恒的。颜色像幽灵缠绕着时间一样来来去去，但在任何地方都是同样的绿色。这个颜色没有变化，一旦需要，它就出现了。所以，颜色就是“永恒物体”，它属于单纯的永恒物体。此外，还有复杂的永恒物体。人通过学习可以得到某些概念，概念所对应的也是永恒物体。

永恒物体构成一个可能性的领域，它脱离现实的事件流。只有进入时空之流，永恒物体才组合起来，成为具体、现实的状态。譬如一座山，它的形状、大小、气味、颜色都属于“永恒物体”，当进入时空之流，这些永恒物体才整合为一个整体，这座山才从可能性变成实际性，成为一座绿色的山，让人体会到某种审美价值。

以“事件”作为存在的基本单位，事件之间的关系就是摄受(prehension)。“摄受”包括“主动摄取”与“被动接受”两个方面。譬如，我喝水是一种摄取，同时也接受水给我身体的某种资源。摄受又可分为“物理摄受”与“概念摄受”。譬如，吃饭就是一种物理摄受；听演讲或上课就是概念摄受，可以把它转化为我的思想。摄受之后，我的生命将会随之改变。

由此再谈到过程与实在。怀特海强调：离开过程，就没有实在的东西。任何实在的东西并不是孤立在现象背后的本体，而是处在不断因为某种条件而改变的状态中。这就是前面说的“事件”。

（三）怀特海的《过程与实在》在说些什么？

《过程与实在》是怀特海的代表作。一般而言，“实在”（Reality）指实体，“过程”（Process）指变迁发展（Becoming）。在西方哲学的传统里，“实体”是指在现象背后作为基础的“存在本身”（Being），而万物（beings）恒在变迁发展之中。如果要研究宇宙万物的真相，当然要研究存在本身。但是真有所谓不变的存在本身吗？在此，怀特海转而研究过程，亦即变化。

研究变化的传统同样源远流长，最早可以追溯到古希腊时代的赫拉克利特，他说：“你不能两次把脚踏入同一条河流。”怀特海与赫拉克利特一样，要从变迁的过程里面找到实在的本性。

整个宇宙一直在变迁之中，所以要想了解一样东西，就要把它的变化与存在本身连在一起。换句话说，一样东西如何变化，就构成了它存在的本质。譬如你问：一个孩子的本质是什么？事实上你根本找不到本质，因为他每天都在变化。但是，你只要掌握他每天如何变化，就可以发现他的本质大概如何。因此，不能忽略变化的过程，离开过程，就没有真正实在的东西。

怀特海的哲学被称为过程哲学（Process Philosophy），他把宇宙万物看成一个发展的过程，就连宗教现象也可以用这种方式来解释。怀特海对于宗教提出不同看法，由此发展出“过程神学”。

怀特海如何看待人的自由？他把“自由”与“决定”放在同一

组概念里。他说，每个实际体在成长的第一阶段，先是顺应物理摄受，然后主体通过概念摄受而采取距离。譬如我先听到很多观念，然后开始思考，我对某些状况要采取什么态度（距离），这时就产生了自由。人这个主体使用概念摄受进行评价与翻转，通过对比而有所创新。所以，自由就在于能够经由概念与理想而标新立异。

怀特海认为，宇宙万物所有的经验过程，都是一方面受到决定，另一方面有其自由。人的自由在“概念化”层次是最高的，所以表现得最明确。人的身心处在互动状态，人与环境也在互动之中，天下并没有绝对的、纯粹的自由。

收获与启发

1. 怀特海之所以提出机体宇宙论，因为在他之前，西方知识界普遍接受从 17 世纪发展而来的自然机械论，即把自然当作机械。它背后的主导思想是唯物论与决定论，以至于人类的自由以及价值世界的成立统统成了问题。
2. 怀特海机体论的出发点是：以时空作为一个场，每一样事物的存在都不能脱离时空场，它与其他事物也一直在互相影响。他认为，存在的基本单元是“事件”。事件既不是唯心的也不是唯物的，而是两者交互而成，在时空中形成一个发展的过程。事件之间的关系称为“摄受”，包括主动摄取与被动接受两方面。同时还存在着“永恒物体”，以便进行“物理摄受”与“概念摄受”。这些概念共同构成一个比较完整的系统。
3. 怀特海的过程哲学旨在说明：并没有孤立在现象背后的不变本体，好像它完全静止不动一样；本体存在于它的过程里面。

课后思考

怀特海的过程哲学提出摄受的观念，包括物理摄受与概念摄受。我们学习的过程就是概念摄受，有主动摄取，也有被动接受。请你思考，学习西方哲学在摄受方面有何明确的心得？你在摄受之后，能否对自己采取某种适当态度，从而表现个人的自由？

43-4

怀特海对教育与宗教的看法

本节的主题是：怀特海对教育与宗教的看法，内容主要包括以下三点：

第一，怀特海的教育观；

第二，怀特海的宗教观；

第三，怀特海对道德与审美的看法。

（一）怀特海的教育观

怀特海的一生有 54 年之久都在从事教育工作。他的朋友普莱士出版了一本《怀特海对话录》，描写他在哈佛执教期间，每星期一晚上在家中与学生聚会畅谈，13 年从未间断。

普莱士说："我在一日工作之余前往怀特海府上，这时我疲倦得几乎不能维持连续的交谈。然而跟他经过四五个小时的对话，半夜出来之后，我总是兴奋得像有一把熊熊的生命之火在燃烧似的。难道他能够放射出精神的电力吗？"可见，怀特海在教育方面有很好的效果。

怀特海认为教育的目标有二：一、要有文化的修养；二、要培养专门的知识，亦即一般所说的通识教育与专才培养。一个有文化修养的人可以表现出三点特色：一、他有思想活动，否则如何展示他的文化修养呢？二、他有自己的审美品味；三、他肯定人生充满希望，如此才有改造未来的动力。

怀特海认为，一个年轻人应该学习专门知识，以便进入世界，找到职业，由此立足安身。但是，文化的修养可以引领他到深刻如哲学、崇高如艺术的境界。教育的目的是要引发创造力，避免惰性观念。另外，教育一定要应用。怀特海说："一个毕业生一定要到课本遗失、笔记焚毁，忘记为了准备考试而记在心里的全部条目，然后问自己学到了什么，那才是他真正学到的。"

怀特海关于教育节奏的说法值得参考。他认为，小学、中学、大学三个阶段，分别属于浪漫期、精密期、展望期。

小学阶段属于浪漫期。这一阶段的孩子充满想象力、好奇心和敏感度，所以要多给他一些空间，让他多看一些卡通、童话、漫画，刺激他的想象，让他过得自由自在。这个阶段的教育，只有两个重点：体育和音乐。体育让他身体健康，音乐让他心灵和谐。这种观点与古希腊柏拉图说的非常类似。怀特海对柏拉图极为推崇，他说过一句名言："2000 多年的西方哲学，不过是柏拉图思想的一系列注解而已。"

中学阶段属于精密期。对于中学生，在知识上与行为上都要严格要求。如果在知识上没有打好基础，将来如何继续深造呢？在行为上必须严守纪律，重视群育和社会规范。

大学阶段属于展望期。这一阶段要开始高瞻远瞩，把个人与群体、国家、人类、历史，甚至宇宙都结合起来。所以，大学生不应该只思考个人问题，而应该放眼天下，这样才能承接整个时代发展的使命。

怀特海指出：教育是风格的培养，教育的本质在于宗教。宗教是一种自然的表现，一个人只要对生命产生根本关怀，就会显示出宗教性。亦即在面对生死问题时，内心会对生命有一种虔诚的尊重。这不是靠教育就能学到的。所以，教育的目标是要培养宗教上的敬意。

（二）怀特海的宗教观

怀特海认为，宗教可以启发人的两大德行：责任与敬意。责任要求我们，好好掌握生命历程中的每一时刻；敬意则要求我们，把整个时间与所有的存在，都附托在现在的我们身上。

谈到宗教，怀特海以专业科学家的立场表示，在某种意义下，宗教与科学之间的冲突无伤大雅，只是被人过分强调了。我们应该记住：宗教与科学所处理的事件性质各不相同，科学从事于观察某些控制物理现象的条件，宗教则完全沉浸于对道德价值与美学价值的玄思中。前者拥有引力定律，后者拥有对神性美的玄思。前者指涉看得见的世界，而后者指涉看不见的世界。科学看见的东西，宗教没有看见；反之亦然。

怀特海认为，宗教不只是去“信”，不只是上教堂、读《圣经》而已。既然宇宙是一个变化的过程，那么人所信仰的上帝是什么呢？怀特海说，上帝是终极的限制（the ultimate limitation），上帝的存在也是终极的非理性现象。为什么上帝的本性恰好有那种限制，那是没有理由可说的。上帝不是具体的东西，但它是具体的实际性的根据。我们对上帝的本性无法提出理由，因为那种本性就是一切理由的根据。

怀特海的宗教观后来延伸出“万有在神论”（Panentheism），它与“泛神论”不同。泛神论（Pantheism）主张：万物就是神，神就是万物。如此一来，谈不上什么超越界的问题。而万有在神论主张：万物在神里，神也在万物里，但神不是万物，万物也不是神。这种说法保存了神的超越性，而神的超越性又可以进一步保障人的超越性。

譬如谈到人的创新，哪里有真正的创新呢？除非有神存在，神代表了无穷可能性的实现。这样一来，人才有创新的可能。

怀特海的上帝不是《圣经》里的上帝，也不能把它等同于世界。上帝与世界是若即若离的。怀特海有一段话具体地表达了他对上帝与世界的看法，他说："说上帝是永恒的、世界是流变的，与说世界是永恒的、上帝是流变的，同样的真实。说上帝是一、世界是多，与说世界是一、上帝是多，也同样是真实的。说世界在上帝里面，或说上帝在世界里面，也同样是真实的。说上帝创造世界，或说世界创造上帝，也同样是真实的。"怀特海这样说并非要否定上帝或宗教，而是要凸显：用人的理性去了解上帝，只能抵达这样的程度。

怀特海认为，宗教是一种力量，用来清洁我们的内部。所以，只要从事心灵的清洁、内在的探险，就是宗教的表现。他说："宗教是一种觉悟状态，觉悟到有一种力量处在当前的事物流变当中，又处在事物之外与之后。这种力量是真实的，但是有待于体现出来。它是渺茫的可能性，又是最伟大的当前事实。它使所有已发生的事情具有一定的意义，同时又避开了人的理解。它拥有的是终极的善，但是又可望而不可即。它是终极的思想，但又是无法达成的探求。"

怀特海说："离开了宗教，人生便是在无尽痛苦与悲惨之中寻找昙花一现的快乐，或者人生只是瞬间消逝的经验中一种微不足道的琐事而已。有了宗教，人就会产生一种崇拜的要求，而崇拜就是在互爱的力量驱使下接受同化。这种爱的力量代表一个目的，这个目的就是永恒的和谐。"

怀特海说："对上帝的崇拜不是安全或危险的问题，而是一种精神的探险，是追求无法达成的目标之行动。压抑这种高尚的探险希望，就是宗教灭亡的开始。"

（三）怀特海对道德与艺术的看法

怀特海哲学的主要问题在于，他对于善的问题无法说得彻底。因为一个人行善或行恶，都是在给别人提供善恶的摄受机会。善恶始终是相对的，往往只有程度的差别，而没有本质的差别。怀特海认为：每一个人都受环境的摄受，行善或行恶都是由各种条件促成的。这样一来，人本身的责任就会降低。也许因为怀特海本身有深刻的宗教信仰，所以他不在乎如此说。但如果没有信仰，又要如何肯定行善的价值？这是一个比较复杂的问题。

另外，怀特海也肯定艺术的价值。他说："艺术是一种审美领悟的习惯，是享受现实价值的习惯。伟大的艺术不只是一时的刺激，它为灵魂增添了自我达成的状态，使灵魂更加丰富。它一方面让你感觉到直接的欢乐，另一方面也符合内在的存在法则。"所以，艺术的价值在于制造一些变化，产生一些活力，使人感到生命的趣味。

怀特海在《科学与现代世界》的结尾部分，再度提到他对理性的肯定以及对哲学家的重视。怀特海说："理性的力量是伟大的，它对人类生活具有决定性的影响。历代以来伟大的征服者，从亚历山大到恺撒，从恺撒到拿破仑，对后世的生活都有深刻的影响。但是从古希腊的泰勒斯到现代一系列的哲学家，他们能够移风易俗，改革思想原则。前者比起后者又显得微不足道了。这些哲学家个别看来是无能为力的，但最后却成为世界的主宰。"

收获与启发

1. 教育方面，怀特海重视通识教育和专才教育，把小学、中学、大学三阶段称为浪漫期、精密期、展望期，这种说法很有特色。
2. 在宗教方面，怀特海强调，宗教是要清洁我们的内部，让一个人对人生有一种理想，可以把宗教与信仰配合起来。他的过程哲学对上帝的看法别出心裁。上帝不能处在过程之外，成为独立的实体；上帝与世界都在过程里面。人类不能缺少上帝，上帝也不能缺少人类，否则双方都无法被理解。

3. 在道德与审美方面，怀特海也用摄受的观念来加以解释。

课后思考

怀特海提到，一个大学毕业生要到课本、笔记都遗失、焚毁了，为了准备考试而背下来的各种细节都忘记了，再问自己学到了什么，那才是真正学到的。请问，如果你今天在街上与别人谈起西方哲学，你能否用自己的话来描写学习的心得呢?

补充说明

关于学习西方哲学的收获，在此做一个综合的说明。

1. 哲学就是哲学史

哲学就是哲学史，这一点在西方哲学上表现得特别明显。我们特别学到了“三观”——宇宙观、人生观、价值观，你会发现：

在宇宙观方面，随着科学的进步，宇宙观也在不断调整，但是永远不可能完整。

在人生观方面，每个人都会受到时代和社会的影响，所以不可能有所谓“普遍的”人生观。你可以有某种基本的人生态度，但是人的遭遇千差万别，所以我们不要强求，说什么样的人生观才是正确的。

在价值观方面，那是个人的抉择，要对它完全负责。抉择之后就要付诸行动，合理安排自己的人生。

2. 思考过程更重要

思考的过程比思想的答案更重要。譬如，大家要养成澄清概念的习惯。我大学一年级时，教“哲学概论”的老师上课时经常会问一个问题：你说的这个字，请你定义它是什么意思。经过一年的训练之后，我们再与别人讨论问题，都会说：“且慢，请你先把问题说清楚，里面有些基本概念是什么意思？”如此才能进行高效的沟通。否则各说各话，难免浪费时间。可见，哲学就是人生经济学，让你可以花较少的时间和精力，高效地完成工作，至少是思想方面的工作。

3. 挫折感

学习西方哲学的过程中，难免会有挫折感。不过，认真学习之后应该会有收获，觉得人生得到安顿，可以摆脱非此即彼的线性思维，并认识许多哲学家有趣的灵魂。每个人在学习中可能都有类似的体会。事实上，如果在学习过程中没有碰到困难，也不容易有真正的心得。

第44章

生命哲学充满活力

44-1

柏格森的思想主旨

本章的主题是：生命哲学充满活力。本节的主题是：柏格森的思想主旨，要介绍以下三点：

第一，柏格森的生平大事；

第二，柏格森的学术背景；

第三，柏格森的思想出发点。

（一）柏格森的生平大事

柏格森（Henri Bergson，1859—1941）是法国哲学家。1859 年在西方哲学史上是相当特别的一年。达尔文在这一年出版《物种起源》，提出生物进化论的学说，影响后面好几个世代的人，直至今日。同一年，西方哲学界诞生了三位哲学家，分别是德国的胡塞尔、法国的柏格森以及美国的杜威。

法国哲学家比较重视实际的生活，对严谨的学术论辩的兴趣较低。柏格森是一位相当特别的法国哲学家，他父亲是犹太人，柏格森从小学习数学、物理学，后来兴趣转到形而上学。柏格森大学本科读的是哲学，因为法国的巴黎高等师范学院不收外籍生，他就加入了法国籍。后来在法兰西学院担任哲学系教授，这是他的主要工作。他最重要的著作是在 1907 年出版的《创造进化论》。

他曾短暂地从政，在第一次世界大战期间担任法国驻西班牙大使，也曾短期赴美国担任全权大使。值得一提的是，柏格森在 1927 年（68 岁）获得诺贝尔文学奖，是法国哲学家获得该奖的第一人。

（二）柏格森的学术背景

柏格森的思想有什么特色？简单来说，柏格森想要调和科学与哲学。譬如，他当时希望把数学与生物学结合起来，将生理学与心理学进行对照，甚至同时参考精神病学、社会学、历史学，还进行比较宗教学方面的研究。

影响柏格森的有两个重要的思想：一个是达尔文的进化论，另一个是法国的精神主义传统。

当时几乎没有人不受达尔文进化论的影响。达尔文的进化论是用来说明生物的存在与进化的生物学理论，基本原则是“自然选择”（Natural selection），也译为“物竞天择，适者生存”。进化论主张，愈是进化的优良品种，愈能够得以保存。

尼采与柏格森都批评过这一说法。柏格森认为，所谓“适者生存”，是说愈复杂的机体愈容易生存，但事实并非如此。如果以生存作为目标，应该是愈简单的机体愈容易生存；愈复杂的机体，生存所需的条件反而愈多。

举例来说，人类是到目前为止最复杂的机体，但是人的存在很脆弱，天气稍有变化，人就会感冒生病。所以，达尔文的进化论有一定的困难。

柏格森的思想可以用“创造进化论”来概括，即把“进化”加上“创造”。这两个词在西方传统里本来是对立的：你要么主张宇宙由上帝创造，要么主张万物由进化而成。但是现在柏格森把两者结合了起来。

此外，法国的精神主义传统也深深地影响了柏格森。法国从蒙田一路到帕斯卡，无不强调人性丰富的内涵，对于唯物论与无神论均持批评的态度。这就是影响柏格森的两个思想背景。

（三）柏格森思想的出发点

柏格森希望调和科学与哲学，因此提出自己的一套观点。他从一开始就反对决定论。决定论最明显的表现是在心理学上的联想主义（Associationism）。联想主义认为，你心里的念头是由先前的意识状态所引发的。你现在看到一样东西，就会联想到以前的经验，前面的原因会决定后面的结果。也就是说，我目前的想法是由过去的某些经验所决定的。

柏格森反对这种观点，他的思想从时间的观念出发。一般人谈到时间都会问：现在几点钟？你今年几岁？柏格森认为，我们对时间的观念已经被空间的观念所影响。空间是同质的、可以替换的，于是我们就认为时间也具有类似的性质。譬如，本来今天早上要与朋友见面，但由于太忙了，我就说“改成明天早上吧”，好像今天与明天是同质的、可以替换的。因为空间具有同构型，大家就认为，可以通过理性把万物静止下来，然后进行抽象，得到概念，再通过概念的分分合合掌握万物的情况。柏格森认为，这种观点正是问题所在，最好把时间理解为绵延。“绵延”从你生下来就开始了，到现在一直存在，并且还在不断变动之中。

谈到时间与空间，都离不开人的意识。心理学的联想主义认为：人的意识在运作时，意识里的所有印象都是从过去的经验中抽象出来的，它们决定了你现在的意识内容。换言之，心灵中的意识状态可以被区隔为一些简单的单元，然后以一种机械的方式决定你现在的想法，进而决定你的未来。柏格森认为那是一种错误的理解，因为人的意识不可能被设想为与空间同样的模式。

柏格森的初衷是为了调和不同存在领域之间的分隔状态。在学术界，像数学、生物学、生理学、心理学这些学科都不应该分割开来，因为整个宇宙是一个绵延发展的过程。这就好比你不能把一首乐曲分割为某几个小节，这些小节离开乐曲本身是没有什么意义的。又譬如，艺术家在绘画中所表现的不是当下的心情好坏，而是他的整个生命。

换言之，人的所有作为都不能用概念化的方式来加以区隔和分别对待，整个生命是意识之流不断流动的过程。所以，要区分“绵延”与“时间”的不同。绵延是异质性的，没有两个片刻是一样的。人的意识是一个整体，不能加以分割。

柏格森这样说的优点是肯定人的意识与自由。但不用“时间”而用“绵延”，在实际生活中会碰到一些困难。譬如，你说你做的每件事情都是整个生命的表现，但这样说不是也很难被理解吗？

收获与启发

1. 法国有一个学派被称为“生命哲学”或“绵延哲学”，它的创始人就是柏格森。柏格森对时代问题有精准的把握，他希望把各种分裂的学科整合起来。所有学科都是人的思想能力建构的，那么人的思想是什么？思想要使用概念，所以难免是抽象的，使万物分而不合；但真正存在的是一个统合的、绵延不断的力量。
2. 柏格森在学术上深受达尔文进化论的影响，但他认为进化论必须配合创造论，才能说明真实的情况，譬如人的自由。同时，他也继承法国精神主义的传统，反对无神论、唯物论，充分肯定人的精神力量。

3. 柏格森思想的出发点是“时间”的观念。他认为，时间不像空间那样具有同构型；时间本身是绵延，不能加以区隔，它跟人的生命不能分开。当你说昨天、今天或明天的时候，你其实并没有真正掌握到时间是什么。

关于时间，西方哲学史上有五种观点。

1. 古希腊的亚里士多德，把时间当作计算运动的过程。
2. 中世纪初期的奥古斯丁说：“没有人问我什么是时间，我以为我知道；有人问我，我就不清楚了。”他把时间解释为：回到人的内心，就可以记忆过去、肯定现在、想象未来。等于把时间转到内心的活动。
3. 康德把时间当作人在认识过程中，人的感性的先天形式，把时间从外在拉到内在。
4. 海德格尔把时间当作人类存在者的生命所表现出的最主要特色——人是在时间里走向死亡的存在者。
5. 柏格森把时间当作绵延，与以上四种说法有明显区别。他强调，时间的每一刹那都是异质的，而非同质的。这与“时间一去不复返”的意思类似。

课后思考

柏格森认为，要把时间甚至生命的本质理解为绵延；个人生命从出生开始，一路发展下来是连续性的，不能分割成某几个阶段。请问：这种观点给你哪些启发？能否让你对人生有新的看法？

补充说明

柏格森的观点可以从以下三方面来看。

1. 要以整体的眼光来看待人生。

2. 要意识到生命是一种临在的体验。法国哲学家马塞尔强调“临在”观念。柏格森生于 1859 年，马塞尔生于 1889 年，比柏格森晚 30 年。马塞尔从柏格森的思想中得到很大启发。

3. 生命是一个绵延的整体，因此要珍惜人生。

在此要谈谈，我们选择西方哲学家进行介绍时，究竟以什么作为标准?

西方哲学从古希腊到中世纪，使用的语言为希腊语和拉丁语。近代西方哲学以法语、德语、英语为主。使用其他语言的哲学家大都不属于西方第一线的哲学家。

怎样才算是第一线的哲学家?一位哲学家的著作如果具有原创性，出版之后引起广泛的讨论，甚至在 50 年、100 年之后仍然受到别人探讨，成为后代学者的思想来源，那么他当然可以算是第一线的哲学家。我们所介绍的西方哲学家，基本上都能达到这个标准。

那些讨论第一线哲学家的著作，顶多算第二线。很少有人通过研究某位哲学家而成为第一线的哲学家。你可以研究别人的思想，但自己本身要有创见。譬如，罗马初期的普罗提诺，他虽然研究柏拉图，但他的思想本身具有创造性，于是成为那个时代第一线的代表人物。

后文会介绍德日进的代表作是《人的现象》和《神的氛围》。特别是《人的现象》一书，能够从地质学、古生物学，一路谈到人的精神世界，成为该领域的代表作。我们可能因为对他不太熟悉，或者因为他有宗教背景，就认为他的思想不太重要，那就是我们先入为主了。

我在求学阶段，西方最流行两派思想：一是逻辑实证论，二是语言分析哲学。但是我不打算对这两派思想做专门的介绍。原因何在？

首先，逻辑实证论与数学的关系非常密切。以前我有个同事想去美国专门攻读逻辑，结果别人对他说，你先读完数学系再来。坦白说，逻辑实证论对社会、对哲学界都没有太大的影响。这种思想格局有限，到最后顶多跟语言分析类似，成为一种“意义”的检证标准。但是那种意义早已被设定好，其标准就是科学界的标准。

语言分析学派在西方当然重要，但是对中国人来说实在强人所难。从希腊语开始，要了解和分析各种语言的结构。维特根斯坦（Ludwig Wittgenstein，1889—1951）在上述两方面都有一定的影响力。每一个人都有自己的限制，对于语言分析学派，由于我自身能力的限制，所以我不愿意勉强去介绍。

柏格森的代表作是《创造进化论》。我们介绍的每位哲学家都有一两本这样的代表作，我们读过之后，会发现它们有其价值。你可能听说，西方现在流行现象学、结构主义、解构主义、后现代主义等，但不要以为西方人都这样想。很多学者只是在象牙塔里关起门来做研究，对世界没有太大影响。一般人去读这样的哲学著作，意义何在呢？当然，如果你去攻读哲学系研究生、要进一步深造的话，就另当别论了。

44-2

柏格森的生命哲学

本节的主题是柏格森的生命哲学，要介绍以下三点：

第一，柏格森对进化论的看法；

第二，柏格森如何探讨意识与自由？

第三，柏格森的《创造进化论》在说什么？

（一）柏格森对进化论的看法

柏格森最主要的代表作是《创造进化论》，简称为《创化论》。柏格森强调，生命的本质在于创新，因为整个宇宙是一个生命冲力（élan vital，vital impetus）。"生命冲力"是柏格森特有的术语，可以理解为一种充满整个宇宙的强劲的活力。

柏格森的基本立场是反对目的论和机械论。目的论认为，宇宙万物的存在有一个目的，每一样东西的存在都是为了完成那个目的。目的论的问题在于：如果目的是预定好的，则无所谓真正的创造或创新。机械论则主张，一样东西的存在是由机械的方式组成的，变化不过是重新组合而已，就好像把各种零件调整一下，也谈不上什么创新。柏格森反对目的论与机械论，是要强调创新的可能性。因为在他看来，宇宙万物的进化表现为不断的创新。

柏格森批评达尔文的进化论，他认为进化的路线并非像达尔文所说的一条鞭法，即从低等到高等一路进化，最后出现了人类。柏格森认为，进化的路线分为三条。

1. 第一条路线，进化碰到物质的世界，譬如石头、水、矿物质等。整个宇宙是一个大的生命冲力，物质所显示的是生命冲力遇到阻碍，只好在那里停顿下来，所以物质中的变化是非常缓慢的。
2. 第二条路线，生命冲力进入到生命的世界，包括植物与动物。植物具有生命冲力，譬如墙头小草可以挣扎着长出来。叔本华称之为“求生存的意志”，尼采称之为“求力量的意志”，其实都可以用生命冲力来解释。动物表现得更明显，它们有各种求生本能。
3. 第三条路线最重要，生命冲力进入人类。柏格森认为，人类生命的进化跟物质、生物不同。以动物为例，动物都具有本能，它们以身体器官作为求生工具。譬如，狮子靠牙齿与利爪生存；斑马靠跑得快，它牙齿不适合咬人，但可以吃草。

人类除了本能之外，还有两个天然的条件——理智与直观。理智可以让人进行抽象的思考，对万物加以了解和分辨，这是对付外在世界的。柏格森的特别之处是提出“直观”（Intuition），有时也可译为“直觉”。如果要面对人类动态的生命，则要靠直观或直觉才能把握，理智的抽象性对此无能为力。

西方传统上把人称为“智人”，就是有理智的人，拉丁文为 Homo sapiens；也称为“行动人”或“工作人”，拉丁文为 Homo faber。柏格森认为，“智人”反映出人可以通过理智的抽象，掌握到万物的本质，进而可以建构知识。但真正重要的是“行动人”或“工作人”，因为人要通过活动与世界建立关系。一个人只用理智去思考就会出现问题，因为他脱离了整体生命的大的力量。换句话说，人在使用理智的时候，首先必须把变化的世界停下来，再抽取共同的本质与概念来进行说明。我们由此得到理智所建构的世界，却忽略真正的世界是怎么回事。

(二)柏格森如何探讨意识与自由?

柏格森思想的关键在于他要掌握意识，把时间当作绵延。他认为，我们的意识只能由直观来把握，只能被理解为绵延。换句话说，意识是一个意识流，它始终是动态的，不断流动，不能被设想为固定的、被某些因素所决定的东西。意识是对生命的注意，无法由一般的身体状态去掌握。

柏格森进一步探讨什么是自由。人的自由表现在：人的每一次选择都是他整个生命的表现。换言之，我的每一次选择并非只代表我今天的选择，或只代表我在某种状态下的选择。整个生命是连续发展的，不能脱离基本的生命冲力。

柏格森也探讨身体与心灵的关系问题。在柏格森之前，关于身心关系主要有四种说法。

1. 认为身体与心灵是一个整体。柏格森认为这种说法过于粗糙，因为这两者显然具有不同的性质。如果不加分辨就合在一起，说它们代表最后的实体，显然不太清楚。
2. 认为身体是心灵的工具。譬如，我心里想举起右手，我就举起了右手。事实上，身体不完全受我们的心灵所控制。如果身体只是心灵的工具，身体本身就没有自主性可言；但事实上身体有它本身的作用。
3. 主张心灵是身体的一个现象，尤其是脑部的一个现象。譬如，我在思考，就代表我的脑正在分泌脑汁。这种说法不容易得到证实。

4. 主张身心本来是一体之两面，两者是平行的。在近代的理性主义里面，就曾经有人这样主张。

柏格森认为以上四种说法都有问题。他认为，身体与心灵不一样，真正属于人的在于心灵。人的自我就是他的意识，而意识是一个绵延的整体。人的行动由身体表现出来。如果一个行动是由我的意识决定的，等于是由我整个生命在决定，那么这个行动就是自由的行动，是属于我的行动。我的意识并不是在当下某个时刻，忽然决定要做什么事。

柏格森也承认，人有许多行动未必属于自己，而是由外在的社会规范所造成的，譬如开车靠右边。不过，人可以表现出某些行动是他真正想要做的，这样的行动才是自由的。

（三）柏格森的《创造进化论》在说什么？

柏格森认为，如果想要了解宇宙万物的本质，最好的方法就是向内去观看自己的内在生命。他的建议与叔本华类似。人类的生命本身就是以整个宇宙作为基础的，所以柏格森的学说被称为“生命哲学”。

宇宙万物的基础是充满活力的生命冲力，所以宇宙的生命与个人的生命都在生生不息的变迁发展之中。对人来说，生命就是意识，所以不能像物质那样由“量”来决定，而只能由“质”来观看。生命冲力的发展有三条可能的路线。人藉由直观能力，可以直接领悟到生命冲力本身。

收获与启发

1. 柏格森从达尔文的进化论出发，认为进化的路线不应该是一条鞭法，而应该有三个方向，包括物质、生物与人类。人与万物有明显的差别。人作为万物之灵，除了本能之外，还有理智与直观的能力。要面对自己的生命，就要用到直观。但是通常我们都是用理性进行思考，去处理世界上的各种问题。这就造成了西方哲学的困难，形成两极化的区分，各学科之间始终无法联系起来。柏格森想调和科学与哲学，他的构想与怀特海有类似之处。
2. 柏格森强调，要了解意识是什么，首先要理解时间。看待时间不能采用看待空间的方式，把时间当作固定的、同质的，而要把时间理解为“绵延”。一切都在绵延之中，外在的世界连续不断地发展，我们的意识本身就是一个绵延的存在。意识就是对自己内在世界的注视，由此充分肯定人的自由，摆脱决定论、唯物论等观念的束缚。
3. 柏格森的创化论主张：生命冲力是宇宙的本体；人藉由直观，可以直接领悟生命冲力。

课后思考

柏格森的“创化论”旨在说明：人的自我在于意识，意识是一个绵延的整体，由此才可能出现真正的自由。你觉得在哪些事情上，你的自由选择可以表现你个人生命的整体？

44-3

柏格森对道德与宗教的看法

本节的主题是：柏格森对道德与宗教的看法，要介绍以下三点：

第一，封闭的与开放的社会；

第二，柏格森的道德观；

第三，柏格森的宗教观。

（一）封闭的与开放的社会

柏格森肯定宇宙万物的本质是一种生命冲力，这种生命冲力有三个发展方向：无生命的物质、有生命的植物与动物，以及人的层次。人习惯使用理智去把握抽象的概念，由此了解世界；但人除了理解之外，其实是活在这个世界里。人除了理智以外，还具有直观的能力。直观让人的内在意识于整个实在界中发现了“绵延”，绵延是生命冲力的存在形式。

柏格森认为，在动物世界，生命冲力也会展现出一种基层团体的倾向，也就是形成某种类似社会的结构，蜜蜂与蚂蚁就是最明显的例子。但是它们形成的是一个封闭的社会。有封闭的社会，相对的就有开放的社会。柏格森后面探讨道德与宗教，都与“封闭与开放”这种区分有关。

柏格森认为，封闭的社会局限于某一个确定的群体，其中的成员由相互的约定所结合，随时准备着攻击或者防御，保持一种战斗的态度。一个封闭的社会在生存竞争之下，同其他的社会之间会有一种紧张的关系。相对于此，开放的社会在原则上包容整体人类。柏格森最后一本代表作是《道德与宗教的两个来源》，他强调道德与宗教都有两个来源。他的说法主要就是基于上述两种相反的社会观念。

（二）柏格森的道德观

有自由才有道德问题。但是，一般人的自由是为了社会的要求而运作的。譬如，我们从小被要求守规矩，好好学习，应该这样，不应该那样；久而久之，这种要求就内化为我们的良心，这个良心其实有“社会我”的影子。

所以，道德可以分为两种：封闭的道德与开放的道德。“封闭的道德”强调，良心是“社会我”所造成的结果，道德来自于社会的压力。为什么人需要这种封闭的道德？因为社会是群体的共同生活，如果个人的自我意识太强，就会为了自己的利益而拒绝接受社会的安排。

举例来说，有一群蚂蚁本来分工合作，但工蚁看起来很可怜，它一年到头在工作，从来没有任何享受，而有的蚂蚁什么都不做就可以坐享其成。假如有一天这群蚂蚁有了自我意识，工蚁就会质疑：为什么我天天做工，而它却天天享受呢？一旦开始为自己的利益着想，群体内部很容易就会产生分裂。人的社会也一样，一定会有某种习俗或道德。在古代封闭的社会中，道德就等于习俗，人的一切作为都由部落或族群所规定。所以，封闭的道德是为了维护社会的安定而存在的。

什么是开放的道德？它不是为了保护社会的存在，而是为了个人更高的期许。一个人不再是为了一个社会而存在的，真正的个人可以撇开现在的角色或是人际关系而去思考：作为一个人，我应该如何？这时就会出现理想主义，让人对自己有更高的期许。他把人之所以为人的理想作为道德实践的目标，这样的目标可以和宇宙创化的过程连在一起。宇宙是一个生命冲力不断创化的过程。个人在实践道德时，也可以通过这样的模式，让自己展现出“日新又新”的面貌，使自我的实现与宇宙的创造力结合在一起。换句话说，开放的道德可以突破社会的格局，使人提升到和宇宙的生命冲力相通的程度。

（三）柏格森的宗教观

柏格森认为，凡是具有道德的社会，也一定同时具有宗教以保障社会的统一。如果没有宗教，道德难以长期维持；如果没有道德，社会也无法长期维系。宗教也分为两种——静态的宗教与动态的宗教，或称封闭的宗教与开放的宗教。

所谓“静态”或“封闭”的宗教，是人的本性为了防止理智活动而产生的保护力量。它可以保护我们的社会，不要因个人的理智替自己考虑而使社会分化。可见，柏格森念念不忘的，是要防备那个专门进行概念抽象的理智。

静态宗教特别强调神话与禁忌，要利用宗教的力量来约束个人，这一点与封闭的道德类似。社会需要保存，个人也需要保障，所以静态宗教也可以保障个人的安全。譬如，人由于不知道死后的情况而难免怕死，宗教就发明各种神话，让人不必害怕，给人各种来世的保障。

所以，静态宗教至少有两个功能：

1. 保障社会的安定，让个人因为有各种神话与禁忌而不敢去危害社会；
2. 保障个人的安全，因为人都害怕死亡，所以宗教对于死亡会有一个明确的解释，譬如死后有轮回或者上帝有公正的审判，让大家比较安心地去面对人生的最后一关。

与静态的宗教不同，动态的宗教会让一个人的生命显示出活力，生生不已，最后进入一种爱的境界。动态宗教本质上是一种密契主义（Mysticism），它肯定人的心灵可以超升到与宇宙万物合一的境界。“密契”的意思就是统合、合一。合一有很多种，对于柏格森所谓的“动态宗教”来说，“合一”是指一个人可以达到一种密契境界，体验到宇宙的生命冲力。

所以，动态的宗教不是为了要维护社会的安全或者是保障个人的安心，它超越了自我与社会的要求，进入到博爱的境界。爱人与爱神这两者的关系密切，人类都趋向于爱神的境界。在基督宗教的密契主义里，这种爱可以达到极致——透过神，借着神，在神之内，以神性的爱去爱全体人类。这种动态的宗教不会区分教内、教外，也不会像某些原教旨主义者那样，坚持只有自己的教义是唯一的真理。

最后再来总结一下柏格森的思想。柏格森作为哲学家，在 1927 年获得诺贝尔文学奖，可见他的哲学观点受到普遍重视。20 世纪的许多哲学运动都受到柏格森的启发，他在一定程度上左右了当代有关时间、生命、人、社会、道德与宗教方面的想法。他认为，直观是生命冲力的纯粹表现。我们不能把这个观点说成是非理性主义，因为生命就是意识。柏格森思想的特色是把理智与直观对照，进而强调直观的重要性。

另外，柏格森还继承法国精神主义的传统，对后期的精神主义与存在主义都产生相当深远的影响。他的作品富有原创性，每一次阅读都会让人有新的收获。他本人虽然没有形成明确的学派，却影响许多后起的哲学家，如下文要介绍的德日进。

收获与启发

1. 一个社会总有某些开放的或封闭的成分。到目前为止，没有哪个社会是完全对其他人开放的；同时，社会本身也有其时空的特色、文化与历史的背景，所以不可能是完全开放的。柏格森只是提出一种哲学架构让我们去思考。如果你知道宇宙万物其实是同一个生命冲力在运作、人的意识其实是一种绵延的话，就不会用纯粹抽象的方式去界定你是哪一国、哪个种族、哪个地方的人，人与人的差异很容易化解，因为所有人都属于同一类，甚至人类和宇宙万物的生命冲力都可以相呼应。
2. 柏格森认为有封闭的与开放的道德，宗教也有静态与动态之分。他这样区分的用意是希望我们走向开放的道德与动态的宗教。因为这两者都可以让人性往上提升，最后不但可以让人类本身互相关怀、互相肯定，甚至可以让人类同宇宙的力量结合在一起。他的哲学充满活力，可以给人带来希望。至于他的学说是否过于忽略人生的负面情况，像人间有各种罪恶、堕落，甚至有毁灭的威胁，这一点可以再做进一步的讨论或修正。

课后思考

柏格森说，道德有封闭的与开放的两种。简言之，“封闭的”道德侧重于被动的约束，“开放的”道德则可以让人主动感受到人与人之间有深刻的同构型与密切的关系。请问，你最近有哪些表现比较接近开放的道德?

44-4

德日进的基本观点

本节的主题是：德日进的基本观点。德日进（P. T. de Chardin，1881—1955）是一个比较特别的人物，他在哲学上的贡献有些曲折。本节要介绍以下三点：

第一，德日进的生平；

第二，德日进思想的背景；

第三，德日进的核心观念。

（一）德日进的生平

在当代哲学家之中，致力于调和科学与人文的学者，包括威廉·詹姆斯、怀特海与柏格森。德日进把这项工作继续下去，并取得了成就，因此值得我们重视。

德日进是法国人，出生于一个大家庭，有 11 个兄弟姊妹，他从小就养成了合作与友爱的习惯。他的父亲是一位半贵族式的地主，酷爱博物学，母亲是虔诚的天主教徒，所以德日进后来同时爱好科学与神学，进而希望把两者加以融合。他 18 岁时加入天主教耶稣会，接受耶稣会的训练，在学术上有一定的水平。

在 16 世纪马丁·路德进行宗教改革期间，天主教内部也有反省与改革的声音。西班牙神父罗耀拉创立了耶稣会，它是天主教内部的一个修行团体，特别重视忠诚、学术以及献身于社会改革。

德日进的年代是1881年至1955年，在他成长过程中，正好看到柏格森出版的《创化论》，深受生命冲力观念的启发。他学习的范围很广，包括古生物学、地质学、哲学、神学等，并在古生物学方面获得博士学位。他从42岁至66岁，有24年之久都在中国从事研究。他参加过"北京猿人"的考古活动，还确定北京猿人是一位女性。

他的主要著作也在这一阶段写成。他是天主教神父，出版任何书籍都要经过教会的批准。德日进的思想比较超前，他对于进化论有自己的见解，对于"原罪"的看法也与教会的正统思想不合，所以他的两本代表作——《人的现象》与《神的氛围》，在他死后才得以出版。

（二）德日进的思想背景

德日进的思想背景有以下三个方面。

1. 进化论

20世纪初期，自然科学的发展以进化论与人的生命最有关系。从宇宙的来源一直到人类生命的出现，进化论提供了一套合理的解释。德日进接受进化论的说法，这在当时对于一个基督徒来说是很大的挑战。因为接受进化论就会怀疑：世界与人类是不是上帝创造的？何况德日进是耶稣会的神父，一生专务于宗教上的奉献。

1926年在中国期间，他写信给朋友说："在学术上，我一直对地质学的技术研究深感兴趣，因为在地质学上还有许多等待解决的问题。但是这两年来，我逐渐把史前史的研究转到现代人性的问题上，发展出一个清楚的念头——人是大地现象的极致，是地质过程和伟大的生命之流的巅峰。"

德日进强调，他发现了地质学的人性发展。他认为，目前最重要的工作是要提醒那些研究人的学者，包括地理学家、经济学家、政治学家等，要知道他们所研究的生命现象，其实是一种有着最高秩序的地质现象，人是有着最高组织的生物，或者说人是一种超生物现象。德日进强调，进化不只是生物的，也是社会的与心理的，并且进化有其终极的目标。这就是他的代表作《人的现象》里所谈论的重点。

2. 柏格森的生命哲学

柏格森的哲学是从达尔文的进化论延伸发展而来，认为真正的进化是一种创造的进化。宇宙本身是一个生命冲力，进化是整体力量的表现，在任何地方都能发现这种力量的存在。所以，主张进化论并不妨碍创造的进化之可能性。德日进认为，上帝创造世界以及世界由进化而来，这两种观点并不矛盾。上帝创造出世界的原始形态，使其充满生命力，这个生命力慢慢地进化，最后出现了人类。

3. 基督宗教的信仰

德日进本人是神父，对于基督宗教的传统神学观念有深刻的了解；他同时又研究自然科学，总希望把这两者加以协调。

（三）德日进的核心观念

德日进的核心观念就是要说明人是一种什么样的现象。他是古生物学家及地质学家，所以喜欢用立体的方式来表达：把地球做立体的切割，从横截面来看，地球最中心是钡层，即金属层；第二层是锂层，即岩石层；第三层是流体层，就是水。这与我们一般人所了解的地球结构差不多，从内向外是金属层、岩石层、流体层，所以地表之外是海洋。

但人类出现以后，整个地质的面貌发生了改变。如果透彻的研究地质学，就会发现在原有的金属层、岩石层、流体层之上，又出现了一个心灵层。地球表面之上都是人类心灵所造成的效果。譬如，你看到海上有一艘船，那不就是人类制造的吗？人在地表上建造各种房屋和设施，那不是人类文化发展的结果吗？所以研究地理要分自然地理与人文地理，人文之外还有天文，这是整个的立体架构。德日进把人类的出现作为他的研究核心。

他进一步指出，万物最初都是由简单的粒子（如质子、中子、电子）所组成，简单粒子结合成原子，再进一步形成分子，组合成细胞，形成有机体，然后出现生物。在发展的过程中，相同层次的因素组合起来，变成愈来愈复杂的有机体，再随着时间的发展而不断演变。这就是进化论的基本假定，与我们在经验世界中所见的现象是吻合的。

进化过程牵涉到科学上的基本定律，如热力学定律。德日进认为，在能量转化成热量的过程中，物质的内部与外部会不断发生融合与变化。这时会出现热力学第二定律的问题，就是所谓“熵增”现象，最后会导致“热寂”的结果。

简单来说，任何物理或化学系统都有造成最大混乱度的趋势，它的组成成分都会趋向更混乱或无规则的结果。在一个封闭系统中，各分子熵的总和只会增加不会减少。因此，地球在把能量变成热量、造成各种变化之后，热量无法完全回收，不能再做功，于是有一部分热量就会散失。长此以往，地球的能量终将耗尽。

在德日进当时，科学家估算能量耗尽的时间约为 150 亿年，现在则缩短到约 80 亿年。如果地球终究结束，那么人的现象又有什么意义呢？这就是德日进一生关怀及探讨的问题。我们下一节再介绍他给出的答案。

收获与启发

1. 德日进是一位特别的哲学家，他有明确的宗教身份，又有古生物学、地质学的研究背景，他希望把科学与神学加以协调。他从 42 岁至 66 岁，有 24 年之久都在中国从事研究。他的名字如果按照法语发音直译的话，就变成“德侠旦”了。“德日进”这个名字出自《庄子》，是他在中国期间由朋友帮他取的，意思是德行每日都在进步。
2. 德日进的思想背景主要有三个方面，除了基督宗教的信仰之外，他还受到达尔文的进化论和柏格森的创造进化论的影响。
3. 德日进一生的目标是希望说明人的现象是怎么回事，再进而解释人生意义的问题。

课后思考

根据德日进所说，整个宇宙进化的目的是要让人类出现。人类有意识能力，就像宇宙的生命达到意识的层次，可以觉察宇宙要何去何从。人类责任重大，不但要为自己的一生负责，还要为整个宇宙寻找正确的方向。你对此有何想法？你觉得怎样才能承担起对宇宙未来的责任？

补充说明

米兰·昆德拉在《生命中不能承受之轻》中说：“人类一思考，上帝就发笑。”上帝在笑什么？他在笑人类不自量力。人的头脑再怎么思考，都无法想通根本的道理，譬如，人为何会出现？人出现之后该如何面对他短暂的人生？

然而，人毕竟还是跨过了反省的门槛，可以进行思考。那么是谁让人可以思考的？人的出现看似偶然，但是人发现自身的处境之后，就要扩大负责的范围，最后要为整个宇宙的未来负责。

所谓“偶然”并非没有原因，而是到目前为止尚未找到原因。近代西方哲学家莱布尼茨曾提出“充足理由原理”，即任何东西的存在一定有其充足的理由，否则它不会存在。这也是针对人有理性、可以思考来说的。人既然能够思考，就可以给自己一个理由，赋予自己一种使命感。

人要为整个宇宙的未来负责，这是不是把人看得太重要了？问题的关键在于：人可以思考这个问题，因此这个问题就与人类密切相关。事实上，宇宙的未来也牵涉到人类的未来，并进一步牵涉到个人生命的意义。所谓“意义”就是理解的可能性。我能理解自己为何会出现在这个世界上吗？为了理解，我必须对宇宙做一个全盘的解释。

44-5

德日进所见的人类的未来

本节的主题是：德日进所见的人类的未来，要介绍以下三点：

第一，人是如何出现的？

第二，人的信念；

第三，科学与宗教。

（一）人是如何出现的？

德日进的创见在于，他对于人的出现有明确的看法。他从地质学与生物学的角度发现：虽然宇宙万物的变化都符合热力学第二定律，最后不可避免会出现热寂的结局；但是当一样东西的外表发生改变时，它的内部也会产生变化，这是问题的关键。随着一样东西的结构趋于复杂，它内在的意识也会由简单趋于复杂。

德日进据此提出“复构意识定律”，亦即复杂的结构会带来意识的出现。譬如，石头或水的结构很简单，谈不上有什么意识。但从植物到动物，一直到灵长类，随着结构愈来愈复杂，意识的表现也愈来愈明显。

有一次我在动物园看到一只猩猩，旁边有一个简单的介绍：当一只猩猩的体格与人相似时，力气比人大四倍，但其脑容量只有人类的四分之一。人类的脑容量大，代表神经的结构更为复杂，根据复构意识定律，人类的意识就会跨过“反省的门槛”。

一般生物的意识都是向外的直接意识，而人类跨过反省的门槛，出现了“反省意识”，可以意识到自己。反省意识的重要性在于，它可以让我们把过去的记忆重新加以组合，从而对未来有一种创造的能力。所以，人不仅能像其他生物那样知道许多事情，还能知道“自己知道什么”，因而在对世界的认知和对自我的理解上，都远远超过其他动物。换言之，人跨过反省的门槛，出现反省意识，然后发现自己内部生命的特色。

人如何跨过反省的门槛呢？达尔文在《进化论》中承认，从“准人”到真正的人，中间有一个失落的环节。德日进要设法解释这个问题。他认为，当我们的祖先同其他的人猿一起生存竞争时，可能出现了难以置信的意外事件，譬如不断的闪电或山崩这种大自然灾难，使我们祖先这一组人猿从沉睡中忽然醒来。在此之前，他们的意识与其他动物一样，只能向外投射去掌握外在的一切；现在，意识可以回到自己，好像突然醒了过来，发现原来我就是我，我是不一样的。人于是跨过了反省的门槛。

在《旧约·创世纪》里，有一段描述很有意思。上帝创造了亚当、夏娃，让他们住在伊甸园内。后来他们没有遵守上帝的命令，吃了不该吃的知善恶树的果子，于是他们眼睛张开之后，发现自己赤身裸体。

亚当、夏娃的眼睛以前不可能没有张开，但只能向外看，却无法看到自己，这与其他动物没什么差别。但吃了知善恶树的果子之后，立刻发现自己赤身裸体。“发现自己”代表出现自我意识。其他生物不穿衣服不会觉得羞愧，但人类的小孩子成长到某个阶段，不穿衣服就会觉得难为情了。

《旧约·创世纪》写于公元前 11 世纪，当时对人的了解还相当有限，但这句话是一个关键。换言之，历史上可能出现难以置信的意外事件，使人类的祖先忽然之间跨过反省的门槛。除此之外，目前没有更好的解释，而且这一过程也无法进行复制。

也有人提出一些问题，譬如宇宙那么大，谁能保证在大爆炸之后，在无数的星球里面，只有地球上出现人类？难道只有地球具有让人类产生的条件吗？但是，人类这种高级的、有理性的生物的出现，实在是一个相当特别的事件，这就是德日进的重要见解。他并没有从神学的角度来解释人的出现，而是采用进化论的立场，在最后的关键时刻，再配合《圣经》来加以解释。他一方面承认进化的客观现象，另一方面也维护上帝创造世界与人类的宗教观点，使两者得以配合，而不至于产生直接的矛盾。

（二）人的信念

人跨过反省的门槛，出现自我意识，有自己的位格，可以作为一个主体，进行知、情、意各方面的活动。问题是：人的位格要如何发展？人类是在宇宙进化过程的最后阶段出现的，等于是宇宙醒了过来，具有精神力量或意识。

我们已经知道，热力学第二定律最后可能导致宇宙归于沉寂，所以人类要回答一个问题：人类的未来在哪里？宇宙的未来要往哪里走？现代科学的发展应该有一个明确的目标，要寻找新的能源，使宇宙的能量不要耗尽。太阳的能源将来注定要消失，而人类的智慧是否能让能源再生，让地球永续存在？因此，人与人要团结起来，一起思考，分工合作，因为仅凭一己之力是无法了解整个宇宙各个层次的。

另一方面也要面对更加残酷的问题。人类研发出的各种武器，可以提前让人类甚至整个地球毁灭。所以，德日进提出“超级位格”的观念，即人群共同组成的社会的和谐表现。人不只是为了自己，也是为了群体。群体合作，并且是所有国家与民族的合作，才可能成功找到人类以及宇宙发展的方向。

（三）科学与宗教

为什么德日进的思想在哲学界没有引起特别注意？因为他是天主教的神父，出版著作要经过教会的审查，而教会一向比较保守，所以直到德日进过世以后，他的著作才得以出版。

德日进形容，人活在世界上，就像在坑道里的矿工。当矿坑发生灾变，听到轰隆巨响时，矿坑被封起来了，这时的矿工一定是悲观的。如果没有任何信仰，等于没有人知道有没有出路。你问一个人说："你要带我们去哪里？"说穿了只是去坟墓而已，因为人最后都要埋葬在坟墓里面。

能否找到出口呢？这就和宗教信仰有关了。信仰并不是一种单纯的安慰而已，它来自于人的内心深处有一种要求超越与突破的力量，还要得到某种启示才能成立。德日进是基督徒，对于宗教有很深刻的体会，他相信上帝是一切的开始，也是一切的结束。他用希腊字母的第一个 α 与最后一个 Ω，分别代表开始与结束。进化过程的关键在于耶稣基督的出现。耶稣本人是人也是神，他把人的典型充分体现出来，让人可以往上提升到神的层次。

德日进另一本重要著作是《神的氛围》，书中强调：人的一生不能离开活动，作为信徒必须热爱他的工作，投入这个世界，在人间好好努力。德日进说："你们是人，但我们基督徒更是人。""更是"两个字说明，他作为基督徒可以更积极地入世，同时不会受到世间得失成败太大的影响。

德日进还发明了一个词叫做"人化"（Hominization），意思是让它变得像人。这个世界是物质的，只有人才有精神。所以，人不但要发挥自己的精神，还要把世界的精神也发挥出来。他强调，要把我们身边的存在物都“人化”，把它们当作人来看待；把所有具体的物质经过人的安排，都变成蕴涵人的精神意义。这样一来，就能把世界变成像人一样，具有生命的精神特质。

作为个人要在哪些方面努力呢？德日进提到三点：纯洁、信赖与忠实。“纯洁”是指目标纯正，有真诚的情感；“信赖”是相信人类不是莫名其妙出现的，要相信人类对世界负有责任，要配合上帝的力量，帮忙照顾这个世界，一起寻找出路；“忠实”就是要实践自己的责任。

最后，德日进用一句诗来形容人类的前途：“在我看来，地球的整个前途，正如宗教一样，在于唤醒我们对未来的信念。”代表人的未来不应该只是在这个世界上发展，还应该有宗教信仰作为出路。德日进也清楚指出，我们对宇宙的前途不应该悲观，因为人已经跨过反省的门槛，具有思想的能力，可以决定自己发展的方向。德日进以他的方式把科学与宗教融为一体，使两者不再对立，还可以互相配合。

收获与启发

1. 德日进说明了人的出现。从整个地质学看来，人属于最外表的心灵层。经过漫长的进化过程，人类拥有最复杂的机体结构，由此带来内部意识的提升，使人跨过反省的门槛，出现自我意识，可以进行思考，这就是人的生命特色。人类是宇宙精神的觉醒，所以要承担起责任，找到新的能源，避免“熵增”威胁，使宇宙继续存在下去。
2. 人与人应该合作，共同找到人类未来的方向。
3. 德日进认为，科学与宗教可以协调，他的目标不仅是协调创造论与进化论，还要更进一步向未来前进。他一方面接受科学研究的重要启示，另一方面也肯定人的生命有超越科学的部分。对于宇宙的未来该往哪里发展，他做出清楚论述，并提出他的方法：人类要团结起来，为了地球的永续存在而通力合作。

课后思考

德日进的思想让我们眼界大开，从个人到世界到地球，甚至扩及整个宇宙。把宇宙未来的命运交在人的手上可能责任太重，请问：你对身边的亲友、同事、国家或整个人类要怎样做，才能不断跨越每个范围的限制，让自己往更宽广的领域去发展？

第 45 章 美国哲学的发展

45-1

新英格兰的先验主义

本章的主题是：美国哲学的发展。本节的主题是：新英格兰的先验主义。

美国在 1776 年建国，人口主要由欧洲移民组成，所以在哲学方面，美国接受并发展了欧洲的思想。事实上，哈佛大学早在 1636 年，也就是美国建国之前就成立了。哈佛大学先是设立神学院，培养基督教传教士，教学内容自然也以欧洲传统为主。直到大约 200 年之后，哲学思想才开花结果。新英格兰先验主义是由美国本土发展出来的思想，它的代表人物包括爱默生与梭罗。

本节要介绍以下三点：

第一，新英格兰先验主义是什么？

第二，新英格兰先验主义对宇宙与人生的看法；

第三，新英格兰先验主义塑造了美国心灵。

（一）新英格兰先验主义是什么？

“新英格兰先验主义”这个词在说什么？“新英格兰”是指美国的一个地区。英格兰本来属于欧洲英伦三岛的一部分，移民人口到美国之后怀念祖国；并且美国最初的十三州主要位于美国东北区，以马萨诸塞州波士顿的哈佛大学为中心，这里的纬度及各方面条件与英格兰相似。因此，哈佛大学所在地就被取名为剑桥，当地就被称为“新英格兰地区”。

从“先验主义”（Transcendentalism）这个词可以看出，这个学派显然受到德国哲学家康德的影响，他们肯定：生而为人，自然会具备一组先天的思维模式；它们并非得自经验，而是反过来，藉由这些思维模式，才产生人类的各种经验。康德把这种思维模式称为“先验形式”，它来自心灵本身的能力，属于直观或直觉的作用。因此，凡是直观或直觉所得都可以称为先验的。一般认为，新英格兰先验主义受到康德及德国唯心论的影响，立场偏向唯心论，尤其是具有欧洲 19 世纪浪漫主义的色彩。

初期的美国知识分子试图阅读德国哲学家的书，但是很少有人能真正掌握他们的意思，吸引美国学者的反而是欧洲浪漫主义的文学家和诗人，像歌德、诺瓦利斯（Novalis，1772—1801）、华兹华斯（William Wordsworth，1770—1850）、卡莱尔（Thomas Carlyle，1795—1881）等人，他们是浪漫主义运动的代表，年代与德国唯心论的几位学者相近。通过他们的文学作品，美国学者得以了解欧洲的哲学。

所以，“新英格兰先验主义”并不是严格意义的哲学运动，而主要是一种文学现象。他们在知识上有折衷主义的倾向，同时强调个人主义，尊重每一个人主观的看法，显示出一种热情，形成感性的风潮，影响了 19 世纪美国文化生活的各个方面。他们因为喜爱欧洲的浪漫主义，而无法忍受上一代所奉行的狭隘的理性主义、宗教虔信主义以及保守主义，显示出多元化、异质化的特色。

（二）新英格兰先验主义对宇宙与人生的看法

他们不再认为自然界是一部大的机器，由一种非人的力量在控制和运作。相反的，他们认为自然界是一个有机体，是人的心灵的象征与模拟。他们特别受到诗人的启发，由此领悟道德修养的含义，要向宇宙的规律看齐，过一种有秩序的生活。

在人生方面，他们肯定：人的精神肖似神的性质（这一点远承自古希腊时代的柏拉图主义），个人的良心具有高度的权威；人生是一个有机的整体，每一个方面都有它的意义，也有它的自主性与能动性。

他们受到欧洲浪漫主义运动的启发，重视人的生命的个体性与感受性，重视想象力胜过理性，肯定创造力优于理论，强调行动优于沉思，认为文化上的最高成就来自于富有创意的艺术家的自主活动。这些就是他们对宇宙与人生的看法。

（三）新英格兰先验主义塑造了美国心灵

美国哲学的初期发展与欧洲有两点不同：

1. 它没有像德国唯心论那样，卷入枯燥的认识理论的探讨；
2. 它也没有像宗教改革之后各派基督教那样，卷入神学理论上的争议。

美国哲学走出这两方面的困扰，回到生活的世界；在宗教信仰上，他们也试图摆脱狭隘的加尔文主义。

加尔文教派是基督教里面一个重要的派别。在新英格兰地区，当时较具有优势的基督教教派是“唯一神教派”，他们不承认传统所谓“三位一体”的神，而是肯定神只有一位。但他们后来也开始强调人文主义，在宗教上不再坚持某些严格的立场。

另一方面，欧洲原来有德国与英国的浪漫主义运动，他们最初都羡慕法国大革命的成就，后来看到法国大革命演变为恐怖主义，于是他们不再抱有幻想，不再誓言革命，而是开始倡言改革，立场趋于保守。这一点影响到美国的先验主义学者，他们对社会也采取改革的态度。他们反对帝国主义、官僚系统以及文化上的粗俗主义，也反对蓄奴制度，并由此引发美国的南北战争（始于 1861 年）。

收获与启发

1. 美国是一个移民社会，许多人从欧洲来到美洲新大陆。初期的移民中很少有哲学家，他们就是一群热爱自由、向往和平的人，其中有许多传教士与知识分子，很自然地把欧洲的思想带到美国。哈佛大学早在 1636 年就成立了，开始时侧重于神学方面，采取宗教上的立场。

经过约 200 年的耕耘，才出现属于美国本土的思想——新英格兰先验主义。从“先验主义”一词可知，他们深受德国唯心论的影响。但哲学家的作品非常难念，像康德、费希特、谢林、黑格尔的著作全都晦涩难解。同时，19 世纪的欧洲盛行浪漫主义思潮，出现了一批文学作家，像德国的诺瓦利斯、英国的华兹华斯等，他们以小说、散文与诗歌等体裁，表达出浪漫主义的思潮，对于美国的影响反而更为深远。

所以，新英格兰先验主义并不是一种严谨的哲学运动，而是一种文化上的风潮，由此塑造了美国的心灵。他们重视直观、感受性、想象力以及个人的信仰，肯定有不可测度的力量或无限者的存在。

2. 新英格兰先验主义在宇宙观方面，认为自然界是有机体，与人的心灵相呼应，可以引导人从事道德方面的修养，确立合乎自然秩序的生活态度。在人生方面，肯定人的精神肖似神的性质，个人良心具有高度的权威，人生是一个有机的整体，各方面的发展都有一定的价值。

3. 新英格兰先验主义塑造了美国心灵，使美国与欧洲有所不同。对于哲学或神学上复杂而深刻的各种争论，他们没有太大兴趣。在宗教上，他们摆脱狭隘的教义，逐渐趋向于一般人所能接受的人文主义。对于社会，他们对革命不再抱有幻想，而是倡导改革运动。他们反对当时美国盛行的蓄奴制度，后续引发南北战争。这个思潮有两位具有哲学特色的代表人物，就是后文要介绍的爱默生与梭罗。

课后思考

文学对人生的影响更为广泛而深远，但一部文学作品是否含有哲学思想的成分，也决定了它能否长期流传并产生更大的影响。在中国的文学作品中，有哪一部使你对于宇宙与人生产生了某种明确的看法?

补充说明

一般而言，文学作品谈到宇宙，通常都会把它与人生进行对照，大体上可以分为四个层次：大与小，长久与短暂，多与少，有与无。

大与小：宇宙浩瀚无垠，而人的生命从表面看来非常渺小。

长久与短暂：宇宙亘古绵延，而人的生命如此短暂。

多与少：万物品类繁多，而人只是万物之一。

所以在大与小、长久与短暂、多与少之间，宇宙与人生的对比如此强烈，很自然会让世人对宇宙产生敬畏之心。

最后是有与无。人的生命结束之后，宇宙继续存在。到底“有”是怎么回事，“无”又是什么？文学家对这样的宇宙充满感慨。许多中国古代的文人从道家的著作里得到不少启发。

对于人生，文学作品最常感慨“世事无常”。人的生命有生老病死，无论是善恶报应还是其他的一切，往往事与愿违，到最后都归于无奈。每逢过年，大家彼此祝福“心想事成”，其实我们可能没有太复杂的想法，只是想过一个安生的日子罢了，到最后也只能顺命。一般人从文学作品里面学到的，往往只有无常、无奈与顺命，但这种顺命是被动的。

如果真的了解儒家、道家的思想，就会发现其中有积极的主动性。就像庄子说“安时而处顺”，对于在时间过程里所遭遇的一切，我都能安心地逆来顺受，心中毫无违逆之感。这样的心态就比较健康。

我们很容易回溯到儒家、道家的思想，因为它们确实有比较完整的人生观。至于这种人生观背后的宇宙观如何，则要靠每个时代的科学家来做出诠释。但不管如何诠释，宇宙与人生之间的“大小、长短、多少、有无”这四种对照是无法避开的。在这种情况下，学习道家思想比较容易得到启发。

45-2

爱默生的人生探索

新英格兰先验主义是美国早期的哲学思潮，它并非纯粹哲学性的，而是一种文化风潮。本节的主题是：爱默生的人生探索，要介绍以下三点：

第一，爱默生的成长经历；

第二，爱默生是非典型的哲学家；

第三，爱默生在哲学上为什么受人注意？

（一）爱默生的成长经历

爱默生（R. W. Emerson，1803—1882）生于美国波士顿，父亲是当地基督教唯一神教派的牧师。爱默生八岁时父亲过世，由虔诚的母亲与姑姑抚养长大。他后来考上哈佛大学，进入神学院，决定做一名牧师。

爱默生是美国先验主义的代表人物，拥有丰富的想象力。德国哲学家尼采早期也受过爱默生的影响，曾经羡慕他有多层次的思想，以及对生命充满喜悦的态度。尼采认为爱默生是 19 世纪少数重要的作家之一。爱默生阅读的范围很广，包括古代波斯宗教家查拉图斯特拉、中国的孔子、伊斯兰教的穆罕默德、新柏拉图主义、莱布尼茨，以及近代哲学家孟德斯鸠、卢梭，等等。同时，他对于德国的浪漫主义运动很感兴趣。

爱默生在 28 岁时（1831 年）妻子过世，他十分痛苦，于是问了四个问题：第一，人的灵魂真的不死吗？第二，人可以靠自己而活在世上吗？人能否有自我的尊严呢？第三，人的行为在世间有因果报应吗？第四，人与万物可以互相呼应吗？这四个问题令他深感困惑，于是他放弃牧师的职务，专门从事思考与写作。

1833 年，爱默生造访欧洲，特地拜访英国几位浪漫主义作家，如柯勒律治（S. T. Coleridge，1772—1834）、华兹华斯及卡莱尔。他与卡莱尔畅谈了 24 个小时，两人后来成为交往一生的朋友。

（二）爱默生是非典型的哲学家

爱默生要在没有任何外在线索的情况下，探讨上述四个问题。亦即在没有任何宗教的奥援之下，一个人能否解决“生命的意义”这个问题？他只能从自己的内部去寻找线索。

爱默生是“非典型”哲学家，因为他不是具有批判心态的哲学家，也不是唯心论的形而上学家——这两点是当时欧洲对哲学家的基本规定。爱默生是一个直观的、德行修养很好的人，也是诗人。尼采年轻时看了爱默生的书，曾写过一句话：“我们失去了一位哲学家。”换句话说，爱默生如果从事哲学思考，也应该很有成就。

爱默生的典范人物并不是康德这些人，而是蒙田、帕斯卡与歌德。他的沉思相当深刻，但没有明确定义式的逻辑发展，不是以系统化的论述来表达。他的文笔优美，畅谈过有关自然界、友谊、财富、人的不死等主题，在美国产生广泛的影响。一般都公认他是新英格兰先验主义的领袖人物，也是世界知名的美国文坛领袖。

爱默生的思考有一些基本的心得。他说：“生命的目的似乎是要使一个人熟悉他自己。人生最高的启示就是：上帝在每个人心中。所以一个人要尊敬自己。在人的灵魂与世间万物之间，有一种互相呼应的关系。另外，一个人在他内部拥有管理自己所需要的一切，所以你不能给人什么，或是由人身上夺去什么，而是总有一种使自身保持平衡的补偿作用，这就是我们一般所说的因果关系。”

可见，他对于早期提出的几个问题，大致上都找到了思考的线索，虽然这些思考未能构成一个完整的哲学系统。他的著作显示了高雅的风格，让人读后肃然起敬。

（三）爱默生在哲学上为什么受人注意？

爱默生在哲学上为什么受人注意？可以从两方面来看。

首先，19 世纪是众人逐渐失去信仰、同时又担心怀疑主义的时代。知识分子希望通过哲学的探讨，让个人生命得到整合。爱默生努力探求宇宙与人生的原始关系，设法提出一种世界观点，以便让自己的宗教敏感度提升，并保护自己在情感方面的需要。

传统的基督宗教此时已经无能为力，所以爱默生要在哲学方面寻找资源。当时在美国流行两大思潮：一是德国的唯心论，一是英国的经验论。但爱默生显然更欣赏在欧洲出现的浪漫主义思潮，他们强调个人主义，相信人格具有首要地位。由于受到浪漫主义的启发，爱默生特别推崇英雄、伟人、天才等杰出人物。

爱默生说：“使我们真正感兴趣的只有人。在人身上，只有人的卓越性让人注意。虽然我们觉知自然界有一个完美的法则，但它只是经由与人的关系才让我们注意到；或者，当这个法则也在人心里面有基础时，人才会注意到它。所以，心灵与自然界有合一的可能。”这种观点显示了乐观主义的倾向。

那遇到恶的问题怎么办？他的答复依然偏向乐观。他说：“恶都是为了更大、更普遍的善，所以恶会有一种补偿。”爱默生的思想从早期开始就有补偿与平衡的观念，也就是适当报应的观念。他认为，分辨善恶与行善避恶的目的，都是为了心灵终极的自我和谐。

爱默生认为，人很难把自己与当时的社会加以协调。当时的美国社会走向商业化，大家都重视财富；不同阶层之间出现隔绝的篱笆，彼此之间有明显的排他性，因此在文化上显得有些肤浅。他认为，民主政治可能因为迎合世俗而牺牲个人的自主性。

爱默生的思想在哲学上受人注意，另外一个原因是他对后起的哲学家有普遍的影响。这种影响虽然不够深入，但具有启发性。尼采承认自己受到爱默生的影响；生命哲学家柏格森曾说，他的“生命冲力”观念受到爱默生的启发；至于美国本土的威廉·詹姆斯以及杜威，也都承认他们欣赏爱默生的思想。

爱默生对美国一般民众的影响更为普遍。在他过世之后三年，马修·阿诺德在 1885 年纪念爱默生时特别提到：“爱默生与我们的关系，就好像他是罗马皇帝奥勒留的影响。”奥勒留（Marcus Aurelius，121—180）是 2 世纪时期的罗马皇帝，也是斯多亚学派的代表人物。阿诺德进一步说：“爱默生是那些想居住于精神世界的人的朋友与协助者。”换句话说，如果你想住在精神世界里，那么爱默生就是你的朋友与协助者。

收获与启发

1. 爱默生代表美国最早的思潮——新英格兰先验主义。他是知识分子，对于纯粹而抽象的哲学思考兴趣不大，但对于生命的根本问题非常关心，包括：灵魂是否不死？人有自我尊严吗？人生的行为有适当的报应吗？人与自然界万物可以互相呼应吗？这些问题与他早期的生活经验有关。
2. 爱默生并不是典型的哲学家，而是偏向直观型的贤者与诗人，他没有提出系统的见解。当时美国文化界还无法进行严谨的哲学思维活动，只能尽量从欧洲摄取所需养分，再应用在美国新大陆。
3. 爱默生在哲学上受人注意，最主要有两方面原因。一方面他要问：人能否依靠自己的力量，找到他与万物之间的原始关系？人的生命价值能否不靠宗教的启示而得到肯定？另一方面，他对于西方后起的哲学家有广泛的影响，包括尼采、柏格森、威廉·詹姆斯、杜威等人。

课后思考

每个人对于自己的行为都希望有适当的善恶报应。你能否从自身经验中，找到人的行为结果的适当报应？这种报应不在外在，就在内在；不在此刻，就在将来。

补充说明

同时考虑时间与空间这两个维度，思考就会比较完整。一般而言，宗教都侧重于时间的维度——不在现在，而在将来。所谓“善恶到头终有报”、“死后自有报应”等，都是宗教的诠释。

如果用理性来分析，你去行善，“现在”和“内在”都立刻能感觉到生命的价值。因为行善最乐，当下就会觉得坦坦荡荡、心安理得，这本身就是一种报应。这显然接近儒家的思想。至于将来或外在有什么报应，就没什么把握了。

为恶的话，“现在”和“内在”可能觉得不安；对于将来或外在也看不出有什么报应；或许将来会有报应，但也无法证明。中国古代的《诗经》里多次提到坏人如何得意、好人如何倒霉、上天昏昏沉沉地好像在睡觉（视天梦梦），都反映出类似的情况。

但更重要的是：如何判断善恶？通常只是从行为是否符合大家的共识或社会规范来判断，这只是一般的观念。我们学过西方哲学，就知道判断善恶其实非常困难。因此，对于善恶判断的标准，还要做进一步的思考。

45-3

梭罗的自然主义

本节的主题是梭罗的自然主义。梭罗（Henry David Thoreau，1817—1862）名著——《湖滨散记》，又译为《瓦尔登湖》。他曾经描写自己是密契主义者、先验主义者以及自然哲学家。事实上，他是把许多思想折衷起来，并在自己的生活中深刻地加以体验。他说："现在有许多哲学教授，但是没有哲学家。"他认为哲学家不应该只是高谈阔论的老师，而应该在生活中显示及验证他的智能。他所谓的智慧是指什么呢？

本节要介绍以下三点：

第一，梭罗的简介；

第二，自然界的召唤；

第三，梭罗与中国思想的关联。

（一）梭罗的简介

梭罗生于美国马萨诸塞州的康考特，正好位于新英格兰先验主义的核心地带。他的父亲是铅笔商，家境还不错。他从哈佛大学毕业时，爱默生也是他的评审委员之一，肯定他"在道德上与知识上都有完整的人格表现"。

梭罗后来献身于写作，并积极探索自然界。他曾在 1841 至 1843 年，有两年之久追随在爱默生身边，但他不能只被视为爱默生的学生而已。他自学希腊文、拉丁文以及东方经典。他对自然史的了解不是为了科学研究，而是为了与自然界和谐相处。

梭罗生平最重要的一件事就是写了《瓦尔登湖》这本书。他在 28 岁时问自己：我能否什么都没有而活下去？为了确定这个问题的答案，他一个人到康考特地区的瓦尔登湖畔，找到一间破旧的农舍，稍加整修之后住了下来，过着非常原始而朴实的生活。他说："我到树林中去，因为我希望谨慎地生活，只面对生活的基本事实，看看我是否学到生活所要传授的东西；免得临死的时候，发现我根本就没有活过。"可见，他是要对自己负责，才进行这样一种实验。

（二）自然界的召唤

梭罗一个人在森林中住了两年两个月，写下《瓦尔登湖》，从中可以看到自然界对他的召唤。他经常拿来对比的是，个人与自然界的关系以及个人与社会的关系，他显然更重视前者。他说："人应该被视为自然界的居住者或其中的一部分，而不应被视为社会的一分子。"他认为，自然界与社会并不是辩证的对立面，这两者有真实的对照关系。

对梭罗来说，自然界代表绝对的自由与野生的状态，而社会提供一个仅仅属于市民的自由与文化。一个是绝对的自由，一个是属于市民的自由。梭罗指出，人只有持续地与自然界这个广大的力量交往，才可以简化他的存在，澄清他的感官；把生命驶入一个角落，减少到最低的条件，才可以实际上达到自我依靠的一种更纯洁、更扎实的形式。

他在瓦尔登湖畔的生活经验，显示了个人主义与无政府主义，但他对于集体抗议现存的社会制度没有什么信心。他认为，个人与自然界的融合比个人与其他人的关系更为根本。他强调，人与自然界相处的经验对于人的道德意志是一种训练，同时也可以刺激创造的想象力。因为在自然界中，可以观察到植物与动物的生存条件，会让人产生一种应该如何自我约束的要求。

梭罗强调，一切好的东西都是野生的与自然的。自然界有一种充满创造力的自发性，这一点对人的精神幸福极为重要。这种有创造力的自发性也体现于人类文化的产品上。他经常引用荷马史诗《伊利亚特》、莎士比亚的代表作《哈姆雷特》，以及宗教经典、音乐作品与各种类型的神话著作，这些都是自然界有创造力的自发性所展现出来的成果。

梭罗对于人类社会有各种批评。他强调，人应该少花时间在商业及生意上，因为这些属于人的社会的各种功能是低于人性的活动，是人身体的一种无意识的、自动的活动。就像每天上班、下班、努力工作赚钱，几乎是出于本能的无意识活动。梭罗不认为经济上的成功是一个人的成就或德行的记号，为了赚钱而做的事只会让人觉得无聊，因此焦点应该转向自然界。

梭罗在《瓦尔登湖》中对自然界的许多描写都让人惊艳。比如他说："每一个早晨都是愉快的邀请，使我的生活与大自然同样简单、同样纯洁。我向曙光顶礼，忠诚如同希腊人，然后到湖中洗澡。这是宗教意味的活动，我所做的最好的一件事。"接着他引用中国古代经典《大学》里的一句话："据说商汤王的浴盆上就刻着'苟日新，日日新，又日新'。"这代表他读过中国古代经典"四书"的英文翻译。

他又说："在冬天的黎明，听野公鸡在树上啼叫，嘹亮而尖锐的声音数里之外都能听到，大地为之震荡，这可以使全国警戒起来，谁不会起得更早呢？一天天地起得更早，直到他变得健康、富足、聪明到无法形容的程度。”

他偶尔会到附近的农庄去买一些生活必需品，别人常对他说：“你一个人住在那儿，特别是在下雨的日子，会觉得很寂寞吧？”梭罗写道：“地球在整个宇宙之中只是一个黑点，无论两条腿怎样努力，也不能使两个心灵更加接近。”所以根本就不可能有寂寞的问题。梭罗把地球当作黑点，就像庄子在《秋水篇》中所说的，中国在四海之内只是仓库里的一粒米而已（计中国之在海内，不似稊米之在太仓乎）。梭罗大概没有读过《庄子》，所以他在这里并没有特别引述《庄子》的原文。

梭罗的思想在社会上产生了什么影响呢？他在1849年提出“公民不服从运动”，这是他对社会最有影响力的观念。他曾因不愿意纳税而被捕，第二天就被释放。梭罗认为没有必要交税，但是他不会跟政府对抗，仍然接受法律的规定，该惩罚就惩罚，这就是“公民不服从”。这种思想影响了印度的甘地，使他发展出不抵抗主义。

梭罗认为，一个人有权利去肯定的唯一义务，就是去做自己认为对的事。当时约1850年前后，欧洲的马克思提出《共产党宣言》，克尔凯郭尔提出存在主义的观点，都是要以个人作为价值的终极来源。梭罗既不靠与群众的结合，也不靠与上帝的对话，而是靠与自然界的交往，来标举自己的独特立场。

（三）梭罗与中国思想的关联

梭罗在《瓦尔登湖》中充分使用中国思想的资源。他描写自己因为拒绝缴税而被捕，之后引用《论语》中的一句话：“子为政，焉用杀？子欲善而民善矣。君子之德风，小人之德草。草上之风，必偃。”这句话的背景是，季康子问孔子是否可以把坏人杀掉而去亲近好人，孔子说：“您负责政治，何必要杀人？您有心为善，百姓就会跟着为善了。只要在上位的人做得好，就没有问题了。”事实上，梭罗引述这段资料跟交不交税没什么关系。

梭罗认为人要过简朴的日子，他引用了曾子在《大学》里所说的“心不在焉，视而不见，听而不闻，食而不知其味”。进一步，梭罗提到人与禽兽的分别，他引用孟子所说的“人之所以异于禽兽者几希”，即人与禽兽的差别只有一点点。

梭罗认为，人不必太在意每天发生的新闻，好像每隔半小时就要问发生了什么事。他在这里引用一段《论语》的资料很贴切。蘧伯玉派人向孔子问候，孔子就问这个使者说：“蘧先生最近在做什么？”使者回答说：“蘧先生想要减少自己的过错，却还没有办法做到。”换句话说，蘧伯玉每天都在想着怎样减少自己的过错。

可见，梭罗除了熟读西方传统经典之外，对于东方的思想也有一定的认识。他也多次引述印度的《吠陀》经典中的观念，来表达他对自然界的礼赞，说明人与自然界在根本上是合而为一的状态。东西方文化的对照，使梭罗更有信心表现出自己思想的特色。直到今天，他一直被认为是自然主义的正面代表，而不是一种科学家的封闭心态。

收获与启发

1. 梭罗与先验主义的代表爱默生有师承关系，但他并不局限于爱默生的思想范围。
2. 对于自然界的召唤，梭罗积极地响应。他从哈佛大学哲学系毕业几年之后，特地到美国东北角康考特的瓦尔登湖畔住了两年两个月，体验一个人独自生活的趣味以及与自然界互动的奥妙。他对于自然界与社会有一种明显对照的看法。他对于自然界的肯定让人动容。
3. 梭罗广泛地学习，他不仅对西方传统的思想有基本的认识，还能大量阅读东方经典（如中国的“四书”）并加以引述。虽然某些引用不完全配合上下文的脉络，但至少让人感觉到，他的思想是有开放性的。

课后思考

梭罗有两句话值得参考：

1. 读了古典作品，只能保持缄默，因为没有可以谈话的人；
2. 一个村子应该是一所大学，老年的居民都是研究生。

你觉得这两句话是否有道理？

补充说明

读了经典之后，要不要保持缄默呢？事实上，阅读经典可以让人改善自身的言行，让自己变得更完美，这才是读经典的真正用意。读经典不是为了附庸风雅、增加话题而已，经典会改变你生活的态度。阅读经典就像回到了根源。思想有了根，整个生命才更加稳重，对于人生的各种际遇，会表现出潇洒、文雅的态度，也更容易感到快乐。

沟通是不容易的。的确，每个人都希望有朋友可以互相沟通。《礼记·学记》说："独学而无友，则孤陋而寡闻。"我们都希望"友直，友谅，友多闻"。与朋友一起阅读经典，彼此间产生了某种默契或共识，那种快乐十分美妙。

对于第二句话，你可能认为老人不见得都是研究生，有些老人不能与时俱进或深入思考，只能从个人有限的经验里总结一些心得，思考似乎不太充分。我想强调的是，对老人或者对任何人都一样，我们要记得孔子的一句话："三人行必有我师焉。择其善者而从之，其不善者而改之。"看到别人好的言行表现，要虚心效法；对于不好的方面，则要提醒自己不要犯同样的错误：这样才会不断进步。

老人家之所以值得尊重，是因为他能面对人生的各种挑战，努力地坚持活下去。光是珍惜人生这一点就值得我们效法。我们要培养善观之眼、善听之耳。无论是宇宙还是人生，任何人的任何一句话、任何一个行为，都可以给我们启发，就怕我们自己把它忽略了。

45-4

杜威的思想演变

1859年达尔文出版《物种起源》，提出进化论的观念。在同一年，西方诞生了三位哲学家——法国的柏格森、德国的胡塞尔以及美国的杜威。本节要特别介绍杜威的思想演变。

杜威（John Dewey，1859—1952）是美国著名的哲学家、教育家与社会评论家，他生于美国佛蒙特州，在那里念完大学。当时新成立了约翰·霍普金斯大学，杜威两次申请奖学金都以失败告终，后来向一个姑姑借了500元，才去念了研究生。

他年轻时表现平凡，看不出来他后来会成为美国最有影响力的哲学家、教育家和社会改革家。他个性温和，谦虚而直爽，做事专注且认真，尊重同伴与朋友，相信民主程序的运作可以成功。他早期的思想受黑格尔的影响比较深。

本节要介绍以下三点：

第一，杜威早期的思想发展；

第二，杜威如何摆脱了德国唯心论？

第三，杜威对经验的看法。

（一）杜威早期的思想发展

杜威最初因为念了赫胥黎的书而对生理学产生兴趣，学到“有机体”这一概念，相信万物形成一个相互依赖及关联的有机整体。这种思想在形式上跟黑格尔的绝对唯心论可以互相配合。这种观察角度使他重视过程与变化。他认为，万物形成一个有机的整体，其中显示的差别只是功能上的区分，而不是本质上的差异。在一个不断发展的整体中，一切事物都是互相关联的。

这种观点打破西方长期以来的固定观念——坚持某种二元论或两极性。事实上，西方哲学受到二元论的影响，已经瘫痪很久了。现在可以用机体的观点解决老的问题并提出新的见解，所以杜威就像传播福音一样充满信心。他的哲学倾向于强调变化与过程，重视有机体之间的互动关系。他博士论文的主题是《康德的心理学》，但他对于纯粹的思辨不太感兴趣，于是逐渐转向人的实际事物，对于政治、经济、社会提出自己的观点，进而形成一个新的系统。

杜威后来在芝加哥大学担任哲学、心理学、教育学三个系的系主任，投注心力于公共教育。他注意到社会、经济、科技快速发展以及移民人口等问题。他交往的对象包括工人、工会代表、政治极端分子等。他组织学校的教授进行研究，并在 1903 年出版《逻辑理论研究》一书，并将此书献给比他更早的美国哲学家威廉·詹姆斯。威廉·詹姆斯读完此书之后，预言其中的观念将在未来 25 年主导美国哲学界。1904 年，杜威 45 岁时到了哥伦比亚大学，此时他已经是全美国知名了。他主办的教育学院邀请各国教师到哥伦比亚大学开展研究，他也因此获得国际声誉。

(二)杜威如何摆脱德国唯心论?

杜威如何摆脱了唯心论呢?他的考虑主要有三点:

1. 杜威的核心观念:经验

首先,杜威认为唯心论先入为主,对于知识与认知的过程有预先的立场,由此扭曲了经验的性质。“经验”一词是杜威的核心观念。唯心论忽略了非认识与非反省的经验,譬如人的行动、苦难与享受等经验。这些经验是认知与探究的脉络所在,不能脱离这样的经验去探讨认知问题。近代哲学聚焦于认识论的问题,以至于产生误会,以为经验是认知的一种形式。这种偏见不可避免地会扭曲人的经验,以及人的认知的性格。

杜威认为,人首先是一个行动的、受苦的、享受的存在者。人的生命大多包含着经验,这种经验主要不是反省的。杜威强调,如果想知道思想、反省、探究的性质,以及这些事在人的生命中的角色,就要明白它们起源于并受制于非反省的经验之脉络。

2. 杜威反对唯心论单一而统合的整体观

他认为,万物并不是纯粹的精神所表现出来的,而是在整体中相互关联的。杜威逐渐转向欣赏英国经验论的多元论,认为生命包含一系列相互重迭、相互渗透的经验,拥有复杂的情况与脉络,其中每个经验都有自己内在的质的统合,而个人的经验是生命中的首要单位。

3. 杜威摆脱唯心论,趋向自然主义

唯心论虽然看到经验之有机的性质,但它过于概括,把经验全纳入到一个虚构的宇宙投射系统里面。杜威注意到,从人类学及生物学的角度,应该可以说明经验之有机的性格。杜威于是摆脱了唯心论的限制。

（三）杜威对经验的看法

杜威认为，从生物学背景来看，应该从一个活的有机体着手。这种有机体总是试图在一个半敌半友的环境中求生存，而经验就是主体与环境之间有意义的交互作用。所以经验是相当复杂的，且在开始的时候总是显得模糊而生疏。

对杜威来说，经验是一个人所承受与经历的一切，而不是作为单纯的认知活动。他批判英国古典经验主义，因为他们把经验当作知识的来源，倾向于把经验当作简单印象的重复而已。杜威认为，经验是一种工具，甚至是一种方法，可以指向未来，它意图对结果和成效做选择性的控制。这是杜威对经验的基本看法。这种看法影响他在教育上的观点，形成杜威的工具主义。

收获与启发

1. 杜威是美国最有影响力的哲学家之一。他早期的表现并不出色，但他好学深思，不断努力，从生理学当中学到有机体的观念，认为万物形成一个统一的整体。这种观念与黑格尔的绝对唯心论可以互相配合。所以，杜威早期跟许多美国哲学家一样，都服膺于德国唯心论的思想。后来他由于关怀实际的社会问题、从事教育活动，而逐渐调整自己的想法。
2. 杜威认为，唯心论扭曲了经验的性质，经验有非认识及非反省的部分，人首先是一种行动的、受苦的及享受的存在者。所以，杜威逐渐摆脱唯心论，转而欣赏英国经验主义的多元论。这也是美国实用主义三位代表——皮尔士、詹姆斯与杜威的共同立场。同时，杜威趋向于自然主义，他注意到人类学及生物学的角度，由此说明经验的有机性格。

3. 杜威提出关于经验的新观点，目的是摆脱英国古典经验主义的僵化看法。英国古典经验主义认为，经验只来自于感官经验，由印象的迭加造成人的观念。事实上，经验应该是一种与人的生命一同发展的重要工具，是指向未来的一种方法。杜威把经验当作方法，再将其进一步运用到教育与生活当中。

杜威把经验当作单一的、有动力的、统一的整体。在经验中，万物在根本上相互关联，其中没有严格的两极对立，经验与自然界之间也没有断裂的问题。万物之间的区别都是功能上的差别，而不是本质上的差异，因为万物在本质上都属于一个复杂的有机体。杜威曾到世界各地讲学，他在 1919 年至 1921 年到中国的北京与南京进行学术访问。

课后思考

杜威是相当典型的美国本土哲学家，他从欧洲哲学吸取了养分之后，应用在美国当时的社会上。请你思考一下，你学习西方哲学之后，能否选择一两点重要的观念应用在实际的生活上，显示出学习的效果，并对以前的观念有所调整?

补充说明

在学习过程中，如果能把好学、深思、力行这三方面配合起来，往往会使个人的生命发生明显的改变。

1. 好学

在好学方面，通过学习西方哲学，可以扩展知识的范围，加深理解的程度。

首先，学习可以拓展知识的范围。本书涉及古希腊的苏格拉底、柏拉图、亚里士多德的观念，以及后面的斯多亚学派、康德、存在主义、实用主义，等等。当你要应用西方学者的心得时，这些知识会让你更有信心。

另外，学习可以加深理解的程度。你不会像以前那样，只知道“我思故我在”表面上的意思；你现在会知道他为什么这样讲，为什么会引发后续唯心论的思想。通过与别人的沟通交流，你会发现自己的理解更深刻了。

2. 深思

在深思方面，从澄清概念开始，你会更进一步认识自己。

譬如学了柏拉图之后，由他的“洞穴理论”，知道了人的固执；由他的“盖吉斯的戒指”，知道了人的软弱。这是对人的普遍性的认识。我们还要进一步认识到自己的个别性，以及自己与别人的关系。对于人生目标的选择，我们可以通过自由想象法来厘清自己的价值观，这是深思方面的成果。

3. 力行

在力行方面，要亲自实践。

实践之后，你会有明显的改变，变得更有包容性，更尊重别人。同时，做各种判断也会更加谨慎。最重要的是，你将学会以负责的态度面对自己的人生。

45-5

杜威的改良主义

本节的主题是杜威的改良主义。一般会把杜威的思想称为实用主义或工具主义。事实上，把他的思想应用在教育、文化及个人修养上，称作“改良主义”更为适合。

本节要介绍以下三点：

第一，杜威认为哲学都是教育哲学；

第二，杜威道德哲学的观点；

第三，哲学的功能如何？

（一）杜威认为哲学都是教育哲学

教育与教育哲学有什么不同？“教育”一般是指具体的教育工作，由不同学科的老师来教导学生；而“教育哲学”是要探讨“教育”这件事本身是怎么回事，以及如何在教育过程中成就一个人真正的生命价值。“边做边学”是杜威的一句名言，亦即“在做中学”。不能光是眼到、口到、耳到、心到而没有手到，必须通过实际操作才能学会。

杜威把人的生命看作一个有机体，人与整个大自然之间一直存在着互动关系，所有的一切又是一个大的有机体。他在谈到艺术时，对这一点有清楚的阐释。他认为，任何一种探究都是艺术，甚至整个生命也是如此。生命与所谓的美术作品只有程度的差别，而没有种类的差别。人的存在就像一幅画，每一笔都是人的生命具体处境的表现。审美性质是一切经验的根本特色。这里面涉及他对于审美经验的观点，但基本上他的思想就是一个统一的整体观。

什么是教育？教育就是连续不断地对经验的重新建构。在这个过程中，不成熟的经验会朝向基于理性的技巧与习惯所形成的经验。谈到对孩子的教育，杜威是当时的美国中学老师要追随的一位哲学家，他的观点影响美国直到今日。杜威认为，孩子生来就是主动的、好奇的、爱探索的生物，所以我们要设法使孩子的创造性与自主性得到培育，而不是受到压制。

他对孩子的教育有两点考虑。第一，不能把孩子当作被动的生物，只是给他灌输某些信息和知识。第二，不能太过于放任孩子。当时有些人受到卢梭的影响而提出新教育，把孩子的感性能力过度理想化，要让孩子自己选择学什么。杜威认为，既不能主动灌输孩子，也不能被动放任孩子，而要走在中庸之道上。他的观点接近古希腊亚里士多德所说的：通过培养良好的习惯，建立孩子的气质，由此形成理性思维的能力。杜威设计许多环境条件，使孩子容易养成良好的习惯与气质。

教育会对经验不断地重新建构，在这个过程中也发展了孩子的道德性格。德行不能靠灌输，而要靠培养。要培养孩子具有公平的心态、客观性以及想象力。这样的孩子愿意向新的经验开放，由此产生远见；并随时准备改变心态，让自己能变得更加正确、更有适应力。同时，学校是一个小型社会。这些观念都是杜威从事教育工作时一再强调的。

（二）杜威道德哲学的观点

谈到人的道德问题，杜威特别注意到“处境”，即人处在什么样的环境中。他认为，人这种生物在本性上就具有价值判断的能力，我们自然而然就会对某些事物、状态或活动，有肯定或否定的态度。道德选择只有在不同欲望互相竞争、不同价值互相冲突的处境中才会出现。因此，要考虑当前的处境，以及选择时有哪些选项，这时要保持理性的思考作用。

杜威认为，人的生活不能脱离处境，因此随时都会出现内心的冲突，要求做出判断、抉择，并付诸行动。所以，人的道德生活永远不会结束。不管你的道德修养如何，所达成的目的转而又变成一个手段，朝向新的目的前进。这就是杜威所谓的改良主义。

杜威认为，人有天生的智力，即思考能力或聪明才智；对此加以培育的话，可以使他能够想象未来，并且设法制作一些工具，以达成他的目的。

（三）哲学的功能如何？

杜威认为，哲学可以使人得到一个全方位的观点。一方面，人可与自然界结合并连续发展；另一方面，人也有其特殊的行为模式，同自然界明确区分开来。杜威表现出直率的自然主义立场，后来演变为人文主义的自然主义。

他的哲学显示出实在论的特色，即具体地接受客观的实在；同时也表现了乐观主义。他认为，人的经验中总会有各种冲突所造成的难题，它们让价值陷入混战；但只要人继续发展他的创造的智力，就可以继续追求新的目的。

哲学在文化中的角色是什么？杜威认为，哲学对于它原生的特定文化既要加以依赖，又要努力去超越。哲学对于文化有批判和超越的作用。换言之，旧的与新的要不断综合，进而提炼出一个文化的基本原则与价值，并对它进行重新建构，使它进入一个更加圆融、更具想象力的景观中。所以，哲学在根本上必须是批判性的，它永远有工作要做。

杜威有一本著作名为《哲学的改造》，他提出一个明确的观念，认为哲学最主要的工作就是“重新建构”。每个时代的哲学都要根据过去的启发，面对当前的挑战，重新建构新的观念。要有想象力，勇于思考，信任新的观念，以免困于具体的事实状态中。

与过去的哲学家相比，杜威赋予哲学更谦虚的功能，但是他鼓励人要更勇敢地去实践。谦虚加上勇敢，使哲学家能够以坦白的态度，配合真诚的自我，直面他的同代人。这就是杜威对于哲学功能的看法。

收获与启发

1. 杜威认为所有的哲学都是教育哲学，哲学本身也应该在边做边学中成长。这种教育哲学对于哲学家本人是有效的，哲学家在从事哲学思维的过程中，要不断突破过去的自我。将其用在教育孩子方面，则显示出一种既积极开放又谨慎保守的态度，要培养孩子良好的习惯与气质，使其孕育出公平的心态、客观性与想象力。
2. 在道德方面，杜威特别强调“处境”。人生的处境不可能完美，也不可能模拟想象，所以人要学会面对各种处境，协调各种可能的选择，不断提炼出自己的价值观。杜威强调以思想作为适当的工具，帮助自己改善生命的处境，所以称他的哲学为“改良主义”比较适合。

3. 关于哲学的功能，杜威强调自己是自然主义者，但这种自然主义尊重人性不断发展的可能性，而不是把人局限在某种自然状态中。杜威强调，哲学一方面必须依赖于它的原生背景与特定的文化，同时还要努力超越，所以应该具有批判性思维，重新建构一个观念系统。杜威希望哲学家保持谦虚的态度，因为前面还有更高的层次与境界；同时，对于自己目前获得的观念要勇于实践，这样才能对同代人有所贡献。

总之，杜威的改良主义强调，完美并非最终目标，人生是不断趋于成熟完善、精益求精的持续过程。他认为，一个人不管以前多么善良，但是开始往不好的方向堕落，就是坏人；一个人不管以前在道德上多么卑劣，但是开始往好的方向发展，就是好人。这种重视趋势的观念可以使人严格评断自己，而对别人比较宽容。我们常说的“试验与错误”，也是杜威的重要想法。

课后思考

杜威的思想非常贴近美国社会的现实需求，也能很好地配合人的实际生活状况。其中没有过多的理想色彩，却非常具体和实用，难怪他的思想被认为是实用主义、工具主义或是改良主义。请问，你如何看待“哲学就是教育哲学”这样的观点？

第 46 章

从桑塔亚纳到罗素

46-1

桑塔亚纳回归现实

本章的主题是：从桑塔亚纳到罗素，要继续介绍美国哲学的发展。本节的主题是：桑塔亚纳回归现实。

桑塔亚纳（George Santayana，1863—1952）是美国哲学界非常特殊的人物。他生于西班牙马德里，九岁时母亲带他回到美国波士顿，后来进入哈佛大学，27 岁时开始在哈佛大学教书。有人把他称为“被放逐到美国中产阶级的西班牙贵族”，他身上融合了欧洲与美国的特色。他在自传中说自己“持有西班牙护照，但自称美国作家”。他喜欢别人称他为天主教徒，但他拒绝接受洗礼。他对美国的波士顿与哈佛大学的态度如何呢？这正如他对宗教的态度，他能够欣赏和表示同情的理解，但并非像信徒一样崇拜它们。总之，桑塔亚纳是一位能够综合欧洲与美国两方面思想的哲学家。

本节要介绍以下三点：

第一，桑塔亚纳早期的哲学观念；

第二，桑塔亚纳所谓的怀疑主义是什么？

第三，桑塔亚纳所谓的动物信仰又是在说什么？

（一）桑塔亚纳早期的哲学观念

桑塔亚纳与在前的杜威和在后的罗素共同构成了美国哲学界重要的发展阶段。桑塔亚纳早期的观念是什么呢？简单说来，他原本认为，哲学是一种对较高层次的心理功能进行描述的心理学。

首先，他肯定生物进化论具有广泛的真理，也接受进化论对理解心智现象的说明。可见，达尔文的《物种起源》这本书对于整个世代的哲学家都有深刻的影响。另一方面，桑塔亚纳也同意德国唯心论的观点，亦即所有的知识在性质上是表象性的，知识不能脱离人对万物经过先验形式运作之后表象的结果。但他从不质疑我们对外在世界的认知，也不想撤回我们对这个世界的信念。他认为，人的心智不能脱离它在生物学上的脉络，它的独立性并非来自于任何形而上学的观点。换句话说，心智能够先接受人在自然状态下的位置与功能，然后再赋予它一种审美的意义。

（二）桑塔亚纳所谓的怀疑主义是指什么？

桑塔亚纳在 1923 年（60 岁）出版一本代表作《怀疑主义与动物信仰》，提出应首先清除认识论的蜘蛛网，它们牵绊、阻碍了近代哲学的发展。近代西方从笛卡尔以来要怀疑一切，这种心态最后演变成“我就是我的思想”，那么我要如何认识外在世界呢？这在认识论上构成了复杂的问题。

桑塔亚纳认为这一切都是不必要的，唯心论是对的，但是不具有任何重大影响。人确实只能通过自己的想法去认识世界，正如康德所说“我所认识的世界是能够被我认识的世界，并不等于世界本身”。但是，既然这个世界已经运转了几千几万年，一般人的感觉大体上也是真实的，所以最好务实一些，接受这一人类的实际局限，无须为未来担忧。

在这一点上，桑塔亚纳主张一种自然主义。他说："除了斯宾诺莎以外，没有一位近代哲学家是完全意义的哲学家。我坦率地握住自然的手，在我最深远的思辨中，接受它作为一项法则，那就是我日日赖以为生的动物信仰。"

桑塔亚纳认为，唯心论的怀疑主义对于外在世界的存在提出质疑并加以驳斥。如果我们把自己局限在直接所得的经验上，那么不仅我们对外在世界的信念会受到质疑；更进一步，我们对自我的存在、对别的自我的存在、对过去与未来的存在，这些信念统统都要受到质疑，剩下的就只有某些抽象的本质，而这些本质与事物或者事件没有什么关系。这样一来，我们也不可能适当地了解什么是存在了。

所以，怀疑主义推到逻辑的结论，对于唯心论者所说的"心"以及对于唯心论者所放弃的"物"，都有致命的伤害。换言之，对于物质可以怀疑，对于心照样也可以怀疑。从积极方面来说，这种怀疑显示了"本质"是首要的与不可争辩的存在模式。但事实上，所谓的"本质"是经过心理抽象的结果，人不可能辨识只有本质之物的存在。我们看外在的世界都是事物与事件，不可能只看到纯粹抽象的本质。

（三）桑塔亚纳所谓的动物信仰是指什么？

桑塔亚纳认为，要超越对于本质的直观，才可以真正掌握到存在，那是一个充满事物与事件的世界。在某种意义上，这种动物信仰（对万物存在的信念）没有什么根据；严格说来，不可能证明有任何东西存在。但在另外一层意义上，这种信念是智慧的开始，它让你不要执着于抽象的本质，而能肯定实际的存在与实体。换句话说，桑塔亚纳对宇宙万物在逻辑上的角色以及实用上的必要性之看法，从始至终没有多少改变。他的思想所描述的正是一般人很容易接受的道理。

美国哲学早期以来一直受制于欧洲的两大思潮，一是德国唯心论，一是英国经验论，这两种思潮都纠缠于认识问题上。认识问题没弄清楚，人可以生活下去吗？发展到后来，认识是一回事，它与生活完全脱节了。正是出于这样的考虑，桑塔亚纳才发挥他的创意，提出上述观点。

桑塔亚纳认为，动物信仰可能是一种神话信仰，但这是一种好的神话，因为生命比任何三段论的论证都更好。每个人在根本上都是实在论者——承认生命与万物的存在。以此作为基础，才能进而探讨人生观与价值观的问题。

桑塔亚纳在这里表现出自然主义者的基本立场。事实上，他认为自己是坚定的唯物论者，但他声称自己不了解物质是什么，要等科学家来告诉他。然而不论物质可能是什么，他都直接称它为物质，就像一个人不知道朋友的秘密，但仍然会称呼他们的名字。

收获与启发

1. 桑塔亚纳是诞生于西班牙的美国哲学家，他的心灵始终处在欧洲与美国之间。他 27 岁就在哈佛大学执教，49 岁远赴他喜爱的欧洲，62 岁定居于罗马，因为他对天主教情有独钟。
2. 桑塔亚纳在他的代表作中提到怀疑主义，他认为怀疑主义始于笛卡尔，专门就人的认识能力与认识效果来思考，结果引发德国唯心论。这种唯心论只有一点是没有问题的：我们本来就是通过自己的想法去认识世界的，我们所认识的世界并不等于世界本身。
3. 既然如此，为何不接受动物信仰？动物信仰就是本能的信仰，不需要学习任何哲学，就直接认定这个世界是实际存在的世界。我在其中生活，可以不断学习与成长，使自己的生命展现出丰富的内涵。

可以看出，桑塔亚纳比较接近古希腊与古印度的思想。在西方近代哲学家之中，他只推崇斯宾诺莎。他不喜欢当时正在发展中的现象学与语言分析哲学。

威尔·杜兰特（Will Durant，1885—1981）认为，桑塔亚纳犹如一位西班牙大公的灵魂，嫁接到温和文雅的爱默生家族的血统之上，形成地中海贵族与新英格兰个人主义的一种优美混合。他是一个几乎不受他的时代精神影响而彻底解放的灵魂，以毫不疑惑的优越眼光，观察我们微不足道的制度，以最平静的推论与最完美的散文，粉碎我们的新旧梦想。从柏拉图以来，几乎没有任何哲学家可以用言语表达得如此美妙！

课后思考

我们很高兴看到美国哲学家桑塔亚纳又回归了现实世界。这有点像修行的过程，从“山就是山，水就是水”，经过一个辩证的过程，说“山不是山，水不是水”，最后又回到了“山还是山，水还是水”。西方哲学家有这样的表现，使我们的压力减轻了不少。这些争论让我们的思想得到很好的训练，透过逻辑的思辨、辩证的运用，使思想得到提升。但落实到现实生活里，桑塔亚纳所谓的“动物信仰”可能是我们无法逃避的。那么，我们对于“动物信仰”该如何理解呢？

补充说明

桑塔亚纳宣称自己是唯物论与自然主义，认为“动物信仰”是一种本能的信仰。人既然活在世界上，自然就会继续努力生活，并且设法活得快乐，这就是“动物信仰”。对于认识论上复杂、纠结的问题可以先放在一边。

桑塔亚纳的思想可以用“必要”一词来形容，就是“非有它不可，有它还不够”。我自己长期以来有一句座右铭，就是“不错，但是不够”。对于目前的工作，我会全力以赴、认真去做，我认为自己做得还不错，但是永远不够。

人生是不断成长的过程，随着年龄和阅历的增加，我们的智慧会不断扩充边界，人生的底线也会愈来愈清楚。我们学桑塔亚纳，一方面可以放轻松一点，回归实际的生活，但同时也要知道他的思想有明显的限制。譬如，他认为有一些种族比较优秀，这要如何判断？他认为子女是人的不朽的一个具体例证，但是子女还有他的子女，这样一直传下去，哪里有真正的不朽可言？同时他认为，无论怎样改革，这个世界依然腐败如初，因为人性的弱点都是一样的。这些说法都有它的限制。

在学习的时候，不要轻易加以批判，而要学习每个哲学家思维的方法，看他如何看待和说明问题，以此增广我们的见闻。到最后还是要自己来做判断。

46-2

桑塔亚纳的宗教观

本节的主题是桑塔亚纳的宗教观，要介绍以下三点：

第一，桑塔亚纳对宗教的一般看法；

第二，他对基督宗教的观点；

第三，他如何看待信仰？

（一）桑塔亚纳对宗教的一般观点

桑塔亚纳在他的自传里提到，他的父母亲都是自然神论者。所谓“自然神论”是16世纪之后在西方知识界流行的思潮，它认定这个宇宙有一个造物者，但是他在创造世界之后就不再干预。所以，自然神论者仍然相信上帝的存在，因为除了上帝，还有谁能创造这个世界？但是上帝的伟大令人难以想象，于是狡猾的传教士就发明了奉献、祈祷、教会以及永生的故事，让一般人去信仰。

桑塔亚纳小时候按照习俗，也背诵过天主教的祈祷文与教理问答。他的父母都肯定宗教是人类想象的结晶。桑塔亚纳进一步认为，这些想象的结晶是好的，而世间其他的一切都是糟粕。他对宗教的立场可以概括为以下三点。

1. 桑塔亚纳信奉自然哲学，是一个唯物论者，所以他认为，应该客观看待宗教对世界的影响，以此来衡量宗教的价值。

2. 宗教一方面是人类耽溺于幼稚时期的幻想，另一方面也扩展了人类的想象力。宗教以其丰富的想象力来充实这个世界。所有的宗教都是神话故事，它们是人类意识流露出来的伟大境界之反映。

3. 从道德上看，宗教一方面用它的规矩和戒律来威吓一个人，使其善度中规中矩的生活；另一方面，它也让一个人更有爱心、更慈悲。

由此可见，桑塔亚纳深受美国实用主义的影响，会从宗教对人生的效果来判断其价值，而不是一味接受或否定。

（二）桑塔亚纳对基督宗教的观点

桑塔亚纳在他的代表作《理性的生活》一书中，有一部分专门探讨宗教，其中有一段谈到“基督宗教的史诗”，对基督宗教做了全面的叙述。

桑塔亚纳认为，基督宗教是由犹太教加上希腊式的崇拜而产生的。所谓“希腊式的崇拜”也称作“异教崇拜”。他认为，犹太教这种注重精神的宗教，除了救助受苦受难之人、了解并宽恕有罪之人，以及听天由命、接受悲凉的人生之外，也就没有什么其他作用了。犹太教相信人处在悲苦的世界中，人生所有的一切都不可靠。由此看来，这个宗教太消极了。

基督宗教是犹太教加上异教的成分，其中有很多元素来自于希腊的冥思，重视概念与理想，重视创意与虔诚，等于把希腊文化的重要成分接收过来。譬如，谈到神化身为人或是人化身为神，在异教中也有类似的观念，希腊神话里就有变形的说法，一切都可以变成一切。另外，基督宗教有所谓“最后的晚餐”，把饼与酒变化为耶稣的身体与鲜血。在希腊神话里也可以找到类似的背景，如阿波罗像牧羊人一样照顾羊群。而农业女神得墨忒耳曾经痛失爱女，就像上帝失去他的儿子耶稣一样。

桑塔亚纳以他丰富的知识重新诠释基督宗教，认为是犹太教与异教崇拜这两个元素结合在一起，才构成了基督宗教整个的史诗。后期犹太人的道德要求与密契主义非常奇妙地表现在基督的神话与格言中，并由他的神迹所证实，所以呼求耶稣基督的名号可以得到治疗与赦免。耶稣的谦卑、单纯与慈爱，以及他的降生与复活，都给人带来很大的希望，也给世间带来平等博爱的精神，使一个绝望的时代产生希望。基督的福音就好像一粒芥菜种子，一旦成长之后便相当可观。桑塔亚纳这些说法令人耳目一新，感觉到没有必要与他争论。

桑塔亚纳随后又谈到宗教改革。他认为天主教接受了希腊与异教的元素，由此造成了文艺复兴运动；而基督教则坚持希伯来严谨的道德规范，由此产生后来的宗教改革。

桑塔亚纳认为，基本上宗教起源于人的幼稚与恐惧。人为什么信仰宗教？因为人尚处于幼稚时期，害怕一个让自己独处的宇宙，过度的自由会让人不安。人在这个世界所能得到的只有沉闷与毁灭，人由于自身的不成熟而认定自己是愚昧的，因而总想知道天神有何启示，以之作为自己行善的动机。这就是桑塔亚纳对人类宗教起源的说明。

宗教的选择没有客观的标准。他说，不能跟一个恋爱中的人讨论他的审美眼光。他爱一个人，不能问他为什么，因为没有为什么可说，你必须尊重他虔诚的心意。就像每个人都有自己的所爱，所爱的对象各不相同。人没有责任去接受不属于自己的宗教。桑塔亚纳特别强调的是宗教的象征意义。

（三）桑塔亚纳如何看待信仰？

桑塔亚纳对一切宗教都能欣赏。他认为，宗教是人的自然生命的一种诗意转化，转化成像艺术一样充满审美情调。宗教的目的是要帮助人的自然生命步入一种有道德的秩序。

问题在于：宗教是神话，所以不应坚持各宗教的教义就是唯一的真理，不能以此作为判断真伪的标准，否则难免会造成各宗教之间的矛盾与冲突。

桑塔亚纳强调，宗教的作用，在于为我们的道德经验带来想象上的丰富性与涵盖性。人一生下来就接受了一套道德生活与思维，难免不够完美，但你不能把它全部丢掉，因为那样做既不容易又不聪明。所以，他特别强调密契宗教。他认为宗教总有其神秘性，可以对人的道德生活产生广泛影响。如果宗教走上狂热的途径，就像基本教义派（或原教旨派）所认定的，以自己的宗教作为唯一的真理、唯一的权威，因而压抑其他一切形式的道德观点，这样不利于宗教真正价值的实现。

宗教真正的价值在于鼓励人活在美好的想象中。这样的宗教会产生两方面的结果：

1. 引导人走向虔诚，对生命充满敬意，并依附于他存在的根源，从而使生活稳定；
2. 鼓励人的精神性，通过安排一个想象的意义，使人可以摆脱动物的需求和欲望的困扰，同时明白世间一切的获得都有它适当而应有的位置。

桑塔亚纳的困难在什么地方？一方面他认为，所有宗教都不能就其字面上的教义，宣称自己具有绝对真理；另一方面，他又希望这些宗教都能产生作用，让信徒有坚定的立场。如何让信徒同时接受这两方面呢？这两方面有时会产生矛盾。一个人如果不能真心相信自己的宗教是唯一真理的显示，他又如何能全神贯注地虔诚呢？并且，他的精神性要提升的话，方向何在？这些都是有待进一步思考的问题。

收获与启发

1. 桑塔亚纳受父母影响，接受当时在知识分子中流行的自然神论，认为上帝创造世界之后就放手不管，让人类自己去面对。他们并不怀疑上帝的存在，否则世界是怎么来的？桑塔亚纳进一步认为，宗教是人类想象的美好结晶，对于人生有正面的效果，对人的道德有提升作用。
2. 桑塔亚纳从史诗的角度看待基督宗教。早期一千多年是天主教，宗教改革之后出现基督教，两者对于犹太教与异教崇拜这两种元素各有取舍，形成西方文化发展的主轴。
3. 桑塔亚纳认为，人的心态还处于幼稚期，所以基本上是不能缺少信仰的。世界各地的人都有宗教信仰，这是非常明显的现象。如果我们不了解宗教，如何能了解人类？桑塔亚纳从审美的角度去了解宗教。他本人对于天主教最为欣赏。他喜欢天主教的美更胜于它所宣示的真理。

课后思考

桑塔亚纳认为：如果不了解宗教，就无法理解人类。你是否有这样的经验，即通过宗教去了解某一类人或某些人的经历？

46-3

桑塔亚纳的哲学观

本节的主题是桑塔亚纳的哲学观，要介绍以下三点：

第一，桑塔亚纳对社会的看法；

第二，他对人生的看法；

第三，他对哲学的看法。

（一）桑塔亚纳对社会的看法

桑塔亚纳对于当前实用主义的商业社会显然有很多批评。他理想中的社会像中世纪一样，全世界统一为一个整体，有稳定的秩序、文化的内涵与宗教的信仰。这显然是不可能的，因为这样的社会需要一种贵族政体；但现在是民主时代，时间不可能倒转。

民主时代强调平等，但桑塔亚纳对所谓的“平等”有自己的看法。他认为，平等在现实世界是不可能的。一定要把一切看成平等，其实也是一种不平等，因为每个人各有其优点、缺点、专长或能力。一个社会只能提供机会上的平等，让大家共同享有平等的机会；其他的一切都谈不上平等。

因此，好的政治应该是名誉政体（Timocracy），由具备德行与荣誉感的人组成政府。这并非世袭的贵族政体（Aristocracy），而是所有人都可以根据能力，找到适当的途径，成为国家的公职人员，进而造福整个社会。这种想法显然受到了柏拉图《理想国》里的“哲学家君王”的启发。事实上，对于这一类问题思考得愈久，就愈容易欣赏柏拉图的主张。

桑塔亚纳对于社会革命有何看法？他认为，革命是一种含混不清的东西。这个世界即使经历一千次改革，仍然难免腐败如初。因为每一次成功的改革虽然都建立了新的体制，但后续又孵育出新的弊端与陋习。

桑塔亚纳对于现代生活也有不少批评。他认为，现代生活显得嘈杂与慌乱。民主政体给人自由，是让所有人都可以自由参加的大竞赛。但是自由放任的个人主义就像是参加自由式摔跤大赛，每个灵魂都因为必须踩着别人往上爬而备受折磨，没有人了解知足是什么。彼此对抗的阶级斗争毫无节制，无论谁获胜，都会为自由主义画下句点。这是他沉痛的反思，值得我们警惕。

（二）桑塔亚纳对人生的看法

桑塔亚纳认为，人不能脱离他的种族，种族的发展不能没有爱，而爱的结晶就是家庭。浪漫的爱虽然有诗意的幻想，但通常会以一段关系作为总结，即父母与子女的关系。这种关系比任何独身的安全感更让人的本能感到满足。他甚至强调，子女就是我们的永恒不朽。他说：“当我们发现有一半的不朽，原文已经被誊写在另一份更好的副本上时，我们会更心甘情愿地把这份沾满污点的生命原稿付诸熊熊火焰。”桑塔亚纳是自然主义哲学家，也是自然神论者，对于神没有明确的信仰态度。他所欣赏的是给他带来审美情操的宗教，因此谈不上个人灵魂的不朽，所以他才会把子女当作一个人的不朽。

桑塔亚纳进一步强调，家庭是通往人类永存的途径，亦即人的种族一直在延续着。这种观念有些浮泛，它没有清楚地告诉我们：一个人修炼的意义何在？一代又一代人继续生存、发展下去，最后有什么特别的意义呢？

他对人生的看法不能脱离他对社会的观点。他认为，每一个人都爱护自己的国家，种族上的爱国主义必不可少。有的种族优于其他种族，在精神层次上有其高度与广度，以及相对的稳定性。国家最大的危机在于变成战争的机器，在战争中，每个人都是输家。

桑塔亚纳对于人生有什么看法？他说："人不会满足于现状，总是向往更好的生命，想到死亡就让人唏嘘不已，所以想紧紧握住某种权力的希望而不放，这样或许可以使自己在周遭的不断变迁之中永恒存在。这当然是一种主观的幻想。"他直言不讳地说："我相信，没有什么是永恒不朽的。这个世界的精神与能量的确在我们身上起了作用，就像大海在每一道小小的浪潮中升起。但是它流经我们之后，不论我们如何哭喊，它仍然继续前行，不会回头。我们拥有的特权是：当它来到时，我们能够感知得到。"换句话说，既然我们现在活着，就要好好珍惜人生。

（三）桑塔亚纳的哲学观

桑塔亚纳认为，思想的价值是想象中的，而不是因果上的。你不可能在思想上得出任何具体的结论，只能在想象中让自己不断前进。他说："有些科学家以他的望远镜搜寻天际，结果找不到任何上帝；他如果用显微镜搜寻人的大脑，也绝对找不到人类的心智。因此，相信人有这样的精神，就跟相信魔法没有两样。心理学家能观察到的唯一事实是物理上的事实。所谓'灵魂'，只是人的身体内一种精良而迅速反应的组织。"

由此可见，他的唯物论轻快活泼，显得有些不食人间烟火。其实我们也不能否认，经过人类数十世纪的努力，我们还是像以前一样，无法解释花朵为何成长、孩子的笑声代表什么。

就哲学来说，它的挑战是要设计出一种方式，可以说服众人去实践美德，而不需要经由超自然的希望与恐惧的刺激。桑塔亚纳说："哲学家的内在拥有一座天堂，但我怀疑那传说中的极乐可以延续到其他的来世，只是一种诗意的象征表达。哲学家可以享受真理的愉悦，也同样乐意去享受这个活动领域，或者退出它。"

桑塔亚纳的结论颇为落实，他认为：一般人若想走向道德，需要社会和家庭都有爱的气氛；否则，让一个人提升道德水平是不容易的。

收获与启发

1. 桑塔亚纳对社会的看法非常落实，他认为：人的社会最好整个统合起来，而不要受到今天商业社会的影响，人人都去追逐有限的利益，大家互相竞争，永远不知满足；同时，强调自由主义未必是正确的，因为不论如何改革，人的社会总有类似的弊端。所以，一个社会如何找到合适的政治结构，这永远都是一个问题。
2. 在人生观方面，桑塔亚纳作为自然主义者和无神论者，只能从审美的角度来欣赏人生。他在其重要的代表作《理性的生活》这本书里谈到，哲学的主题应该是人类生命与历史的规划以及意义。但写到最后一册的时候，他对于是否有规划和意义感到疑惑。人生究竟是怎么回事呢？他有时也透露出秘密的悲伤。他说："生命值得活下去，这是最必要的假设；如果你不如此假设的话，活下去便是最不可能的结论。”这句话相当令人伤感。

3. 在哲学方面，桑塔亚纳问：智慧的作用是什么？他自己回答说：“为了做梦时可以睁着一只眼；为了超然世外，却对这个世界不怀敌意；为了欣赏容易消逝的美，怜悯短暂的痛苦，但是片刻不曾忘记，它们是多么短暂易逝。”最后的结论是：智能来自于幻灭，但这只是智能的开端；终点是幸福，哲学只是工具。思考的目标不是别的，而是尽可能地像在永恒之中一样活着，吸纳真理，并为真理所吸纳。这是桑塔亚纳对哲学的看法。

课后思考

我们从桑塔亚纳身上看到一个诚实无伪的人的自我表达，他显示为成熟而微妙的灵魂，以庄严而优雅的散文写下自己的心声，我们听到之后会觉得有些沉重。但是，如果你的基本立场是自然主义与唯物论，你有超过桑塔亚纳的其他可能性吗？

46-4

罗素的精彩人生

本节的主题是：罗素的精彩人生。罗素的哲学没有完整的系统，但是他有很强的批判力，对于几乎所有重要的哲学问题都进行过讨论和批判。本节要介绍以下三点：

第一，罗素一生的三个狂热；

第二，数学就是罗素的神；

第三，哲学家等于失败者。

（一）罗素一生的三个狂热

罗素（Bertrand Russell，1872—1970）在他的《自传》中说，三个简单却有力的狂热决定了他的一生：第一是对爱情的需求，第二是对知识的渴望，第三是对人类苦难的同情。罗素经历了两次世界大战，确实对人类的苦难深有同情心。

在学术上，他原本在剑桥大学研究数学，他的老师就是过程哲学的创始人——怀特海。怀特海与罗素合著的《数学原理》成为当时的经典之作，书中探讨了逻辑与数学的关系。此书出版后，怀特海进一步研究自然哲学，再转到形而上学，建构了过程哲学；而罗素好像一辈子都没有超出他所热爱的数学的范畴。

罗素的活动力极强。他出身于英国贵族家庭，后来被册封为伯爵。他对于人间各种苦难有深刻的关怀。他在剑桥大学教书期间，因为支持“拒绝服兵役”而被撤销教授资格。第一次世界大战期间，他由于批判政府而坐牢半年。不过，他在牢里仍然可以自由地阅读与写作。他后来移民到美国，依然特立独行，发表了许多见解。他的立场在第一次世界大战之前与之后有明显的不同。在第一次世界大战之前，他简直就是一位数学专家。

(二)数学就是罗素的神

罗素一生都在追求与个人无关的客观真理，数学是最标准的答案。他说：“数学是和平的场所，如果没有数学，我将不知如何生活下去。数学中有永恒的真理、绝对的知识与至高无上的美。”这显然是数学家的观点，也有一定的道理。

问题是，要到哪里去寻找与个人无关的客观真理？罗素认为，除了数学之外，还要到科学和宗教中去寻找，而不是在哲学中去寻找。哲学不能与数学、科学、宗教并列。他在著作中一再重复什么论调呢？他嘲笑哲学家太懒，不去研究数学；或者是太笨，不懂得科学。他甚至不止一次后悔，说自己不是一个科学家，而是一个哲学家。

罗素曾与他的老师合著《数学原理》，因此他对数学的推崇情有可原，但他为何要在宗教中寻找与个人无关的客观真理？因为他认为，宗教已经存在几千年，宗教的教义不是一般人可以自由想象或选择的，其中应该有一些永恒而普遍的真理。但是，罗素在大学期间就放弃了三个信念，也就是康德在《实践理性批判》中的三个设定：人的自由、灵魂不死与上帝存在。后文还会详细介绍他对宗教的看法。

罗素虽然强调他要在宗教、数学与科学中找到确定不移的、不受个人影响的、普遍而客观的真理；但他后来承认，经过一生的奋斗，他在以下三个方面都是失败的。

1. 他不得不放弃宗教与客观的伦理知识。他所谓的“宗教”主要是指基督宗教。罗素发现，基督宗教中有许多观念无法用数学来表达，在充满矛盾的世界上找不到上帝，而且基督宗教迫害非基督徒，禁锢那些忠贞不二的信徒的思想，所以他认为必须放弃宗教。
2. 在数学方面，他对《数学原理》的系统并不完全满意，并且维特根斯坦使他确信：数学知识不过是一种重复的说法而已。换言之，在定理中规定好的内容，在后面推论时并没有任何具体的进展。
3. 在他的著作《人类的知识》中，他为科学知识所做的辩护并没有达到他早先预期的标准。

（三）罗素认为哲学家是失败者

罗素认为哲学家都是失败者。他好像是替自己找了个借口，但他也以此来批评所有的哲学家。了解罗素哲学的关键在于：他认为哲学主要是一个副产品。几乎所有西方哲学上的问题罗素都谈过，但是没有任何一种固定的见解能够得到他的肯定。罗素强调，任何有价值的哲学，都是一种副产品。一种哲学要有价值，应该要建筑在一个宽大而坚实的知识基础上，而这个知识的基础，不单是关乎哲学的。

罗素在哲学方面的观点有三个重点。

1. 哲学都是副产品。
2. 哲学家都是失败者。罗素至少是极少数坦白承认自己是失败者的人。他说：“诚实的哲学家应该承认，他不太可能得到最后的真理。但是人性里有一种难以改变的脾气，就是喜欢做别人的门徒；所以，如果一位哲学家的失败不是十分显著，他就会被人认为已经得到最后的真理，进而加以崇拜了。”

3. 罗素进一步提出两方面的想法。

（1）他说：“证明一个哲学问题无法解决，就是解决了这个哲学问题。”

这句话听起来有些吊诡。事实上罗素认为，所有哲学问题都不可能真正得到解决，所以只要证明它无法解决，这个问题就可以暂时放在一边了。

（2）罗素在探讨中采用一种特殊的方法，这种方法虽然不能带来确定性，但是会使人拥有丰富的知识。

他说：“每一个真正的哲学问题，都是一个分析的问题；在分析问题的时候，最好的方法是从结果开始，然后推到前提。”亦即把自己当作侦探一样，从结局开始，逆向分析正误，从结论推导出前提。他认为这是归纳法的本质。

罗素在第一次世界大战之后到第二次世界大战之间，广泛投入各种社会活动。他是著名的和平主义者，反对战争，要为社会不义寻找改善的方法。他拒绝继承在英国的家业，选择自谋生计，所以到美国后经常入不敷出，有时穷到连一张公交车票都买不起。但他只要有办法，对别人都相当大方，显示出一种贵族的风范。

他的作品极多，影响很大，78 岁时（1950 年）获得诺贝尔文学奖，代表他在写作方面有出色的表现。他的作品有许多是哲普性的作品，譬如我们熟知的《西方哲学史》《西方的智慧》等书。但他对西方哲学家的评论一向过于犀利，甚至过于严苛，以至于很少有哲学家能通过他的检验。

他能够勉强认同的是古希腊柏拉图的“理型论”，以及近代斯宾诺莎“永恒秩序”的观念。他认为，这两种观念都谈到先验真理，而哲学命题必须是先验的，因为哲学所论及的并不是事物，而是事物之间的关系，这种关系是先验的。譬如，如果 A 等于 B，X 等于 A 的话，那么 X 就等于 B。不论 A、B 或 X 是什么，这样的数学公式永远正确。

对于社会生活方面，他提出尊敬原则与宽容原则，以之作为新道德的基础。所谓“尊敬原则”，就是要尽可能提升个体与社会共同体的生命力，而不要去压制或抹杀它。所谓“宽容原则”是指，任何单一个体或是单一社会共同体的成长，都尽量不要以其他个体或社会共同体的损失为代价。换言之，你要生存，也要容许别人生存，大家按照各自的特色去谋求生存与发展。

收获与启发

1. 罗素精彩的一生长达 98 年，从 1872 年至 1970 年。他承认自己的一生有三个狂热。他对知识的渴望表现得最为明显，对人类苦难的同情也受到世人普遍的推崇；至于对爱情的需求，则是他个人要去面对的挑战。
2. 罗素把数学当作神一样崇拜，因为数学清晰明确，让人直接进行有效的思考，而没有任何含糊不清的地方。他一生都在追求与个人无关的客观真理。他在宗教、数学与科学三个领域里寻找，最后承认自己并没有成功。
3. 罗素认为哲学家是失败者，他也不讳言自己的失败。首先，他认为哲学是一个副产品。原本想要追求客观真理，但是根本没有任何可能性，所以只能就某些客观事实进行分析和探讨，而无法找到与变动的人生经验无关的真理。其次，他认为哲学家都是失败者。然后他说：“证明一个哲学问题无法解决，就是解决了这个哲学问题。”如此一来，哲学怎么会有任何明确的进展呢？

课后思考

罗素说，三个简单而有力的狂热决定了他的一生，就是对爱情的需求、对知识的渴望，以及对人类苦难的同情。爱情是个人要去面对的，知识是追求人类共同的福祉，至于对人类苦难的同情，更使我们扩展到人类的层次。请问，到目前为止，有哪些有力的狂热在安排及推动着你的生活?

46-5

罗素的哲学观

本节的主题是：罗素的哲学观。罗素对哲学有明确立场，他写过《西方哲学史》《西方的智慧》这一类介绍西方哲学的书，充分表达了个人的见解；但对于被他介绍的西方哲学家来说，就未必完全可靠了。罗素认为，哲学应该为人提供一种洞察力，使他不为争议所困，可以破除偏见，更接近真理。这是他的基本观点。

本节要介绍以下三点：

第一，罗素如何批评西方的理性主义与唯心论？

第二，罗素在其代表作《密契主义与逻辑》(又译为《神秘主义与逻辑》)中，指出密契主义的四点特色；

第三，罗素对密契主义四点特色的评论。

(一)罗素如何批评西方的理性主义与唯心论？

西方的理性主义始于近代哲学家笛卡尔，罗素与笛卡尔的基本观点不同，但有三点态度是相同的。

1. 他们都批判蒙昧主义，就是忽视理性，靠本能的愿望去决定什么是真、什么是假。
2. 他们都结合了天真的直率与世俗的智慧，说出一些十分贴近人心的话。譬如笛卡尔说过，让我的欲望不要超过能力的范围。罗素也说过许多精彩的格言。

3. 他们都重视清晰而直观的观念，只受内在的定见所支配，都极力表达自己的真知灼见。

罗素对于笛卡尔发展出来的西方哲学很有意见，他认为这种哲学虽然使用理性，但其实走向了唯心论的系统。它要求以合理而完整的方式解释万物，这样一来就倾向于把万物看成是有目的的系统，以便让人真正理解它。这种解释方式与长期在西方占主导地位的基督宗教是合拍的，可以在很大范围内呼应西方的基督宗教信仰。

罗素进一步指出，有两条途径都肯定宇宙万物是统一的。一条是从笛卡尔到黑格尔以来的理性的途径，另一条是密契主义的途径。两者看似不同，但是殊途同归，最后的结论都是一个统一的宇宙观。罗素对此不能接受。

（二）密契主义的四点特色

《密契主义与逻辑》是罗素的代表作，很多人都对这个书名感到诧异。事实上，罗素写作的目的是要对密契主义加以批判，他也知道这样的书名足以吸引人。至于逻辑，当然是罗素的立场。他主张使用理性，但是没有必要进入到一元论的结果。

罗素先对密契主义者做了简单说明：

1. 密契主义者认为一般事物并不真实，充满变化的万物都是虚幻的，他们把世界看成一种表象，好像背后存在着一个真实的本体；
2. 密契主义者并不关心日常生活的细节。在这个世界上过得是好是坏、有什么样的遭遇，这些都不太重要，重要的是永恒的那一面；

3. 密契主义者与外在世界几乎是隔绝的，他们排斥感官经验，对于推论和分析的知识都保持距离。密契主义者专注于内在的情感，让孤独的灵魂有美好的幻想，这种幻想既生动又真实，以此排除疑惑，产生定见。

罗素认为自己作为哲学家，应该调和哲学与密契主义；或者至少要分辨，到底哪个对、哪个不对，为什么对或不对。正是因为能够分辨这两点，所以哲学比科学和宗教更重要。

罗素进而指出密契主义的四点特色。

1. 密契主义可以透过直观顿悟，得到完全不同于由感觉或理性分析所得的知识。换句话说，他可以领悟潜藏在现象背后的实在界的光彩，好像得到完全通透的光明，显示出浑然为一的境界。
2. 密契主义相信一切都是一个整体，里面没有任何对立与分歧。就像古希腊时代赫拉克利特所说的"善与恶是一而非二"、"向上与向下的路是同一条路"，以及巴门尼德所说的"真实是一个整体"。
3. 密契主义否定时间的实在性，把过去与未来都当作虚幻的，所有东西在时间上都不会有任何变化。
4. 密契主义认为，恶是一种假象，没有恶的问题；即便有恶，也是为了更大的善。

（三）罗素对密契主义四点特色的评论

罗素的目标很简单，他要分开事实与希望。一个人可以抱有希望，但事实究竟如何才是最重要的。罗素对密契主义的四点特色依序做出了评论。

1. 本能的直观与理性的推理

一方面是本能的直观，另一方面是理性的推理，两种认知方法是否同样有效呢？本能的直观当然是密契主义最主要的方法。罗素认为，直观与理性的对立基本上是虚幻的。理性，与其说是一种创造性的力量，还不如说是一种调和以及管制的力量。

人的本能的直观很容易犯错。当然，本能的直观在某些方面，比如在自我防卫、求生存、爱的行动方面，有时可以非常快速地做出精确的反应，但是那与哲学有什么关系？哲学是一种高度精确、高度文明的活动，这种活动若是要取得成功，就必须在某种程度上从本能生活中解放出来，甚至要远离一切世俗的希望与恐惧。罗素的结论是：在哲学中，理性的推理比直观更优秀，直观的判断不应该在未经批判的情况下就被接受。

2. 密契主义相信实体存在

密契主义认为宇宙万物是合一的整体，但是我们所见到的殊多与差异是不是假象呢？罗素指出，密契主义相信有一个实体存在，它完全不同于出现在感官面前的东西。这种信念带着不可抗拒的力量出现在某种情绪中。如果你认为大自然的一切都是虚幻，殊多和差异都是假象，未免太武断了。以这样的心态去了解大自然，最后当然一无所获。

3. 时间是真实的吗？

时间是真实的吗？如果肯定宇宙万物是一个整体，自然会对时间感到疑惑。罗素认为，你说现在是唯一的存在，但是过去与未来不是一样真实吗？每个未来都会成为过去。我们觉得未来与过去不同，不是因为两者间存在真正的差异，而是因为未来和过去跟我们的关系不同。

罗素也承认，在进行哲学思考时，人必须从时间中解脱。就算时间是真实的，也必须先在思想上掌握到“时间不重要”，这是得到智慧的不二法门。他的意思是说，我们在思考时需要使用抽象，要把一样东西的本质抽取出来才能形成概念，这时必须先把时间暂停，认为时间完全不重要。但是，不能因此就认为时间是虚幻的。

罗素指出，密契主义者认为时间有问题，是出于对道德与幸福的关怀。他们总认为有一个永恒的境界，而并非想去认识什么是真正的东西。哲学家若要获得真理，首先必须具备那种无关利害的理智的好奇心。

4. 善、恶都不是真实的

密契主义者认为，恶不是真实的，甚至连善也不真实，因为万物是一个整体。罗素承认，道德的确很重要，但是哲学不用考虑道德问题。譬如爱与恨，那是心理学的研究范围。哲学家或者心理学家都一样，应该保持道德中立。要知道人类能力的极限，每个人都不应该把自己的道德观念强加于别人身上，这样才更有希望接近真理。换言之，不应该以不确实的希望来迷惑人心。

收获与启发

1. 罗素是西方当代重要的哲学家，他对于西方哲学史有一定的心得与见解。他主要的评论立场在《密契主义与逻辑》这本代表作中展现出来。他认为哲学家一定要使用理性，但是这并不代表要走入理性主义，甚至进一步走到唯心论，把宇宙看成一个整体，好像它有某种目的。这种思想系统与宗教的密契主义殊途同归。理性应该有其独立的运作，不应该被吸引到密契主义那一边。

罗素在青少年阶段就关心形而上学，连带也探讨宗教问题，他觉得自己很容易产生罪恶感，但他在 18 岁以前就摆脱了这样的罪恶感。在此之后，罗素也失去了形而上学的三个主要信念——上帝存在、人的自由以及灵魂不死。

2. 罗素在《密契主义与逻辑》一书中，认为密契主义有四点特色：密契主义依靠直观顿悟；把一切看作一个整体；否定时间与变化；认为恶，甚至连善也一样，都是一种表象。
3. 对于上述四个问题，罗素认为理性的推论是可靠、普遍而客观的；密契主义者的说法涉及个人的信念与希望，有许多是无法证实的。

课后思考

罗素承认，人的直观或直觉在自我防卫、求生存以及爱这三个方面，会有快速而精确的反应。可见，他并没有完全否认直观的作用。请大家思考一下，除了上述三点之外，还有哪些方面，直观比理性的推理更有效率？

46-6

罗素对道德与宗教的看法

本节的主题是：罗素对道德与宗教的看法。

罗素是一个道德学家，一向热衷于参与道德方面的讨论，尤其是有关伦理学与政治学方面的。比较特别的是，他也谈到“后设道德”的问题，就是探讨：道德原则是如何产生的？不同道德立场的人之间有什么歧义，他们的观点有何差别？从非道德的前提可以推出一个道德的结论吗？

本节要介绍以下三点：

第一，罗素对道德争议的看法；

第二，罗素对宗教的观点；

第三，罗素对人生的一般说法。

（一）罗素对道德争议的看法

罗素早期的观点接近他的好友摩尔（G. E. Moore，1873—1958）《伦理学原理》的看法，采取主观主义的观点。如此一来，在道德争论中就不可能有真正的意见差别。譬如，甲说这个行为是善的，乙说它是恶的，那只代表甲、乙各自的感受或欲望，他们可能同时都对。如果两个人对价值的看法不一样（价值包含道德在内），只说明两个人的口味不同而已，与真理无关。有些人的口味比较高一点，欲望显得比较高尚，但那只是个人的口味与欲望。

那么人在世界上应该如何生活呢？罗素认为，我们应该欲求的，只是别人愿意我们去欲求的东西，这样就可以在生活上过得不错了。认为“快乐、爱或爱上帝有内在本具的价值”，那只是表达了自己的欲望而已。譬如，你说“恨是不好的”，这跟你说“但愿没有人感到恨”没有什么差别，只是表达了你的欲望而已。

当然，罗素也分辨了两种欲望。第一种是个人的欲望，譬如，我肚子饿了，想吃东西；我有野心，需要名声。第二种是非个人的欲望，譬如，反对种族歧视，反对制造污染。在道德判断中，我们可能会表达某种非个人的欲望；有时候欲望是个人的，而要求是普遍的。两种欲望交织在一起，在伦理学上构成很大的问题，造成不少困惑。

在伦理学争论中，常常要针对方法，而不是针对目的。因为如果有终极的目的或终极的善，那所有的争议都可以解决；但事实上并没有终极的目的。罗素认为，你无法证明任何东西有内在本具的价值，就好像无法对色盲的人说“草是绿的而不是红的”。你只能找出各种方法为他证明，他缺少了大多数人所拥有的区别能力。但是在价值方面，没有这样的证明方法。结论还是一样：人在价值上的不同观点是由于口味不同所造成，并没有所谓的客观真理。罗素认为自己的观点是对的，但是他承认没有办法说服所有人，他也不知道该如何解决这个问题。

最后，罗素还是提出一些伦理学的具体要求。他说：“爱而不是恨，合作而不是竞争，和平而不是战争，这些都是值得追求的愿望。”结论是：让世界充满幸福、美满，我们真正需要的还是理性。

（二）罗素对宗教的批判

罗素对宗教的批判是公开而明确的。他说，他年轻的时候就放弃了柏拉图的理型论，此后就公开反对宗教。他认为，凡是相信有超自然的神秘境界的宗教都是错的。一般人总认为宗教劝人为善，罗素则认为，没有宗教，人才会行善。

罗素认为，宗教最后会消灭。他 1922 年接受访问时说："我个人不认同所有已知的宗教，我希望所有宗教信仰都会消失。宗教属于人类理性的幼稚阶段，现在我们已经走出这个阶段。"到 1959 年，也就是上述这段话 37 年之后，他稍微修正了自己的观点。他说："如果出现大的战争、大的压迫而让许多人受苦，宗教就有可能继续存在；如果人解决了社会问题，宗教就会消失。"

罗素对宗教方面的一些重要观念提出批判。

1. 上帝存在吗？

罗素公开说他是不可知论者。不可知论与无神论的目的是相同的，就是把神摆在一边。有人问他："你认为上帝是不存在的，还是难以证明的？"罗素说："所谓的上帝，无异于古希腊奥林匹斯山上的那些神，或者北欧维京人神话中的神。这些神都可能存在，因为你无法证明他们不存在。基督宗教的上帝也一样，他只是纯粹的可能性。"所谓"不可知论"是说，上帝的存在虽然不是不可能的，但在正常情况下不太可能。

2. 人死之后灵魂会不会复活？

罗素说，一切证据都显示，所谓的心智生命，乃是头脑结构加上健康的身体才有能力运作出来的。身体死后，心智生命亦随之消失。罗素认为，另外一个心智生命（譬如灵魂）的存在，顶多只有或然性而已。

对于身心问题，罗素是中立的一元论，比较接近唯物论。他在1959年强调，人在宇宙中没有任何重要性。如果有一个上帝或存在本身，他没有偏见地看待地球上此时此地的人，他很难会提到人类，除了可能在某一本书、某一个注解里面提到而已。所以，罗素是否定灵魂不死的。

3. 信就好了，其他的不要管

罗素也反对唯信主义，也就是“信就好了，其他的不要管”。罗素不相信关于神存在的各种论证，但他对托马斯·阿奎那以及笛卡尔的理性主义比较欣赏；他完全不能接受帕斯卡、卢梭与克尔凯郭尔。他说，把一些问题的答案诉诸人心，而不诉诸理性，不是一种进步。

诉诸内心的情感会出现两个问题：

1. 内心的情感会对不同的人说不同的话，对同一个人在不同情况下也会说不同的话；
2. 就算内心的情感对所有人都说同样的话，也无法证明情感之外有任何东西存在。

那为什么还有人接受一套神学呢？因为它允许人沉浸于快乐的梦幻中。罗素认为，虽然基督宗教的某些行为格准是可敬的；但是不论从德行或是智慧来看，耶稣基督并没有超过佛陀与苏格拉底。他尤其对于耶稣说的“有些人死后永远受罚”这句话，表示完全无法理解。

最后，罗素还强调宗教信仰带来的坏处。他说，启发宗教信仰的感情是基于恐惧，所以宗教组织会带来有害的影响。换句话说，人一旦信仰就会闭上眼睛，就算证据不足他也不管，放下理性，诉诸执着，那不是害人吗？不过，罗素在谈到宗教信仰时，有一句话值得肯定，他说：“重要的不是你信什么，而是你如何信。”

罗素从不否认他的无神论哲学会显得阴暗沉郁。他说：“智慧的开始就是要接受一个事实，那就是宇宙并不在乎我们渴望什么，人的快乐或痛苦跟人的行为没有什么直接关联。”他在 92 岁生日时接受电视访问，他说：“快乐的秘诀在于面对世界是恐怖的这个事实。你面对这个事实，就可能再度成为快乐的。”

（三）罗素对人生的一般说法

罗素对人类生命的价值依然是肯定的。他说：“在一切道德质量中，善良的本性在世界上是最需要的。若有人给我再活一次的机会，我将欣然接受这难得的赐予。”他又说：“谈到幸福，总是还有一些心想未成的东西。如果你想要的东西都有了，也就没有什么幸福可言了。美好的人生是被爱所唤起，并被知识所引导。最好的生活是建立在创造活动的基础上。”

威尔·杜兰特在《哲学的故事》中曾引述一段罗素的话，与中国人有关。罗素说：“我逐渐认识到，白种人并不如我过去所认为的重要。如果欧洲与美国在战争中完全灭绝了，也不意味着人类这个物种会就此毁灭，更不会是文明的末日，因为还会剩下为数可观的中国人。从各方面看来，中国是我所见过最伟大的国家。不仅在人数上与文化上最伟大，在我看来更是在知识上最伟大。我不知道有其他的文明像中国一样，如此心胸开阔、注重实际、乐于面对事实的原貌，而不是试图将这些扭曲成某种特定的样子。”这是他在 1924 年 5 月 4 日接受《纽约世界报》的访谈时所说的，此前他曾受邀在中国进行访问与讲学。

罗素随着年龄增加而更机智，因为丰富的生活而更圆融，对人类沉积的弊病仍保持完全的清醒，但已清楚地了解社会改变的困难。

课后思考

罗素对伦理、宗教的态度非常谨慎而保守，甚至提出批判的看法；但他到过中国讲学，特别推崇中国人，说中国人心胸开阔、注重实际、乐于面对事实的原貌。请大家思考一下，这三个方面我们还保留着哪些呢？我们还有哪些优点是罗素所忽略的？

Part

10

延续爱智传统

第47章

维特根斯坦与卡西勒

47-1

特立独行的维特根斯坦

本章的主题是：维特根斯坦与卡西勒。维特根斯坦是当代哲学界非常特别的人物，本节将从生活上、学术上与影响上三个方面，来介绍他的“特立独行”。

第一，维特根斯坦在生活上特立独行。

第二，维特根斯坦在学术上的表现。

第三，维特根斯坦的影响。

（一）维特根斯坦在生活上特立独行

维特根斯坦（Ludwig Wittgenstein，1889—1951）是奥地利人，他的父亲是犹太实业家，可谓大富之人。他父母的文化素养很高，有许多音乐家朋友，像舒曼、马勒、勃拉姆斯都是他们家的座上客。他们家有七架三角钢琴，他从小在家中自学。但是有钱人家未必快乐，他有四个哥哥，三个自杀，他在 23 岁时也说自己“过去九年一直活在恐怖的孤单之中，徘徊在自杀边缘”。他一生最害怕的是，在完成著作之前就失去理智或生命。

他后来到柏林技术学院学习工程，对数学发生兴趣，就转到剑桥大学向罗素学习数学。他把分到的所有遗产全部送给哥哥姊姊。他在写完自己的代表作《逻辑哲学论》之后，认为自己解决了所有的哲学问题，便不想继续待在学术界，于是转到奥地利乡下的一所小学教书。后来又觉得与孩子的父母不好沟通，他就去当园丁，住在简陋的地方，过着简单的生活。

维特根斯坦谈过几次恋爱，都无疾而终。他一生没有穿过西装、打过领带或戴过帽子，一向只穿简单的衣服。因为身体不好，他本来不用当兵，但是他坚持要参加第一次与第二次世界大战，在第二次世界大战中担任救护兵。可见，他在生活上十分特立独行。

（二）维特根斯坦在学术上的表现

维特根斯坦一进剑桥大学就受到注意。《伦理学原理》的作者摩尔，很早就发现维特根斯坦在课堂上经常皱着眉头，陷入苦思。罗素当时也在剑桥教书，他比维特根斯坦大 17 岁。罗素第一次见到维特根斯坦便说："认识维特根斯坦是我生命中最令人兴奋的思想上的经历之一。"罗素称他是完美的天才。

有一次维特根斯坦问罗素："你认为我是个白痴吗？"罗素说："你为什么这么问呢？"维特根斯坦说："如果我是个白痴，我就去做飞行员；如果不是，我应该成为一个哲学家。"后来他把第一份学习报告送给罗素，罗素念到第一句就说："这是个天才！"罗素曾写过一本探讨认识论的专著，维特根斯坦对书中观点提出严厉批评，使罗素放弃了出版的念头，甚至一度想要自杀。这就是罗素与维特根斯坦交往的过程。

维特根斯坦听从朋友的劝说，用他的书作为博士论文，答辩时出现了什么场面呢？摩尔与罗素都担任评审委员，但他们不知如何提问。维特根斯坦轻拍两位主考官的肩膀，安慰他们说："别难过，我知道你们永远不可能了解的。"

维特根斯坦取得学位后，在剑桥大学三一学院担任研究员，有五年教学经历。他在学术圈内特立独行是众所皆知的。他离开剑桥后，有个朋友一直鼓励他回来；当他返回剑桥时，又亲自去车站接他。这位朋友就是后来获得诺贝尔经济学奖的凯恩斯（J. M. Keynes，1883—1946）。凯恩斯为此事写信给他太太说："嗯，上帝到了，我会在5点15分那班火车见到他。"把维特根斯坦称作"上帝"当然是朋友间的玩笑话，但他在朋友心目中的特殊分量由此可见一斑。

（三）维特根斯坦的影响

一般会把维特根斯坦与两个学派放在一起。一是逻辑实证论，这是当时奥地利维也纳学派的立场，但他认为这是误会。维也纳学派著名哲学家卡尔纳普（Rudolf Carnap，1891—1970）这样描述维特根斯坦：

"维特根斯坦对人与对问题所提出的观点与态度，更近似于艺术家而非科学家，或可说与宗教的先知或预言家没什么差别。当他陈述自己对特定哲学问题的看法时，我们常可感觉到他在那段时间里的内心挣扎，也就是他在极度痛苦的紧张中，试图从黑暗穿透到光明的挣扎。这种紧绷状态甚至能在他表情丰富的脸上看见。当经历长期艰辛的努力后，答案终于出现了。他的陈述就像新创的艺术作品或神圣的启示一般，卓然屹立在我们面前。他并非武断地坚称自己的观点，只是他给我们的印象是，洞见仿佛是通过神灵的召唤降临到他的身上。以至于我们不免觉得对这个洞见提出任何严肃、理性的评论或分析，都是一种冒渎。"卡尔纳普显然对他是非常肯定的。

但是维特根斯坦最后对维也纳学派的朋友们说："你们误会了，我写的《逻辑哲学论》不是探讨逻辑的，与你们的基本立场不同。我是要探讨伦理，以及语言与思想的局限。"一般人都把维特根斯坦连上逻辑实证论或维也纳学派，这事实上有些误会。

另一方面，世人也常把维特根斯坦与语言分析学派连在一起。事实上，语言分析学派与维也纳学派也常被连在一起。谈到语言分析，在古希腊时代就有这样的传统。苏格拉底让人不断澄清概念的做法，就是一种语言分析的方式。这个学派对我们来说显得比较遥远。它里面有一个重要原则叫做“意义检证”——你说的一句话是否有意义，需要经过检证。所有检证要么就以科学为标准，不然就是符合我们直接的感觉经验。除此之外，其他标准都有问题。这个学派与维特根斯坦有些类似，但不完全相同。

维特根斯坦在哲学上没有成立特定的学派，他所做的是清理战场的工作。他认为 2000 多年的西方哲学基本上是一团混战，有很多观念都没有弄清楚。

维特根斯坦在生活上特立独行，从富家子弟到抛弃一切财产，甘愿过简朴的生活。他有如此明显的转变，是因为他内心始终有一种危机感。他在乡下小学教书期间，在一家书店买到俄国文豪托尔斯泰的《福音书简》，受到启发与震撼，决定从此过简单的生活。

后来他在剑桥大学以研究员身份授课，也给学生留下了深刻的印象。他有一些口头禅，譬如，“我是古怪的”，“我今天太笨了”，“我是很糟糕的老师”。他上课时经常会在一段时间内保持安静，一个人喃喃自语；一下课就奔向电影院，随便看一部电影以便忘记哲学。

第二次世界大战之后，他回到剑桥大学，但不久便放弃教职，因为他觉得哲学教授是一个荒谬的职位，简直像是被活埋一样。1952 年他因癌症过世，死于爱尔兰的都柏林。临终前，他告诉身边的人说：“请转告我的朋友们，我曾拥有一个美好的生命。”

收获与启发

1. 维特根斯坦可谓20世纪最特立独行的哲学家。他出生于富裕的犹太人家庭，后来因为受到某种感召而过着极其简朴的生活。一般人很难做到这一点，连哲学家也不例外。
2. 在学术上，他让罗素和摩尔这两位当时的哲学名家大为惊艳，罗素称他是天才的典型。他对人生问题的许多思考超出罗素的想象之外。他在学术上只有两本代表作。一本是《逻辑哲学论》，本来找不到出版社，经罗素介绍才得以出版。出版之后，很快就成为当代哲学的经典之一。第二本是他过世之后才出版的《哲学研究》。
3. 维特根斯坦影响了当时正在发展的逻辑实证论和语言分析学派。但他认为，尽管表面有些类似，但基本的精神是不同的。维特根斯坦并不是纯粹研究逻辑或语言，他关怀的还是人的问题。他探讨伦理学，尤其要把焦点放在语言与思想的局限问题上。

课后思考

维特根斯坦被许多人认为是当代的苏格拉底。请你从生活上、学术上、影响上，比较一下两人的异同?

补充说明

维特根斯坦特立独行，他在生活上、学术上、影响上确实与苏格拉底相似。他们之间的不同在于：苏格拉底从来没有想过要完全质疑或否定过去的哲学，维特根斯坦则认为在他之前的哲学家不是讲错了，而是讲的无意义。有时说别人讲的话“无意义”比说“讲错了”，是更严重的批评。

历史上很多哲学家都是认真地在生活，他们经过深刻思考，提出对宇宙、人生和价值的睿见，都值得尊重。语言当然有其限制。我们一辈子说话，有时也搞不清楚到底哪些话是自己真正的想法，哪些只是客套话，哪些话能扣紧真实情况，揭示某些真理。但不能因此就说所有的话都没意义。维特根斯坦在哲学上被列入“语言哲学”这个体系，他的想法确实给人类的思想造成一定局限。

47-2

维特根斯坦解决了哲学问题吗?

维特根斯坦出版了《逻辑哲学论》之后，自认为解决了所有的哲学问题。他认为，大部分谈论哲学的语句与理论都不是错误的，而是没有意义。换句话说，过去西方哲学家的大部分说法都是没意义的。他为何会这样说?

本节要介绍以下三点:

第一，维特根斯坦的《逻辑哲学论》的主要内容是什么?

第二，语言所反映的是什么?

第三，维特根斯坦所谓的“不可言说的神秘事物”是哪些?

(一)维特根斯坦的《逻辑哲学论》的主要内容

《逻辑哲学论》一书只有70页左右，但讨论的问题很广，包括语言、世界、逻辑、数学、科学、哲学的本质，并对伦理、宗教与密契主义都做了一些评价。可见，这本书显然是由非常简短的语句所构成的。

维特根斯坦通过探讨，要分辨能够言说的与只能显示的。哪些是可以用言语来说明的?哪些是只能显示而不可言说的?他的结论是:“可以言说的，就尽量说清楚；不可言说的，就要保持缄默。但是真正重要的，是我们只能保持缄默的那一部分。”

这本书开头就说：“世界是实际情况的全体。”所谓“实际情况”，一般称为“实况”。实况与“事物”不同。譬如，一张桌子或一棵树，就不是一个实况，而只是一样事物。然而，没有任何事物可以独立于周围的环境之外。譬如，“这张桌子是咖啡色的”、“这棵树位于路边”，这些就是实况。

人类所能掌握的是实况，而不是事物。因为人类一定要通过某个语句来掌握一样东西，语句是我们思想的具体内容。如果离开了语句去思考，那只是经过简单抽象之后剩下本质的事物，而不是一种实况。

维特根斯坦认为，只要把这一点说清楚，人类在使用语言时就会更加谨慎。要排除所有经过抽象之后的本质，让思考与表达的内容完全与经验相对照，这样才能使经验与行动有一个合适的秩序。所以他在这本书一开头就说“世界是实际情况的全体”。

（二）语言与实际情况的关系

维特根斯坦一再强调：“再也没有比不欺骗自己更难的事了。”有许多人一辈子都在说话，但他知道自己说的是什么意思吗？他的话能表达实际情况吗？维特根斯坦认为，绝大多数人都不知道自己所说的是什么，却以为自己知道，那不是自欺吗？这句话说得有些严重。他的著作就是要说明语言与实况的关系，他一辈子都在这里面打转。他认为，把这一点说清楚，人生所有的问题都会一目了然。

人在思考及表达时，世界只有一个，但它有两面：一面是可以说的或语言可以表达的部分，另一面是不可说的或语言无法表达的部分。如果认为自己的语言可以表达不可说的部分，那就是欺骗自己。若以这个标准来衡量，恐怕很少有人可以逃避他的指责。不过，以他的标准来看，世界也会变得非常狭隘。

他说：“真正语句的集合体就是自然科学。”但是他也承认，即使科学中可能提出的所有问题都被回答了，也仍然没有触及我们的生活问题，因为生活问题是无法思考、无法表达的。只有哲学会触及生活问题。他强调：“哲学应该藉由可思考的事物，从内部去画出不可思考的事物的界限。”的确存在着许多无法言说的事物，它们显示自身，它们就是“神秘事物”。

(三)不可言说的神秘事物

维特根斯坦所谓的“不可言说的神秘事物”至少有五种。

1. 伦理方面的说法

维特根斯坦认为，伦理方面经常讲报应，但因果报应是迷信，善恶有报这种“必然性”只存在于逻辑中。这句话是对的。我们常常觉得善恶应该有报应，但那只是个人的愿望而已。他认为，幸福不是内心的状态，也不是感觉、判断或思考，而是“个人领悟到世界意义的局限性之后产生的”。换言之，你知道世界有什么意义，而这个意义是有局限的，你才会觉得幸福。

2. 生命

维特根斯坦说：“空间与时间中的生命之谜的解答，存在于空间与时间之外。”这就好像“不识庐山真面目，只缘身在此山中”。你如果想了解人的生命，答案不可能在这个生命中找到。

3. 自我

维特根斯坦说：“自我是一个主体，他不属于世界，而是世界的界限。”换句话说，独立自我并不存在。每个人都可以问：我的自我是谁？譬如，我看到一棵樱桃树，但是我能看到那位看到樱桃树的“我”吗？我从镜子里看到我的眼睛，但是我能看到那看到眼睛的

“我”吗？我试着思考一个思想，我能在思想之外发现一个思想者吗？也许我可以想象有一个思想者独立于思想之外，但进一步反省就会发现，这也不过是我的另一个思想罢了。

所以维特根斯坦认为，我们无法在世界上发现主体，然而“我”在世界上却有许多经验。我会说“这是我的经验”，但这不等于说“这是我的财产”，因为并没有拥有这个经验的主体。我与世界相合，但我的世界是独一无二的。我是世界的界限，但是我无法在它周围画出一道边界，因为我必须跨到边界之外才能画下界限，但是我无法跨出边界。这就是维特根斯坦对于自我问题的反省。

4. 世界的存在

他说，让人觉得神秘的并不是“这个世界是怎么回事”；“这个世界的存在”本身就让人觉得神秘，因为它无法解释自己。

5. 世界的意义

维特根斯坦认为，这个世界的意义必须位于世界之外。他说：“信仰上帝，意味着了解生命意义的问题，但是上帝不会出现在这个世界之中。上帝也是世界的总和。人类的依赖显示了神秘的上帝存在。在此意义之下，上帝就是命运，或是独立于我们意志之外的世界。”

收获与启发

1. 维特根斯坦第一本代表作是《逻辑哲学论》，内容涵盖语言、世界、逻辑、数学、科学、哲学的本质等；它的焦点在语言上面，因为人的思考不能离开语言。而语言所表达的是什么呢？这是一个关键的问题。
2. 维特根斯坦说，世界是实际情况的全体。“实际情况”一般称为“实况”，它与所谓的“事物”不同。你说“一张桌子”或“一棵树”，那只是经过抽象之后的概念而已，其实并不存在。语言所表达的应该是实际情况，譬如说“这张桌子是咖啡色的”、“这棵树位于路边”。

我们说的语句是实况的图像，而实况是语句的对象。语句可以重复实况的逻辑结构，因为世界与语句之间有共同的逻辑形式。所以维特根斯坦进一步说：“只要能被思考的，就可以被清楚地思考；只要能被说出的，就可以被清楚地说出。”另外还有不能说出的，对其要保持缄默。那反而是真正重要的，属于难以理解的“神秘事物”。

3. 他列举五种神秘事物，包括伦理、生命、自我、世界的存在以及世界的意义。维特根斯坦后期对于神秘事物不愿再多做说明，他甚至认为那没有什么好谈的。

课后思考

维特根斯坦从语言入手，认为自己解决了所有的哲学问题。我们使用语言时有两种情况：第一种是“我不说，因为说不清楚”；第二种是“我说，因为那对我太重要了”。第二种显然出自于个人的经验，每个人都有权利来适当表达这些经验。人与人之间难免有各种误会，但误会可以慢慢得到澄清，彼此也能逐渐互相了解。你可以接受上述观点吗？

补充说明

人类必须使用语言去思考和沟通，维特根斯坦从这一点着手，认为语言不能脱离特定的社会与使用的人，因此有明显的限制。有很多问题根本不可说，那就不要说；但不可说的部分有时更加重要。

下面将对此做进一步的思考。

1. 无法说清楚的，就不要去说

维特根斯坦认为，凡是无法说清楚的，就不要去说。但是，所谓的“无法说清楚”是相对的。十年前说不清楚的，随着生命经验的日益丰富，今天也许就能说清楚了。另外，还要考虑听者的接受能力。其实不管你说什么，这个世界上都有很多人听不懂。

我们承认，有许多东西确实说不清楚，譬如维特根斯坦所谓的“神秘事物”。但是，它们之所以不是三言两语就能说清楚，是因为它们需要实践。譬如，有一篇最短的演讲，不到一分钟就讲完了。演讲人说：“我们今天的主题是恋爱。有恋爱经验的人，不用说你也知道是怎么回事；没经验的人，怎么说你也听不懂。谢谢各位。”

由此可见，人与人之间能否沟通，取决于彼此有没有类似的实践或体验。你不一定每件事都有自己的体验，但可以通过书本、电影，甚至是神话故事来学习别人的经验。别人言行所体现出来的典型叫做“原型”。对于重要而难以表达的意义，人往往会借助于原型，把想说的话归结为某种类型，从而使交谈的双方能够互相沟通。

每个人都有自己的“认知地平线”或“视野”。在诠释学中就强调“视野的融合”。人与人之间是否能互相了解，要看彼此的视野能否融合。两个人的视野有相通的部分，就能进行沟通。不过，两个人的视野不可能完全一样。在这个世界上，有谁说话能让对方完全了解呢？那样也不需要说话了，就成了庄子所谓的“相视而笑，莫逆于心”。为什么会有如此默契？因为他们都体验了作为万物的来源与归宿的“道”，它是一个整体，包含一切在内。所以不需要言语，一个微笑、一个动作或一个手势，彼此就能心领神会。这样的朋友可以称为“心灵伴侣”或“灵魂伴侣”。但这样的朋友非常少见。

2. 不太重要，何必去说

我说，因为那对我太重要了。这句话才是重点。它提醒我们：今后对于不太重要的事，绝对不要跟别人争论。既然不太重要，何必去说呢？说了以后，别人懂或不懂有什么关系呢？不用急着去证明谁对谁错。

既然有些话对我来说很重要，我当然要用各种方式把它说清楚。譬如使用比喻，或借重别人的话，或使用寓言。别人能听懂多少呢？永远不要期望百分之百，因为许多话都需要行为的配合或实践的证明。“知行合一”是大原则，说出的话与行为之间要能互相检证，也就是《中庸》里所谓的“言顾行，行顾言”。到最后不用说话，别人看到你的行为，就知道你的观点和立场，一切尽在不言中。这当然是比较理想的情况。

所以对于维特根斯坦的一些观念，我们没有必要完全接受。事实上，西方哲学界对维特根斯后来也有很多反省甚至批评。他的影响力逐渐下降，后面也没有人特别在乎他说过什么了。后起的哲学家继续发表各种著作，探讨各种问题，在爱智慧的路上不断努力前行。

47-3

哲学是语言治疗

本节的主题是：哲学是语言治疗，要继续介绍维特根斯坦的基本观点。维特根斯坦很早就发现了哲学与语言的关系，以及语言与人生的关系，他的第二本书是《哲学研究》，主要探讨有关意义、了解、命题与逻辑概念、数学的基础、意识的状态等问题。

本节要介绍以下三点：

第一，哲学是什么？

第二，思考与描述；

第三，家族相似性。

（一）哲学是什么？

维特根斯坦的年代是 1889 年至 1951 年。他从 1930 年开始，也就是 41 岁以后，就明确地认为"哲学是一种治疗"。从古希腊时代开始，就有许多哲学家把哲学当作治疗。苏格拉底就是不断治疗别人的语言，希望由此找到真实的意义。

维特根斯坦认为，哲学的目标是要获得安顿自己的思想。他说："我们与自己或者与别人并非和平相处，因为我们被困在思想的惯性中。这个惯性与人的生活方式息息相关，而人的生活方式在语言中表现出来。人深陷在语言或文法的困惑中，如果不先排除这些，就无法得到自由。”

但是，现有的语言是人类原本有如此思考的倾向所造成的，所有人倾向于从语言图像中产生虚幻的本质。你听到一个概念，就会想到它的虚幻本质，而忽略真实的东西与抽象的东西之间的差异，于是人类被这些抽象的观念所困，这一切使得我们去谈论那些经过伪装的、无聊的议题。维特根斯坦认为，哲学是对抗语言蛊惑知识的一场战斗。

他把哲学当作治疗方法，要教给大家一种批判与破坏的技巧，试图由此破解由人心所建构的、人为的统一，进而了解差异。维特根斯坦说，我要借用莎士比亚《李尔王》的一句箴言——我将教你差异。人都在使用某些概念进行抽象的思考，把握的都是一些共同的本质。他认为这是不可能的，也与现实脱节，因为真实的存在与抽象的概念之间有明显差别。

维特根斯坦说：“哲学方法只有一种，就是要合乎当事人与问题的需要。”所以他从来不用认知过程、本能作用或心理机制等学说来解释所有的一切，他认为这些都是把问题附属于理论之下，等于戴上有色眼镜去看一切。他说：“我们必须去掉所有的解释，只允许描述。”

（二）思考与描述的关系

维特根斯坦所谓的“描述”是指什么呢？

譬如，关于“思考”，思考随处可见，但思考是什么呢？他列出11个有关思考的现象：第一，深思熟虑地说话；第二，思想空洞地说话；第三，先想再说；第四，说了再想；第五，边说边想；第六，想象和自己说话；第七，想到某人；第八，想到谜题的解答；第九，任由思想穿越心头；第十，用口哨吹个曲调，再不假思索地吹一次；最后，现在让我们专注思考。

这里列举了 11 个有关思考的现象，都用“思考”这个词来描述，它们代表同一种活动吗？显然不是。这意味着我们忘记了一个词的意义，只是按照它演出的舞台、使用的场景与情境来决定。如果忽略这一点，当你说“思考”，反而不知道你在说什么。

思考是一种活动吗？你可以说这是在跑步，但你可以说这是在思考吗？一个人来回踱步，眉头紧皱，结果思考半天，提出错误的答案；另一个人很快就说出正确的答案。所以什么叫思考？找出答案才是思考的标记。这就是维特根斯坦对于“思考”现象的描述。

维特根斯坦要用“描述”来治疗幻象。他说：“要从语言本身的描述中，找出什么是有意义，什么是无意义。”他要描述催眠我们的图像，使我们看出它们无法应用。他要让我们回忆自己是如何教导孩子认字用词的，或者让我们看出语词表达之间彼此联系的差异，或者发明字词的新用法，有时甚至荒谬地要用它来松动你惯用语言形式的紧缩的力量。换句话说，你要善用描述，才能摆脱对语言固有的约定俗成的幻象。

譬如，我们现在想象画一个正三角形，你可以把它看成：第一，它是一个几何图形，是三角形；第二，它是一个平行四边形的一半；第三，它是一个三角形的孔；第四，它是一座山峰；第五，它是一支箭的箭头。这里列举五个有关正三角形的描述。但是你在使用时，可能只会固定地想到某一种情况，把它当做唯一的诠释。但是我们可以根据诠释而看见吗？根据诠释，你能够看见什么？因此，维特根斯坦要把思考与语言描述之间的关系加以松动，使它不要那样紧绷，好像一对一完全对应似的。

（三）家族相似性

在西方哲学界，只要提到“家族相似性”这个术语，就知道是维特根斯坦的说法。

在探讨有关生命、时间、空间、身心、意义、自由、善良等概念时，以及探讨许多重大哲学问题时，很容易被语言所蛊惑。譬如，我们会把这些字词由它们在谈话中的自然地位抽离出来，并且假定它们指涉的是我们试图定义的某种本质或理想的实体，这就是被语言所蛊惑。只因为字词在外表上是一样的，我们就假定它指涉可以被一般化的某个固定实体。维特根斯坦要打破这种思维惯性。

那么应该怎样使用字词呢？他提出“家族相似性”这个术语。譬如，对于“好”这个字的应用，我们可以举几个例子：好的笑话、好的网球选手、好的男人或女人、好的感觉、好的心、好的血统、好看的，甚至是无用的好。这些“好”字的共同点是什么？“好”这个字并不指涉一个共同的性质，我无法通过分析这个字而得到这个概念的本质或要素。但是字词的多重意义之间具有一定的相似性，就像一个家族成员之间具有相似性一样，譬如面部特征、眼睛颜色、身材、气质、走路的样子、说话的方式等。

我们可以举出这些相似性，但不会想去定义它们，因为它们之间没有明显的界限来区分是这个而不是那个。这就像一条绳索，它的力量并非来自单一的纤维，而是来自许多纤维的交错结合。这就是维特根斯坦所谓的“家族相似性”。你不可能为每个字下定义，但每个字的不同用法有其相似之处，它们属于同一个家族。你可以用这种方式来取代一般人对概念的本质的理解。

最后，维特根斯坦谈到伦理学，这就与我们的人生密切相关了。维特根斯坦认为，伦理学的命题不可能存在，因为它不是经验的内涵。伦理学中会用到“善”这个字，一般生活中也会使用“善”这个字，但后者是相对的。譬如，我如果因为网球打得不好而受到批评，我可以承认自己打得不好，满足于现状。但是，我如果因为说谎而受到批评，就不应该对此感到满足。这个“不应该”并不是对事实的陈述，而是指向一个绝对的标准。所以不可能有伦理的学说或理论，因为它不能被教导并得到解释。

维特根斯坦说：“世界是我的世界，我的生活方式决定它的结构，并且可以使我正确看待它。”他把世界看成一个有限的整体，并强调：自我这个主体不属于世界，而是世界的界限。

维特根斯坦并不否定人有灵魂。他说：“如果一个人被恶言伤害，对精妙的言论感到兴趣，有幽默感，被感伤的故事触动，以及恐惧死亡，那么我们就可以说他有一个‘灵魂’。”人共有的反应与姿态，是形成“灵魂对话”的语言游戏的基础。

我们介绍维特根斯坦时引述不少他的原文，是因为担心语言在诠释时的误导。他的话语简明而富有哲思，这是哲学界所公认的。

课后思考

维特根斯坦说“哲学就是语言治疗”，请你想一下，自己常用的某些语句是否有需要调整或修正之处？今后说话会不会更加谨慎而准确？

补充说明

“谨慎”这两个字是我们一生都要认真面对的。

在柏拉图的部分，我们介绍过古希腊时代四种重要的德行——明智、勇敢、节制、正义。政治领袖需要明智，保家卫国需要勇敢，一般百姓需要节制，所有人都做好分内之事并且得到适当的对待，就是正义。在古希腊人看来，明智一定会表现出两个特色：一是聪明，二是谨慎。一个人如果言行不谨慎，怎么能叫做明智呢？

《易经》里有一卦叫做颐卦（䷚，山雷颐），它的卦象很像一个张开的口。《颐卦·大象传》提醒我们六个字："慎言语，节饮食"，也就是我们常说的"病从口入，祸从口出"，说话谨慎，就不会祸从口出；吃东西有节制，就减少了生病的可能。古代早有这样的教训了。但是这与维特根斯坦所说的"哲学是语言治疗"是不同的角度，所以要做进一步说明。

有人认为在书写时会比较谨慎而准确。关于说话与书写的差别，接下来在介绍解构主义时会进一步说明。说话富有临场感，因为声音是富有表情的；而书写属于文字表达，给人距离感，显得比较抽象，跟说话的生动性完全不能相比。

有句话叫做"言为心声"，我的话代表内心的声音，言语只是传达心声的工具。甚至可以说"言语是存在本身的居所"，这牵涉到存在主义的观念。另一方面，"书不尽言，言不尽意"，书写无法将你想说的都表达出来，而说话也无法完全表达真正的心意。可见，心意最重要。在说话、书写与真正的心意之间，难免会有模糊的成分。与别人沟通的时候，模糊性是不可避免的，因此要尽量把话说清楚。

古代会把传达命令说成"申命"。"申"就是反反复复。你要传达一个命令，要反反复复、不断地说，尽量避免模糊，让别人能够理解。语言的模糊性无法避免，知道这一点，我们就要尽量设法了解别人说的是什么意思。

47-4

卡西勒的符号哲学

维特根斯坦与卡西勒两人只有一点相同：都出生于犹太人家庭。维特根斯坦是奥地利人，卡西勒是德国人。维特根斯坦比卡西勒（Ernst Cassirer，1874—1945）小 15 岁，为什么要先介绍他呢？因为维特根斯坦的著作虽然不多，但由于罗素等人的大力推荐，使他对英美世界产生快速而明显的影响。而卡西勒后期的教学过程可谓颠沛流离，他在英国教过牛津等几所大学，后来到美国耶鲁大学任教。卡西勒对于语言的观点与整个哲学的建构比维特根斯坦更成体系，他的影响是渐进而较为深远的。维特根斯坦对语言的说法会让我们觉得受到很大的拘束，卡西勒则可以帮助我们摆脱这样的困境。

本节的主题是：卡西勒的符号哲学。卡西勒通过文学和语言学的训练，进而研究哲学。他的作品也涉及数学、物理学、心理学等题材。他在哲学上被列为新康德学派。

本节要介绍以下三点：

第一，卡西勒与康德的差异；

第二，记号与符号的区别；

第三，卡西勒的文化哲学。

（一）卡西勒与康德的差异

康德之后，一直有许多学者继续研究和推展他的思想，被称作“新康德学派”或“后康德学派”。卡西勒是其中的重要代表，他最主要的工作是发展及修正康德的批判哲学。卡西勒的思想属于唯心论，他采用先验的方法，这些都受到康德的启发。康德哲学强调，人在认知外在世界时，使用自身理性的先天原则。“先验方法”的特色在于：在探讨认知与认知的对象时，先要去关注这个对象是如何被人认识的。

卡西勒与康德的不同之处主要有以下两点。

1. 根据康德的说法，人的认知结构的各种原则偏向于静态的；卡西勒认为，认知结构也在发展之中，并且它的应用范围比康德所说的更广。卡西勒认为，康德的时代还没有提出相对论与量子论，所以康德偏向于认为，人的理性的各种先天形式或范畴都是静态的。
2. 卡西勒要把康德对理性的静态批判，延伸到对文化的动态批判上。卡西勒认为，人的心灵在发展过程中所表现出来的各方面的成果，都有其组织上的原理。该原理就是卡西勒最主要的哲学观点——符号形式。

（二）记号与符号的分辨

首先要区分“符号”（symbol）与“记号”（sign）的不同。

“记号”比较简单，有“天然的记号”与“约定的记号”。譬如，婴儿的哭声代表他有痛苦，这是天然的记号；而红绿灯是约定的记号，绿灯可以通行，红灯则要停下来。天然的记号与约定的记号之间也有某些关联。譬如，为什么红灯代表禁止通行？因为红色与血是一样的颜色。有些约定的记号比较浅显，譬如，表针指着哪个数字就代表几点钟；或者在古代给你一把城市的钥匙，代表你是胜利者。也有一些约定的记号比较复杂，譬如大家使用的语言文字，这就进入到符号的世界了。

符号与记号有相似之处。所看到、听到或接触到的，只代表那个真正的东西。此外，符号还有四点特色。

1. 有实在的形象才能作为符号，它要能被感觉到。这一点与记号类似。
2. 符号又是超感觉的。符号不像记号那样，只有单一的“一对一”的意义，如红灯只表示停，绿灯只表示行而已。符号所表现的是一种模拟的意义。譬如，挥挥手可以代表很多含义，它超越了单一的感觉效果。
3. 符号与群体有关。只有在这个团体中的人，才会了解这样的符号有何意义。譬如，国旗代表国家，经过特殊设计的旗子可以代表某个团体。
4. 符号不但与理智有关，还与人的整体生命有关。所以，符号可以向上延伸，推展到礼仪。比如，宗教中的各种祭祀活动都是符号。

换言之，人的意识在运作时，有一个底层结构是长存不改的，就像康德所说的形式、概念、范畴，它们并非反映客观世界，而是建构那个客观世界的基础。譬如，科学符号所建构的是客观世界，神话图案所建构的是神话及宗教的世界，日常语言所建构的是常识的世界。科学符号、神话图案、日常语言，这三种符号在不同的符号形式下表现了同样的功能。

卡西勒在《论人》里有一段话可以简要说明他的观点。他说：“《符号形式的哲学》建立在一项假定之上：凡是对人的本性或本质所做的定义，只能理解为一种功能的（functional）定义，而不是实体的（substantial）定义。”换句话说，我们只能从人的功能或作用去了解人，而不能简单地说人的本质是什么。

他继续说：“关于人，我们不能根据任何构成人的形而上本质的内在原理来界定他，也不能借着任何可以经验到的天赋或本能来界定他。人的特殊性格与显著标记，并非他形而上的或物理上的本性，而是他的工作。定义并且确定‘人性’圈子的，就是人的工作，就是人类各种活动的系统。语言、神话、宗教、艺术、科学、历史，就是这一圈子的不同扇形部分。”可见，卡西勒要探讨的是人类整个文化的哲学。

（三）卡西勒的文化哲学

卡西勒对古希腊德尔菲神殿的铭文“认识你自己”进行深入探讨。他指出，后面的发展可以分为三个阶段。

第一阶段，在苏格拉底时代，人无法在孤独中认识自己，而必须“与人合作”，在城邦生活中认识自己，于是哲学成为对话。只有经过对话或辩证的思考，才可认识人。

第二阶段，文艺复兴时期认为人的特性是“拥有几乎无限的变化自我的能力”，这种内在的不确定性使人由一种形式过渡到另一种形式。这不再是弱点，反而成为人的伟大标记。

第三阶段，法国实证论者孔德（Auguste Comte，1798—1857）指出：“要认识自己，就去认识历史吧！”后续的发展还包括英国的进化论者达尔文，他想解消人与动物的二元论，以程度的区别来取代性质的差异。

经过分析，卡西勒认为，人不仅是一种受外界丰富印象所吸引的生物，他还能以确定的形式加在这些印象上，再加以掌握。人所使用的形式，分析到最后，乃是由思想的、感觉的、意愿的主体自身所引申出来的。这是标准的康德系统的思维。换言之，卡西勒认为，人是符号的动物（animal symbolicum）或使用符号的动物。卡西勒要通过各种符号形式的特殊性格与结构去研究文化，并试图依此了解人性。

收获与启发

1. 维特根斯坦认为，他对语言的辨析消解了大多数哲学家所提出的观点；卡西勒则设法从另一个角度反驳这样的说法，他的重要性由此得以体现。卡西勒属于新康德学派，他的学问非常广博，具备一个学者所需要的各种知识。他还是《莱布尼茨全集》与《康德全集》的主编者，这在西方学术界是非常不容易的事。他在康德之后，又要与康德有所区分。他与康德最大的差异是：把康德提出的人的认识能力的静态结构，转换成动态的发展过程，从中找出符号的关键作用。他的哲学代表作称为《符号形式的哲学》，总共有三大本。
2. 区分记号与符号。记号有天然的与约定的，但基本上是“一对一”的，记号不能脱离一个具体的事物，引申的空间有限。动物也能使用某些记号，譬如，动物可以根据红绿灯来决定要不要过马路。但符号与记号不同。符号虽然离不开可感觉的形象，但它又是超感觉的；符号的意义不是单一的，可以表达丰富的意义；符号与一个团体有关，牵涉到人整体生命的价值。
3. 卡西勒的文化哲学始终把语言、神话、宗教、艺术、科学与历史这六大范畴当作重点。在西方哲学界，能够全部掌握这六大范畴的文化内容，是非常少见的。卡西勒的学问极为渊博，他有一本小书《卢梭、康德与歌德》也是令人赞赏的杰作。至于他的代表作《论人》这本书，早已成为哲学名著。

课后思考

我们已经很熟悉古希腊亚里士多德所说的“人是有理性的动物”，但是我们会发现，人类有可能完全诉诸感情与冲动，做出许多非理性的事。现在，卡西勒说“人是使用符号的动物”，他特别用语言作为例子。我们能够想象一个没有语言沟通的世界吗？你能够质疑或反驳他的观点吗？

补充说明

人如果不用符号，就不可能了解视线之外的东西。符号就是用甲代替乙，甲在你眼前、是你发明的，譬如语言文字；乙不在眼前，你可以用甲来指称它，由此建立文化的基础。符号很普遍，人不可能脱离人所建构的符号世界；否则人只能活在当下，受限于眼前直接的经验范围，无法与别人沟通，甚至无法思考。

47-5

卡西勒的哲学观点

本节继续介绍卡西勒的哲学观点，包括以下三点：

第一，卡西勒对文化的观点；

第二，卡西勒对语言的看法；

第三，卡西勒对神话的创见。

（一）卡西勒对文化的观点

卡西勒对文化的看法深受康德的影响。他在《卢梭、康德与歌德》一书中引述一段康德的话，这段话一般不太容易找到。康德说："如果有一种人类真正需要的科学，那就是我所传授的：如何适当地占有创造行动中原来应该属于人类的地位，以及如何由此学得人之所以为人的条件……我的这种学说将引导人回到人的层面，并且无论人自视如何渺小或如何卑劣，他也将扮演分配给他的角色，因为他应该是什么，他就将是什么。"

引文的最后一句"人应该是什么，他就将是什么"充分显示出康德的人文主义。这句话换一种方式来说，就是"我应该，所以我能够"。前文介绍过，古希腊时代是比较原始的阶段，那时认为"能够"代表力量，强调"我能够，所以我应该"。后来康德将其翻转为"我应该，所以我能够”，这是对人性的充分肯定。

卡西勒进一步认为，人不仅受外界丰富的印象所吸引，还能以确定的形式加在这些印象上，再加以掌握。人所使用的形式，分析到最后，乃是由思想的、感觉的、意愿的主体本身所衍生出来的。这就是他的符号形式理论的基础。

我们只能由人的功能统一性去了解他的内在统一性。人不能再被视为一种单纯的实体，他是统一的，但他所具备的是功能的统一性。不管人如何发展，最后都可以回到人的本身。

譬如，卡西勒在谈到历史时强调，历史不是外在事实或事件的知识，它是自我知识的一种形式。为了认识自己，我不能拼命地离开自己，跳出自己的影子；我必须选择相反的方向，在历史中不断回到自己身上，设法回想并了解人类过去的整体经验。所以，卡西勒重新肯定了两句话：第一句是“未经反省检查的生活不是人类的生活”，第二句是“人类最适当的研究对象就是人”。卡西勒进而主张，在人类创造的生命中，才最能了解与研究人性。

我们可以用卡西勒为剑桥柏拉图学派所作的颂词来描述他的成就，即：“他未曾让手中的火炬熄灭，他排除万难，并坚持拒绝一切独断主义，以维护真正永恒的哲学传统的火焰，并且使它原原本本的传承到未来的世代。这些便是他不容置疑的贡献。”

（二）卡西勒对语言的看法

卡西勒认为，动物只能使用记号，但是这种记号与人的语言相比，是非常初步、简单而局限的。只有人能跨过门槛，进入到符号的世界。有些动物（尤其是家养的动物）也能使用记号，譬如，狗对主人行为的最轻微变化都会做出反应，甚至可以辨别主人的面部表情和声音的情绪；但是从这个阶段要进入到人的语言世界仍有很大差距。

动物可以学会使用工具，甚至可以学会为某一个目的而发明某种工具；但只有人可以使用符号，进入到语言的层次，也就是进入到人类意义世界的部分。所以，符号的作用不限于特定情况，它可以普遍使用，涵盖人类思想的整个领域。

卡西勒在《论人》里有一章的标题是《从动物的反应到人类的反应》，说明了人类如何进入到符号象征的世界。他举了著名的例子，即海伦·凯勒（Helen Keller，1880—1968）的故事。卡西勒引述的资料是海伦·凯勒的老师苏利文夫人所记载的。海伦·凯勒从小因为生病而变得又聋又盲，甚至无法说话，她七岁时开始学习怎样表达她的意思。

下面这段资料特别令人感动，苏利文这样写道：海伦已经学到每一样东西有一个名称，并且手写文字是她所希望知道的一切事物的钥匙。她指着一样东西并拍着我的手，我就在她手掌上拼出“水”（w-a-t-e-r）这个字。后来我带她到抽水机旁边抽水出来，叫她用杯子装水，当水满了溢出来时，我在她手上再一次拼出“水”这个字。这个字与清凉的水冲过她的手的感觉来得这样紧凑，似乎吓到了她。她丢下杯子站着不动，一种新的光辉出现在她的脸上。海伦拼出“水”这个字，拼了几遍。于是她伏在地上问它的名称，我教她这是“地”。她又指着抽水机、木板墙一一询问，并突然转过身询问我的名字，我拼出“老师”这个字。在返回到屋子的路上，她极为激动，学到她所触及的每一样东西的名称，一天之内就学会三十几个单词。第二天早上，她起身像一个光彩的仙女。她问每一样东西的名字。当她有文字来代替她以前用记号与手势来指称的东西之后，她就抛开了记号与手势。她获得的每一个新字都带给她极大的快乐，我注意到她脸部的表情变得一天比一天更为丰富了。

这里所描写的是，每样东西都有一个名称，它具有普遍的可应用性，每个人都可以用这个名称来指这样东西；另一方面，它也可以充分变化，可以用不同的语言、不同的名称来表达同样的意思。结论就是：如果没有符号的作用，人类将如柏拉图“洞穴比喻”中的那些囚徒，人的生活将被限制在他的生物需要与实际利益的范围之中，永远也找不到通向理想世界的入口，无法进入宗教、艺术、科学、哲学等领域的天地。

（三）卡西勒对神话的创见

卡西勒认为，人有创造神话的功能。神话所展示的是一个戏剧化的世界，其中有行动、力量与各种权力的争斗。人在每一种自然现象中，都可以看到这些力量的冲突，因而反映了人的情绪性特质。万物都带着人所投射的情绪。譬如，万物可能是仁慈的或是恶意的，友善的或是敌意的，熟悉的或是神秘的，诱惑人的或是困惑人的，等等。这等于是人类情感的充分表现，因为一切的生命形式都血脉相连。譬如，古人的图腾信仰是原始文化最具特色的性质，它把人与动物联系了起来。

此外，神话表现了当下的性质，使它回复到原有的地位。它的特色不在于某种教义，而在于某些活动。神话先于仪式，而仪式又先于宗教的教义。神话不是先于逻辑的或非理性的，它展现一种统一的、综合的心态。简单说来，神话求统合，科学求分类。神话有一种感受的统一性，这种统一性也是初民思想上最为强烈而深刻的冲动。

神话的另一个特色是，它形成一个生命的统一体。换句话说，神话的基础不是思想，而是感受的整体。生命不可予以分类，它被感受为一个未断裂的连续整体。万物皆可互相转化，互相变形。对原始的初民来说，死亡不是自然现象，它是偶发的、有特殊原因的，没有什么必然会死的道理。要证明的不是不死的事实，而是死亡的事实才需要证明。所以，神话与宗教也有潜在的关系。

收获与启发

1. 卡西勒受到康德的启发，并进一步把他的心得运用到文化的各个方面，显得更丰富。他的基本立场是把人当作使用符号的动物，用符号形式来说明文化的每一个扇面。
2. 在语言方面，卡西勒特别参考海伦·凯勒的成长经历。苏利文老师讲述了海伦·凯勒在又聋又盲的情况下，如何学会使用语言，进而表达自己的思想。这令人赞叹的过程绝非动物所能想象，足以使我们恢复对语言的基本信念。
3. 卡西勒认为神话反映初民的心态，神话并不是先于逻辑或非理性的。对于如何从神话开展出宗教与各种仪式，卡西勒也做了适当的说明。

总之，卡西勒的基本观点是：人的精神所能接触的客观真理，终究是精神自身的活动形式加诸其上的，在其中，人的精神知觉了自己与实在界。人是符号的动物，所以要主动探索及创造人的存在中有何理想的意义。历史是人类自我发现的模式，而文化可以被描述为人类逐渐解放自己的过程。卡西勒的文化哲学使哲学家可以敞开心胸，认真对待文化各方面的成果。不理解文化，又如何理解创造文化的人呢？

课后思考

卡西勒认为，神话的基调是强调万物可以互相转化。请你思考一下，我们与万物都可以互相转化，但我们在与别人沟通时，虽然使用了语言，为什么反而会有很多误会产生？以至于我们时常陷在两个极端中，一边是维特根斯坦劝我们沉默，另一边是卡西勒劝我们使用语言。在这两者之中，你认为要如何协调或取舍？

第 48 章

罗尔斯的正义理论

48-1

罗尔斯《正义论》的两个原则

本章的主题是：罗尔斯的正义理论。本节要介绍罗尔斯《正义论》的两个原则。如果把焦点拉回到美国哲学，可以说，20 世纪后半期美国最重要的哲学家应该是罗尔斯（John Rawls，1921—2002）。他是美国普林斯顿大学的博士，1962 年开始在哈佛大学教书，1971 年出版《正义论》。这本书涉及政治学、经济学、社会学、法学及伦理学，一出版立刻广受瞩目，在哲学界受到推崇。

罗尔斯的立场是从盛行一时的分析伦理学回归到规范伦理学。分析伦理学注重伦理学命题的各种形式；规范伦理学重视实质，可以落实，涉及到实际人生应该怎么做的问题。由美国实用主义的氛围，可以了解罗尔斯思想的趋向。《正义论》继承并提升了欧洲社会契约论的思想，即从英国的洛克、法国的卢梭到德国的康德所推展的社会契约论。

本节要介绍以下三点：

第一，罗尔斯承先启后；

第二，“作为公平的正义”是指什么？

第三，正义论的两个原则。

（一）罗尔斯承先启后

社会契约论的基本观点是：人类在自然状态下，依靠合作才可以生存发展。合作建立在契约的基础上，个人根据契约交出部分权利以组成政府。社会契约是政治权威的合法性以及政治义务的基础。由此可以引申说，它也是一种道德义务，人承诺要遵守自己先前的约定。

罗尔斯在此基础上进一步探讨正义问题。正义是社会制度的首要价值，它要负责保障平等的公民自由与权利义务，解决个人利益之间的冲突，推进所有参加者的利益的合作体系，并构成组织良好的社会。在此基础上，人可以追求各自的生活远景。罗尔斯的《正义论》分为三篇，分别探讨理论、制度与目的。

（二）所谓“作为公平的正义”是指什么？

大家通常会觉得“正义”这个概念有点抽象，所以罗尔斯特别强调，所谓正义就是指公平而言。一个社会必须有一套制度让每个人都觉得公平。一个社会的基本结构对人的生活远景有很大影响。决定人生活远景的因素包括：政治体制、经济及社会条件、个人的社会地位，以及天生的禀赋等。这些因素对于每个人来说都不相同，因此所谓的“正义”就是要设法对不平等加以制约和调节，以减少这些不平等对人生活远景的过分影响。

罗尔斯的观点与传统契约论的差别在于：传统契约论只要求你接受某些道德原则，没有要求设计一个特定的社会或政治制度；罗尔斯则进一步从制度与目的上进行探讨，如何才能使“作为公平的正义”（justice as fairness）得以实现。

（三）《正义论》中的两个原则

《正义论》提出“正义”的两个原则。

第一个原则：对所有社会价值都要平等的分配，让每个人都拥有最大程度的基本自由。

该原则又可以称作“最大的均等的自由原则”，就是每个人都享有平等的自由。所谓“社会价值”是指社会上大家共同认可的善，包括以下三种：自由与机会、收入与财富、自尊的基础。这三种社会价值人人平等。我们常说“法律面前人人平等”，就是类似的意思。

第二个原则：在社会及经济上的不平等应这样安排。

1. 使社会上的弱势成员获得最大的利益。这称为“差异原则”或“差别原则”。

人与人的不平等主要显示在三个方面：一个人出生的家庭与阶级不同，每一个人都有不同的才干，每一个人都有不同的运气。对于这些差异，必须要有适当的对待。如果一视同仁，对处于不利地位的人就更不利，那反而是一种不公平。

针对不平等，只有采取某种不平等的方式才能使其趋向平等。对某些价值的不平等分配合乎大家的利益。对于社会上的弱势成员（如小孩与老人），要特别加以照顾；对于社会上处境最不利的人，要做出对他们有利的安排。比如在纳税时采用差别税率，一个人赚的钱愈多，所缴的税率就愈高，这就是用不平等的方式来减少收入的差距。

2. 某些职位与工作对所有人都是开放的。这称为“公平的机会均等原则”。

综上所述，罗尔斯提出两个大原则。第一个大原则是每个人都享有平等的自由，都有平等的权利去追求人生的幸福。第二个大原则一般称为“差异原则”或“差别原则”，对社会上某些处于不利地位的人，可以给他们差别待遇以减少他们的不利，亦即用制度去帮助某些境遇较差的人，使其能有较好的生活远景；另一方面，所有职位与工作对所有人都是开放的，这称为“公平的机会均等原则”。两大原则要按照上述优先级去安排。在一般情况下，机会均等原则优先于差别原则。

这里牵涉到自由主义的原则问题，因为自由与平等两者之间有内在的紧张关系。如果完全采取自由主义，让每个人自由追求合理的人生幸福，那么有钱人在教育与医疗资源方面会占尽优势，在生活享受方面更不在话下，他们与其他人的差距会愈拉愈大。如果坚持平等主义，就会对自由有所压制，不让别人在有能力时过自己选择的生活。罗尔斯的两个原则就是要面对这样的情况。

关于自由与平等的关系，在此可以稍做引申。人有自由行动的机会吗？这要考虑两个方面：一方面，自由代表“排除束缚”；另一方面，自由代表“可以行动”。在排除束缚方面，问题不大；但在自由行动方面，许多人会受制于经济条件而无法行动。罗尔斯认为，穷人并非缺少自由，而是缺少自由的条件。一个人有自由但是没有钱的话，他实践自由的机会就会减少。譬如，有钱人可以左右社会舆论，可以登广告来造成对自己有利的效果；万一犯罪受审，他可以请最好的律师。对于没有钱的人，这一类的自由就可望而不可及了。

收获与启发

1. 罗尔斯是美国哲学界 20 世纪后半期的重要人物，他是美国本土培养的哲学家，1971 年出版《正义论》，讨论社会学、伦理学在制度上的公平问题。
2. 罗尔斯顺着西方社会契约论的启发，再进行有创见的推展。他特别提出“作为公平的正义”。他的著作主要说明社会正义在理论、制度及目的方面应该如何安排。作为公平的正义，强调正义是社会制度的首要价值，能保障平等的公民自由与权利，解决个人利益之间的冲突，推进所有参加者的利益的合作体系，并且构成组织良好的社会。所以，正义是不可或缺的。
3. 罗尔斯的《正义论》提出两个原则。

（1）第一个原则是我们常说的人人平等，每个人都可以追求社会价值。所有社会价值（如自由与机会、收入与财富、自尊的基础），都要平等分配给每一个人。

（2）第二个原则是“差异原则”，要对某些社会价值做不平等的分配，这样反而对大家都有利。要给弱势群体某些额外的帮助或优待，这样更容易促进整个社会的和谐。一个人如果经济拮据的话，就算给他自由，他也无法行动，因为许多事是非钱莫办的。另外，还要考虑机会均等原则。

可见，罗尔斯确实关心人类社会的发展。

课后思考

我们通常会强调人人平等或一视同仁，因而可能忽略“差异原则”。给团体中某些弱势群体（如资浅的、年老的或能力有限的）某些特殊的帮助，可以让他们跟上整个团体的步伐。对于某些处境不利的亲戚朋友，将某些利益做不平均的分配，结果反而对大家都有利。你有没有这样的观察或经验？

补充说明

关于罗尔斯《正义论》的两个原则，一般对于人人平等这一原则没有太大争议，大家更关注的往往是差异原则。事实上，自古以来每个社会都会采用一些差异原则，用不太公平的方式帮助弱势群体，从而让整个社会更加和谐。这样做的效果毋庸置疑，但可能会带来后遗症：有些人因为经常受到帮助而变得懒惰，无法主动发挥自己的力量；有些人因为常常受到特别照顾，造成精神上的不平等，以至于在精神上出现特殊的状况。

谈到人的问题，一定要同时注意两个方面：

1. 普遍的人性是什么？

2. 每个人的个别特性是什么？

人性有普遍的一面，譬如宋朝学者就说“此心同，此理同”，既然是人，都有类似的理性和愿望；但是，每个人的个性不一样，个性来自于每个人的特殊遭遇，所以世人又说“人心不同，各如其面”。所以，兼顾这三点的话，社会基本上可以保持稳定。对于个人的发展，一定要记住一点：人是会改变的，改变自己的最好方法是通过教育。所以，教育机会的均等是最重要的。

48-2

罗尔斯所谓的无知之幕是什么？

本节的主题是：罗尔斯所谓的无知之幕是什么？罗尔斯认为，只有在一个社会里实现“作为公平的正义”，才能促成社会的真正福祉，让所有的人，不论是条件优越的或条件较差的，都有机会寻求美好的生活远景。但是，如何设计一个社会的制度呢？他明确提出“无知之幕”（veil of ignorance）的观念。在进行制度设计时，就好像在一个帷幕后面，完全不知道谁有什么情况，这样设计出来的制度才有真正的公平可言。

本节要介绍以下三点：

第一，对利害的无知；

第二，人的理性的运作；

第三，人真的可能做到无知吗？

（一）对利害的无知

在设计制度时，希望达到的正义是公平的，因此必须让大家在“无知之幕”的后面进行设计，以保证任何人在这样的社会中，都不会因为自然的或社会的偶然因素而得利或受害。只要是有理性的人，在公平的原始状态中，会一致同意这样的设计。“无知之幕”让你不会损害任何人，也不会特别优惠任何人，而是按照两个正义原则的顺序去运作。

“无知之幕”的首要特征是对利害的无知，包括以下三点：

1. 每个人都不知道他在社会上的地位、出身或阶级，否则在制度设计时，就可能针对自己的背景而特别加以照顾；
2. 每个人都不知道他在哪方面有特别的天赋或才华，甚至连身体健康状况都不清楚，这样设计出来的制度才是公平的；
3. 每个人都不知道他有某种特定的善观念或特殊的心理倾向。

这样一来，每个人在设计制度时都不能不为所有人而考虑。换言之，想要设计出公平的制度，必须为所有人做选择，而不能考虑某些特定的情况。

（二）人的理性的运作

罗尔斯的“无知之幕”第二个特征是，它设想每个人都是有理性的，因而可以做合乎逻辑的讨论与辩论；同时，每个人对他人的利益并不关心，人与人之间是冷漠的。

换句话说，你不会关心某些人的特殊利益，只能表现有限的利他主义；不会利人或损人，不会嫉妒或爱慕虚荣，也不被爱或恨所驱使，纯粹只考虑社会的整体善；不会强调仁爱等道德因素。不必谈个人的爱心如何，因为那属于个人的特殊状况，不能作为设计公平的社会制度时的参考依据。人的理性运作应该如此超然，不受任何干扰。

（三）人真的可能做到无知吗？

罗尔斯《正义论》的依据是“原始状态”或“原初状态”。在这种状态中，所达成的任何契约都是公平的，每个人在其中都作为道德人的平等代表，选择的结果不受偶然因素或是社会力量的相对平衡所决定。在客观上，没有一个人能控制所有的人，并且社会的某些领域有所匮乏，不足以满足所有人，因此必须做出公平的分配。在主观上，大家的利益相近，合作就会产生明显的利益。简单说来，只要彼此漠不关心的众人，对于中等匮乏条件下社会利益的划分提出互相冲突的要求，这时就会出现对正义的要求。在无知之幕的遮蔽之下，每一个人都不能不为所有的人做选择，由此可以推出程序正义。

但是，人可能做到真正的无知吗？这当然是一种理想的状况，我们只能要求尽量接近这个标准——不特别考虑某个阶级、某种背景或某种环境中的人。为什么很难做到无知？譬如，你是男人或女人，两者必居其一，因此你在考虑时总有一个明确的立场。你考虑的是年轻人还是老年人？当然小孩子无法进行这样完整的思考。你一定处于特定的时代和社会，有某些预定的条件，因此在考虑问题时，绝不可能像在真空里那么纯粹。

因此，罗尔斯所谓的客观与主观上的条件，基本上属于一种抽象的理论探讨，很难具体落实。制度设计出来以后，仍要不断地协调。同时，社会上也会不断出现各种争议，因为社会并非一个僵化、固定的东西。就像人的生命会不断成长与发展一样，社会也一定会在某个阶段出现新的状况。我们只能配合趋势，不断修正或改变制度。“无知之幕”不可能一劳永逸，由“无知之幕”所设计的制度不可能对所有社会都普遍适用。

譬如，墨西哥的宪法是根据全世界最好的制度与观念所设计出来的，墨西哥人因此宣称，他们拥有全世界最完美的宪法。但是他们的社会秩序始终无法步入正轨，因为再好的宪法也需要由人来落实。由于人的素质不同、条件不同，因此具体的落实过程中就会因人而异。

因此，我们可以有“无知之幕”这样的理想，也可以在“无知之幕”的后面设计出一套近乎完美的、公平正义的制度，但在实践过程中必须考虑各种复杂的情况。人的世界不可能靠一套制度就达到完美，能尽量接近完美就不错了。

罗尔斯的理论构想，特别是两个正义原则的顺序，非常值得参考。一方面要让每个人都有最大程度的平等的自由；另一方面，为了减少社会上已经存在的各种不平等现象，还要设法用“差别原则”来使这种不平等慢慢趋于平等。自由与平等之间的紧张关系始终存在，如何权衡二者或排出优先次序，仍须进一步探讨。

罗尔斯的思想在哲学界受到广泛讨论，上述问题会经常出现，这些问题都是合理的质疑。

收获与启发

1. 罗尔斯提出的“无知之幕”是一种想象中的情况。如果希望在最原始的处境中，设计出一套合乎公平原则的正义的制度，就应该设定无知之幕，让人在幕后做出全盘的、客观的思考。
2. 关于人的理性运作，一方面肯定人有理性，可以表达自己的思想，并与别人做有效的沟通，最后形成某些共识；另一方面，他对于别人的利益并不特别关心，不特别讲究仁爱等道德因素，而只是考虑社会的整体善。
3. 很多学者对“无知之幕”提出质疑：人真的可能做到无知吗？或者这只是想象中的情况？譬如，你作为老师，想对学生一视同仁；但学生各自的条件、心态和能力差异很大，有时你完全公平，反而变得不公平。所以，“无知之幕”是一个理想的目标，不可能完全达成。自古以来，人类社会一直在修修补补之中，只能使它慢慢趋于合理、走向完善，但是永远无法达到圆满的境界。

课后思考

了解什么是“无知之幕”之后，你能否练习不要从外表、年龄、身体或心智状况去判断别人，也不要由初步印象就论断一个人如何，而要设法以比较客观超然的心态，尊重每一个人都有平等的追求幸福生活的权利?

补充说明

有人指出，要考虑到时间成本。你要了解一个人，一定会有自己特定的认知框架。若不先入为主而慢慢去了解，一辈子能认识几个人呢? 所以只能先把对方列入某一个范畴。

可以进一步思考以下三点。

1. 人不可能没有成见

比如看到一个外国人，会根据他的外表、谈吐等进行判断，外国人也这样判断我们。又譬如，中国人可能认为在公共场所大声说话代表热情，外国人会认为你不尊重别人。日本人吃面时发出很大的声响代表这面很好吃，中国有些地方就认为吃东西最好不要发出声音。《孟子》中提到“无齿决”，就是如果有肉干的话，不要用牙齿咬，而要用手把它掰开。可见，每个地方都有固定的生活模式，因此必然会有成见。

2. 成见不见得是坏事

成见或偏见是你看世界的一个特定角度。先由特定角度切入，才能看懂是怎么回事，然后再慢慢调整。

3. 要保持开放的心态

虽然难免先入为主，但是要准备随时修订自己的经验。千万不要只凭第一印象就永远决定了自己的看法，那是我们自己的损失。孔子在《论语》里面多次强调，别人不了解我，我不用太在意；我不了解别人，则是我自己的损失。（不患人之不己知，患不知人也。——《论语·学而》）所以，我们要有开放的心态，尊重所有的差异。每个人之所以有这样的言行表现，一定有他的理由。无论那个理由是否值得同情，都是一个客观的事实。

进一步要问：我跟他有什么关系？关系可以从无到有，也可以从有到无。在建立关系的过程中，两个人要慢慢协调。你有十个朋友，就有十种跟他们相处的方式，有时只有你自己知道应该怎么办。所以，人要保持高度的警觉，经常提醒自己要对自己负责。对于其他一切关系，我要以真诚的态度去妥善建立，既要有自己的原则，也要懂得如何变通。

48-3

正义与善的优先性

本节的主题是：正义与善的优先性，要探讨以下三点：

第一，为什么要探讨正义与善的优先性？

第二，善是什么？

第三，正义与善的一致性。

（一）为什么要探讨正义与善的优先性？

如果以正义作为优先的话，就会针对某个特定的团体、社会或国家，考虑他们所谓“作为公平的正义”是什么，再以此来决定什么是善。反之，如果以善为优先，就偏向于个人主观的判断。

以西方的罗宾汉劫富济贫的故事为例，请问：劫富济贫是在做善事吗？是的。但劫富济贫可能不合乎正义，因为被他劫掠的有钱人，他们的财富未必是用非法手段获得的。因此，劫富济贫等于是自己扮演法官甚至上帝的角色，由你来决定有钱人该被劫走多少财富，以及该帮助哪些穷人。

可见，善难免偏向于主观的判断，如果以善为优先的话，正义很可能受到忽略。

对西方来说，始终不能免于“快乐主义”的考虑。快乐主义以善为优先，认为快乐就是善。这样会明显倾向于考虑个人利益，而忽略社会的公平与正义。

罗尔斯的《正义论》在最后谈到正义的目的时，对正义与善的关系进行了说明。

（二）善是什么？

罗尔斯认为，善是在正义原则的约束之下，对人生价值做合理安排的生活计划。换言之，你要首先肯定正义原则，在其约束之下，再对人生的各种价值做出合理的安排。人都有理性，会采取适当的手段以达成适当的效益；对于这样做出的计划，别人可以理解并接受，这就是善。可见，善是一种合理的生活计划，但它被正义原则所约束。这是一个相当清楚的立场。

进一步要问：最基本的善是什么？罗尔斯认为，最基本、最重要的善是自尊的善。“自尊的基础”是每个人都会追求的社会价值。所谓“自尊的善”，就是要满足一个人最低的生活需求，使他对自己的价值与能力有自信，肯定自己活着有价值，并具备基本的生存能力与条件。

根据罗尔斯对善的界定，可以知道正义原则的重要性。如果忽略正义原则，善很可能变得过于主观，或者变成效益主义所谓的“谋求大多数人的最大幸福”，从而忽略少数人追求幸福的机会。如果像快乐主义那样，把善等同于个人的快乐，就可能对社会正义造成威胁。

罗尔斯进一步强调：善不能脱离道德规范。一个社会有三种道德规范。

1. 权威的道德。譬如，我们从小就要接受某些由命令与准则构成的规范，要求人必须遵守，如开车时如何规范驾驶。
2. 社团的道德。社团需要成员之间的配合与合作，因此每个人都要根据自己的角色去遵守某些规范。你在某个行业工作，要遵守该行业的职业伦理；你在一个团体中，必须遵守团体的某些规定。

3. 原则的道德。这是指人对最高原则的理解与肯定，譬如，不能侵犯别人的自由与财产等。

每个人都要遵守上述三种道德规范，所以应该受到合乎正义原则的对待，这是平等的基础。人各有不同的道德，所以要有一个正义原则来分清本末先后，以决定在各种情况下该如何运作或取舍。

（三）正义与善的一致性

正义是作为公平来理解的，而善是作为合理来理解的，两者能否一致？罗尔斯认为可以。一个人的行为有自律性，这种“自律”源自于对自己同意的原则的理解与接受。这是从康德的观点引申出来的。康德认为，理性给自己立法就称为自律。罗尔斯也认为，对于自己同意的原则，我们自然就会理解与接受。事实上，理性给自己立法，并不是说你变成了一个立法者，去想象一些法规；而是说对于大家都能接受的、合乎理性的原则，你作为一个有理性的人也照样能够接受。所以，自律与正义的判断是一致的。

进一步来看，正义与善的一致性也取决于一个社会能否获得共同体的善。不能损人利己，更不能损社会来利个人，以权谋私、以私害公都是不容许的。

由此可见，正义与善是一致的。一个人只要遵从正义的原则，那么他的“善”就有了基本的保障。正义是客观的、群体的、人人都同意及接受的；而善比较偏向主观性，可能因人而异。同一个人在不同阶段、不同处境，会以不同的东西作为他的善的对象。因此，如果正义与善相一致的话，社会就比较容易维持稳定。这显然是伦理学方面的理论探讨。

事实上，正义最后往往会落实为明确的社会规范，成为每个人都要遵守的通则；但是将其应用于每个人的具体处境时，难免会出现例外的情况。所以，即使你同意正义的原则，肯定这样做是公平的，对每一个人都适用，但是你未必会把它当作个人在特定情况下的善，或者永远以它为善而不做其他考虑。

收获与启发

1. 罗尔斯在《正义论》中提出“作为公平的正义”的观念，目的是进入伦理学领域，探讨善的问题，并在正义与善之间做出合理的协调。正义与善的优先性始终存在着争议：到底正义优先还是善优先？正义牵涉到更大的群体，而善偏向于个人的较小范围。西方一直流行的效益主义与快乐主义都以善为优先，可能会导致无法凝聚共识，无法维持社会的和谐稳定，所以基本上还是要以正义作为优先。
2. 善是在正义原则的约束下，对人生价值做一种合理的安排。人生的价值与合理的选择是一致的。每个人都有同样的理性，可以做审慎的思考，考虑各种手段与效益，进而做出合理的生活规划。罗尔斯特别强调，基本的善是自尊的善，亦即每个人对自己的价值与能力的自信。如果没有“作为公平的正义”，则不可能实现这样的目标。
3. 每个人都会有自律的表现，自律来自于对自己同意的原则的理解与接受。“同意的原则”就是一个社会在正义基础上的客观规范。所以，自律与社会规范并没有矛盾，正义与善是一致的，也与社会的共同善（或共同体的善）是连在一起的，一个人不能损人利己、损社会利个人。世人按照正义的原则进行选择和行动，自然就会与善相配合；否则，一个人可能会以善为借口，纯粹由自己的良心来决定，这样难免会过于主观和狭隘。这是罗尔斯《正义论》的基本观点。

课后思考

罗尔斯认为，善是根据正义原则去安排人生价值，由此活出合理的生活。这句话中提到正义原则、人生价值以及合理的生活这三个重要的关键词。你认为他所说的“善”落实在生活中，会有什么样的特色？当你面对善恶判断的时候，是否会进入更深层次的反思？

补充说明

罗尔斯的哲学关注于伦理学方面的具体实践，强调该如何操作。关于正义与善的问题，罗尔斯认为应该正义优先，因为正义考虑的是整个社会共同接受的规范，而善可能会有一定的主观性，偏重于个人的特殊体会。

我们可以将自己的传统与西方哲学进行对照，很值得参考。譬如，孔子的学生多次请教孔子“仁”是什么，但从来没有人请教“道”是什么。“仁”与“道”跟我们每个人的言行表现有直接的关系。道是人类共同的正路，而仁是个人的正路。可见，“道”比较接近罗尔斯所谓的“正义”，而“仁”比较接近罗尔斯所谓的“善”。

《论语》里所说的“道”具体是指什么呢？就是“礼”与“法”，即大家都了解并接受的社会生活的规范，所以不需要问“道”是什么。把“道”等同于“礼”，这在《中庸》里面表现得更明显。为什么孔子特别推崇周公？因为周公制礼作乐，把“正义”体现在礼乐和法律里面。孔子甚至说："朝闻道，夕死可矣。"早上听懂了道是怎么回事，晚上必要的话就可以为道而牺牲，因为知道自己死得其所。

而"仁"是个人的正路，比较侧重于主观的情况。这并非说"仁"是纯粹主观的，而是说"仁"一定要结合每个人特定的处境。所以，学生们会请教老师"仁"是什么，也就是我个人的正路在哪里。老师阅历丰富，见多识广，可以根据每个学生的性向、志趣以及个人处境，因材施教，给出有针对性的答案。

不过，道与仁两者是不能分开的。所以孔子教学生立志，既要立志于道，也要立志于仁。如果真要牺牲生命，可以为道牺牲，也可以杀身成仁。这说明：人类的正路与我个人的正路在关键时刻是可以合而为一的。

所以，后面孟子才会说：如果天下上轨道的话，就"以道殉身"，让道借着我的言行表现而得到实现的机会；万一遇到乱世，就"以身殉道"，用我的生命来见证道的价值。如果认真了解儒家思想，就会发现其中确实蕴藏着处世的智慧。

48-4

新经院哲学的代表郎尼根

本节要介绍加拿大哲学家、新经院哲学的代表郎尼根（Bernard J.F. Lonergan，1904—1984）。他是天主教耶稣会的神父，一生都在研究与教学。本节要介绍以下三点：

第一，郎尼根的思想特色；

第二，郎尼根在《洞察》一书中如何探讨认知活动？

第三，知性、道德与宗教的关联。

（一）郎尼根是新经院哲学的代表

“新经院哲学”是从中世纪后期的经院哲学发展而来，以天主教的哲学系统为主。我们对西方哲学有所了解，有时会以为在台面上很热闹的就是一切，比如近代西方哲学从笛卡尔以来一路发展，好像天主教的哲学销声匿迹了。其实不然，世界上有许多国家都有天主教办的大学，里面的哲学系仍在继续研究及发展天主教的哲学思想，所发展的学派就称为新经院哲学。

传统经院哲学以中世纪的托马斯·阿奎那的思想为主，新经院哲学与传统相比，至少有两点特色。

1. 它采用不同的方法，即康德的先验方法以及现象学的描述方法，可谓与时俱进。不过我们很快就会发现，郎尼根的思想仍然具有传统经院哲学的特点，譬如，繁琐的，也可以说是比较细致的分辨。

2. 主题始终环绕完整的人性需求，要建立人与超越界之间的适当关系。但他们也经常受到质疑：你一方面讲哲学是爱智慧，一方面又预先采取基督宗教的立场，这两者如何协调？

郎尼根一生的治学可以分为三个阶段。

1. 吸收传统哲学，对于古希腊、中世纪以及新经院学派的各种思想，都充分加以研习。
2. 融合当代思潮并自成体系。他的代表作是《洞察》，试图通过哲学反省找到适当的神学研究法。
3. 神学方法论。《神学方法》是他的另一本代表作。郎尼根有明确的方法意识，他所倡导的新方法重视经验，采取批判的实在论（Critical Realism）的立场。所谓“实在论”，就是要对事实与价值做出真实的判断，判断什么是事实，以及事实有哪些价值。“批判的”是指：要把认知与评价活动建立在对意识的批判上。这符合现象学的要求，即要在意识中找到根源，由此发展出所有的意义与价值，再由此构成人的位格、社会秩序与历史发展。

（二）郎尼根在《洞察》一书中如何探讨人的认知活动？

郎尼根认为，人的认知活动分以下五个步骤进行。

1. 要问“什么是知识”，而不必问“知识是否存在”，因为知识的存在不是问题，你要先确定什么叫做知识。
2. 要研究主体的认知活动，而不必急于研究客体的被认知的内容。与其问：我认识的东西真的存在吗？我能认识到什么程度？还不如先彻底了解自己的认知活动。

3. 对于人的认知结构，要有一种自我体认的过程。你要在自己心里走一遍，到底认知要经过哪些步骤。
4. 这种自我体认是循序渐进的，有一定的次序与层次。
5. 要用教学法来做示范。

这正是经院哲学的特色，就像在大学里教书，要按部就班地依照五个步骤，设法了解认知是怎么回事。

郎尼根的结论是，人的认知活动有如下四个层次。

1. 经验。以感官经验为主，你看到什么、听到什么、读到什么，由此产生想象，然后问：这是什么？
2. 理解。你对一样东西形成某种概念，再表达出来，这时要问：这是真的吗？譬如我看到一辆车就要问：这真的是一辆车吗？这时要理解“车”之所以为车的条件，看它是否具备。
3. 判断。判断是一种反省的洞察，要回到内心一步一步去问，判断它是肯定、否定或不定。譬如，它是一辆车，它不是一辆车，它可能是一辆车。
4. 抉择。抉择一定与实践有关。

可见，人的“知”不只是单纯的认知，而是要从经验开始，以理解为过程，然后进行判断，最后通过抉择，产生某种实践的行动。

（三）知性、道德与宗教的关联

人在认知过程中为求其完备，必须继续思考，会有四种要求。

1. 在经验与理解之间会出现“系统要求”。要了解一样东西的本质与意义，以及它属于哪一类东西。
2. 在理解与判断之间会出现“批判要求”。要去印证对一样东西的理解是否准确，是否合乎事实。

3. 在判断与抉择之间会出现“道德要求”。做出判断后，接着就要问：我的抉择是否值得实践？这个抉择对我的道德人格有何影响？一个人要行善，必须以求真为基础。如果无法判断一个抉择是否应当，又该如何抉择？

4. “超越要求”。上述三种要求可统合于最根本的“求知欲”，它使人想知道一切的一切，此时要问：什么是存在本身？

可见，郎尼根把人的知性活动和认知过程讲得完整而透彻。

再进一步，如何从知性、道德推到宗教呢？郎尼根认为，在对认知进行探究之后，最后可以归结为三种转向。从宗教的角度来说，也可以把“转向”译为“皈依”。

首先是“知性的转向”，它主要来自系统要求与批判要求。在探讨宇宙与人生的过程中，要形成完整的体系，涵盖全面，以造就完整而根本的智慧。

其次是“道德的转向”，主要来自道德要求。知与行要配合，知道善就实践善，知道恶就避开它，要日进于德，不断向上提升。

最后是“宗教的转向”。人在“超越要求”中，有一股永不止息的求知欲，总希望知道更多、更完整、更根本。人无法满足于任何现状，始终在追求那绝对无限的“存在本身”，亦即“绝对的一、完全的真、完美的善、真实的美”。郎尼根用“宗教转向”或“皈依”一词来描写人类直面其终极关怀而改邪归正、投奔正道，与至高境界冥合，以达到生命的彻底转化与圣化。

这种转向显示以下四点：一、对终极关怀的觉悟；二、对彼岸召唤的向往；三、对自身罪咎的忏悔；四、对成圣目标的接纳。总之，人要开放自己，追求神人合一之境。郎尼根作为新经院哲学家代表，主要特色是：从认知着手，推出道德与宗教的所有内容。

收获与启发

1. 作为天主教代表的新经院哲学，在西方哲学界一直存在及发展着，有它本身固定的学术活动，也始终扮演着引领众多信徒的角色，毕竟这个世界上信仰基督宗教的人多达25亿。天主教对哲学的重视远远超过宗教改革之后的基督教，这是由他们分裂之后的基本性格造成的。新经院哲学的思想特色是：要了解完整的人性需求，建立人与超越界之间的关系。
2. 郎尼根在其代表作《洞察》一书里，特别探讨人的认知活动，找到认知的四个层次：从经验开始，经过理解，进行判断，最后是抉择。换言之，认知不是纯粹的逻辑分辨。
3. 认知有四种要求，即系统要求、批判要求、道德要求以及超越要求。人总希望系统地了解事物的本质、意义与分类；接着进行批判，印证它是否真实可靠；进而到实践的层次，要求道德行为；最后要求超越，总希望知道一切的一切，追求存在本身。

四种认知的要求最后归结为三种转向。知性的转向就是从有限的世界进入到无限的领域，探讨整个宇宙与人生的意义。道德的转向就是从知到行，知行配合，让自己随着认知与实践，不断提升道德水平。宗教的转向是要追求绝对无限的存在本身，并设法同它建立关系，使自己的生命得到完美的安顿。

课后思考

我们对王阳明的“知行合一”有些基本的认识。郎尼根从认知的研究，推到道德要求及超越要求，把人的知性、道德与宗教构成一个系统。这对我们深入了解王阳明的思想是否有帮助？人如果认真地求知、努力实践之后，他的生命能否进入特别的层次？可以称之为宗教的层次，或超越自我的层次、至善的层次。

第49章 诠释学作为哲学方法

49-1

诠释学的发展阶段

学习西方哲学经常会碰到有关方法的问题，究竟要以什么方法来从事哲学探讨？

前文已经介绍了不少方法，包括归纳法、演绎法、反诘法、辩证法、先验法、批判法、现象学的描述法等。本章要介绍 20 世纪最新的“诠释学”方法。事实上，诠释学源远流长，本节要介绍诠释学的发展阶段，主要参考美国学者帕尔默（Richard Palmer，1933—2015）的《诠释学》一书。

“诠释学”有时会被译为“解释学”，但“解释”这个词多用于平常谈话的场合，以之作为学术术语不太恰当，译为“诠释学”比较适合。

“诠释学”（Hermeneutics）一词的字根来自于古希腊神话中的传讯神赫尔墨斯（Hermes），他负责把神明的讯息传到人间，让人类理解。可见，诠释学是探讨有关“理解”与“解释”的一门学问，特别是指对文献或文本进行解释的适当原则。在各种文化传统中，阅读古代经典都需要进行注释或解释。

西方诠释学的发展主要经过了以下六个阶段：

第一，诠释学作为《圣经》注释的理论；

第二，诠释学作为文字学的方法学；

第三，诠释学作为一门语言学理论的学问；

第四，诠释学作为人文科学的方法学；

第五，存在主义对诠释学的观点；

第六，诠释学作为掌握神话与符号背后意义的解释系统。

（一）诠释学作为《圣经》注释的理论

第一阶段，诠释学是一套注释《圣经》的理论。西方中世纪的前一千多年，天主教一直有一套统一的《圣经》注释。但是 16 世纪宗教改革之后出现了基督教，强调个人直接阅读《圣经》并加以理解。事实上，《圣经》一向有注解与解释的传统。譬如，《圣经》从旧约到新约之间就需要有一种解释，来说明基督宗教如何从犹太教脱胎而来。宗教里的神学在解释《圣经》中的信息时，本身就是一种诠释学。解释者为了发现文献的“隐藏”意义，于是特别提出一套解释的系统。因此，在最早阶段，诠释学是指对《圣经》注释的理论，包括注释的指导原则、方法和理论等。这方面最早的书籍是 1654 年出版的《宗教诠释学》一书。

（二）诠释学作为文字学的方法学

第二阶段，诠释学成为文字学的方法学。如果诠释学仅用于解释《圣经》，就很容易提到各种超自然的启示，这样就把《圣经》与别的经典区隔开了。当时的学者认为这样并不适合，要把诠释学当作一般的方法学，对于所有文字的解释都应该使用共同的规则。换句话说，解释《圣经》必须与解释其他著作采用相同的方式，一视同仁，这样大家才愿意接受。

（三）诠释学作为一门语言学理论的学问

第三阶段，诠释学作为一种语言学理论的学问。在这方面特别值得一提的是德国学者施莱尔马赫（F. D. E. Schleiermacher，1768—1834），他与黑格尔曾是同事，两人的意见不同。施莱尔马赫在宗教哲学领域有突出的成就。他开始把诠释学当作有关理解的一门"学问"或"艺术"，要研究理解本身，等于是对诠释学加以定性，使之成为描述一切对话中理解之条件的学问，要用诠释学来帮助众人理解。"学问"一词的原意就是指一套有系统的理论。

（四）诠释学作为人文科学的方法学

第四阶段，进一步把诠释学当作人文科学的方法学，代表人物是德国的狄尔泰（Wilhelm Dilthey，1833—1911）。狄尔泰认为，诠释学是一切人文科学的基础。人文科学与自然科学不同：在自然科学领域，要对各种自然现象加以研究，然后进行"说明"；而在人文科学领域，则要对古代文学、艺术、历史、宗教、哲学等经典进行"解释"。

狄尔泰区分了"说明"与"解释"这两个词。他主张，要解释人类生命的伟大表现，如文学、《圣经》或者法律，都要求某种历史理解的运作。这种历史理解与探讨自然界完全不同，它牵涉到个人对人的意义所拥有的知识，而这种意义不能脱离历史发展的背景。狄尔泰强调历史理解，所以又被称为历史哲学家。这一阶段除了强调"理解"，又进一步加上"解释"。

（五）存在主义对诠释学的观点

第五阶段的代表是存在主义的海德格尔。他在《存在与时间》

一书中特别强调：人的存在之基本模式不能离开语言，亦即不能离开“理解”与“解释”。我们每天睁开眼睛看到这个世界，或与别人来往时表达任何意思，不都是在进行“理解”与“解释”的工作吗？所以，诠释学就是对“此在”的诠释，是对人的存在状态所做的现象学阐明。换言之，当你出现某种现象，我尽量让现象本身得到光照，使现象得到理解与解释。

接着海德格尔发展的是他的学生，20 世纪最重要的诠释学代表，德国学者伽达默尔（Hans-Georg Gadamer，1900—2002）。伽达默尔在 1960 年出版代表作《真理与方法》，提出一套系统的“哲学诠释学”。他接续海德格尔的思想，认为“能被理解的存在就是语言”，将诠释学带入语言学领域，与存在本身、理解、历史、实在界等建立关系。

（六）诠释学作为掌握神话与符号背后意义的解释系统

第六阶段，把诠释学当作人用来掌握神话与符号背后意义的解释系统，代表人物是法国的利科（Paul Ricoeur，1913—2005）。他在 1965 年出版《论解释》一书，使诠释学又变成主导注释的规则理论。神话与符号有丰富的内涵。把诠释学当作一套解释系统，是要恢复文献中的隐藏意义，还是要破除文献里的偶像成分呢？换言之，神话里可能有隐藏的意义，也可能有迷信的成分，究竟要选择哪条路线呢？利科深入探讨这个方面的问题。

收获与启发

西方诠释学在近代以来经过了六个阶段的发展。

1.《圣经》需要某些注释，诠释学最初是指注释《圣经》的方法和规则。

2. 把诠释学当作文字学的方法学。包含《圣经》在内的所有古代经典都应该一视同仁，要用同样的方法和原则来加以注释。

3. 施莱尔马赫使诠释学得到系统上的一贯性，成为研究理解本身的学问。

4. 狄尔泰把诠释学作为一切人文科学的基础。他认为，自然科学所做的是"说明"，人文科学所做的是"解释"。"解释"牵涉到个人对人生意义的认知与体验，明显具有主观性，这与自然科学的客观"说明"有本质上的不同。因此，不能要求人文科学以自然科学为标准。

5. 进入存在主义的领域。海德格尔认为，人存在的基本模式是理解与解释。伽达默尔沿着这个方向，继续发展出"哲学诠释学"。

6. 把诠释学扩展到文化的层次，用来解释神话与符号等人类文化。卡西勒列出人类文化的六大领域，包括语言、艺术、神话、宗教、科学与历史；利科则要探讨用什么原则来解释文化层次的材料。

上述六个阶段可概括为:《圣经》的、文字学的、专门学问的、人文科学的、存在主义的与文化的。下文将对伽达默尔与利科做进一步的介绍。

课后思考

了解西方诠释学几个阶段的进展之后，请你思考一下，你曾经读过哪本经典或小说，隔了几年之后重读，由于人生体验的深化而有不同的理解？

49-2

伽达默尔的真理观

本节的主题是：伽达默尔的真理观，主要介绍以下三点：

第一，伽达默尔的学术背景；

第二，伽达默尔《真理与方法》这本书在探讨什么？

第三，伽达默尔所谓的“真理”是什么？

（一）伽达默尔的学术背景

20 世纪的德国哲学界出现三本巨著：第一本是胡塞尔的《逻辑研究》，第二本是海德格尔的《存在与时间》，第三本是伽达默尔的《真理与方法》。《真理与方法》探讨的正是哲学诠释学的问题。

伽达默尔（Hans-Georg Gadamer，1900—2002）可谓最长寿的哲学家，一生都在研究与教学，是典型的学者。他大学时代受胡塞尔与尼采启发，后从学于海德格尔，豁然开朗，决定回溯古希腊哲学，寻找哲学源头。他以研究柏拉图获得博士学位。第二次世界大战期间，他刻意与政治保持距离。1949 年前往海德堡大学接替雅斯贝尔斯的教席。1960 年出版《真理与方法》，成为一代名家。他的思想可分为三期：

1. 早期钻研古希腊哲学，尤其是柏拉图的政治学与伦理学，是

"政治诠释学"时期；

2. 中期发展"哲学诠释学"系统，从存在主义的角度探讨艺术、历史与语言；

3. 晚期注意到"实践哲学"，认真剖析人生、社会、科学、理性、善等题材。

在诠释学方面，伽达默尔接续海德格尔的观点，并且进一步加以发展。海德格尔认为，人的存在的基本模式不能离开语言，亦即不能离开理解与解释。伽达默尔则引申说：人内心中的一切活动（包括认知、情绪、审美、道德、信仰等）都是"理解"的一种模式。人的存在基本上就是理解，探讨理解的性质，就是探讨人的存在。因此，哲学诠释学就是探讨人的存在性的存在学，由此可以形成普遍的哲学。

（二）伽达默尔《真理与方法》这本书在探讨什么？

伽达默尔在《真理与方法》中指出，近代哲学随着科学的进步而偏离正途，以至于方法意识演变为一种控制意识。只要提到方法，就会以自然科学作为标准。在哲学界，英国的培根提出经验上的归纳法，法国的笛卡尔提出演绎法。这些方法都主宰了人的生活，产生一种控制意识，使人异化为物，以为只有通过方法才能获得真理。

伽达默尔指出，方法并不能保证可以获得真理，它并未提供通往真理的康庄大道，具有方法的人照样可能对真理感到困惑；同时，方法会使真理异化，把真理放逐在外。伽达默尔要探讨通往真理的"非方法之路"，使真理重返家园。他的著作取名为《真理与方法》，他要问：要方法还是要真理？他采用现象学以及辩证法。现象学是"不具成见、纯粹描述现象的态度"；辩证法是思维的基本规则，由正反合的方式质疑自身，再超越自身。因此，他并不是反对方法，而是反对科学的方法学主义。

（三）伽达默尔所谓的真理是什么？

伽达默尔剖析西方的各种真理观，并做了扼要的说明。

1. 符合论

这是西方最早的真理观。一个命题或判断（你说的一句话）与客观实际状况相符合的就是真，不符合就是假。譬如，说“外面正在下雨”，如果外面确实在下雨，这句话就是真，否则就是假。换句话说，真假在于人所说的一个命题或判断。从古希腊时代的亚里士多德开始，就采取这样的观点。

2. 融贯论

一个命题的真理性取决于它是否与该命题系统中的其他命题相一致。这是近代理性论者的立场，最明显的例子就是数学。在数学中，先要对重要概念或符号进行定义，设定基本公理，然后所有推论结果都要互相融贯。这类似中国人常说的“以经解经”：对一本经典，要用它本身的概念来加以解释，由此构成一个内在融贯的系统。真假只在这个系统里出现，离开这个系统则无所谓真假的问题。

3. 实用论

以美国的威廉·詹姆斯为代表。他认为：“只要我们相信一个观念对我们的生活是有益的，它就是真的。”亦即要看一个观念的实用效果如何，有明确效果就是真的。

4. 语义论

要从现代逻辑的角度为真理做语义上的规定。但此派并未涉及真理的实质，只谈到真理的形式，因为逻辑探讨的是思维的规则，你说的一句话在形式上正确就是真，而不涉及它的内容。

5. 多余论

认为真理的问题来自语言的混淆。“真、假”是多余的，根本不用谈真假问题，这样并不会造成沟通上的困难或语义上的损失。

伽达默尔的真理观在这五者之外。他回溯古希腊，指出“真理”一词在古希腊称作 alētheia，意为“揭开来”或是“除去遮蔽”。在寻找真理的过程中，难免会有许多遮蔽，如个人的成见、听到的传闻，或只看到问题的一面。伽达默尔认为，存在是真理的基础，真理是去蔽与揭示，亦即去除遮蔽，并揭示开来。“真理”一词的字面意思是“发现”，让你发现它的真相。他进而从艺术、历史、语言这三个重要领域来分析什么是真理。

收获与启发

1. 伽达默尔是典型的学院派学者，他在德国的哲学传统里认真学习研究，主要受海德格尔启发。他在《真理与方法》中指出，人在探讨方法时，可能会局限于科学时代的观念。他对科学时代的处境进行反思，并设法摆脱这样的局限，重新找到真理。
2. 所谓“真理”，在古希腊时代是指符合式的真理，属于认识论的范畴。但是从尼采开始，真理在认识论上就不再具有最高地位。尼采认为，任何存在物的真理性都要看它的背景；或者，从不同的角度就会看到不同的真理。
3. 海德格尔把“真理”与“存在”再度连上线，这是他回溯希腊文“真理”（alētheia）一词所得到的启发。伽达默尔接续海德格尔的思想，从本体论（存在本身）的角度探讨真理，把真理同艺术、历史与语言相连，使真理从封闭的科学领域走向“理解”与生活世界，也走向了理性与实践。伽达默尔后期的思想就从理论的诠释学走向实践的诠释学，亦即价值的伦理学。

我们对“真理”这一概念简单总结如下。

1. 中文的“真理”一词让人觉得特别神圣，但对于西方来说，“真理”（truth）一词所指的只是“真实”而已。真实当然不能脱离它的基础——存在本身。
2. 一般谈真理容易流于主观，个人体验到什么是真理就认定那是真理。但不能忽略其他人的存在，所以真理要从主观走向客观，让不同的人都能理解和接受，最后要回到存在本身这个基础。
3. 人类世界离不开主观与客观之间的互动，从这个角度看，很容易就会发现上述五种真理观的不足。譬如，符合论只是人类约定俗成；融贯论限于数学或逻辑等特定学科；实用论有明显时空限制，对别人是否有同样效益没把握；另两种真理观只是附带的讨论。这五种真理观都没有回溯到“真实”的基础，因此，从海德格尔到伽达默尔要致力于思考这个问题。伽达默尔特别从方法的角度着眼，要找到通往真理的“非方法的途径”。

课后思考

在古希腊时代，所谓“真理”是指“发现”或“去除遮蔽”。小孩能直接说出“国王的新衣”其实是没穿衣服，因为小孩是完全开放、没有遮蔽的渠道，他的语言可以显示出真理。请问：我们要如何修炼，才能让自己去除遮蔽，成为真理彰显的渠道？

补充说明

“真理”在古希腊文是指“发现”、“揭开来”或“去除遮蔽”。伽达默尔认真看待这一点，认为真理即开显，要让“存在本身”通过我的抉择而得到开显的机会。在抉择中要体现“属己性”，我要属于自己，这等于说“我要属于我的根源（存在本身）”。小孩没有太多复杂的想法或顾虑，说出的话往往能让大人深受启发，所以说孩子是人类的老师。大人从前也是孩子，为什么后来反而要向小孩学习？因为大人进入到人类世界，习惯于人际交往，反而忘记了共同的根源，就是海德格尔所谓的“遗忘了存在本身”。伽达默尔提醒我们不要遗忘存在本身，还要进一步让自己成为真理的渠道，使存在本身得以开显。

那么要如何修炼自己呢？我还是要回到儒家的立场。我长期介绍儒家思想，有时别人问我儒家在说什么，我就概括为两个字——真诚。我在30多岁念完博士学位之后，给自己定的座右铭是“任真”，就是让自己活得真诚。我长期努力修炼自己，为此也得罪了很多人。但经过这样的过程，使我对儒家思想有了更清楚的理解。我把“善”界定为我与别人之间适当关系的实现，怎样判断是否适当呢？需要考虑三个重点。

1. 内心感受要真诚。与别人来往时，要尽量减少利害方面的考虑，不要计较是否付出多而回报少。同时，还要保持高度的自觉，随时注意到我与别人的关系处在变化和发展之中。昨天还是普通朋友，今天共同经历某个事件就可能变成知己。内心感受要真诚，就是对自己的感受要完全开放。
2. 对方期许要沟通。我们经常会自以为是，造成各种困难或误会，甚至更复杂的问题。因此，绝不能自以为是。
3. 社会规范要遵守。社会规范就是罗尔斯所谓的“正义”，具体而言是指礼仪、法律、道德规范，等等。

经常想到这三点，生命就会一直保持专注的状态。不与别人来往便罢，只要与任何人碰个面、打个招呼或合作，都要像王阳明说的“在事上磨练”。

通常最难做到的是第二点——对方期许要沟通。我们经常自以为是，总觉得别人应该如何如何，其实不然。没有任何一个人是你可以完全了解的，就算对自己也未必能充分认识。后文要介绍法语系哲学家列维纳斯（Emmanuel Lévinas，1906—1995），他对“他者”的深入分析值得我们参考。

49-3

伽达默尔的艺术观

本节的主题是：伽达默尔的艺术观。伽达默尔回溯古希腊时代，强调真理是除去遮蔽，以存在为真理的基础，进而用艺术来说明真理及存在。

本节要介绍以下三点：

第一，伽达默尔所谓的艺术是什么？

第二，伽达默尔所谓的“游戏”是什么？

第三，从艺术推到历史与语言。

（一）伽达默尔所谓的艺术是什么？

伽达默尔认为，艺术也是一种认识，但它并非以感性为基础，那是科学的做法；也不是以理性为基础，那是伦理的需求；它也不同于一切概念的认识，但它“确实是一种传达真理的认识”。艺术立足于自身，并敞开自身；它属于世界，并展示世界。这种展示永远不会完结。

说“艺术也是一种认识”，是因为艺术中也包含着真理。换句话说，艺术是一种自我理解的方式。当你观赏一幅画作、聆听一首乐曲时，都是自己的理性在寻求某种觉悟。另外，对艺术的理解总是以历史作为中介，所以在历史理解中也有真理的问题。同时，一切人类文化都要表现在语言中，所以伽达默尔后续谈到历史与语言这两个题材。

伽达默尔艺术观的重点是游戏观念。

（二）伽达默尔所谓的“游戏”是什么？

游戏是艺术真理的入门概念，用“游戏”一词显然是较为广泛的比喻。伽达默尔认为，游戏是人类生活的基本能力。如果没有游戏因素的话，人类的文化完全无法想象。换句话说，人类文化各方面的表现都是由某种游戏造成的。他的游戏观与康德和席勒不完全相同，他并非用游戏来表达一种主观的意义，如用来鉴赏生活的情绪状态或是某种主体性的自由。伽达默尔认为，游戏是一种指涉艺术作品的存在方式。

康德认为，审美感受是自由活动的结果，游戏是这种自由活动与生命力的畅通。席勒认为，人有感性冲动与理性冲动，两者统一在游戏冲动里。所以，游戏冲动与自由活动始终放在一起，它是感性与理性的结合，是形式与内容的统一。由这种统一，才能形成完整的人格与优美的心灵。所以席勒才会说：“人在游戏时，才完全是人；人完全是人，他才会游戏。”这些都充分展示人的主体自由。伽达默尔认为，康德与席勒的看法都过于偏向主观。

伽达默尔如何看待游戏呢？他认为：

1. 游戏的主体是游戏本身，而不是游戏的人；是游戏通过游戏的人而表现自己，重要的是游戏本身的来回运动；
2. 不必区分主观、客观，因为两者在游戏中是统一的；
3. 游戏的存在方式是它的自我表现。宇宙万物的存在，尤其是人的存在状态，不都是在自我表现吗？自我表现需要观赏者。游戏本身是游戏者与观赏者所组成的整体。伽达默尔特别以戏剧为例：戏剧是为了观众而创作及演出的，如果没有观众作为“第四面墙”（三面墙构成一个舞台，第四面墙就是观众），戏剧将失去意义。

伽达默尔通过“游戏”的观念，肯定真理具有一种“参与”的特性。观赏者只有参与到作为游戏的艺术作品中，作品的意义才能显示出来。换句话说，真理不能没有人的参与，只有人参与其中，真理才能被人揭示。这是很好的观点。在阅读各种文本或古代经典时，我们就是参与者。我们自身的经验与体悟都要参与其中，才能使真理揭示出来。

由“参与”再进一步，会带来“对话”。在对话中，意义得到展现，真理得到揭示。我们欣赏艺术品，就是与艺术品进行对话，来回互动。每一次观赏同一件艺术品，我们都会有新的启发，代表对话永不止息，永远在路途中显示新的理解。所以，真理的参与性是无休无止的，而艺术是过去与现在之间的沟通渠道。伽达默尔对于艺术的看法相当深刻，且富有启发性。

伽达默尔以艺术作为游戏的观念，启发了以下三项有关艺术的真理：

1. 他清除主观性，排除主观客观的二分法；
2. 艺术的自我表现是艺术作品的存在方式；
3. 艺术作品的真理具有“参与”的特性。有观赏者参与，才能使真理彰显出来。

（三）从艺术推到历史与语言

理解是人活在世间的基本模式。人类创作的各种文化成果，包括经典的文本、古代的传统、历史的数据，都可还原到这个基本模式。所以，真正的历史对象并非主客对立的对象，而是一种主客合一的关系。这就是伽达默尔所谓的“先于科学的理解”。

伽达默尔特别提到“偏见”一词。他认为，在历史的理解中，“偏见”是作为真理的条件出现的。带有偏见的人通过视野的相互寻找与融合，才会有具体的历史观。换言之，要了解某段历史时，不可能没有特定的立场或角度（即“偏见”），所以偏见并非缺点。这种具体历史观的真理，通过辩证法与问答逻辑而呈现，其中不断有正反合的辩证、问与答之间的逻辑，最后呈现视野的融合。伽达默尔认为，艺术与历史是理解的两种模式，两者最终会统合在语言里。

语言就是理解，也是存在的模式。语言不只是符号工具或摹本而已，它具有使世界得以表现并继续存在的作用。因此，语言就是世界观，能被理解的存在就是语言，语言是存在的开显。“语言”是个动词，代表交谈，有如某一事件的发展过程。真理就像存在一样，恒在开显之中。

伽达默尔在探讨人文科学中的“理解”时，指出理解有“先在结构”。任何一种理解与解释，都有赖于理解者的“事先理解”。“事先理解”有三种结构，即先行所有、先行所见、先行把握。

“先行所有”（for-having），指的是一个人特定的文化背景、传统观念与风俗习惯等。“先行所见”（for-sight），是指每个人都有其特定的观点与视野，否则无法着手进行理解。“先行把握”（for-conception），是指人已有的观念、假设与前提。

因此，所谓“事先理解”，就是成见或偏见，是我们向世界敞开的一种特定态度。人知道自己不可能中立，因此会敞开心胸，使成见与文本相互沟通、逐渐同化，从而出现视野的融合，产生新的理解。

伽达默尔晚年转而重视实践。他认为，在实践中人类要结为共同体，团结起来进行对话。这个对话是永久的、未完成的理解。真理是在理解之中持续发生的东西，它不需要演绎，而必须从它的本源中，亦即从主体与客体原始的同一状态中，显示其自身。

收获与启发

1. 伽达默尔通向真理的“非方法的途径”首先就是艺术观。人类历史上累积的或个人欣赏的各种艺术，都是开显真理的方法。
2. 伽达默尔艺术观里最核心的观念就是“游戏”，游戏是艺术真理的入门概念。游戏会带来主客之间的融合，因为游戏本身是超越主客的。游戏的主体不是游戏者，而是游戏本身的来回运动。游戏的存在方式是它的自我表现，但它需要观赏者，所以游戏与观赏者组成一个整体。由此说明真理的“参与”特性：如果没有人参与，真理不可能开显。这种参与以对话的方式揭示真理与意义。对话永不终结，正如某些艺术品是过去与现在的连结，与它们的互动是永不停止的。同样的，一个人生命的成长与发展也是永不停止的。因此，真理是一个不断开显的过程，永远没有圆满结束的时刻。
3. 伽达默尔并不讳言，对历史的理解需要某些特定的偏见。有了特定的角度，才能切入到历史的信息里，得到某种启发。同时，语言是人类存在的唯一模式；脱离语言，人的存在将无法被理解。所以，语言就是世界观。最后，可以把上述观点应用于实践哲学的领域，把人类当作共同体，通过人类之间的互动与对话，使真理不断得以展现。

课后思考

许多历史故事都有不同的版本，我们对于历史故事的理解，也会参照个人的生活体验。请问，你看过哪部历史故事，在你生命的不同阶段有不同的理解？

49-4

利科对自我的诠释

本节的主题是：利科对自我的诠释，要介绍以下三点：

第一，利科是法国诠释学的代表人物；

第二，利科早期的代表作《意志哲学》在说什么？

第三，利科如何看待自我与他人？

（一）利科的背景

法国哲学家利科（Paul Ricoeur，1913—2005），从小父母双亡，以烈士遗孤身份念完大学。他从中学时代就爱好阅读，广泛读过蒙田、帕斯卡、司汤达、福楼拜、托尔斯泰、陀思妥耶夫斯基等人的作品，他后来特别重视文本并提出叙事文理论，都与此有关。他考大学时哲学只得到七分，没有及格，满分是 20 分。他后来深入研究哲学，从开始教书之后，每年钻研一位西方哲学大家，最后自己也成为哲学名家。

他参加第二次世界大战被俘，在集中营被关了五年。他对雅斯贝尔斯与马塞尔都曾深入研究。战后在大学教书，1957 年执教于巴黎索邦（Sorbonne）大学。他在任教期间，曾有一年之久，每周五下午去参加在马塞尔家举行的哲学讨论会。马塞尔在讨论时只要求一条规则：不能引述任何著作，只能引述实际的例子，再加上自己的反省与思考。这是存在主义哲学家马塞尔的讨论方式。

因为受到宗教哲学家伊利亚德（Mircea Eliade，1907—1986）的邀请，利科从 1970 年开始，每年在美国芝加哥大学讲学数周。利科的主要工作就是在大学教书。他说过："说话就是我的工作，语言就是我的王国。"

利科是法国诠释学的代表人物。他广泛阅读文学、哲学与神学的作品，再综合提出一套自己的观点，使诠释学有了进一步的发展。在诠释学的发展上，他属于第六个阶段，把诠释学用在文化领域上，要以诠释学掌握神话与符号中隐含的意义。他是要恢复意义，还是要破除偶像呢？利科的目标当然是要恢复文本的意义。

（二）利科早期的代表作《意志哲学》在说什么？

利科的早期代表作《意志哲学》探讨了意志与非意志、有限性与有罪性等。

他指出，人的自由与有限性之间，存在着一种吊诡。首先，每个人有自己的个性，那是不可分割的内在本性。一个人要了解自己，与其采用问卷调查的方法，还不如采用自我反省的方法，想象自己处于不同情况中，由此尝试不同的感受与动机，反省自己语言中的文字转折与隐喻等，就会发现自己是一个独特而不可模仿的自我。因此，一方面我受制于自己的个别性，另一方面我仍有选择的自由。我的生命是被体验到的，而不是被认识的。生命有其必然性，有非我所能选择的部分，如无意识的层次。利科对心理学也做过深入研究，写过有关弗洛伊德的专著。

在讨论意志问题时，自然会牵涉到人的自由与犯错，利科对自由的看法有三点。

1. 自由是一种无限的可能性链接着一种结构性的偏执。换言之，自由是一种有限制的无限性，“它是不可分割的存在能力，也是被规定的存在方式”。他的说法显然受到存在主义的影响。
2. 人是自由的，但又不得不接受无意识中的要求。
3. 有生命才有自由，这是人的奥秘之一。

（三）利科如何看待自我与他人？

利科由多重角度，设法重建一套“自我的诠释学”，可以从两方面来看。

1. 我们对于身体的经验主要属于自我的被动性经验。譬如，看到颜色、听到声音、感觉到冷热等，都不是我主动去想象的。这种被动性是自我与世界的中介，我藉由身体才与这个世界产生联系。
2. 自我的内涵表现于叙事文中。人一生的故事有如写一篇叙事文，是自我的个性与各种剧情结合成的整体。人必须经由行动来叙事，再由叙事达到伦理的层次。这是因为人的行动总是需要考虑对其他人的影响，你若行善则必有人受益。同时，超越个别行动之上，还有整个生命叙事的统一性。这样就综合了人一生的行动与规划，其中显示了善与恶、理想与现实，由此体现一个人的个性。

利科接着经由“他性”（他人的本性）的辩证来说明“自性”（自我的本性）。他认为，人与人相处需要有伦理的意向。所谓“伦理的意向”，就是“在正义的制度中，与他人并且为他人而共度善的生活的意向”。正是有这样的意向，你才会与别人建立适当的关系。如何肯定他性以及别人存在的意义呢？利科提出以下三点。

1. 身体就是原始的他性。这种观点显然受到马塞尔的启发，因为马塞尔强调，可以说“我有我的身体”，也可以说“我是我的身体”。利科认为，我有身体，才可以说“我能如何”，也才有“我要如何”的可能性。对我来说，身体不完全等于自我，它也是自我所面对的一个存在的力量。所以，我的身体就是我的他性。由此可推知，他人有他人的身体。

2. 有他人才有人际互动关系，所以他人“宛如”我一样，也可以自称为“我”。
3. 我与内在自我之间还有良心。良心是自我的幻象与自我见证的真实之间最佳的交会之处。这样的良心既来自于自我，又超越了自我。

总之，在利科看来，我是一个主体，我与身体的关系最密切，身体是我的原始的他性，是我与世界的媒介。由身体可以推到他人的存在，使我与世界可以进行更深入的互动。我与他人的关系显然是密切的，因为他人也可以自称为“我”。

收获与启发

1. 利科在学术上的发展过程是缓慢、深入而普遍的。他在大学教书后，每年认真解读一位西方哲学史上的大家，由此体验到人的行动是在时间中展开成为历史，他的任务就是藉由语言来讲述，所以他对西方许多深刻的问题都做了探讨。
2. 利科的《意志哲学》谈到人的自由问题，可以拿来与其他西方哲学家关于“自由”的观念进行对照。
3. 利科谈到自我与他人的关系，这是当代哲学的重要题材。利科的朋友列维纳斯在这方面也有独到看法，后文会专门加以介绍。利科认为：

（1）我的身体对我来说具有原始的他性，我由身体可以与世界建立关系；

（2）我可以把他人看作我的身体所面对的另外一个自我，由此可与他人进行人际互动；

（3）自我的内在还有良心，良心等于是自我与真实自我之间的交会之处。这是从自性延伸出他性，再从他性回过头来了解自性的过程。

课后思考

我与别人之间的关系，在哲学上称作自我与他者的关系。这方面愈来愈受到西方哲学家的注意。根据利科的说法，所谓的“他性”在我与我的身体之间已经出现；在我与我的良心之间，又有另一种层次的表现。把这两个方面引申到我与他人之间的互动关系，就会出现很明显的“他者”。如果深入反省我与我的身体的关系，以及我与我的良心之间的关系，能否由此推出我与他人的关系应该如何互动往来？

补充说明

首先，从我与我的身体来看。我的身体对我来说，可能表现出审美的一面或工具的一面。别人的身体对我来说也一样，我可以欣赏别人身体的美或者健壮。把身体作为工具，可以引申出我要与别人合作来完成某些事；进一步可推出“己所不欲，勿施于人”以及“己之所欲，施之于人”。人要与自己的身体做朋友，了解它、关心它，由此再延伸到对他者的态度。

其次，从良心来看。我的良心有时候会对自己说不，更何况是

“他者”？所以在人际交往中，别人说“不”是很平常的事，我们不可能事事顺心如意。我们对待别人不也是如此吗？因此，人际交往很容易产生各种误会。这启发我们：

1. 人与人之间要进行平等的交流与沟通；

2. 要有良性的互动。

有人指出，人与人交往就是互相在叙事。所谓“叙事”就是叙述事实，像写小说一样。谈论任何人或任何一本书，都是在重新叙述它。我们对别人如此，别人对我们亦然。叙述别人最怕太主观，以至于产生误会。

可见，利科的思想不但深刻，还富有启发性。可以从我与我的身体以及我与我的良心这两个角度，来推演出我与别人的关系。这样就能更好地做到换位思考，让自己具有同理心。然而，这个世界上的人太多了，我们交往的朋友也各式各样，怎样让自己每次都做到恰到好处呢？这就需要我们有高度的自觉。

49-5

利科对恶的诠释

本节的主题是：利科对恶的诠释。有关善恶的问题经常困扰着我们，对于什么是善什么是恶，哲学家们众说纷纭。作为法国诠释学的代表人物，利科曾深入探讨恶的问题。

本节要介绍以下三点：

第一，人有犯错的可能性；

第二，亚当神话在说什么？

第三，对神话的基本态度。

（一）人有犯错的可能性

人是一个中间的存在。过去把人当作处于神与动物之间，现在利科说，人作为中间的存在或中介，其实在他自己的内在已经出现了：人存在于过去的自我到现在的自我之间，存在于现实的自我到理想的自我之间。

人作为这样的中介，一方面说明人的“有限性”，无法摆脱过去的与现实的他；另一方面也说明了人具有“超越性”。人的超越性表现在人的开放性上面，能走出自我，再回归自我，进而提升自我。从人的知觉、欲望、受苦、行动等方面都可以看出，人是向世界开放的。

人可以自由选择要做自己还是不做自己，因此人有犯错的可能性（可错性），由此可以过渡到真正去犯错。可以从下面三个角度来看。

1. 可错性是一个机缘，是使罪恶成为可能的条件

人的可错性与人的形而上学的结构有关。人是受造物，必然会有“差距”，即现实与完美之间的差距。凡受造之物皆不完美，因为它有开始、有结束，在本质上是虚无的。人的可错性来自于人是受造物这个事实。

2. 可错性也是一个源头

先有恶行，才会发现人是恶的源头。正如人间有仇恨与斗争，才会发现在互为主体的各群体之间，意识会有明显的差异。这一群人与那一群人，在各自群体之中互为主体，两群之间却不相为谋，甚至有明显的对立。又如，有了谎言与误会，才会发现语言的原始结构上存在着明显差异。由于对语言有不同的使用方式，才会有误会产生。再比如说，出现吝啬与暴政，我们才会了解什么是拥有与权力。换句话说，人先认识堕落，才知道堕落的源头。虽然在存在的秩序上是源头在先，但是在发现的次序上是堕落在先。先看到堕落，才发现它的源头是人的可错性。

3. 可错性也是一种犯错的能力

可错性来自于人类内在的不一致或失衡，使人出现了堕落的可能。从可错性到实际犯错，存在这样的可能性，这也是一种能力的表现。

（二）亚当神话在说什么？

利科特别研究亚当神话，对原罪有不同的理解。他认为，原罪其实是在探讨罪的来源。严格说来，原罪只代表一种缺陷、一种过失，而不是真正法律意义上的罪。

《旧约·创世纪》记载，上帝创造万物与人类，开始一切都很好，上帝所造的一切没有理由不是善的。上帝把亚当、夏娃安置在伊甸园中，允许他们吃所有的果子，只有生命树和知善恶树的果子不能吃。他们后来没有遵守约定，吃了知善恶树的果子。利科认为，这就是恶的起源。但是恶与罪不同，恶是缺陷，是过失。

真正的“罪”发生在什么时候呢？亚当、夏娃离开伊甸园后，生了两个儿子。后来，弟弟受到了上帝的肯定，哥哥出于嫉妒就把弟弟杀了，这时才使用“罪”这个字。所以，原罪其实不是罪，而是一种过失。

亚当神话的背景是上帝创造万物。创造固然使万物得以开始及延续，但不能否认的是，创造也是一种分离，它区分了上帝与受造物。人与上帝分开了，由人引入了恶。人滥用自由意志，妄图超越自己的界限，甚至不惜脱离与上帝的关系，由此产生痛苦、罪恶与死亡，这都是人趋向于自我封闭所造成的结果。利科对原罪的分析在西方的文化传统中非常重要。

（三）利科对神话的基本态度

在利科看来，所有的心理分析都是一种诠释学。比如对梦进行解释，梦就是文献，其中充满符号的意向，心理学家采用一种解释系统来加以诠释，使隐含的意义得以浮现。所以，诠释学是一种解码过程，可以从表面的意义看到潜在的意义。但是，弗洛伊德式心理学要通过诠释来破除偶像，粉碎我们的神话与幻觉。利科有鉴于此，认为近代有两种不同的诠释学并发症。

1. 以神学家布特曼的“解消神话”为代表

神话是过去形成的，其中有丰富的符号与象征。布特曼（R. Bultmann，1884—1976）的“解消神话”是要把神话的故事性解消，因为那不是历史事实，更谈不上科学知识；但他依然要耐心地讨论符号，希望恢复其中隐藏的意义。这是比较正面的态度。

2. “破除神秘”（demystification）

所谓破除神秘，就是要摧毁神话的面具与幻象。在破除神秘方面，马克思、尼采与弗洛伊德是三位代表人物。他们都把表面所见的符号、神话或象征当作虚伪的东西，并设法以一套新的思想来拆毁这些虚伪之物，最后都进入到反宗教的立场。

利科认为，解消神话的学者把符号或文献当作通往神圣实在界的窗户；破除神秘的学者则把同样的符号（如《圣经》文献）当作必须粉碎的虚伪之物。这两种对神话的态度针锋相对。利科显然赞成第一种态度，他要对神话中的符号做出新的诠释，由它带领我们进入到更深广的实在界，而不是把所有神话统统当成虚幻的东西。

收获与启发

1. 人是受造的，所以人有可错性。可错性使人有可能产生恶，在机缘方面、源头方面与能力方面皆是如此。由这三个方面可知，为什么从人的可错性最后会发展到真的犯错。所以，人的出现为世界带来了恶。
2. 利科对亚当神话进行诠释：人滥用自由意志，使自己的主体趋向于自我封闭，断绝与上帝的和谐关系，由此造成痛苦、罪恶以及死亡。所以，“原罪”其实是指罪的来源，以及最原始的缺陷或过失。后来，亚当、夏娃生了两个儿子，哥哥因为嫉妒而杀了弟弟，这在《圣经》里才真正被称为“罪”。了解这一点对于思考人性问题会有一定的帮助。
3. 利科对神话的基本态度是：可以从“解消神话”的角度来看待神话，不要把神话当作历史的叙述或对世界的客观认识，而要使符号或文献中的隐藏意义恢复开显，帮助我们更了解人性以及人类世界。

课后思考

利科对恶的诠释表明：人的恶原本是一种过失或缺陷，到最后真的犯了罪。了解这些之后，你对人性的软弱是否会有更深刻的体会？对于世间的各种罪恶是否会有不同的看法？

补充说明

透过利科的诠释，我们应该认识到：

1. 人是软弱的，人有可错性，所以不要轻易考验人性；
2. 人有可错性，也有可正确性。可以通过不断反思来修养自己，以追求理想的人生境界。这是比较积极的态度。

上述两个方面可归结为奥古斯丁的观念：我们要痛恨罪恶，但不要痛恨犯罪的人。他们只是在某些方面比我们更不幸，或是遇到更大的考验。

有些人不能接受亚当神话这种非常明显的有神论。这没有问题，我本来就希望大家能进一步去思考。不过，利科主要是想表达：人尽量不要背离自己的根源。我们可以把神当作一个解释的原则，以之作为万物的来源与归宿。人有思考和自由选择的能力，所以可能会背离自己的根源。人的选择如果脱离了根源（存在本身），就构成一个过失，罪恶便由此产生。

我们可以把存在本身当作“道”，但道家的“道”也不容易说清楚。我们在学习时，对于可以接受的，就虚心接受；对于不能接受的，就要调整观念，看看能否把它转换成某个类似的概念。当然，最主要的还是学习别人理解的架构。

第 50 章 沟通、结构与解构

50-1

哈贝马斯的基本观点

本章的主题是：沟通、结构与解构，要介绍 20 世纪后半期的西方哲学，在时间上距离我们很近。本节的主题是：哈贝马斯的基本观点。哈贝马斯（Jürgen Habermas，1929—至今）是德国法兰克福学派的第二代主将，他是从批判理论过渡到沟通理论的代表人物。这是怎么回事呢？

本节要介绍以下三点：

第一，哈贝马斯的学术背景；

第二，哈贝马斯关心的问题；

第三，他提出三种知识理论。

（一）哈贝马斯的学术背景

哈贝马斯是德国学者，生于 1929 年，年轻时经历了法西斯主义的兴衰（即希特勒的阶段），第二次世界大战后又经历对德国战犯的纽伦堡审判，看到犹太人在集中营受迫害的影片。由于这些因素的影响，他倾向于关心政治问题。

哈贝马斯在学习过程中，对青年黑格尔与青年马克思的思想深入研究，并深受当时兴盛的法兰克福学派启发。所谓的“法兰克福学派”

是指 1923 年 2 月 3 日在德国法兰克福大学成立的社会研究中心，研究内容从历史学、经济学开始，后来转而向社会哲学与心理分析。该学派的代表人物提出了批判理论。所谓“批判理论”，就是对社会现状及社会思潮采取批判的反省，并指出将来的发展方向。批判理论是第一代法兰克福学派的主要立场。

哈贝马斯上场之后，积极地把批判理论向西方哲学界及社会理论界开放，并与各方面的学者进行对话，最有名的是他与诠释学派伽达默尔的对谈。伽达默尔的诠释学要为权威、传统、偏见做辩护，认为一个人不可能完全没有偏见，不可能彻底摆脱传统的角度去看待任何问题。但是哈贝马斯主张，要把权威、传统、偏见全部加以消解。

此外，哈贝马斯也积极地与其他学科的代表人物进行沟通，涉及社会科学、语言哲学、认知理论、道德理论等领域，他认为这就是他后来所主张的“沟通行动”。他后来提出“沟通理论”，使法兰克福学派继续向前发展。

（二）哈贝马斯所关心的问题

哈贝马斯对于人的社会现状有较为完整的理解，他关心的问题至少包括以下四个方面。

1. 反省传统的认识论观点，包括实证主义、诠释学以及马克思主义的认识论等。哈贝马斯主张，人类知识之所以可能，是立足于人的自然性、社会性与历史性的存在结构上，并经由人的兴趣而形成，即先有兴趣，才会形成特定的知识。
2. 反省科技以及科技所主宰的意识。他指出，在高度发达的工业社会中，由科技所主宰的意识已经成为普遍的意识形态；在这样的社会中，由于国家积极介入社会各层次的运作而出现“合法性危机”的问题。

3. 经由批判理论，反省西方的传统意识形态。为了化解意识形态的框架，他进一步提出沟通理论，描述怎样才是“理想的言说情境”（ideal speech situation）。
4. 指出马克思历史唯物论的倾向及其限制。

哈贝马斯对哲学的观点很清楚，他说：“哲学最重要的任务，就是展示激进的自我反思的力量。”他进一步说：“理性只尊敬那些能通过自由而公开地检视所考验的事物。”这就是他对哲学与理性的看法。

哈贝马斯认为：人之所以为人，是通过劳动与沟通互动来实现的（劳动观念是马克思思想的重点）。劳动加上沟通互动，使人与自然界建立统一的关系。人在自然界中劳动，与自然界合作，从而得到生存的资源；但是人不能脱离社会，所以必须进一步统合在社会中。人作为人，不能单独存在。他为别人而存在，同时别人也为他而存在。这两点必须同时掌握住。

（三）哈贝马斯提出三种知识理论

哈贝马斯认为，人有三种作为生活动机的兴趣，即技术的兴趣、实践的兴趣与解放的兴趣，由此建构了三种知识。

1. 技术的兴趣，使人从事工具性劳动（把劳动当成工具，以获得某些实际效益），由此形成以自然为认知对象的经验及分析的知识，也就是在科技方面的知识。这是当代最流行、最普遍的兴趣。
2. 实践的兴趣，使人从事互动或沟通，形成以理论为认知对象的历史及诠释的知识。这是对于人的世界的兴趣。
3. 解放的兴趣，使人从事解除社会钳制的活动，形成人如何去掌握社会批判的知识。哈贝马斯把重点放在第三种——批判的知识。

但是在今天的社会上，“技术的兴趣”影响最大。哈贝马斯对这一点所做的批评，与很多哲学家对科学主义的批评大致相同。他认为，科学主义坚持以观察和实验作为采集数据的方法，坚持定量分析和数学分析模型等方式，来使社会研究科学化，以为这样得到的知识才是唯一的知识。事实上，这种做法只能让人得到抽象的结果，而忽略社会中的人文价值。

哈贝马斯指出，科学主义的基本预设，首先是把社会变成像自然界一样，然后形成自然主义的社会观。亦即把社会或者社会中的人视为物质，把社会事件和现象视为既成事实，把具体的社会世界当作知识的来源与真理的最终保障，从而形成客观主义的心态。这种心态不但会导致“客体宰制”（完全被外在之物宰制），也会形成“主体超然”的现象，即一切都与主体无关，主体应该保持中立。如此一来，就会抹杀及忽略人的反省能力的作用和意义。科学主义混淆了人的实践性与客观技术这两种不能彼此化约的范畴，忽略了人的反省能力的重要性。

收获与启发

1. 欧洲经过两次大战的动荡，社会问题一再浮现。哈贝马斯经历第二次世界大战前后的重大改变，所以对于社会问题特别关心，总在思考问题出在何处。当时在德国成立了法兰克福学派，对于社会问题进行全面探讨，形成哲学上的“批判理论”。

哈贝马斯进一步深入探讨，并与各方展开对话，使批判理论广为人知，形成广泛的社会影响。他对于意识形态的批判就是最著名的例子。

2. 哈贝马斯所关心的问题涵盖从认知到实践、从个人到社会的所有相关领域。从认知到实践必须同时注意人的兴趣的三个方面，不能只专注于科学主义所形成的科技知识。此外，他也注意到，社会受到意识形态的主导；要对意识形态加以批判，才能清楚了解它对人的影响是正面还是负面的。他提出“沟通理论”，目的是要建立“理想的言说情境”，由此化解意识形态的问题。
3. 他提出三种知识来自于人的三种兴趣——技术的、实践的与解放的兴趣。技术的兴趣使我们建构出关于自然界的经验及分析的知识；实践的兴趣注重人际之间的互动沟通和互相理解；解放的兴趣使人排除社会集体的压力，获得解放的自由。

课后思考

对于哈贝马斯提出的人的三种兴趣，可以换个角度来思考。譬如，重视技术的人会强调自己的专业能力，为社会做出特定的贡献；重视实践的人会注意到人际沟通，寻求社会的和谐；解放的兴趣可以让人减少社会规范的压力，在团体中依然能够活出自我。请你思考一下，能否将这三种兴趣排出某种优先级?

补充说明

排序并没有标准答案。有些人认为，要按照人生的不同阶段去定，甚至要按照整个社会的不同阶段去定。或者认为，这三种兴趣不能偏废，要保持平衡，进而加以融合。这种构想当然不错，但不容易做到，因为人总是活在每一个当下。譬如，上班的时候，当然希望在技术的兴趣上有杰出的表现；与别人互动的时候，会特别考虑实践的兴趣；如果想让个人的生命得到安顿，就会注意到解放的兴趣。

可以从人的生命结构的身、心、灵三个层次来看。哲学家对于人生问题的各种答案，基本上都可以用这个模式来进行对照，会比较容易掌握他们的思想。

技术的兴趣针对的是自然界以及人的具体处境与生活的能力，这与“身”有关，就是“非有它不可，有它还不够”。

实践的兴趣与“心”有关。在社会上与别人互动，总希望彼此之间减少误会，增进感情。如果有丰富的审美趣味，就会对别人保持欣赏的态度。这些属于“心”在知、情、意方面的良性循环，可以不断往上提升。

解放的兴趣则让你回到自我，这与“灵”有关。不管在技术或实践方面取得了多么精彩的成就，最后终究要面对自己。每个人都无法忽略这一点。

50-2

哈贝马斯的沟通理论

本节的主题是：哈贝马斯的沟通理论。哈贝马斯是德国法兰克福学派的第二代主将，他从先前的批判理论入手，先对社会进行完整而深入的批判，找出社会问题的症结所在，最后的目的是要建构一个合理的、幸福的人生。哈贝马斯曾在哲学界引领风骚，他的主要贡献是继承批判理论，接着发展出沟通理论。

本节要介绍以下三点：

第一，为何需要沟通？

第二，如何才是有效的语言？

第三，理想的言说情境。

（一）为何需要沟通？

每个人都生活在社会上，每个社会都有意识形态的问题。“意识形态”的英文是 ideology，有时也译为“意底牢结”。人在社会上，不知不觉就会被某些观念牢牢困住，因此需要通过沟通来化解意识形态的束缚。

所谓“意识形态”，是指在一种细心安排的历史观的主导下，形成一套在逻辑上具有一致性的符号系统。这套系统把个人对周遭环境的认知、评估、对未来的憧憬，与团体的行动纲领和策略连结起来，以便维系或改变社会。换言之，意识形态就是社会精心设计好的一套说法，让个人由此了解、评价、憧憬他生命里相关的事情。

在具体操作上，意识形态就是要告诉群众三点：

1. 什么是最好的社会秩序和未来目标？

2. 为什么这样的目标是最好的？

3. 如何通过具体的策略或行动纲领来实现这样的目标？

事实上，每个时代和社会自然而然就会出现某种意识形态，否则就无法产生凝聚力。但是久而久之，意识形态就僵化为一个框架，人不再去反思，个人的自由选择也会被逐渐忽略。

哈贝马斯用心理治疗的过程来加以说明。他认为，心理治疗就是使病人由除去符号化变成恢复符号化的过程。在此过程中，病人私有化的语言被重新概念化、符号化，成为能被自己所意识并能被别人理解的普通语言。

一个人有精神上的困扰，往往会觉得无法与别人进行沟通，别人无法理解我说的话。治疗的关键在于：治疗者可以把病人潜意识的动机，翻译或诠释为病人可以理解的普通语言；并且告知病人，为何被压抑的潜意识会被排除于语言表达和公共沟通之外；从而促成病人的自我反省和自我了解，并重建自己的人格体系，调整自己与社会的互动方式。可见，心理治疗的过程是治疗者配合因果解释，对病人的症状进行诠释分析，由此促成病人做批判的自我反省、自我了解及自我重建的过程。

哈贝马斯由此认为，自主而合理的沟通情境是极为重要的，它会影响个人的自我了解与自我成长。经过这一阶段，病人才有可能进行独立负责的行为，回归正常的社会生活。在心理治疗过程中，治疗者与病人形成自主和谐又毫无宰制的人际关系。这种关系不仅有实际的治疗作用，同时也启发我们：对于意识形态的批判和解消，并不是要用另一套被视为不容置疑的新意识形态来取代原有的被认为虚伪的形态；而是要先肯定人可以进行自我反省，并能够与别人进行自主和谐又毫无宰制的沟通。

（二）有效沟通的语言是什么？

哈贝马斯进一步提出沟通理论。他认为，能与别人有效沟通的语言，必须具备以下四项条件。

1. 可理解性。你使用的语言必须符合文法规则。如果前言不对后语、前后互相矛盾的话，没有人能理解你的意思。
2. 真实性。语言所表达的内容与陈述的事实，都确实为真。当然，每个人对于真实性的领悟方式不完全一样。你能说出你所知道的真实，这至少是一个好的出发点。
3. 真诚性。不考虑任何利害关系，真诚表达我所知道的真实的东西，这样才能取得听者的信任。双方都有真诚的态度，沟通才可能进行。
4. 适当性。表达的内容要符合听者所遵守的规范系统，这样才能获得听者的认同与接受。

哈贝马斯认为，其中较难把握的是真实性与适当性，因此需要反复讨论。对于可理解性与真诚性，问题不大。比较困难的是，你所谓的真实与别人所理解的真实，是否处于同一个层次？你的叙述与对方的理解是否指的是同一件事或同一种状况？对于适当性，针对不同的人，要采用不同的语句来表达。只有配合别人的理解程度，才能进行有效的沟通。

（三）理想的言说情境

如何建立理想的言说情境？现代哲学重视语言始于维特根斯坦，他特别强调语言的重要性及其限制，认为哲学家所使用的语言大部分并非错误，而是无意义的，由此出现语言的“检证原则”如何界定的问题，后来发展出语言分析学派、逻辑实证论等。其实从更早的狄尔泰与卡西勒就已经注意到，语言对于人的有效沟通是不可或缺的。与其强调语言的局限，不如强调语言的必要，进而设法改善沟通的效果。

但有时又走得太过头了。譬如，诠释学的伽达默尔十分强调语言的重要，把语言与存在及真理拉上关系。哈贝马斯认为，这样做忽略了语言可能产生的误导。自古以来，人类沟通中产生的误会可能远远多于它的正面效果。

哈贝马斯强调，建立理想的言说情境必须考虑以下五点。

1. 沟通双方在机会平等的基础上都可以发言。如果机会不平等，又如何沟通呢？
2. 双方在解说与陈述时，要接受对方的检讨与批评。双方都要遵守这一规则。
3. 双方可使用叙述的方式来说明自己的意图，以求得相互了解。换言之，要清楚表达自己的意图；如果心口不一，很容易造成误会。
4. 双方可使用规范性言词，藉以排除只对单方面具有约束力的规范及特权。换言之，不能因为某一方的特定身份或专业背景而对另一方加以限制。沟通双方有同样的机会使用规范性言词，包括提醒、警告、劝告、要求、命令等。譬如，“不能做人身攻击”就属于规范性言词。规范性言词的特点在于：它不仅是说说而已，还是一种行动的力量，可以让双方在沟通行动中产生具体的效果。

5. 言说的目的是让人可以用理性、自主的态度，进行负责的思考与沟通，从而摆脱不必要的意识形态。

简而言之，理想的沟通情境就是：双方有平等的机会可以发言；你的说法要接受对方的检讨与批评；要尽量说清楚自己的意图以便互相了解；双方都可以使用规范性的言词，不能只是单方面使用；言说的目的是达到有效的沟通。

总之，哈贝马斯认为：理性的人不能缺少历史意识或脱离社会互动的情境，批判理论使人得以反省及超越各种意识形态，沟通理论则可以进一步化解不同利益阶级之间的障碍，由此促成更和谐的社会关系。

收获与启发

1. 意识形态是每个社会都难免出现的观念系统，社会成员会受到意识形态的约束而未必察觉。哈贝马斯对“意识形态”一词进行界定。同时，他藉心理治疗的过程来说明，在平等互动的情况下进行沟通是极为重要的。
2. 当代哲学界很重视语言问题，哈贝马斯强调有效沟通的语言应具备四个条件：可理解性、真实性、真诚性与适当性。其中，真实性与适当性比较难做到。
3. 如何建立理想的言说情境？两个人在说话、讨论甚至辩论时应考虑五点。最后一点最为重要，即言说的目的是要让人以理性、自主的态度，进行负责的思考与沟通，从而摆脱不必要的意识形态。

课后思考

哈贝马斯提出，有效的沟通必须具备四项条件：可理解性、真实性、真诚性与适当性。你觉得哪一项最难？哪一项最需要大家的注意及改善？请根据个人经验来举例说明。

50-3

结构主义的代表——列维-斯特劳斯

本节主题是：结构主义的代表——列维-斯特劳斯，要介绍以下三点：

第一，什么是结构主义？

第二，列维-斯特劳斯的学术经历以及他的研究方式；

第三，人类学与人生哲学的关系。

（一）什么是结构主义？

20 世纪 60 至 70 年代，法国文化界在萨特式的存在主义之后，兴起结构主义（Structuralism）的思潮，代表人物是法国学者列维-斯特劳斯（Claude Levi-Strauss，1908—2009）。他一般被视为人类学家，但他的思想对各方面的影响都很大。

他在法国有效地遏止了萨特式存在主义的蔓延。他指出，萨特强调完全的自由，但却忽略自己的思想受到个人生活环境的结构所制约。他批评萨特说："在哲学问题的层面上，发展个人的成见是危险的，最后很可能会造成一种'女店员的哲学'。"亦即每个人都可以喊出自己的存在焦虑，表现忧郁、苦闷、负面的心情。萨特的确可能造成这样的效果。另外，萨特以为原始部落的少数民族缺乏理性分析和理性证明的能力，列维-斯特劳斯作为人类学家，指出那完全是萨特的偏见。

到底结构主义是什么？任何东西的存在一定有两面：一面是它在时间过程中不断发展；另一面是它本身拥有基本的结构，无论怎样发展都不会变成另一种东西。如果追寻结构理论在哲学上的根源，勉强可以推到柏拉图的理型论：理型是永恒的存在之物，宇宙万物的变化都要参照它原本的理型，但永远不可能达到完美的程度。另外，近代的康德谈到人的理性有先天的形式及范畴，这也与先天的结构有关，不能脱离对结构的理解。

结构主义是一种方法，开始主要用于人类学和语言学上面，后来延伸到各种知识领域，在文学、政治学、哲学、神学、艺术等方面引发各种热潮。譬如，大家会说某个社会有其深层或底部结构，其中的人会有一套不自觉的意识形态，这样的结构长期不变。但是结构一定不会改变吗？也不一定。

所谓“结构”，不只是某些元素及其特质的聚合体，而是一套有组织的、可以应对变化的系统。这个系统是内在自足而对外封闭的。简言之，结构包含“整体性、移形转化与自动调节”三个特性。所谓的“移形转化”，就是它的形状、外表会改变，本身也会逐渐转化，但是怎么变都不会变成其他东西。

任何东西都有结构，人的世界自然也不例外。因此，当萨特宣称“存在先于本质”，好像人有绝对的自由可以自我抉择时，列维-斯特劳斯提醒萨特，别忘了他自己也是受到特定的社会与家庭结构所制约的。

（二）列维-斯特劳斯的学术经历以及他的研究方式

列维-斯特劳斯毕业于法律系，曾到巴西教书及从事人类学方面的田野考察。后来回法国担任人类学及社会学教授，并于 1968 年获得法国最高学术荣誉。他说自己有三个最爱的学科，即地质学、心理分析学与马克思主义。他认为，这三者都主张：所谓“理解”，就是把所见的实在界由一种样式还原为另一种样式。譬如，我学习西方哲学，在理解的时候，要把它转换成中文以及我原有的思想模式。所以，真正的实在界绝不是最明显的。那么要如何找到真正的实在界呢？

他花了大量时间研究初民。所谓“初民”，就是保持原始生活形态的族群，譬如在某些海岛或偏远地区生活的少数民族。研究初民的目的是要建立“关于人的普遍科学”。他的信念是：“人创造了自己，就像人创造了家畜的种类一样，唯一的区别在于前者的过程没有那么自觉或主动。”这种观点显然受到马克思的启发，马克思曾经说过：“人创造了自己的历史，但他们并不知道他们正在创造历史。”

语言是人类独一无二的特质，因此它构成了文化现象的原型，也构成了全部社会生活形式藉以确定其现象的原型。他说：“谁要谈论人，就要谈到语言；而谈到语言，就要谈到社会。”整个文化其实是一种“巨型”的语言。

他认为，研究地质学与心理分析学，目的是要寻找在自然界以及在人类心灵中的基本特质。凡是基本的与普遍的，必定是我们真实天性的本质。如果对天性有深刻的了解，就可以用来改善自己。可见，他要从整体着眼，找出社会生活的原则。所有的变化必须来自于内在，找到这些变化的基础最为关键，亦即要找到其结构的原始模型。

这些观念使列维–斯特劳斯在人生哲学方面有特定的观点。他强调，当我们制作人工产品时，比如设计礼仪或记载历史时，其实是在模仿我们对自然界的摄受。就像自然界的产品被如何割裂与安排，人类文化的产品也受到同样的割裂与安排。这样一来，就把人、文化与自然界联系起来。

以交通信号灯为例，人把自然界的颜色光谱用于人文方面，作为交通的规则。在街上看到红灯、黄灯与绿灯。红灯代表停止，因为红色让我们联想到血，表示危险；绿灯代表前进，因为绿色让我们联想到花草树木，表示安全。为何黄灯介于红绿之间？因为黄色的光谱介于红色、绿色中间，所以用黄色表示小心注意。这是从自然界中得到的启发。

（三）人类学与人生哲学的关系

列维–斯特劳斯对于文化有以下三个方面的创见。

1. 关于亲属关系

在一个社会中，父子关系与甥舅关系是此消彼长的。父子关系偏向于尊敬，显得比较严肃；而甥舅关系偏向于和善，显得比较慈爱。这提醒我们，为什么中国历代王朝经常会出现外戚的问题？因为外戚属于甥舅关系，容易显示出和善、慈爱这一面，但发展到最后也会进行各种权力斗争。

这些关系有如语言以文字来沟通，目的是为了交换。他进而说明：礼物、女性以及团体间交换往返的媒介，全都发挥像记号一样的功能。这种亲属关系的系统，其社会功能本身是“结构的”，用以保障社会的恒久存在。该系统的结构无异于语言的结构。

2. 关于神话

在原始社会的治疗过程中，巫医给病人一种“语言”，藉以表达其他方式无从表达的心理状态。这种语言的转化，导致生理过程的运作，使病人朝着有利的方向重新组织自己。

在神话中，任何行为都可能发生。神话思维总是从对立的意识出发，并朝着对立的解决而前进。其中，“无意识的思维范畴”是我们全部世界观的基础与框架。“这种神话思维的逻辑，与现代科学的逻辑一样严谨。它们之间的差别不在于智力发挥的质量不同，而在于对象的性质不同。”

3. 关于“野蛮人的思维”

这是列维-斯特劳斯最有名的观点。以熊族为例，熊族的人认定自己是熊，其实是在说明：关于个人在世界上的地位，关于他与其他万物、他与别人的关系，都是从熊的角度、熊的角色来看的。因此，“我是一只熊”这句话不是非逻辑的，而是让人融入周遭世界所需要的一个代码。这种思维有创造结构的力量，由此产生图腾制度。

根据美国苏族印第安人所说：“世上万事万物不过是连续不断的创造力之具体化、物质化的形式。”这一切的目的都是“要以完整形式把握现实的两个侧面：一方面是连续，另一方面是中断”。面对不断流逝的时间，我们需要一种停滞而中断的瞬间感。这一瞬间既在时间之中，又在时间之外。在这个瞬间，我们才会领悟实在界的真相。

收获与启发

1. 20 世纪 60 至 70 年代，欧洲出现新的风潮，在法国地区出现结构主义。存在主义盛行时，强调自由抉择与变化发展。现在，结构主义则像钟摆一样走到另外一边，强调任何东西的存在和发展都不能脱离其原有的基本结构。这种观点首先应用于心理分析学、语言学、社会学以及人类学，再延伸到其他知识领域。所谓“结构”就是具有整体性的一种组织，它自身可以移形转化及自动调节。了解这样的结构对于了解人类的存在与发展是必要的。
2. 法国结构主义的代表是人类学家列维-斯特劳斯。一门学科谈到最完整、最深刻的层次，都会涉及人的问题，因此他在哲学界也受到广泛关注。尤其是他有效遏止萨特式存在主义在法国的蔓延，更让人印象深刻。

3. 对于人类学与人生哲学的关系，列维–斯特劳斯做到三个打通：

（1）打通文化与自然，人从自然界得到的经验与人所创造的文化，在基本结构上是相关的。

（2）打通语言与人的生存，人类语言的沟通有一定模式，这与人的生存处境是配合的。

（3）打通现代人与原始人，从此以后不再把原始人视为落后的、不理性的、非逻辑的一群人，他们与我们现代人一样，只是他们有不同的，甚至是更为原始的生活模式，与人的原始生命结构更为接近。

课后思考

认识了结构主义的观点之后，请你想一想，你自己本身有哪些思想上的深层结构？它们是来自于传统文化，还是来自于生活经验，或者来自于你阅读过的数据？

补充说明

关于传统文化方面，有人提到爱面子、讲人情，这确实是中国人很特别的地方。我们与别人互动时，总是处于某种人际关系网之中。在这个网络里，你有特定的位置。如果忽略了面子与人情，你的位置就会受到挑战，无法像以前一样生存下去。

有人提到从小立志做君子，君子就是他的深层结构里的一个理想目标。这非常合理。先树立一个做人的标准，这个标准就会促使你一路努力向上，不断学习和实践。

有人进一步提到，在思想方面受到“阴阳”和“中庸”这两个观念的影响。阴阳观念来自于《易经》。任何东西都有阴阳两面，两者相辅相成。因此，对任何事情的判断都会比较中庸，不会走极端。这使我们可以用动态的眼光来看问题。钟摆摆到这一边，你就知道将来还会摆到另外一边，最终会达到稳定的状态。这些都是中国文化的特色。

也有人提到“熊族认为自己是一只熊”，等于是用熊的角度来看世界。换句话说，我虽然是一个人，但“人”这个概念太过宽泛，不可能有所谓的“人的角度”。我们要问：我是谁？我是中国人。中国人还分古人与现代人，两者的差别也相当明显。所以，关键是要了解自己的具体状况。只有透过深入反省，才能了解自己的深层结构。

同时，我们要注意到两面：一面是“结构”，另一面是“存在”。要双轨并进。

首先，要注意到“结构”的一面，这是稳定的方面。人如果不了解自己的深层结构，就不知道自己站在什么样的立足点上。可见，偏见是必要的，没有人避得开。如果知道自己的偏见是什么，就能在很大程度上避免执着于自己的偏见。同时，还要设法了解和欣赏别人的偏见。

另外，还要注意到“存在”的一面，这是变化的方面，就是存在主义所说的“选择成为自己”。在不断变化中，才能不断地创造与创新。所以，既要了解自己的结构，也要推展自己的存在，即马塞尔所说的“存在就是存在得更多”。两者要互相配合，不可偏废。

“结构”是一种稳定的状态，“存在”是一种变化的可能。有常亦有变，人的生命才能显示其特别之处，既可以展现人的自由，又不会背离人的基本状态。宇宙万物都兼具两面，既有稳定的一面，也有变化的一面。人类也不例外。对于存在主义与结构主义这两派对峙的思想，若能两面兼顾，就可以并蒙其利。

50-4

福柯颠覆传统

本节的主题是：福柯颠覆传统。20 世纪 60 年代以后，法国哲学界出现百家争鸣的情况。结构主义上场之后，很快就出现反对的观点，福柯（Michel Foucault，1926—1984）就是其中的一位代表。本节要介绍以下三点：

第一，另类的探讨方法；

第二，考古学与系谱学作为哲学方法；

第三，人的死亡。

（一）另类的探讨方法

福柯是西方哲学界的一个怪才，他研习哲学原本是为了了解自己的状况。他探讨心理学、精神分析学、精神病学，从这几个学科就知道他的状况很特别。他长期受到疯狂与同性恋的困扰，在二十几岁时两度想要自杀，他早期的代表作包括《疯狂与非理性》与《性史》。他后期也到监狱去研究犯人的心理疾病，比较犯人与疯子，进而探讨监狱的起源。

他在哲学界的学术背景相当扎实，曾受到海德格尔的启发，又深入研究尼采，早期也信奉马克思主义，34 岁完成博士论文，题目是

《疯狂与非理性》。他认为，疯狂或精神失常不是自然现象，而是文化现象，并且总是存在于某些社会中。在教书方面，同事不太接受他，但学生很欢迎他。

他在1966年40岁时出版了《词与物》，副标题是“人文科学考古学”，英文翻译成《事物的秩序》(*The Order of Things: An Archaeology of the Human Sciences*)，引起巨大回响，使他的思想成为存在主义以来最令人瞩目的。书中某些基本观念（如人的死亡）开始大为流行。

他的探讨是另类的，因而受到萨特的批评。萨特认为，福柯的考古学是一种地质学，用地质学的层层结构代替了考古学的转化过程。萨特还给福柯扣上“资产阶级的最后堡垒”的帽子，结果福柯反过来把帽子丢回到萨特头上，说萨特在加入法国共产党之前，早就被认为是资产阶级的最后堡垒了。

福柯认为，他的工作是要重新展现科学史、认识史与人文知识中的无意识历史。这种历史并不服从理性进步的一般准则。换句话说，他要站在人的意识和理性的对立面，来重新思考历史。

（二）考古学与系谱学作为研究方法

福柯关心的问题包括疯狂、疾病、死亡、知识、间断性、罪行、监狱、权力、性欲、同性恋，等等。在哲学领域，这些显然属于另类的题材。他要研究的正是另一类人，像疯子、病人、犯人、死人、考古人、同性恋者等，他的思想也促成后现代思潮。

法国在第二次世界大战之后，按照时间顺序，先是盛行马克思主义，后来流行存在主义和人道主义，接着上场的是结构主义，到福柯则大力批判结构主义。福柯别出心裁，他以考古学与系谱学作为哲学研究的方法。

“考古学”（archeology）一词的字根原本是指“寻找起源与基础”，但学术界向来都把考古学当成历史学的一个分支，因为19世纪的欧洲盛行历史主义。传统考古学是对实物的发现、考据与分析，根据实物的史料去研究古代的文物与社会历史。福柯在1969年出版《知识考古学》，对传统的历史学提出批判。

传统历史学认为，历史现象之间有各种对立、因果与循环决定的关系。福柯认为这些看法都过于武断，这种线性思维是有问题的。以线性思维来看，历史的发展表现出一种连续性，那其实都是后人的解释。福柯指出，历史上有许多间断性与突变性的事件，间断性要胜过历史性。他的知识考古学并不是结构主义，而是要反对结构主义，化解结构主义的观点。

他的知识考古学是如何进行的呢？他的研究场所是在疯人院、医院以及人文科学的领域。他深入分析什么是疯狂与疾病，以此摆脱传统历史学的观点。传统历史学认为，人类知识有一种整体性与连续性，并可以推到最初的起源性。福柯则认为，全体性、连续性、起源性这些都是误会。同时，福柯也放弃人类学的探讨，亦即结构主义者列维-斯特劳斯的做法。福柯指出，历史主义颠倒了历史学与考古学的关系，应该把历史学还原为考古学，回到文物本身，这样才能消除理念方面的成见，从而展露真正的基础。他的口号是“回到文物本身”。

福柯采用的第二种方法是系谱学。“系谱学”（genealogy）一词是尼采在《道德系谱学》这本书中提出的，目的是重新评估人类及其价值观。福柯从20世纪70年代开始进入系谱学时期。系谱学是要探讨事物的起源与演变的过程。简单来说，知识考古学的对象是知识，系谱学的对象则是权力与道德。即经过一系列的演变，今天社会上的权力是怎么回事？道德是如何安排的？研究的主题涉及罪行、权力、性欲，等等。

福柯系谱学时期的主要特色在于，批判欧洲传统的追求起源的思想。福柯认为，所谓的起源只是一种幻想。有许多我们研究的对象并没有起源，但是它有出处。有出处并不代表有一个起源或根源，因为它本来就在那儿。福柯是反起源、反连续性、反渐变、反线性发展、反总体的。他认为，深刻之物就是表面所见之物，本质就等于显示的现象。

他在系谱学时期有三项任务。

1. 要质疑求真理的意志。
2. 要恢复论说事件的特征。即对于谈论的问题，如何恢复问题本来的特征，而不要先用观念的框架去界定它。
3. 要消除语言意义的至上性。一般而言，语言都是早就被决定的，里面有许多遮蔽连使用者自己也不知道。譬如，福柯研究什么是疯子，也就是所谓的“非理性的人”。

福柯采用考古学和系谱学两种方法，让学界许多人眼界大开。

(三)人的死亡

人的死亡是怎么回事？福柯认为，一个人发疯等于是有自己的思想方式，可以有显示狂言与狂想的机会。他甚至说“我疯故我在”。“疯”代表我现在无意识、无思想、无理性，但是我又确实存在。一个人发疯的话，即使处于贫穷、困难的状况，他也可以想象自己是在天下称王；即使衣衫褴褛、一文不名，也可以想象自己穿金戴银。一个人处于疯狂状态，可以保证自己的真实存在，取得任意咒骂别人的自由，可以任意想象任何东西，由此很可能会迸发出巨大的创造力。换句话说，疯狂是一种非理性，也就是分化、分离、去除、解除了理性。但疯狂指向另一条通往真理的道路，摆脱理性，获得了非理性。

福柯由此进一步强调“人死了”。这句话推源于尼采所说的“上帝死了”。福柯这句话展现了人与上帝互相隶属的关系，“上帝死了”与“人死了”其实是同样的意思。在尼采那里，超人揭穿“上帝死了”，意味着“人死了”也将立即到来。尼采的“上帝死亡”给超人留下了地盘；福柯的“人的死亡”则铲除了这个地盘，把连同超人在内的所有人皆置于死地。超人不是别人，而是弑神者，他完成弑神的使命，随后也自取灭亡。换句话说，上帝死了也意味着人死了，像人文主义、人道主义、人文科学等，一切都被颠覆了。

收获与启发

1. 福柯由于个人生命的特殊遭遇而颠覆传统，提出另类的探讨，他特别探讨一般人很少接触的领域，像疯狂、同性恋等议题。这些议题使他摆脱原本属于理性的康庄大道，由此发现另外一个世界。
2. 他采用的方法是“知识考古学”，目的是要颠覆西方传统的历史观。他关注人类历史上出现的特殊事件或非理性事件，认为间断性胜过连续性。另一方面，他以系谱学作为方法，反对追求起源、反对线性思维、反对整体观。他不认为在表面所见之物底下还有什么深刻的东西。换句话说，他批评欧洲近代以来的唯心论立场。
3. 福柯谈到“人的死亡”，接续尼采所说的“上帝死亡”。他的基本观点是：这个世界上从来就没有完全理性的人，每个人都是在某些边缘寻求生存，有些人达不到目的就会发疯，或成为监狱里的犯人；但这些人更能提醒我们“人本来是什么样子”。福柯的“人的死亡”有两层意思：

（1）传统的“有理性的人”不可能存在；

（2）只要是人，在根本上都是不可能存在的。

福柯在1970年44岁时当选为法兰西学院的教授，由教育部长任命，由此可见法国学术界开放、开明的特色。福柯的所有努力都是在宣布“一切都结束了”，他的时代是一个说结束的时代。福柯于1984年去世，他的生命结束了，但是人类继续存在，依然在爱好智慧的路上努力前行。

课后思考

听了福柯的说法，我们要调整自己的思想，避免自以为是或自以为义，这样才能更客观地了解到底人是什么。我们有理性，但也有非理性的一面，我们往往对自己也不见得了解。福柯的学说提醒我们，多去关心我们通常认为不正常的作为或现象，这或许能让我们更具有同理心。请你思考一下，你是否曾经忽略过某些自认为不合理的现象，其实它也能给我们正面的启发？

50-5

德里达的解构主义

本节的主题是：德里达的解构主义。如果听到有人要结束西方的形而上学，甚至要终结西方由理性所建构的文化，你会深感惊讶。但冷静下来之后要问：如何终结文化？文化又是什么？文化可能被终结吗？想知道这些重大问题的答案，要先了解德里达的解构主义。

本节要介绍以下三点：

第一，德里达的学术背景；

第二，挑战传统思想；

第三，解构主义在说什么？

（一）德里达的学术背景

德里达（Jacques Derrida，1930—2004）是法国籍犹太人，博士论文研究胡塞尔，后来在法国教书。当时的法国知识界有现象学与结构主义两大派别的对峙。现象学试图理解“经验”，方法是把握与描述经验的产生，以及它由起源或事件所发生的过程，后期演变为存在主义的思潮。结构主义则主张，经验的深刻意义在事实上只能是结构所产生的效应，而结构本身并非经验的对象，人无法知觉到自己的结构。

德里达对双方均提出质疑。他说，结构不是非有诞生过程不可吗？诞生的起点叫做起源。起源为了促成某物的诞生，不是非有结构不可吗？他本想化解双方的争议，结果走上“解构”之途，成就一家之言。

（二）挑战传统思想

许多学者批评德里达的哲学是伪哲学或文字游戏，福柯甚至指责他是反启蒙主义者，根本无法接受别人的批判。德里达的写作有两个策略：脱轨的沟通与不可确定性。他认为这是难免的，就像病毒一样。病毒使生物界的沟通陷入混乱的失序状态，使基因讯号的组成与译码的传递过程发生变异。不但如此，病毒并非一种微生物，它不是生物，也不是非生物。

按照上述说法，可以找到德里达所有作品的共同模型。他要挑战传统中的各种二元对立性，譬如，生与死、心与身、男与女、正与反、今与昔等，推而至于白与黑、主与奴、善与恶、文明与原始、白人科学与黑人魔法等。他要问：原本生活在秩序体系下的舒适感，一旦无法恢复而陷于不确定时，该怎么办？所有的二元对立都可能进入一种灰色地带。譬如，生与死之间有僵尸问题；男与女之间，有些人非男非女；主与奴之间，有些人亦主亦奴；至于善恶的区分，则更为复杂。

德里达剖析言说与书写的优劣，他要问：到底哪种方式比较好？他借用希腊文的“药”（pharmakon）字来说明。“药”有良药与毒药两种意思。太阳神阿波罗说：“养成书写习惯的人，将不再训练他们的记忆力，因而变得容易遗忘；他们将依赖书写的外在符号，而非自己内在记忆事物的能力；他们提供的只是智慧的表象而非真相；他们看似博学，其实无知；他们甚至会变得难以相处，所拥有的只是自以为明智的骄气，而不是真知。”于是，书写成为不确定性的代表。

言说比书写更接近思想，但思想本身不是充满了二元对立的不确定性吗？德里达要破坏传统形而上学思考的基础，瓦解它对合理性（logos）的追求。他认为，呈现（presence）无所不在，而言说比较合乎呈现的要求。因为你说话时一定在现场，通过表情变化以及语气的抑扬顿挫，可以表达你真正的心情。相对于此，书写则是不呈现的。你看的可能是很久以前的书，它早就与读者决裂，读者已死。作者写书时根本不知道读者会是谁、读者在哪里。

但即使在言说中也不能忽略，所说的话与它的内涵之间必然存在着某些“差异”，无差异则无法辨认事物。在书写与言说中，任何元素的运作都建立在其他元素的“痕迹”上，而其他元素以不呈现的方式呈现出来。于是，所有的语言都受到不确定性的影响，而西方的形而上学也由此被颠覆了。

从维特根斯坦开始，认定人受制于语言，语言只能表达人所能掌握的有限事物，只能在语言用户本身有限范围内发展。这使沟通陷入根本的困难。形而上学想要找到万物的共同来源与基础，但通过言说无法达成目的，通过书写则更为遥远。这就是解构主义的立场。

解构主义还要终结文化。文化是什么？文化都是由书写所形成的经典文本。德里达的解构主义则要重新改写文本，他强调三点。

1. 文本之外无物存在。我们现在看到一本经典，除了经典的文字以外，古代的人、事、物，以及他们的经验和智慧，早就不见了。
2. 并无文本所表现的意义世界。有意义的世界早就不在了，甚至可能是虚拟的。
3. 如果文字有意义，它只是“延异的”游戏。“延异”是德里达自创的词，它有两个意思：一是区分，二是推迟。换句话说，文字只是不断活动及变化着的游戏。读任何一部经典，它与你之间始终有一种区分，并把它的用意在时间过程中不断向后推迟（推演、延迟），因为它不在场。

德里达由此认为，能揭示存在意义与真理的哲学是不可能存在的。换句话说，哲学整个都被否定了，无论怎样地努力阅读，也无法与传统相接续。这使德里达的哲学成为“无根的哲学、无家的浪子、无底的棋盘”，这其中无意义、无真理，也无对话，从而陷入了虚无主义。

（三）解构主义在说什么？

解构主义就是要破解结构，原来以为一切都来自于一个共同的架构、组织或系统，现在要把这些全部解消。一切都不确定，那么沟通如何可能？德里达认为要靠脉络，但脉络即使存在，它的中心点也是游移不定的，无法完全支配意义的决定权。这种观点颇能描述今天各种对立团体间的无奈状态。

德里达是解构主义的代表。“解构”（deconstruction）又是什么？他说：“解构不是你所想的那回事，不过‘你在想’这个动作也可能就是‘解构’这回事。”解构原本是双向的，一方面使事物混乱失序，另一方面又要为它重新调整安排。

“解构”坚持在形而上学二元对立的模式之间游走。这个身份不明的无形怪物，已在哲学领域之外，像病毒一般扩散发展到文学、艺术、建筑、政治、法律等领域。譬如，德里达说，艺术家是盲目的，画家即使面对模特儿，在绘制画作时也无法看见对象，而是凭借记忆中的印象落笔。

德里达最后宣称：“‘解构’一词不会被无限制地使用，它终究会把自己消耗殆尽。”不过，解构的趋势是把我们曾经接受的一切都加以质疑，这种立场与当前所流行的“后现代主义”不谋而合。现代主义是从欧洲近代启蒙运动以来所发展出来的观念，认为可以由人的理性来安排一个合理的人生和世界。现在，所有依理性而建构的价值与观念都成了问题。由此可见，德里达的说法并非个人的幻想。

收获与启发

1. 在法国思想界，继现象学、存在主义与结构主义之后，又形成一套解构主义，其代表人物就是德里达。德里达曾经到美国教书，1992 年在严重争议之中，得到英国剑桥大学颁予的名誉博士。可见，他在学术界颇有争议，但他还是有很大的影响力。他挑战传统思想，写作的策略是脱轨的沟通与不可确定性。当你读到德里达的文字时会觉得：怎么会有这么特别的写法？简直与日常所见的都不一样了，所有的一切都陷入一种不确定的状态。
2. 德里达比较言说与书写的优劣。对于书写，一本书的作者不在你的眼前，甚至早就去世了，因此书写的内容可能会与你的实际生活脱节，由此造成不确定。至于言说，则必须两人同时在场，用说话直接沟通。但所说的话与其内涵之间难免会有差异。若完全没有差异，你什么都无法辨认。德里达要使传统二元对立的观念全部解消，或变得模糊。
3. 德里达是解构主义的代表人物，认为一切都不确定。他也承认，“解构”这个词最后会把自己消耗殆尽，因为解构主义本身也需要被解构。这是一种无限的挑战，让人的心灵处于一切都不确定的状态之中。

这样的哲学反映当代人的某种心理处境，但是对于爱智慧来说，德里达只是提供一个新的场所，他把过去的所有观念与价值统统扫荡干净，让你可以重新开始。但要如何开始？恐怕没有人知道。

课后思考

学习解构主义之后，对于我们原来一向认为正确的观念或信念要有心理准备，当你看到某一面时，就要想到有相对的另一面，同时还有中间的灰色地带。若对任何一种现象、事实或价值，都考虑这三个方面，你在做出判断或与别人互动时，可能会有较好的沟通效果。你有这方面的经验吗?

补充说明

福柯和德里达在西方哲学界属于另类的学者，他们的思维模式和基本主张与西方传统都不一样；但他们同样属于爱智慧这个大的阵营，都是在设法发现真理，揭示真相。

每个人的知识都有一个边界，一般称之为“地平线”或“视野”。一个人在求知过程中，视野会不断开拓，与其他人的视野会不断融合。诠释学就强调，所谓“学习”就是了解其他人的不同视野，从而形成视野的融合。

解构主义与当前仍处于发展中的“后现代主义”的基本观点相类似，就是对于从前接受的一切观念都要加以质疑，试图找到新的价值观。对于某一种观点（可以称之做 A），必有对立的观点（非 A），两者中间还有一个既不是 A 也不是非 A 的灰色地带。福柯和德里达在这方面有他们独特的贡献。我们从中可以学习到什么呢?

1. 每个人都有自己主观的看法，一般称作定见或偏见。重要的是，我们要了解自己的偏见是什么，有这样的偏见并不妨碍我们欣赏和学习其他人的看法。

2. 每个人的知识都有边界，要不断学习，做视野的融合，以扩展自己的视野。视野永远有其边界，代表视野永远都可以扩展。

3. 学会解构。所谓“解构”，就是要知道自己的看法并非唯一的真理，更谈不上绝对真理。解构的目的是为了重新建构。重新建构的目的何在？所有的知识都是为了人生，这是我们的一贯立场，也是哲学家爱好智慧的初心。

当你离开校园进入社会之后，你面对的是整个社会、整个人类，甚至整个历史的发展，这时你要选择什么来学习？我们介绍过如何运用自由想象法来了解自己的价值观，提出首先要找到自己聪明的方向，接着要明确自己的志趣，培养自己的专长。人类社会一直在进步，所以专长的培养永无止境。专长可以让你在社会上立足，获得他人的认同，取得有形可见的各种资源。但更重要的是对于人文方面知识的了解。当然，人文方面也有所谓的“专业学者”，他们以学术作为专长；对于其他人来说，比较重要的则是待人接物以及人生的实际体验等方面。

谈哲学经常会提到“三观”的问题，即宇宙观、人生观、价值观，“三观”是你爱智慧的具体成果。

宇宙观比较单纯，我们很难有个人的独特宇宙观，除非有某种明确的信仰。所有信仰都会谈到超越经验和理性范畴的“绝对真理”，里面就涉及某种宇宙观，譬如有没有天堂、地狱，等等。

人生观的范围比较广泛。到底什么是人性，人生应该如何发展，才能走上一条安稳、成功、愉悦的人生之路，这些都属于人生观的问题。

价值观则如影随形。与别人来往沟通，一句话、一个动作、一个念头，都与价值观有直接关系。所以，价值观是“三观”的核心。如果价值观不明确，就看不出你对人生有哪些特定的认识。

因此，看到解构主义不用担心，我们依然能从中得到某种启发。

第51章 伊利亚德与列维纳斯

51-1

伊利亚德神话研究的新维度

本章的主题是：伊利亚德与列维纳斯。哲学就是爱智慧，智慧是对人生做完整而根本的理解，最后展现为一个人的宇宙观、人生观与价值观。但是，“完整而根本”谈何容易？人活在特定的时空里，生命的焦点往往分散在不同的信息中，要获得完整的理解似乎可望而不可及；而“根本”则涉及痛苦、罪恶、死亡这些题材，很少有人能够清楚地掌握。那么，我们是否可以回到人类初期，回到未受现代科技及商业社会影响的阶段，看看初民的生命是否比较完整？他们对人生根本问题的把握是否比较明确？因此，回溯人类最早的文化题材（如神话）显然是有必要的。

本节的主题是伊利亚德神话研究的新维度，要介绍以下三点：

第一，20 世纪中叶，西方出现研究神话与仪式的风潮；

第二，伊利亚德的学思历程；

第三，伊利亚德的反历史观点。

（一）20 世纪中叶，西方出现研究神话与仪式的风潮

20 世纪中叶，有三个人被称为神话研究的“铁三角”，分别是心理学家荣格（Carl Gustav Jung，1875—1961）、神话学家坎贝尔（Joseph

Campbell，1904—1987），以及宗教学家伊利亚德（Mircea Eliade，1907—1986）。

荣格是心理学家，他对心理学的研究达到某种普遍性，可由此了解人性。他要帮助众人恢复已失去的完整人格，强化人的精神能力，以防御未来可能的分裂。荣格认为人的精神有三个层次：意识、个人无意识与集体无意识。“无意识”有时也译为“潜意识”。

对于“意识”与“个人无意识”，弗洛伊德已经做了充分的阐述；“集体无意识”则是荣格特别提出的。他强调，“集体无意识”的内容从未在意识中出现，它不是来自个人的经验，而是通过遗传而存在的。个人与种族的过去有所连接，人由遗传继承了种族意象，决定了某种先天倾向或潜在可能性，会采取与祖先相同的方式来把握及响应世界。每个人心中的集体无意识的内容就称为“原型”（原始意象的形式）。

“原型”有什么作用？荣格认为，每当意识生活明显具有片面性，并且显示虚伪的倾向时，原始意象就被启动，展现于人的梦境以及艺术家与先知所憧憬的远见中，以此恢复这个时代的心理平衡。所以，妥善把握梦境象征，会触及人类的部分原型。荣格指出，人类的历史就是不断寻找更好的象征，以尽可能实现其原型的过程。这种说法对历史的作用有所解释，也构成了某种限制。

神话学家坎贝尔概括出几个重要的神话原型。譬如，与整个民族有关的原型包括创世、造人、灾难、救赎；与个人成长有关的原型包括英雄、爱情、婚姻、顿悟，等等。神话无异于民族的梦与个人潜意识的愿望，我们很难想象一个没有神话的世界。坎贝尔的影响表现在哪里？“星球大战”（*Star Wars*）系列电影的导演卢卡斯公开承认，他的取材与灵感主要得益于坎贝尔的著作，尤其是《千面英雄》这本书。

（二）伊利亚德的学思经历

伊利亚德是罗马尼亚人，出生于东正教家庭，从小喜欢昆虫与植物学，以歌德作为学习的榜样。他在中学时代就写了一些科普作品，并且为人所知。后来接受文学、文字学、哲学与比较宗教学的训练。20 岁去印度研究瑜伽，学习梵文与印度哲学，并在印度获得博士学位。返国之后，成为罗马尼亚文化复兴运动的领军人物。38 岁任教于巴黎大学，49 岁到美国芝加哥大学任教，出版了许多宗教方面的著作，并担任《宗教百科全书》的总编，成为当代宗教史的权威。

他的研究范围几乎涵盖人类全部的精神领域，包括石器时代的神话、巫术，近代的自然宇宙观，以及印度的瑜伽、炼金术。他对名山、柱石、新年，甚至西方电影中许多神圣的含义，皆有所顿悟。

他特别提出“宗教人”（homo religiosus）的概念，指拥有宗教的情感、虔诚及慧根之人。宗教人认为世界是非同质的，某些特定的时间、空间、人物或精神状态能够代表神明的启示。譬如，某些庆典、祭祀、圣人、圣山可以昭示神圣的意义，使宗教人发现隐含的真相。

（三）伊利亚德对历史的看法

伊利亚德提出一套“反历史”的观点。他有一本代表作名为《宇宙与历史》，原来的书名是《永恒回归的神话》。他在序言中说，这本书原定的副标题为“历史哲学导论”，因为古人或原始人总是反抗具体的历史时间，并周期性地回归到事物起源的神话时代。他强调，要忽略历史对人的存在有某种形而上的安定作用，因为历史充满恐怖的事实，只要看看各种战争的过程就会知道。在战争中，由于血缘、信仰、民族的不同，而一再发生屠杀甚至种族屠杀。如果历史是人类生命真相的话，人如何能够忍受这样的灾难与恐怖？伊利亚德说，正是由于神话里的反历史原则，才使得千千万万的人在一个世纪又一个世纪的岁月当中，能够忍受历史的重大压力而没有绝望或是自杀，没有陷入相对主义或是虚无主义的历史观而让精神枯萎。

他也批评黑格尔的历史主义。黑格尔的哲学称作绝对唯心论，认为历史事件是绝对精神展现自己的过程，最后会有一个理想的结局。但是从目前所了解的历史来看，黑格尔所说的显然是一种主观想法，甚至是他个人的幻想而已。这样的一种历史观不可能给人带来希望。黑格尔也强调，西方信徒最多的基督宗教，其观念与这样的历史观也是配合的，认为最后会有末日审判与救赎。事实上，这也是一种幻想，代表了人在堕落之后的一种对历史的看法和对宗教的理解。

收获与启发

1. 哲学是爱智慧，智慧要求完整而根本的理解，因此不能忽略人类最早的情况，要了解当时的宇宙观与人生观。20 世纪中叶，西方出现研究神话与仪式的风潮，心理学家荣格、神话学家坎贝尔以及宗教学家伊利亚德是三位代表人物，被称为神话研究的“铁三角”。这种研究后续没有取得更多的成果，因为它需要研究者具备丰富的学养。后来的学者往往受限于现代社会碎片化的时间与同质化的空间，而无法跟上这样的脚步。
2. 宗教学家伊利亚德对于各大宗教（尤其是原始宗教）的历史与内容进行深入研究。他特别提出“宗教人”的概念，即所谓的“初民”，有时也称原住民或少数民族。换言之，初民就是处在最初状态的人，我们的祖先也曾处于这样的状态中。
3. 伊利亚德研究神话，目的是要反对一般人的历史观，这是他的重要立场。他对黑格尔的历史观提出质疑，希望藉此摆脱历史造成的恐怖与灾难，重新寻回生命的意义。

课后思考

对于英雄神话，坎贝尔提出“英雄三部曲”，即退出、考验与复返。首先是“退出”，要脱离自己的原生社会，脱离舒适区，进入到一个陌生领域；然后接受各种挑战和“考验”；最后能成功“复返”，安全归来，这样才能成为英雄。你能否举出一些具体的例子？

补充说明

再深入思考一下“英雄三部曲”。所谓“退出”，就是退出日常生活的轨道。一般人在身体方面都会经历生老病死的过程，内心会有各种体验，但这些属于平面的层次。所谓“考验”，目的只有一个：发现自我生命的意义。你要问：我活在这个世界上有什么特殊使命？简单来说，就是要在精神上再生。最后是“复返”，亦即回到你的原生社会，用自己的生命作为价值的验证，指出人应该往哪里走，以便对人群有所贡献。下面以雅斯贝尔斯的“四大圣哲”为例，来进一步说明。

1. 孔子

首先看孔子。孔子生命的关键在于“五十而知天命”这句话，代表孔子在50岁时发现了生命的意义，找到发展的方向和生命的价值。所以，孔子51岁从政，五年之后，发现鲁国的格局有限，于是周游列国，等于离开舒适区，到外面历经患难与考验，甚至被人嘲笑为“丧家狗”。但他且战且走，在68岁返回家乡时，他的整个生命已经接近“从心所欲不逾矩”的境界。孔子精神上的再生出现在50岁，接着一路发展，使整个生命得到了转化和提升，所以学生才会感慨老师“仰之弥高，钻之弥坚”。

2. 佛陀

佛陀29岁离开他的王宫，35岁在菩提树下悟道，期间有六年之久在山中修行。他一个人在孤独中沉思：人的生命到底有什么奥秘？这一生有什么目的？应该如何善度此生？他最后觉悟了。“佛”是梵语的音译，原意是“觉悟的人”。佛教最可贵之处就是认为“众生皆有佛性”，每个人都可以通过某种觉悟，使生命得到完全的提升转化。佛陀这六年的山中修行不就是考验吗？后来他在讲道过程中，又经历了各种考验，所以能用各种生动的比喻来说明佛法的内容。

3. 耶稣

耶稣从12岁至30岁，这18年间没有留下任何资料。他在30岁开始传教之前，又有40天时间到旷野接受检验，这也是一种退出。再回来的时候，别人觉得他就像一位先知，因为在犹太教里有先知的传统。后来他提出新的看法，将犹太人的《旧约》推展、转化为《新约》。

4. 苏格拉底

柏拉图《对话录》里有一篇叫做《会饮篇》(又译为《飨宴篇》)，描写苏格拉底的一个朋友在悲剧竞赛中获奖，于是邀请大家去他家里边喝酒边聊天，聊天的主题是爱与美。苏格拉底在谈话中承认，有一位名叫狄奥提玛的女祭司曾经给他启示。可见，苏格拉底经常离开人群，到神殿之类的地方去沉思，这也是一种退出。最后，他的观点得到大家的认同，并愿意加以实践。

所以，“退出、考验与复返”所强调的是精神上的再生。我们在电影里看到的大多是一般意义上的英雄，但我们要把焦点拉回到精神的再生。人活在世上，父母给我们身体的生命，但我们要通过老师、圣贤和经典的引导，努力实现自己精神上的再生。

51-2

伊利亚德的时间观

本节的主题是：伊利亚德的时间观。一般人眼中的“历史”有两个特色：一方面具有新奇性，会不断发生新的事情；另一方面又一去不复返，过去之后就不再回来。这种历史观其实只看到人的生命真相的某一面。伊利亚德则提出了特殊的时间观。

本节要介绍以下三点：

第一，两种时间的区分；

第二，新年是宇宙的生日；

第三，永远生活在现在。

（一）两种时间的区分

伊利亚德把时间分为神圣的与世俗的，简称“圣时”与“俗时”。世俗的时间是人对时间的一般看法，即时间在历史上是不断进展的。一方面，不断出现新奇的事物；另一方面，这样的时间一去就不再回头。体现在人的生命里，就是在逐渐生老病死的过程中，没有重新开始的机会。这就是俗时。

另外还有神圣的时间（圣时），它可以不断循环。人的生命需要定期更新，进行周期性的创造，使时间可以循环再生。这种“永恒回归”的时间观，需要靠神话与仪式的配合来加以验证。这就搁置了“一去不复返”的历史观念。

圣时可以是对个人有特殊意义的日子，如自己或子女的生日、结婚纪念日等。每年到了这一天就要庆祝一番，好像世界因为这个事件而变得更加充实。对于宇宙或整个人类来说，最神圣的时间莫过于新年。

（二）新年是宇宙的生日

在新年这一天，要通过各种宗教仪式（例如斋戒、沐浴、祭祀），由专门的神职人员来与神明沟通，以此消灾解厄。大家用喧哗、敲打、呼叫等方式，来驱除恶魔、疾病与罪恶。譬如，中国人会用放鞭炮的方式把“年”这种怪兽驱走；希伯来人为了赶走厄运，会把“代罪的羔羊”驱逐到沙漠里。

仪式有一种净化作用，会让世界重新变得洁净。先把火熄灭，再重新点燃。熄灭火，代表消除过去的一切厄运；重新点燃火，代表新的希望与开始。这种洁净化的仪式，使个人与社群的罪过被消除，从而恢复神话里面原始而纯粹的时间，回到宇宙开辟的那一刹那。所以，每一次新年都是时间根源的重现。这个世界每年都要从混沌里，重演一次新天地的创造。所谓“混沌”就是混乱无序，所谓“创造”就是给混沌加上秩序。“宇宙”的原文是 cosmos，原意就是“秩序”。

同时，周期性的救赎与丰年祭也相互呼应。丰年祭透过仪式来保证明年的丰收；周期性的救赎则透过仪式，让创世工程一再重现，让人有勇气重新开始。这样就把日常时间搁在一边。在新年祭典中，已经死亡的祖先会回家团聚，这背后也包含“死者可能复活”的信念。

初民的心态就是不让时间成为历史。初民的时间观不是直线式的进程，也不是历史性的接续，而是周期性地重复某种祭典，由此再生人类与圣界的原始亲情。这种圣时不但可以重复，而且必须重复；它永不变迁，也永不褪色，因为它的内容就是神明在最初的创世过程。“最初”这个词往往出现在神话的开头。譬如，《旧约·创世纪》第一句话就是“在起初”。新年祭典重现了创世过程，要除旧布新，使宇宙从混沌中再生一次，重新成为新天新地。万象更新之后，人类复归于出生时的纯洁，变得坚强而有活力。

这也是一种创世史诗。它不仅在新年才被咏唱，举凡生命中的重大事件，像结婚、生子或饥荒、战乱，都是初民返回存在根源、重述神明创世的时刻。所以，初民的时间是永恒的现在。他们的观念是：假如我们不注意时间，时间就不存在；万一感知到时间，也还是有办法泯除它。

人如何感知到时间？关键在于人犯了罪，当人背离了原型，就会堕入时间的过程中。人犯了某种罪过，就在时间的过程里无法回头，覆水难收。但在初民社会中，不会让时间成为历史，任何事情都有希望通过某种仪式而恢复。所以，古人的生活只是不断重复原型事迹、重复太初的神话，因而只有范畴而没有事件。这是创世的范畴，具体发生什么事件（去年如何、今年如何）并不重要。如此一来，许多事情虽然发生于时间中，却不会沾染到时间的负担。

初民的责任感是参与了造化的伟业，认清了宇宙万物的起源与终向，从而可以适当安排自己的人生。换句话说，初民的责任感落在宇宙的层次，而不落在道德、社会或历史的层次。他们向往的不是退化到无辜又无知的动物世界，而是要恢复自己的理想人性。

（三）永远生活在现在

神明在最初亲自设定了一个原始的典型，我们重复这个原始的典型，就等于让神明重新创造这个世界。这是初民看待历史的方法。历史之中充满各种恐怖的、令人难以忍受的事件，看起来毫无希望。这些事件一去不复返，而且每一次都不一样；但它们的范畴是类似的。通过仪式不断重演这样的范畴，可以让人的生命永远保持希望。

伊利亚德认为，有些密契主义者或虔诚的宗教徒的心态就像初民的心态，他们活在每一刹那的现在之中。人生就像月亮一样有圆有缺，但永远不会亡于虚无。月亮消长的韵律就像人的生老病死，因此不必害怕死亡；因为月亮一定会再圆，而死亡也一定不是生命的终结。

总之，初民是乐观的，这里也显示出一种对存在本身的乡愁。只要回到存在本身，那么世间对“此在”造成的所有压力（包括人生走向结束、历史上出现的各种恐怖事件），都可以得到化解。

收获与启发

1. 时间可以分为两种——世俗的时间与神圣的时间。“俗时”就是一般生活上所经历的，年纪愈来愈大，过去的一切只能回忆而无法重来，最后的结局就是死亡。这样的人生很容易陷于悲苦的心境，尤其是对于社会上、历史上的各种集体性的罪过，会觉得无可奈何、命运弄人。
2. 除了俗时之外，还有圣时，即神圣的时间。圣时具有特别的意义。譬如，一个人的生日或重要纪念日，对别人来说只是一个世俗的日子，但对于本人则有特定的意义。新年是“宇宙的生日”，所以人类要共同庆祝新年，每个民族都有新年庆典。对于一些少数民族或原始民族，他们的新年庆典是完整的，要设法驱除恶魔、疾病与罪恶，让人能健康平安地度过下一年。经过新年的庆典，世界成为一个重新创造的世界，人的生命力恢复如初。这就是新年作为宇宙生日的意义。

3. 初民社会不让时间成为历史，他们把时间视为永恒的回归，认为一切都可以回到原始的情况，由此摆脱历史的压力，总是活在每一刹那的现在。我们今天偶尔也强调活在当下，那是现代人的自我期许。初民通过特定的神话与仪式，来保证每个人可以活在每一刹那的现在，而不必对无常的人生有过多忧虑。

课后思考

神圣时间包括每个人的生日以及新年。除此之外，你还有没有其他的神圣时间呢？譬如，王阳明在龙场觉悟了“致良知”这三个字，顿时觉得自己看见一个新天地，生命好似重新开始。此后，生命就以这种觉悟为核心，显示出一种循环回归式的发展，可以不断地回到原点，将世俗的困扰降到最低。你有没有类似的经验呢？

51-3

对存在本身的乡愁

本节的主题是：对存在本身的乡愁，继续介绍伊利亚德的观念，包括以下三点：

第一，空间观；

第二，中心观；

第三，生死观。

（一）空间观

伊利亚德深入研究初民心态，充分了解各大宗教的神话与仪式之后，提出一系列独到的见解，尤以“空间观”最引人注意。

空间与时间一样，也可以分为两种：世俗的与神圣的。由于初民对存在本身的乡愁，他们无法忍受空间的同构型。所谓“同构型”，是指所有空间都有同样的性质，可以互相替换。譬如，上课时如果觉得教室太小就换一间，这就是同质的世俗空间。但是，空间还有异质的一面。在世俗之地以外，还有神圣之地。

神圣之地简称“圣地”，它蒙受存在本身的显示，展现为充满秩序的宇宙。世俗之地简称“俗地”，它形同虚无，陷在混沌的暧昧阴影下，一直在变动中，最后归于毁灭。各民族创世神话所描写的，都是从混沌演变出宇宙的分离过程。

这样的宇宙具有四点特色：

1. 它是与俗地相分离的圣地，是圣界绝对存在的显示，也就是存在本身的显示，成为一个充满生命活力的基点；
2. 确定基点之后，初民的存在就有了重心与定位，不会彷徨四顾，不知所终；
3. 由这样的基点与定位界定了宇宙的中心，宇宙的创造由中心开始；
4. 这个中心是沟通圣界与凡界（或者是圣界、人间与地下界）的通道。

若想了解初民的空间观，就要记得这四个概念：基点、定位、中心、通道。

初民也曾到处迁徙，但是每当他们要定居一地时，首先要模仿神明的创世程序，把这个新的地方划为一个宇宙。他们每到一个陌生的地方，会通过特定的仪式，把那里从混沌（chaos）变成充满秩序（cosmos）的宇宙。印度《吠陀经》就记载，初民以建火坛的方式，请求火神阿格尼从事创世的历程，使火坛成为中心基点，让初民定居于四周。

澳洲有一个游牧民族叫做阿其帕人，他们以当初神明指定给祖先的一棵橡胶树作为宇宙之轴，带着它一同游牧，使他们常处于自己的宇宙之中，并以这棵圣轴的弯曲方向来决定游牧的路线。

这种空间观在建筑方面也有明显的表现，几乎所有古代圣殿都号称建在宇宙的中心。伊利亚德特别提到，中国的宫殿号称位于世界中心，因为在夏至日，那里的日晷仪标不出任何阴影。犹太人的耶路撒冷圣殿也有类似说法。伊朗人更公然宣称他们所居之处为世界的中心，并由此产生种族优越感。

(二)中心观

关于“中心”的象征，一般表现为三个方面。

1. 圣山。山是天地交会之处，因为山形高耸，更接近天，代表更接近生命的来源，所以一座圣山无异于世界的中心。中国古代的皇帝要到泰山去祭天封禅，就有这样的考虑。
2. 寺庙及宫殿。它们也是某种类似于圣山之物，因此在做建筑设计时，都要考虑所谓的“风水”。
3. 圣城。譬如麦加、麦地那，它们是伊斯兰教的圣城。信徒都相信那里是宇宙之轴，是天、地与地下三界的交会之处。

换句话说，中心是最显赫的圣地，是绝对实在之地。此外，绝对实在的象征还包括生命及不死之树、青春之泉等，它们都位于中心之地。通往中心的路是非常艰难的。许多寺庙与教堂都建于高山之上、荒漠之中，信徒朝圣要长途跋涉、历经重重考验才能回到中心。有了中心，才能肯定存在与价值。这是初民存在论的特色，也是他们对存在本身的乡愁最具体的表现。

圣界与俗界之间有一种辩证关系。一方面，显圣之物可以是世间万物中的任何一样；当某一存在物显示圣界时，它既参与了周遭俗物的存在秩序，又与它们在价值上“区分”开来。另一方面，“一样东西不会因为曾经成为显圣的中介而永保尊荣，没有任何一样东西永远穿戴显圣的光环，也没有任何一样东西永远隔绝在显圣的氛围之外”。“显圣”是初民存在论的重要观念。

伊利亚德说：“宗教主要不是意指对上帝、神明或鬼魂的信仰，而是意指对圣界的经验。”圣界使人意识到生命的来源，由此保障了生命的实在性、力量与存在意义。

（三）生死观

初民认为：宇宙是神明的显圣，它是透明的；宇宙的韵律（如春夏秋冬）显示了秩序、和谐、永恒与充实；宇宙的整体是一有机的生命，真实而神圣。所以，初民在仰望高天时，会觉得造物者无限伟大，卓越不凡。

伊利亚德清楚地指出："对初民而言，天的高远也表示神的退隐；因此人应该落实在地上，自求多福。地的博厚象征着母性的厚德载物，生生不已。"他的这种观点与《易经》的乾坤之说颇有相似之处。

黑格尔曾说："初民这种天人不分的倾向，等于是把自己埋葬于自然界中。"这是他的偏见。因为初民的生命是双向的，不但有人性的层面，还有超乎人性的层面。

所谓"超乎人性"是说，初民生活在一个开放而透明的世界中，他本身的存在也总是对着世界开放。初民是"具体而微"的小宇宙，既能与神明沟通，也能够参与世界的造化；他不是封闭的，而是能够领悟宇宙的信息、不断向上提升。提升的目的是要追求自由，死亡则是通往自由乐土的通道。

这种以死亡为通道的信念，主要不是针对身体来说的。初民认为，人的身体诞生于世，尚不能成为完全的人，他还需要第二次精神上的诞生；只有通过一连串的考验，才算是真正的人。换句话说，他必须死于自然的生命，才能重生于更高层次的生命。

在所有初民的习俗中都有启蒙仪式，目的是求得真知或者步入特定的社会，根本的意义就是成为新的人。这与哲学也有某些关联。苏格拉底曾把自己比喻为接生胎儿的助产士，要帮助别人生出智慧的胎儿；佛门弟子出家是为了再生于诸佛之中；保罗称受洗的信徒为精神上的子女。这些都符合初民心态、合乎人性需求的事实。

如此一来，死亡自然成为最大的启蒙礼，引导人步入全新的精神生命。不但如此，生、死与再生，从根本上是同一个奥秘的三个步骤，其间没有中断的裂缝。死亡其实并不可怕，可怕的是精神之死，那就真的回天乏术了。

收获与启发

1. 伊利亚德认为，初民的空间分为圣地与俗地。圣地是异质的，把混沌化为有秩序的宇宙，让人可以安居。这样的宇宙是与俗地相分离的圣地，它是圣界的显示，分享着存在本身。它是一个基点；有了基点才能够定位，肯定自己处在正确的位置上；它是一个中心，是宇宙的创造力量之所在；同时，它也是一个通道。
2. “中心”的象征可以是高山、大树、寺庙、宫殿等。中心被当作圣地，是天、地与地下三界的交会之所。通往中心的路是一个人的修行之路，中间要经过各种检验。
3. 死亡，是进入精神世界的通道，对于初民而言，死亡并不值得忧虑。

伊利亚德认为，柏拉图是展现初民心态的杰出哲学家，他的理型论就是给初民所依靠的原始典型，加上一种哲学的普遍性与有效性。换句话说，我们生活中的所有重要举动，都是诸神或英雄在原初时所启示的，我们只是在不停地重复这些典范而已。初民对存在本身的乡愁可以归结为一句话：任何东西或行为要变成真实的，只有通过模仿、重复或参与某种原型，才有可能达成。如果只是表达个人的特别作为，就会在时间的过程里一去不复返；只有重复、模仿或是参与原型，才能回归于真实的生命。

课后思考

对初民的研究并非要重返古代社会或恢复古人心态。在 21 世纪的今天，当我们面临各种考验而寻找出路时，不能忽略初民所提供的材料，看看是否可以从中得到启发。一方面，要有基础性；另一方面，要有创新性。基础性代表对永恒的向往，创新性代表对时间的肯定和对变化的参与。只有双轨配合，我们的人生才会比较完整。

请问，在日常生活里，你在哪些地方曾经参考过某种原型，使你感觉到生命有一种稳定性？这个原型可能是祖先确立的，或者是从古代神话、宗教中学到的，比如像出生、成年、结婚、死亡这人生四大关卡。

51-4

列维纳斯谈自我与他者

本节的主题是：列维纳斯谈自我与他者。西方哲学谈到人生问题，不能回避自我与别人的关系。我们听过一些比较浮泛的说法，譬如“人为人是豺狼”或“人为人是上帝”。这两种极端的说法（把别人看成恶的或善的）都过于简单，不容易得到证明。不能忘记，自我也是别人眼中的别人，这是相互的关系。具体来说，看待别人有以下三种可能：

1. 把别人看成“它”，就是把别人当作可利用的工具或物品；

2. 把别人看成“他”，就是不在现场的某人；

3. 把别人看成“你”，就是在现场、可与我平等互动的人。

“我与你”当然是很好的理想，我与陌生人之间也存在着“我与你”的关系。在西方哲学中，马塞尔与马丁·布伯都提到“我与你”的观念。“我与你”之间要有忠实与信赖，背后需要有一个“绝对你”作为保障。“绝对你”就是大写的你，即信仰中的上帝。

然而，这个世界有几十亿人，自我只可能与极少数人建构“我与你”的关系，而绝大多数都是陌生人、别人。如今交通发达，我们可以到处行走，但是人与人之间依然由于种族、国家、宗教、语言的差异而不易相处。所以，自我与他者的关系才是人生真正的难题。什么人适合谈这个难题呢？就是本节要介绍的列维纳斯。本节的内容包括以下三点：

第一，列维纳斯的学术经历；

第二，自我的存在成为问题；

第三，他者的面貌。

（一）列维纳斯的学术经历

列维纳斯（Emmanuel Lévinas，1906—1995）是法国籍学者，出生于立陶宛的一个犹太家庭。他从小接受俄国的文化教育，大学期间熟读法国哲学，也曾赴德国师从胡塞尔。他在1930年获得博士学位，认识了马塞尔、萨特等人。20世纪50年代，他研究犹太教经典，长期执教于巴黎大学，与诠释学的代表利科是很好的朋友。利科在他的著作中经常会谈到列维纳斯的一些观点。

从列维纳斯的背景来看，由他来讨论自我与他者的关系是非常适合的。一方面，犹太人是宗教性的民族，一个犹太人从小就与3000多年前祖先所信仰的上帝有深刻关联，对于其他人来说，犹太人就成了少数的异类。另一方面，20世纪犹太人的遭遇非常凄惨，只因为是犹太人，就被屠杀了600多万同胞。犹太人的背景让列维纳斯深入思考自我与他者的关系。人类能够共同和平地生活在这个世界上吗？如果没有说清楚自我与他者的关系，这恐怕是幻想。列维纳斯在他的著作中深入探讨了这方面的问题。

（二）自我的存在成为问题

列维纳斯对存在主义有相当深刻的认识。他从存在主义对“存在”的描述中，发现自我意识的主要背景像是没有光的一片漆黑。一个人肯定自我的存在、选择成为自己，这时反而会体验到“一切都消失了”的黑夜。

列维纳斯说：“当事物的形状融化在黑夜里时，那既非对象、亦非对象性的黑暗就扩展在眼前。我们被固定在黑暗中。在黑暗中，我们与任何事物都无关，我们变成‘什么也不是’，不是纯粹的无，既不是这个，也不是那个。这时会感觉到自己根本不在场。就算是选择成为自己，也是孤孤单单的一个自己，到底真的存在吗？”他的意思是说，若只是泛泛地说“有一个我存在”，无异于体验了自我的消失，有如面对“什么都不是”的一样东西。

列维纳斯强调，真正可怕的不是纯粹的虚无，而是无休止地存在悲剧。譬如，一个小孩独自在房中，感觉到“微微作响的安静”，而产生无法言说的恐惧。所谓失眠，就是被那个没有名字、又没有人称的在场某物所扼住，也就是处于一种清醒状态，那是没有自我的领域。可见，自我的存在成为问题。这个问题来自何处呢？列维纳斯认为，这是传统形而上学带来的结果。

西方传统的形而上学为了追求整体性或全体性，把“他者”化约为“同一者”，即把“他者”化约为另一个“我”，于是所有的“他者”都被化约为“人”这一类，因而忽略了差异性。事实上，没有两个人是一样的。因此，他者有两种：一是可被化约为自我的相对他者；二是彻底的或绝对的他者，不能被化约为自我或同一。

西方的形而上学一向把别人当作相对的自我，我有什么想法，就认为别人大概也一样。所以，我内在的紧张、压力、愤怒、仇恨就有可能投射到别人身上。但是不能忘记，除了相对他者之外，还有一个不能被化约为自我的绝对他者。列维纳斯的哲学就是要试图保护“他者”免受同一性所侵害。

（三）他者的面貌

“他者”到底是什么？列维纳斯对于“他者”有独特的见解。他者不是第二个我，而是我所不是的。他者的唯一内容就是他的相异性或差异性。我与他者的关系不是融合，而是“面对面”，他者显示不同的“面貌”。面貌的原意是脸，它不仅仅是表面所见，也包含这张脸的整个人在内。所以，面貌变成一种外在的无限，你永远都不可能完全了解一个人的面貌。只有面貌向我呈现的时候，我才能与他者发生真正的关系。不过，面貌是不可把握的，它会把我引向彼岸，引向另外一个世界或层次。面貌不是眼睛可见的，而是突然出现在我面前。这与我对外物的关系完全不同。我可以买一件衣服、一辆车子，那是外在的物质；但他者是另一个人，有时就像“神明显示”，对我不是无关紧要的，只有这种显示才能把意义带入存在之中。

列维纳斯有一本代表作名为《全体性与无限性》(又译为《总体与无限》)。所谓“全体性”就是只追求同一的哲学，它先设置一个自我，这个自我与自己互为循环，认同自己，别人与我属于相同的一类。所谓“无限性”是说，别人与我是有差异的，他显示了一种外在性，脱离与我的关系，正如无限性脱离了全体性。换句话说，他者对我来说，代表了无限的可能性。

列维纳斯用两句话来凸显其中的重点。第一句是《圣经·旧约》十诫之一的“不可杀人”，代表每个人的面貌在你前面出现时，他都有权利要求活下去。这让我们想到犹太人在集中营里的遭遇。另一句是，当你与他人建立关系的时候，你的响应是“我在这儿”，代表你随时能与他进行互动。别人的面貌显示出“不可杀人”，我因为他的显示而肯定“我在这儿”。

收获与启发

1. “自我与他者”显然是一个重要题材，因为这个世界有几十亿人，绝大多数都是他者，这才是人生的大问题。列维纳斯研究过现象学、存在主义、诠释学等当代哲学思潮，再加上犹太人的背景，使他深入反思人类共同面对的问题。
2. 自我的存在成为问题。存在主义（尤其是萨特式的存在主义）所肯定的自我是孤单的自我。那个自我只是一个抽象的东西，事实上完全无法界定自我是否真的存在。没有他者的对照，自我根本就不在场。这个问题来自于传统形而上学为了追求全体性而把“他者”化约为同一性，因而忽略差异性。“他者”可能是无法被化约为同一的绝对他者。列维纳斯的哲学试图保护他者免受同一性所侵害。
3. 他者显示出面貌，面貌向我显示了无限性，而不是全体一致的同一性，代表他者与我完全不同。

课后思考

列维纳斯认为，他者显示了面貌，事实上那是上帝的踪迹，也就是一种显圣。譬如，印度有恒河，称为圣河；麦加有黑石，称为圣石。河与石都因为显示了超越界或神圣者而受到人的崇拜。因此，今后你看到每一张脸，不管是熟悉的亲人还是陌生人，你都要想，他显示了神明的某个痕迹或踪迹。相对的，你对别人也显示了面貌，那也是神明的踪迹。请你思考一下自我与他者之间的相互关系。

补充说明

除了自我之外，这个世界上的所有人都是“他者”，包括了广大的范围。我们可以从以下三点来看。

1. 我与他者的对照

我与“他者”的对照关系很容易掌握，没有“他者”就无法构成“人”的世界，也就谈不上什么人生了。我活在由他者所建构的世界中，一生都不能离开他者，我由此才能了解自己生命的意义。“意义”就是理解的可能性。我为何会有这样的生命？这完全与他者有关。由亲到疏，由近及远，所有的人都包括在内。所以，我与他者的关系是非常具体、非常特殊的。

我经常用“生老病死，喜怒哀乐，恩怨情仇，悲欢离合”这十六个字来描写人生，这些与“他者”都有一定的关系。

“生老病死”比较单纯，就像万物都有“成住坏空”四个阶段一样。生命有开始，有发展，最后也会结束。这是客观的描述，代表人的生命有一定期限。你这一生遇到多少人，也会有一定的限制。那为什么不好好珍惜呢？当然，你可能遇到好人，也可能遇到所谓的“坏人”。但坏人会让你知道，人生不都是正面的，它也有负面的情况，有考验，也有非常棘手的地方。

“喜怒哀乐”是我们每天都要面对的。不可能只有喜和乐，没有怒和哀，那就不是人生了。所以，对于喜怒哀乐，要设法“发而皆中节”，代表我可以用自己的内心，去掌握情感和意愿。

“恩怨情仇”是我与“他者”来往时无法避开的。很多人对我们有恩，我们要感激。我们也可能与某些人结怨，因为人的世界充满了竞争的压力。情感是由各种缘分造成的，最明显的是亲情、友情、爱情这三种，也包括乡土之情、家国之情、人类之情在内。“仇”

则代表你不可能与“他者”都成为朋友。有朋友，相对的就有非朋友或朋友圈外的人，彼此之间可能在观念上、行为上产生严重的利害冲突。当然，有时机缘巧合，仇人之间也可能变成不打不相识的朋友。

最后，“悲欢离合”四个字是人生无法避开的。蒋捷的《虞美人·听雨》说：“悲欢离合总无情，一任阶前点滴到天明。”“总无情”三个字提醒我们，人生到最后要有这样的一种体悟，其实人生并没有什么复杂的问题。类似的，苏东坡说过“不应有恨”，就是人生没什么好懊恼或懊悔的。

所以，将“我”与“他者”互相对照，就构成非常丰富而复杂的人生。每个人都会碰到类似的情况，只是格局有大有小，情况有深有浅。

2. 透过他者来认识自己

有人提到苏东坡与佛印和尚的故事：你心中有佛，看到别人就是佛，你心中有屎，看到别人就是屎。这是两个极端，说明我与别人其实是互相映照的。所以，我们要多侧面、多层次去看待别人，也要以同样的方式来了解自己。

首先，要从时间的三个维度来看。

（1）过去。我们可以根据一个人的外表，来了解他“过去”的生活经历。俗话说“人这一生都写在脸上”，这是就一个人的身体状态去了解他过去的遭遇。

（2）现在。人的内心世界反映了他“现在”的感受，如感觉到喜怒哀乐。

（3）未来。人的理想针对的是“未来”，所以孔子教学生，经常会问学生有什么志向。

任何一个人出现在你面前，你先看到他的外表，再通过互动，了解他的内心，进一步还要知道他有什么理想。在互动过程中，你也了解了自己。

你如何看待别人，以及别人如何看待你，这里面没有完全公平的问题。你只能把握住你自己，不能因为别人对你的态度，就改变你对别人的态度。人生毕竟是自己在过日子，不管外面顺利与否、遭遇如何，你本身如何面对人生才是最重要的。我年轻时有一句座右铭：我不能改变自己的命运，但是可以改变我对命运的态度。当我认为这是我的命运，就无怨无悔地接受。这样一来，命运对我就不会构成压力和威胁，我照样可以微笑前行。

3. 列维纳斯教给我们什么?

列维纳斯一生研究哲学，又有犹太人的传统，所以提出非常精彩的观念。他特别强调，西方哲学根本上的困难是忽略了他者的差异性与无限性。同时不要忘记，我们自己也是别人眼中的他者，也有差异性与某种无限性。就像中国人常说“人心不同，各如其面”，每个人的面貌并不是固定的。另外，“相由心生”，人的面貌会由于内心是否真诚而改变。可见，差异性和无限性是客观事实。列维纳斯进一步从哲学与宗教的角度提醒我们，应该如何落实上述观念。

他提到犹太人《旧约·圣经》里的两句话。第一句是犹太教十诫中的第六诫：不可杀人（天主教列为第五诫）。这四个字听起来好像很平常，好好的你为何去杀人呢?但是打仗时可能会杀人；有些人犯了法，执行死刑时可能会杀人。列维纳斯作为犹太人，对犹太人在第二次世界大战中的遭遇感同身受。他说“不可杀人”是在直接提醒我们：每个人都是上帝所造，都是独一无二的，他的面貌显示了上帝的踪迹。就算别人与你有再大差异，也都是人。你不能认为他“非我族类，其心必异”，因为你在别人眼中也是同样的情况。由此可以推到不可欺负、霸凌任何人，也不能有意无意地伤害别人或看轻别人。

第二句更为深刻。在《圣经·旧约》里提到上帝召唤撒母耳，撒母耳说："我在这里。"（《撒母耳记》3：4）所以，当你与别人互动时，对于别人的召唤或要求，你能否响应说"我在这里"？意思是我准备好了，随时待命，为你效劳。

人与人相处，"不可杀人"属于消极的基本限制，它是一条底线。"不可杀人"也包括不可破坏别人的名誉、不可毁谤他人在内。西方的 evil（邪恶）这个词很有深意，把组成 evil 的四个字母倒过来就是 live。所以，凡是压制别人的生活、生命、生存的，就是邪恶。可见，不可杀人的含义很广，不仅包括对他人身体的伤害，也包括对他人心灵的伤害。

第二句"我在这里"更难做到。我们与别人来往，当别人有需要、呼唤我们的时候，我们能够回答"我在这里"吗？我愿意伸出援手吗？列维纳斯通过他的信仰，用这两句话提醒全世界的人，这样才是对"他者"的适当态度。

另外，我们可以把列维纳斯的观念与儒家所说的"君子和而不同"相对照，可以使熟悉的话显示出更深、更广的意义。

51-5

列维纳斯论伦理学的优先性

本节的主题是：列维纳斯论伦理学的优先性。伦理学要探讨人在世间如何与别人相处，牵涉到如何判断善恶、为何要行善避恶以及人与人之间的互动关系等问题。列维纳斯的哲学始终将伦理学摆在最优先的位置。

本节要介绍以下三点：

第一，列维纳斯认为伦理学是第一哲学；

第二，自我与他者的关系；

第三，上帝是绝对他者。

（一）列维纳斯认为伦理学是第一哲学

在西方的传统中，所谓“第一哲学”向来是指形而上学。从古希腊时代的亚里士多德开始，形而上学就是在探讨：自然界有形可见、充满变化的万物背后或底部，有没有无形可见、永不变化的本体或基础？形而上学作为第一哲学，代表最根源的学问，这是西方传统以来的共识。

近代以后，有些人把认识论当作第一哲学，要先弄清楚：人能否认识？怎么认识？可以认识到什么程度？这个问题其实很容易回答。

如果没有能被你认识的东西，根本就没有认识的问题。有没有东西存在，才是最根本的问题。因此，还是要回到以形而上学作为第一哲学。

西方哲学的传统模式是要寻找“2+1”的“1”。自然界与人类都充满变化，因此需要有一个最后的“1”作为两者的来源与归宿。在西方的中世纪，宗教特别盛行，有些人就把宗教哲学当作第一哲学，认为万物的来源与归宿就是宗教里的上帝。这显然是后期的转用，而不是原来的意思。

伦理学作为第一哲学，这是怎么回事呢？列维纳斯认为，这种伦理学“是一种关系，在这种关系中，一个人与另一人的互动，既不是凭借信任建立起来的综合，也不是通过主体与客体所建立起来的连结。在这种关系中，一个人对另一个人或者举足轻重，或者相关，或者有意义。他们是被一种复杂的因缘（就像有某种计划一样）维系在一起的。理性既不能使它消退，也不能使它结束”。列维纳斯的伦理学所强调的，就是这样一种人与人之间的关系。

（二）自我与他者的关系

伦理学探讨的是自我与他者的关系，他者显示给我的就是“面貌”。他者的面貌向我打开一扇门，显示它的面容，所以我必须对它表示敬意。面貌会“说话”，但它又是抽象的，不一定真的要说话。它避开了内在性（不是我在内心里可以想象的），但又没有固定在世界的地平线的某一点。于是，面貌把我引向外在，促使我与自己的存在决裂，向我宣告“无限”之降临（无限的力量或可能性降临了）。因此，我与他者的关系就成为一种超越的关系。列维纳斯肯定伦理学是第一哲学，每个人都要为一切人负责。

列维纳斯强调，他者在与我互为主体的关系中，扮演的是主动角色。他者的面容本身就禁止谋害他（你不可杀人），并且要求正义的对待。这样的他者召唤我去负起责任。一个伦理的自我是根据我与他者的关系而被界定的。我们看到的每一张脸都对我们有某种要求，它主动提出要求，让我去响应。这样的他者绝对不可化约为自我，因为他是一个完全外在的、超过我的范围的生命。他提醒我必须要负起责任。在互动的过程中，我的行动一定要考虑他者所承受的一切，甚至要分担他的痛苦。他者是向自我指派责任的绝对主动者。

可见，列维纳斯的哲学从一种断裂的结果出发，不再考虑传统形而上学所追求的同一性。因为同一性意味着全体化，即所有的一切都以我为标准；如此一来就忽视了差异性。他者与我完全不同，他显示了一种无限性，而不再是全体性。他者与我断裂，但又对我显示了无限的要求。如果我仍然坚持过去的同一性，则难免陷于跟他者的分离。这会使我的内在性变得贫瘠，因为主动力量全部来自于他者。自我经由指令与之相逢，并因而能够响应“我在这里”。

（三）上帝作为绝对的他者

关于上帝，列维纳斯说：“我是通过人与人的关系来确定上帝，而不是采取相反的途径。当我觉得自己应该对上帝说些什么时，我总是从人的关系出发。”

他又说：“上帝不能与我相遇，而是处在我的期待之中。正因为我永远期待上帝，所以上帝确实存在。”

列维纳斯期待的是未受存在玷污的上帝。如果上帝真的像万物一样具有某种存在性的话，它就会被玷污。上帝作为存在本身，是一种让我们无法理解的存在。因此，上帝与人并不是关系的两端，两者之间是一种“没有关系的关系”。上帝只是在“他者”身上闪烁不定的踪迹，既不是在场，也不是全无。上帝的踪迹无处不在，他通过每一张脸的每一种表情来告诉我们，应该承担哪些责任，应该做些什么，由此建立一种比较适当的关系。所以，上帝显示自身，是作为一种踪迹，而不是作为一种存在的在场。上帝作为绝对的他者，闪耀在我们与他人的相遇之中。只有通过人与人的伦理关系去谈上帝才有意义。

以前也有学者把上帝当作绝对他者，但列维纳斯清楚指出，绝对他者是世间所有人背后的支持力量。在别人的眼中，我也是他者，也是上帝的某种踪迹。人的思想、感受、体验、觉悟，随时都会闪现某种永恒的光彩。因此，对人不能设限，由此显示为一种无限可能性的伦理学。

列维纳斯的哲学显然富有宗教情怀。他相信，只有爱可以对抗及超越邪恶。来到我们思想中的上帝，正是“爱”这种神圣精神的代表，它在通往“无限”的道路上召唤着每一个人。列维纳斯的这些话已经打通了哲学与宗教。

收获与启发

1. 列维纳斯认为伦理学是第一哲学，这与西方传统的观点完全不同。他依循康德论证上帝存在的路线，要通过道德实践去肯定伦理要求，并把人与人的关系当作我们同上帝（存在本身）交往的前提条件，因而把伦理学作为第一哲学。
2. 列维纳斯对他者的认识非常深刻。当我们肯定自己是单独的个人，有时反而不知道自己有什么责任。他者的“面貌”一方面禁止我对他不利或谋害，并要求正义的对待，使我感受到自己有深刻的责任；另一方面，他者不可化约为自我，他指派给我责任，是一个绝对的、外在的主动者。这样去了解他者才具有普遍意义，因为我们也是别人眼中的他者。

3. 列维纳斯把上帝当成绝对他者，作为所有他者的保障；他者的面貌也显示了上帝的踪迹。用宗教学的术语来说，这也是一种“显圣”，即显示神圣的面貌。

课后思考

学习了列维纳斯所说的“自我与他者”的关系，今后我们看到每个人的每一张脸都要知道，那是神圣力量的一种显示。同时，我们也是别人眼中的他者。在与别人互动时，我们脸上显示出来的表情也代表某种神圣的踪迹吗？或者那只是我个人欲望的表现？列维纳斯的说法侧重于某种特定的立场，他把每个人都看成神圣的单元。

这也提醒我们，在修养自己的时候，要避免采用同一性的观点，把别人看作自己；当然更不能采用完全分离的观点，把别人都看作异类。这就为一个人的修行提供了广大的空间，让人可以由此找到真正的自我。

第 52 章 永恒哲学的构想

52-1

西方哲学在认识论上的困境

本章主题是：永恒哲学的构想。本节首先要介绍西方哲学在认识论上的困境。西方人对此已经做出了反省。

人类学家萨林斯（Marshall Sahlins，1930—2021）说："我们西方人似乎是唯一一个相信自己是野蛮人后裔的民族，其他民族无不相信他们是神明的后裔。"

由此可见，西方文化在知识上看起来是领先的，但在心态上恐怕有严重的困境。

诺贝尔文学奖得主索尔·贝娄（Saul Bellow，1915—2005）说："现代文明的知识特征就是，没有任何一个知识领域对于'人是什么？我们是谁？生命的意义何在？'等问题，有一个更宽广、更充实、更一贯和更全面的说明。"

从上面两段引文可知，西方哲学连带整个文化都陷入了困境。

本章要介绍的永恒哲学，主要参考美国学者休斯顿·史密斯（Huston Smith，1919—2016）的观点。他在美国麻省理工学院担任人文讲座期间出版了一本名著——《人的宗教》（*The world's religions*）。

此后，他又出版了一本著作——《超越后现代心灵》。该书直接指出西方哲学的问题，并提出永恒哲学的构想。我们要参考这位西方当代学者所做的全面反省。

本节的主题是西方哲学在认识论上的困境，主要说明两点：

第一，西方“反形而上学”的发展；

第二，康德、尼采与维特根斯坦在认识论方面造成的局限。

（一）西方“反形而上学”的发展

我先回顾一下个人的求学经历。1972 年，我从辅仁大学哲学系毕业，考上台湾大学哲学研究所硕士班。暑假期间，我先去逛了逛台大校园。

走到文学院门前，看到布告栏上有一张海报，说哲学系要在暑假举办一场主题为“反形而上学”的研讨会，要反对甚至排除形而上学。我在辅大学习的是传统的西方哲学，从古希腊到中世纪，最多到近代的康德为止。看到这样的海报，我当场傻眼。

事实上，西方世界在 20 世纪 70 年代已经进入“后现代主义”阶段。后现代主义（Postmodernism）是一个广泛的运动，包括哲学界的解构主义在内。譬如，福柯致力于描写另类人的表现，德里达更是把人类通过语言文字所掌握的既定知识全部加以拆解。可以说，后现代主义是对西方心灵的大规模拆解，我们常听到“解构、去中心化、解神话化、中断、分散”这些字眼，反映出他们完全迷恋于碎裂与瓦解的认识论，全面抵制整体性。后现代主义是标准的反对运动，对于统一性、调和性、和谐性、整体性，要全部加以批判。

（二）康德、尼采与维特根斯坦在认识论方面造成的局限

康德、尼采与维特根斯坦是如何拆解传统的形而上学，进而造成认识论上的困境呢？

1. 康德的批判哲学

康德提出批判哲学，认为人的心灵的作用不在于反映实在界，而在于建构实在界，因此首先要问：我能够认识什么？康德指出，人在认识世界的时候，使用主体本身所具备的先天形式与范畴，所以人永远只能认识现象，而不能认识物自体。换句话说，我们与本体世界之间隔着一张滤网，这张滤网就是人类知性的先天结构。所以，我们认识的世界都是“能够”被我们认识的世界，而不等于世界本身。

但是，人的认识能力果真如此吗？古希腊时代的柏拉图曾经说过，人除了身体上的眼睛之外，还有灵魂之眼。中世纪经院哲学接受亚里士多德的说法，认为人在认识的时候，知性有两面：一面是被动的，可以从外界接收信息；另一面是主动的，可以主动觉悟。但康德把过去的看法统统搁在一边。

2. 尼采的历史主义

尼采对于历史的演进有两个洞见。

（1）“上帝已死”，西方文化已经不再把超越者供奉在神坛之上。“上帝”代表超越者或超感官的领域，现在“上帝已死”，所以超越者不复存在。

（2）该事件会导致“虚无主义”的严重后果。

对于人的认识，尼采不像康德那样强调心灵的先天结构，而是强调时代的环境。他说：“我们是彻头彻尾的历史学家。哲学家是一些不会从历史角度思考的人。”换言之，每个人都生活在特定的时代和社会里，他看任何问题都无法摆脱自身特定的背景所造成的限制。所以，尼采提出的滤网是人类的历史性加上社会性。通过这张滤网，人所能看到的显然只有很小的一部分。

然而，在不断的变动之外，人类的生命难道没有连续性吗？古人与现代人之间，难道没有相似或相通之处吗？尼采的说法从根本上把人局限在特定的时空里。他把“上帝已死”当作一个客观事实，希望重新建构价值系统。但是，他只能从个人生命的有限经验之中，选择建构的材料。

3. 维特根斯坦的语言哲学

维特根斯坦的语言哲学强调，站在社会架构之外，谈任何观念、信仰或真理都是无意义的。维特根斯坦很喜欢强调语言的局限性。他认为，以前的哲学家所说的不是错误的，而是无意义的。任何一种思想都要借助语言来表达，而语言离不开特定的社会。不同的社会有不同的世界观，彼此不可能相通，所以永远无法确知别人在说什么。维特根斯坦的语言哲学切断了人与人之间的联系，但是，这个世界在物理上不是连续的吗？人类在本质上不是可以相通吗？难道不能透过诠释的转化来彼此沟通协调吗？

史密斯教授援引心理学家皮亚杰（Jean Piaget，1896—1980）的观点。皮亚杰认为，人成长到某种程度，就会达到“去中心化”这一阶段。人从小开始，都是以自我为中心，以自己的语言、文化、民族、信仰为中心；但是到了一定年纪，就会排除中心化，超越自我中心的限制，从而了解及欣赏不同的文化。

这三种认识论所共同具有的特色是：

（1）从“一”走向“多”，本来是统一的形而上学，现在变成了多样化；

（2）从“绝对”走向“相对”。过去只有一个标准答案，现在都变成相对的：或受制于人的知性，或受制于人的历史及社会，或受制于人的语言。

到最后你会发现，你掌握的都是工具性或诠释性的思考，全看你怎么解释而已。这等于是用心灵来为心灵设限，会达到认识的目标吗？既然心灵能认识到理性的局限，可见心灵还有一个更高的层次，可以对自己做某种反思。

上述三种观点认为，一切都是我的表象所显示的，都是通过我的某种能力或机缘所显示的；但是，这并不代表我的认知不能符合实在的状况。换言之，我所见的世界是“能够”被我见到的世界，但“能够”被我见到的世界与真实世界未必不能符合。这句话非常关键。这里面牵涉到人如何认识的问题。如果肯定人具有直接领悟的能力，就可以破解这种二元对立。

收获与启发

1. 西方哲学在认识论上陷入困境。近代以来，西方哲学一直在认识论上做文章，要问：人能否认识真实的世界？结果走上了“反形而上学”的道路。形而上学要探讨作为万物基础的本体世界。反形而上学则强调，人在认识的时候，不可能认识到本体。
2. 康德的批判哲学、尼采的历史主义，以及维特根斯坦的语言哲学，分别从人类知性的先天结构、人类的历史性和社会性，以及人类语言的局限性这三个方面来论断：人的知识不可能达到本体的世界，所以形而上学无法成立。

课后思考

西方哲学在认识论上陷入困境，强调人的认识有种种限制。请问：你如何确定你所认识的世界是真实的？

补充说明

康德、尼采以及维特根斯坦等西方哲学家，清楚阐释了认识的局限性，这提醒我们要有所收敛。罗素曾努力寻找不受个人左右的客观真理，他在科学、数学和宗教里面寻找，最后承认自己是失败的。可见，西方哲学经过漫长的探讨，在认识论上仍然有一定的限制。

如何确定你所认识的世界是真实的？可以从两方面来看：

1. 我们有一个共同生活的世界，人与人之间有真实的互动；
2. 我个人的感受对我而言是真实的。因此，世界上有多少人，就有多少种对世界的不同看法，不可能找到大家都认可的真实世界；但既然我们生活在共同的领域里，就要遵守认识及行动上的共同规则。这就是所谓的“共识”。没有人可以摆脱特定的时空背景去生活，这些“共识”也不是我个人可以改变的。

然而，不管我怎样受到时空的限制，我仍然有自己的内心世界。我可以通过收敛自己的欲望，让自己活在自己能够掌握的世界之中。老子强调，认知出现偏差，会导致欲望和行动的偏差，最后造成各种复杂的后果。所以，人在认识上要适可而止，每个人都有一定的限制，也有一定的优势。

52-2

虚无主义的威胁

本节的主题是：虚无主义的威胁。对于近代哲学家来说，“虚无主义”这个词可谓耳熟能详。康德、尼采、维特根斯坦把重点放在认识论上，强调人不可能认识真实的本体。这样一来，就有一种反形而上学的倾向，不让你追求万物背后的真实本体。但是，与之断绝关系的话，人永远都不可能了解什么是存在本身。

本节要根据休斯顿·史密斯的《超越后现代心灵》，继续介绍另外三位哲学家——克尔凯郭尔、海德格尔与德里达。他们除了强调认识论的困境之外，还从实践的角度进一步加以说明。

第一，克尔凯郭尔。

第二，海德格尔。

第三，德里达。

(一)克尔凯郭尔

克尔凯郭尔是存在主义的创始人，他以特定的角度剖析人的存在。西方哲学在传统上一向重视理性，因而可能忽略了存在。克尔凯郭尔对“存在”重新加以界定。他不再遵循传统的方式，不再从理性的角度去追寻客观真理，转而提出“主体性真理”，即对个人来说，能够生死以之的才是真理。

克尔凯郭尔认为，西方哲学一向都是由理性推导出世界观。如此一来，个人生命可能变成一个抽象的概念，使人去追求一种脱离人的本性的生活模式。

克尔凯郭尔开启了存在主义思潮，使个人生命的“存在”变成一个关键词。存在就是选择成为自己。

然而，这里面充满陷阱。无论一个人怎样选择成为自己，也很难具有克尔凯郭尔那样的宗教情怀。克尔凯郭尔反对客观性真理，但传统的形而上学偏偏就是要追求完全的客观性。

（二）海德格尔

海德格尔在认识论方面，发展了胡塞尔的现象学。现象学强调，人的认知不可能越过现象学“存而不论”的方法。他借鉴数学运算中“放入括号”的做法，对于我们想要了解的东西，只要不是意识可以直接掌握的，都把它暂且放入括号内，存而不论。这同样会使我们陷入认知的困境。

海德格尔进一步指出，西方文化正在走向虚无主义，陷入表达式思维的深渊，人的生活被科技造成的社会秩序套上了枷锁。海德格尔对科学展开批评，认为它俨然成了现代人的宗教，但是科学告诉我们的是一个无意义的物理性实在界。这样的科学同样源于以理性为主的传统形而上学。尤其是近代以来，这种形而上学只要求笛卡尔式的“清晰而明白”的观念，所把握的只是客观性与自主的理性这个层次，而没有把握人的整体存在。

海德格尔从现象学出发，发现一个重大危机：人早就遗忘了存在本身。因此，他强调自己不是有神论，也不是无神论，而是等待神的来临。

他质疑科学所带来的观念，认为科学不可能带我们走上形而上学的道路；只有诗人这种语言的用户，才能带领我们走到自己的精神家园。这些观念都是否定传统之后，想要找到新的形而上学，却未必可以成功的例子。

（三）德里达

德里达是解构主义代表，他批判逻辑中心主义（logocentrism）。“逻辑”一词来自于古希腊文的“逻各斯”（logos），原意指言语或说话。说话一定要经过理性的运作，否则会自相矛盾。因此，任何言语一定含有某种逻辑。以逻辑为核心会追求合理性，但可能导致以自己的理性为中心。西方文化重视理性，但是以此为中心会带来专制主义。德里达担心，按照传统西方哲学的视角，会自以为把握了真理，以自己作为真理的标准，从而把其他的文化、人群或者信仰打成异端，使其边缘化、遮蔽化。

德里达要把传统的西方心灵全部加以拆解，目的是结束西方的形而上学，从根本上抹掉一切存在的痕迹，使所有的痕迹消失于不在场的状态。人通过语言文字所表达的，往往都是已经不在现场的一切。不管我们如何阅读，都无法与传统接上线。德里达的哲学于是成为“无根的哲学”、“无家的浪子”、“无底的棋盘”，它与虚无主义完全配合，强调无意义、无真理、无对话，形成“后现代社会”最明显的特征。

上述三位哲学家所考虑的，都是人在具体实践上受到的虚无主义的威胁。

收获与启发

1. 西方哲学在认识论上，不再能接触到形而上学的本体世界；在实践层面上（即道德上），也陷入巨大的困境。克尔凯郭尔认为，如果按照过去的方式强调客观真理，就会导致“非人化”。大家都用理性来互相了解与行动，那恐怕正好失去人的自我。真理应该是主体性的，可以对人产生直接的效用，让人愿意为它生、为它死。实践方面，尤其是在道德方面，要反对虚伪。
2. 海德格尔接受现象学的启发，把意识之外的东西统统放入括号，存而不论；对于意识之内的东西，要通过描述的方式彰显它的本质。海德格尔指出，人早就遗忘存在本身，虚无主义的思潮早就在西方哲学家的思想里蔓延开来，人无法跳过虚无主义的深渊。现在是科技时代，遗忘存在本身达到了巅峰，我们只得到一个无意义的物理性实在界。但是，人要有属己的、真诚的存在，要勇敢做出抉择。海德格尔对于存在本身只是采取等待的态度，等待他的来临。海德格尔的名言是“向死而生”。但是，如果没有掌握存在本身，那么“向死而生”的“生”要如何理解？那样的“生”只是短暂的片刻而已。可见，他的观念基本上只是就人的当前处境进行深入反省。
3. 德里达总结前面哲学的发展，明确提出解构主义。他迷恋于碎裂与瓦解的认识论，认为追求整体会变得像暴君一样，见到立场不同的人，就要与之敌对。德里达强调，任何人追求全体化，都会被视为潜在的专制主义。从西方的殖民主义、帝国主义的发展来看，确实存在这样的问题，它们都给人类社会带来各种恐怖的处境。

但是我们要问：所有反形而上学的人，他自己可以逃出形而上学的罗网吗？他自己是否也有一套隐藏的形而上学，只是无法完全展开或加以建构？解构主义者知道这个时代真正需要的是什么吗？如果只是纯粹地反对运动，把一切结构都拆解之后，剩下的是什么？每个人在质疑一切之后，恐怕只能以自己看到的为准；那么只要我想做，又有何不可？这些都是由解构主义发展出来的后现代主义的普遍特色，最后会指向什么方向呢？很多哲学家就无暇顾及了。

史密斯教授屡次引用新经院哲学家马里旦（Jacques Maritain，1882—1973）的一句话："形而上精神的丧失或弱化，将无可衡量地损害知性事物与人类事物的普遍秩序。"换句话说，如果人失去或减少了形而上的精神，即探本求源、追求存在本身的精神，那将无法衡量地损害到人类知识的建构，以及人类实际的生活。普遍秩序从此消失，每一个人只能囿于个人所见，活在刹那生灭、不相连续的世界之中。

课后思考

西方哲学从一开始就肯定：哲学是爱智慧。这时可以做两个选择：一是避免受骗，二是追求真理。西方哲学在避免受骗方面可谓倾尽全力，到最后甚至忘了追求真理。你觉得在避免受骗与追求真理这两方面，应该持什么样的态度？如果一味避免受骗，你可能一辈子都不敢认真面对自己的人生；如果要追求真理，有可能暂时受到误导，甚至受骗。你是否会勇敢尝试，并以亲身的体验来修正自己的方向？

补充说明

虽然追求真理可能受骗，但是受骗会给我们带来某些经验。避免受骗只是一个过程或手段，追求真理才是最后的目的。我们不能因为过程或手段太复杂而忘记最终的目的，一辈子都在避免受骗，结果成为一个不可知论者或怀疑论者。那日常生活该怎么办？过马路要看红绿灯吗？所以，我们还是要接受某些共同的生活规范。

同时，每个人都有认知的“地平线”。每个人的生命都像在旷野上极目四顾，只能看到一定的范围。我们看不到视野范围之外的东西，但看不到不等于不存在。因此，要慢慢扩充自己认识的边界。我们从小到大难免会受骗，后来觉悟之后才会有成长，幻灭不正是成长的开始吗？

人难免受骗，但问题是他知道自己受骗吗？如果我被骗了一辈子，但是没有发现真相，也就不觉得自己受骗。古人认为天圆地方，他们对宇宙的认识如今看来不是错误的吗？但古人懂得分辨什么是外在的。《庄子·齐物论》提到：“六合之外，圣人存而不论；六合之内，圣人论而不议；春秋经世先王之志，圣人议而不辩。”可见，只有对于人类社会或历史上的事，圣人才会去评议，但并不争辩，因为每个人都是按照自己的身份和视角去做评价的。

《红楼梦》里有一句话很有道理：“假作真时真亦假，无为有处有还无。”我们学西方哲学绕了一大圈，最后发现，中国有很多话虽然没有经过复杂的辩论和验证，却直接表达了某种真理。

52-3

永恒哲学是什么？

本节的主题是：永恒哲学是什么，主要介绍以下三点：

第一，永恒哲学这个词在说什么？

第二，永恒哲学有什么内涵？

第三，如何界定永恒哲学的可能性？

（一）永恒哲学这个词在说什么？

西方哲学发展了 2600 多年，可谓众说纷纭，莫衷一是。每位哲学家都有一些道理，但很难说谁是完全正确的，让人难以取舍。

西方有一种永恒哲学的观念。“永恒哲学”一词最早由近代德国学者莱布尼茨提出。他认为，只要爱智慧，用理性去探讨真理，就会碰到永恒哲学。但永恒哲学到底指什么？它包含两个方面：

1. 哲学中有一些永恒的成分。无论哪位哲学家，只要其哲学具有完整系统，必然含有这样的成分；
2. 哲学探索是永恒的，这种探索要有一个共同的完整框架，可用三角形的架构来形容。

（1）三角形的第一个角是逻辑与认识论。在认识过程中，首先要思考人的理性本身的条件如何，因此不能忽略逻辑与认识能力这个领域。

（2）第二个角是本体的层次，一般包括三个领域：人、宇宙以及万物的来源与归宿。研究人类的称作人性论，探讨人有什么样的本性。研究世界的称作宇宙论或科学哲学，探索宇宙有什么样的本体。这两方面最后都要归结到一个超越界，即我们一直强调的“2+1”的“1”，哲学称之为“存在本身”，宗教则称之为“上帝”。

（3）第三个角是伦理学与美学，属于应用层次。掌握这个框架，就知道如何判断哲学家的见解是高是低、是否完整。

莱布尼茨之后，阿道斯·赫胥黎（Aldous Huxley，1894—1963）与赫尔德（Gerald Heard，1889—1971）合著《永恒的哲学》一书，指出：永恒哲学的实质无比古老，且无所不在。

（二）永恒哲学的内涵

永恒哲学包括三个主要部分：形而上学、人性论与伦理学。

1. 形而上学：永恒哲学肯定有一个神圣的实在界，即本体世界。它作为存在本身，是所有事物、生命与心灵的来源与归宿。如果没有它，一切都不可能存在。
2. 人性论：人是万物之灵，所以人的灵魂有一部分与神圣实在界这个源头相似，甚至相同。可见，人性中含有某种成分的神性。从古希腊起，人就注意到这一点。譬如，赫拉克利特探讨宇宙起源时就假定：如果宇宙的起源是火，那人的灵魂就是人生命中的火。人与宇宙之火有相通的可能性及必要性。
3. 伦理学：伦理学主要探讨人生的目标应该是什么，涉及实践的问题。永恒哲学强调，人生的目标是认识万物内在与超越的基础。神圣的实在界是既内在又超越的，它在世间无所不在，又不等于这个世界，而是超越了这个世界。

综上所述，永恒哲学包含三个部分：首先，它肯定有一个本体作为基础；其次，它肯定人作为一种特殊的生命，同这个基础有一种与生俱来的内在关联；最后，人生的目标很清楚，一个人不管处于什么样的特定时空，不管有什么样的特殊遭遇，最后的目标都是要认识及回归这个神圣的实在界。

（三）永恒哲学的可能性

永恒哲学的雏形，在世界上每个地区的原始民族那里都可以找到。换言之，没有受近代科学革命影响的少数民族，都具有永恒哲学的雏形。这个雏形充分发展后的型态，就体现在今日所知的高级宗教里。其中最高的、共同的成分，在 2500 年前就已有了书面版本，包括印度教、佛教、犹太教及中国的儒家、道家，也包括后来的基督宗教。这一时期被雅斯贝尔斯称为“人类文化的轴心时代”。

为什么谈永恒哲学要提到高级宗教？因为哲学界在爱智之路上一直没有定论。早期的柏拉图和亚里士多德分别建构了完整的系统，但是后代哲学家按照个人兴趣分头发展，逐渐分散为不同的途径，取得不同的成果。相对于此，每一个传统宗教都有普遍相同的真理。譬如，印度教的《奥义书》强调，人的内在本质与其根源紧密相连。日本的神道以大自然作为神圣者的象征，以祖先作为通往超越界的入口。伊斯兰教与基督宗教也都有类似的普遍真理。

对个人而言，只要深思宇宙与人生，总会被牵引到相同的方向。上帝不可能让人类与真理隔绝，不可能只把真理局限在一小群人之中。这一小群人主要是指基督徒，他们认为自己属于被拣选的极少数人，这在哲学上被称为“特殊性的丑闻”。上帝为何要特别照顾某一群人？难道其他人不是上帝所造吗？所以，在爱智慧的路上，一定要突破宗教格局的限制。

事实上，教父哲学家奥古斯丁有句话早已突破这种限制。他说："有一种非受造的智慧，它过去存在，现在存在，未来也会存在。"所谓"非受造"是指与生俱有。换言之，只要是人，都拥有这种非受造的智慧，这正是人作为万物之灵的"灵"之所在。

你也许会质疑：按照上述说法，古代宗教或完整的哲学系统都具有永恒哲学的特色，它们之间难道没有差异吗？对于这个问题，可以这样理解：金表与金戒指不同，但都是黄金所制；绿色与蓝色不同，但都是光谱显示的颜色；男人与女人不同，但都是人。各种传统虽然存在差异，但它们不约而同显示出对永恒哲学的肯定。

收获与启发

1. 虽然哲学史上众说纷纭，但是人类爱智能必然会导向一个基本的哲学架构，可称之为永恒哲学。
2. 近代欧洲最有学问的人是莱布尼茨，他首先提出"永恒哲学"这个词。后来，阿道斯·赫胥黎与赫尔德合著了《永恒的哲学》一书，提出永恒哲学的内容主要包括三点。

（1）形而上学，肯定有一个神圣的实在界存在，以之作为宇宙万物（包括人）的来源与归宿，即我们常说的"2+1"的"1"。

（2）人性论，肯定人的灵魂中有一部分与神圣实在界相似、相通。

（3）伦理学，要将人生的目标界定为：设法认识这个既内在又超越的基础，知道我们从它而来，又回归于它。

3. 各种传统都不约而同地显示出对永恒哲学的肯定。

课后思考

爱智慧最后一定要回到自己身上，回到实践上，选择正确的人生之路，这就是伦理学。为了找到正确的人生方向，自然会期望有一种完整而根本的理解，因此必定会涉及形而上学。同时，真正的理解一定伴随着实践，自然会走向知行合一。你认为西方哪些哲学家的思想比较接近永恒哲学的构想?

52-4

回归形而上学

本节的主题是：回归形而上学。要如何建构符合永恒哲学要求的形而上学？本节要介绍以下三点：

第一，什么是层级结构？

第二，各层次的表现；

第三，形而上学的特色。

（一）什么是层级结构？

大家通常都不太喜欢“层级结构”这个词，它会让人联想到等级森严的官僚制度。事实上，在建构永恒哲学的形而上学时，一定会涉及到“层级结构”。

永恒哲学肯定，有一个神圣的实在界是宇宙万物的来源与归宿。由于哲学要探讨的问题太多，而这些问题又不可能很快就找到答案，所以大家逐渐把目光局限在理性思维的过程里。现代人谈哲学一般都会陷入以下三个范畴里。

1. 认识论。探讨人到底能够认识什么，答案只是在某个圈子里打转而已。
2. 语言分析。指出人在使用语言时有重重限制，到最后可能不知所云。

3. 方法论。最后永远在方法里面打转。

这三点取代了形而上学的位置，成为哲学界的焦点。譬如，古希腊时代有所谓“忒修斯之船”的神话故事。这艘船不断更换材料，那么从什么时候开始，它就不再是忒修斯之船了呢？类似的问题会吸引许多人的注意。但是从形而上学的角度来看，这样的问题并不是很重要。

所谓“层级结构”是指，宇宙万物可分为不同的范畴，这些范畴有一种从低到高的排列秩序。这显然是一种目的论的立场。我们可以简单地将宇宙万物划分为四个层次：最下层是物质，然后是生命，接着是意识，最上层是精神。譬如，我们所见的山河大地属于物质；花草树木具有生命；鸟兽虫鱼进一步有了意识；至于精神，只有人类才具备，但人类仍有向上的空间。这四个层次由下往上，形成一个层级结构。

（二）各层次的表现

每个层次的存在物有什么特色？能否据此推到最高层次？因为形而上学的终极目标是要探讨存在本身，即神圣的实在界。

对于各层次的表现，有五项衡量标准：力量、延续、位置、统一性与价值性。

1. 力量。凡是存在之物皆有力量。在古希腊文里，“力量”与“神明”有相同的字根。神明之所以存在，是因为他能表现出某种力量。但事实上，任何东西的存在，都会表现出某种力量。
2. 延续。任何东西一定会延续一段时间。
3. 位置。一样东西一定位于某一个地方。
4. 统一性。如果一样东西是分裂的就无法辨认，所以它一定具有统一性。

5. 价值性。一样东西是“有”而不是“无”；只要是“有”，就具有某种价值。

对于一般存在物来说，不管它位于哪个层次，都具有上述五点表现，只是表现的程度有别。以人来说，人最多活一百年左右，但一座山可以绵延几千年甚至几万年，更不用说大海了。所以，在时间上、空间上、力量上，比人更长久、更巨大的东西，数不胜数。但是，人表现出明显的统一性。一座山由很多泥土、石头组成，多一点或少一点都无所谓，所以山的统一性不像人的生命的统一性那么明显。同时，在价值性方面，人可以选择成为自己，这是最高价值的一种基础。因此，焦点要放在最后的价值性上面。

由此可以推出最高层次的特色。讲力量，最高层次是全能；讲时间，最高层次是永恒；讲空间，最高层次是遍在；讲统一性，最高层次是纯精神；讲价值性，最高层次是绝对。全能、永恒、遍在、纯精神以及绝对，就是最高层次的特色。万物的来源与归宿的特色不就是如此吗？西方就把这个最高的层次称为“上帝”。在哲学上会说“上帝的本质包含存在”，这是中世纪后期安瑟姆提出的本体论证。我们不必探讨本体论证能否成立，但可以肯定的是，万物的来源与归宿必须存在。

（三）永恒哲学的形而上学有什么特色？

永恒哲学的形而上学显示出以下特色。

1. 包容一切

宇宙万物的存在是多层次的，显示出由低到高的秩序，它们全部被包容，没有任何东西被排除在外，每样东西都有它的位置。对于物质世界，可以由科学来研究。对于生命与意识，可以由生物学、现象学和深度心理学等学科来探讨。最高的层次是天界，包括人的精神世界以及最高神明的世界。永恒哲学的形而上学必须包容一切，凡存在之物皆有一席之地。

2. 各有定位，不能越位

任何东西都不能超出所属的层次，否则就会造成混淆。譬如，不能只把人当作物质、生命或意识，人还有精神。这四个层次之间不容混淆。

3. 永远开放

你可以有个人的信念，但永远要向着更好的信念开放。修行时一定要保持开放的心态，就像爬山一样，在没有爬到山顶之前，先不要急于论断你所见的就是一切。

4. 精进不已

提升超越永无止境。真理有两种：一种是累积性的，一种是非累积性的。累积性的真理包括自然科学、历史学等，它们会随着时间而不断累积。但是，在形而上学、宗教、艺术方面的体认并非累积性的，古人在这方面有许多见解历久弥新，永远有其价值。换句话说，我们现在需要的不是更多的事实，而是一把可以打开心灵大门的钥匙，以充分展现出自己的心灵能量。我们对人的认识已经累积足够多的知识，再怎么分析都差不多，现在更需要的是在精神领域的不断提升。

5. 一切即一

第一点“包容一切”代表“一即一切”，最后则是“一切即一”。这种形而上学会让你永远处在惊讶与敬畏之中，就像柏拉图所说：“先是一阵战栗穿过了我，进而是敬畏在我身上运作。”一旦对宇宙万物的终极境界有所领悟，就会有类似的反应。

最后，史密斯教授引用了三句话。

第一句是马丁·布伯所说的：“没有任何一个层次的存在，找不到存在的神圣性。”换句话说，终极实在界遍在一切。

第二句是中世纪后期密契主义的代表艾克哈特师长（Meister Eckhart，1260—1327）所说的：“上帝之所是，就是我之所是，不多也不少。”我与上帝在这一点上没有分别。

第三句是白隐禅师在《坐禅颂》里所说的：“此世界就是亲近福地，此身即佛身。”这就是“一切即一”的境界。

收获与启发

1. 要如何建构永恒哲学的形而上学？首先要有一个层级的结构。宇宙万物虽然为数众多，但它们是分层次的。可以由下而上分为四层：物质、生命、意识、精神。物质的层次最普遍，可以由科学家去研究。中间是生命与意识的层次，可以由生物学家、现象学家、深度心理学家去研究。最上面是精神的层次，只有当人跨过反省的门槛、意识到自己之后，才会出现精神。精神的层次与神圣的实在界可以相通。
2. 只要是存在之物，必定有它的力量、时间上的延续、空间上的位置，以及统一性与价值性。由此可以推出，最高层次的实在界是全能、永恒、遍在、纯精神以及绝对的。
3. 永恒哲学的形而上学有五点特色。

（1）它包容一切，完整而无漏。只要是存在之物，都被包含在其中。

（2）各有定位。万物处于不同的层次，不能越位，不能互相替代，更不能本末倒置。

（3）人在修行过程中要永远开放。这牵涉到信念和实践。

（4）人应该精进不已，提升永无止境。

（5）一切即一。一切其实是一个整体，所以当下就是一切。我们所需要的其实早已具备，它就在我们的本性里，只是我们没有适当对待它而已。

课后思考

永恒的形而上学具有五点特色：包容一切、各有定位、永远开放、精进不已、一切即一。这样就将一切都统合在一起。你是不是觉得人的生命充满了奥秘？符合希腊悲剧家索福克勒斯所说的“宇宙万物之中，人的生命与存在是最值得惊讶的；真正地了解人，认识你自己”。你还记得德尔菲神殿上的两句话吗？“认识你自己，凡事勿过度。”你能否用自己的方式对这两句话再做一次反思？

52-5

人生何去何从?

本节的主题要探讨：人生何去何从？永恒哲学包含三个重点：首先是一套形而上学，肯定有一个神圣的实在界作为万物的来源与归宿；其次是一套人性论，肯定人的生命有部分与神圣实在界相通；然后是一套伦理学，指出人生应该怎样抉择。

本节要介绍以下三点：

第一，永恒哲学的人性论在说什么？

第二，永恒哲学的伦理学可以提供哪些参考？

第三，人生何去何从？

(一)永恒哲学的人性论在说什么?

只要探讨人的生命结构，就会发现人性里最特别的是：人有灵魂，它与神圣的实在界是相似、相通的。人的生命有一种明显的二元性：一个是被动的我，一个是主动的我。譬如，说话时，既可以把“我”当成主词，也可以把“我”当成受词。

作为被动的“我”，一定生活在特定的时代与社会，有各种顺利或不顺利的遭遇，要经常做出选择，并为此承担责任。这个“我”显然是被限定的，即便“我”宣称自己拥有完全的自由，也不能否认这种自由的出发点是一种被动的状态。另外还有一个主动的“我”，可以进行自由的思考、修行与抉择。这个超限定的“我”可以作为一个主词或主体，可被称为“精神”。

对于人的生命的二元性，我们通常会注意到被限定的一面，总觉得命运无奈，造化弄人。但人作为人，不能忽略主动的一面，那是更为深刻的精神层次。譬如，印度教认为，每个人的自我与宇宙的本体（梵）是合一的。佛教强调“众生皆有佛性”。基督宗教的艾克哈特师长说：“上帝之所是，就是我之所是，不多也不少。”因此，人在面对自己的二元性时，不能只看被动的一面，还要看到人有超限定的精神层次。

存在主义哲学家马塞尔说：“我进入自己愈深，就愈能找到那超越于我之物。”换句话说，我向内探索自己愈深刻，就愈能找到超越我之上的另一层次的存在。这代表上帝全然内在于我的生命，又全然超越于我之上。内在性与超越性两者兼顾，才能说明人的生命的真实状况。人的生命的二元性清楚指出人应该如何选择。

（二）永恒哲学的伦理学

永恒哲学最后一定要归结为实践，要说明人应该如何活在世界上。现代人喜欢说“哲学很容易，可以轻松学会”，以此吸引大家的眼球。但是这些所谓“容易”的哲学，通常都是一种类似智力测验的东西；有的更复杂精巧一点，用一些诙谐机智的故事来呈现，表现为一种更高层次的智力游戏。这时所需要的只是感官经验的敏锐、言语运用的纯熟，最多是道德抉择的正确。这些都属于讲究日常意义的思考模式，很难超出这个范畴。

真正的哲学除了需要脑力训练之外，绝不能忽略人的生命的全方位与最根本的需求。所以，永恒哲学的伦理学（或称为永恒的伦理学）

可以浓缩为三个德目：谦卑、仁慈与真知。

所谓“谦卑”，就是以看待他人的眼光来看待自己。我会发现自己也是众人之一，我在别人眼中也是一个“他者”。如此一来，自然不会妄自尊大。

所谓“仁慈”，就是以看待自己的眼光去看待他人。这样自然会产生同理心，做到“己所不欲，勿施于人”。

所谓“真知”，一定需要知与行的配合。探讨真理一向有两条途径：一是智慧的觉悟，二是德行的修炼。所谓“德”，不但是一条路，也是一种方法；而哲学不但是一条路，也是指向这条路的地图。因此，知与行要配合，智慧与方法要配合，两者缺一不可。

永恒的伦理学提醒我们，对某些说法要持保留的态度。譬如，许多哲学家都强调，人只要用理性去探讨就可以了解真理；至于如何实践，可以自己考虑。但是，仅靠理性探讨就能得到真理吗？像罗素所说：“证明一个哲学问题无法解决，就是解决了这个哲学问题。”这等于什么都没说，仅仅是在理论的层次进行各种辩论，对于真理却没有进一步的体会。可见，探讨真理不能脱离实践，爱智慧不能光喊口号。

（三）人生何去何从？

最后，我们要对西方哲学做一个简单的总结。哲学就是爱智慧，智慧是完整而根本的理解。既然讲完整，就不能忽略任何一个层次，要以人为核心，拓展到整个实在界。既然讲根本，就不能忘记人生最根本的问题，即痛苦、罪恶与死亡。事实上，这三者不再是“问题”，而应该被称作“奥秘”。

为了获得完整而根本的理解，哲学在运作上会表现出三点特征：澄清概念、设定判准与建构系统。前两者都涉及了认识论的问题。只有澄清概念，才能与别人进行有效沟通；只有设定判准，才能使沟通顺利进展。最后的关键在于建构系统，形成“2+1”的格局，对自然界与人类做出完整的思考，进而找到它的来源与归宿，即最后的“1”。这是西方哲学给我们的启发。

另外，可以用三句话来描述哲学：培养智能、发现真理、验证价值。“培养智能”要分辨信息、知识与智能的不同。“发现真理”要重视认识的过程，不能忽略人有理性这一点。但是，与其说“探讨”真理，不如说“发现”真理。这要求我们在某些情况下要暂时搁置主客对立的认识方式，不能总去探求我所认识的对象到底是什么，这样很容易出现各种遮蔽。“验证价值”则牵涉到实践。这三者其实是不可分割的整体。

本书从西方哲学2600多年的发展历史中，选出120位台面上的重要哲学家，对他们的思想做了简要介绍。他们有各自的时代与社会特色，有各自的性格、志趣和信仰。他们在探讨哲学的过程中，基本上都要设法澄清概念，设定判准（当然不可能有绝对的判准），建构系统的基本模式也是类似的。只是到近代以后，才开始在认识的领域做反复的讨论，到最后仍然无法跨越那个范畴。当代解构主义则完全逆向而行，既然找不到最后的答案，干脆就说没有答案。每个人都有气质上的差异，就像威廉·詹姆斯所说，“有的人心硬，有的人心软”。我们可以就个人所好，选取几位自己喜欢的西方哲学家来深入学习。

本书的目标是要“照着讲”西方哲学，从古希腊时代开始，经过中世纪，到近代欧洲，一直到当代欧美。我们全部欣赏一遍之后，会觉得非常丰富而完整。

西方哲学固然可以帮我们找到爱智慧的途径，但是我们完全没有必要把自己的传统放在一边。经过中西对照之后，我们更容易发现中国传统文化的特色、优点或缺点。如果只是学习自己的传统文化，有时不容易看到其中的问题。譬如，在澄清概念方面，西方伦理学强调“善不能定义”，并提醒我们不要犯“自然主义的谬误”，即不要把人的本性与需要实践才会出现的价值相混淆。通过学习，我们可以避开这些不必要的错误。

永恒哲学的构想，是把许多西方哲学家的建构整合起来。有的人侧重形而上学，这在古希腊和中世纪比较明显；有的人侧重人性中的心理结构、认识能力等方面；也有人侧重实践，通过实践寻找人生的目标。

永恒哲学提出一套架构，可以代表我们学习西方哲学的主要心得。架构本身是超然的，不一定要配合具体的内容。它只是告诉我们，形而上学要分哪些层次，统合起来有何特色。它只是告诉我们，人的生命有一种二元性。但是，身与心之间的互动关系如何呢？这里面其实非常复杂。另外，除了身心层次之外，人还有灵的层次。

最后，我们应该何去何从？休斯顿·史密斯教授建议我们，要学会谦卑、仁慈、真知。做到这三点，就可以化解佛教所谓的“贪、嗔、痴”三毒：谦卑了就不会贪，仁慈了就不会嗔（任意发怒），有了真知就不会痴（执着）。他的说法非常富有启发性，值得参考和借鉴。

课后思考

永恒哲学在伦理学方面有三点要求：谦卑、仁慈与真知。你在学习西方哲学的过程中，对其中哪一点特别有感触？或者你觉得这三点不够完整，还需要有所补充？

索　引

四划

五划

六划

七划

八划

九划

十划

十一划

十二划

十三划

十四划

十五划

十六划